권기열, 정호주, 수험정보기획실

2020 KcLep(케이렙) 프로그램에 의한

전산회계 1급
모의+기출문제집

본 교재의 기초데이터 및 답안파일은 파스칼미디어
홈페이지의 자료실/기초자료다운코너에서 다운로드
받아 사용하실 수 있습니다.

파스칼미디어
www.pascal21.co.kr

2020 KcLep(케이렙) 프로그램에 의한

전산회계 1급(모의+기출문제집)

- **발행일** 2020년 2월 28일 14판 1쇄 발행
- **지은이** 권기열, 정호주, 수험정보기획실
- **펴낸이** 고봉식
- **펴낸곳** 파스칼미디어
- **등록번호** 제301-2012-102호
- **홈페이지** www.pascal21.co.kr
- **편집·디자인** 전정희
- **주소** 서울특별시 중구 마른내로4길 28
- **전화** 02-2266-0613
- **팩스** 02-332-8598
- **ISBN** 979-11-6103-058-6
- **내용문의** 실기 010-5612-4624, 이론 010-3820-4237

■ 이 도서의 국립중앙도서관 출판시도서목록(CIP)은 서지
정보유통지원시스템 홈페이지(http://seoji.nl.go.kr)와 국가
자료공동목록시스템(http://www.nl.go.kr/kolisnet)에서 이용
하실 수 있습니다. (CIP제어번호 : CIP2020008268)

"God bless you"

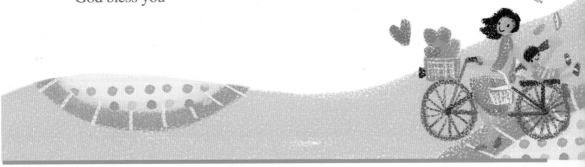

2020 改正 增補版을 내면서 ...

우리는 매일 숫자와 접하며 살아가고 있다. 그리고 우리 생활에서 있으면 좋고 없으면 궁핍하다고 여겨지는 것이 돈이다. 우리 생활이 돈으로부터 떠날 수 없는 것처럼 숫자와도 떠날 수 없는 것이다. 이렇게 돈을 숫자로 관리해 주는 것이 회계이며 회계를 잘 알면 돈을 잘 관리하게 되고 그 생활도 윤택해 진다는 것이다. 이에 정부에서도 국가공인 민간자격 전산세무회계시험에 대하여 전산세무 1급은 16학점, 전산세무 2급은 10학점, 전산회계 1급을 4학점을 인정하고 있으며, 경찰공무원 임용시험에서도 전산회계 1급 이상 취득하면 가산점을 부여하고 있어 앞으로의 전망이 밝아지고 있다.

본 서는 한국세무사회에서 시행하는 전산세무회계 자격시험 중 전산회계 1급시험에 대비하기 위해 한국세무사회에서 개발하여 시행되고 있는 KcLep(케이렙) 프로그램으로 구성한 수험서이다. 지금까지 한국세무사회 대비 수험서는 기계적으로 모의고사만을 숙달하여 시험만 합격하면 되는 식으로 출간되어져 왔고 저자 또한 그러한 형식에 사로 잡혀 왔다. 하지만 많은 독자들로부터 실제 실행 매뉴얼과 답안작성 등에 대한 질문 전화가 많이 온 내용을 본문에 반영하였으며, 최근 들어 변하고 있는 세무사회 자격시험의 출제흐름에 맞추어 문제를 개발하고, 평소 수험생들이 가장 궁금해 하는 필수적인 문제들 중심으로 모의고사를 수록하였으며, 모의고사 회수가 진행됨에 따라 문제의 난이도를 조절하였다. 또한 기출문제는 가장 최근에 시행된 15회분을 수록하였다.

본 서로 공부하는 독자들의 편의를 위하여 기초데이터 실행에 따른 자동 연결 프로그램을 개발하여 주신 선생님께 진심으로 감사드리며, 항상 가장 가까운 거리에서 힘이 되어 준 가족과 조언을 해 주신 여러 선생님들께 지면을 빌어 감사드린다. 아무쪼록 본 서로 공부하는 독자들께 한국세무사회 자격시험에 좋은 결과가 있기를 기원하는 바이다.

2020년 2월
저 자 씀

CONTENTS ...... 차례

C·O·N·T·E·N·T·S ......

08 | 실전대비 모의고사

09 | 해답편

※ 정답 파일은 홈페이지 [자료실]-[기초자료다운코너] -[전산회계1급]에
   게시되어 있습니다.

Chapter 01

시험안내 및 프로그램의 설치

01 전산세무회계 자격시험 안내

 1. 목적 ▶▶

전산세무 및 전산회계 등의 실무처리능력을 보유한 전문인력을 양성할 수 있도록 조세의 최고 전문가인 10,000여명의 세무사로 구성된 한국세무사회가 엄격하고 공정하게 자격시험을 실시하여 그 능력을 등급으로 부여함으로써

- 학교의 세무회계 교육방향을 제시하여 인재를 양성시키도록 하고
- 기업체에는 실무능력을 갖춘 인재를 공급하여 취업의 기회를 부여하며
- 평생교육을 통한 우수한 전문인력의 양성으로 국가발전에 기여하고자 함.

 2. 자격 구분 ▶▶

종목	등급	시 험 구 성	비고
전산세무	1급	이론시험 30%(4지선다형)와 실무시험 70%(컴퓨터 프로그램 이용)	국가 공인 자격
	2급	이론시험 30%(4지선다형)와 실무시험 70%(컴퓨터 프로그램 이용)	
전산회계	1급	이론시험 30%(4지선다형)와 실무시험 70%(컴퓨터 프로그램 이용)	
	2급	이론시험 30%(4지선다형)와 실무시험 70%(컴퓨터 프로그램 이용)	

 3. 2020년 시험 일정

회차	종목 및 등급	원서 접수	시험 일자	합격자 발표
제 88 회		01.02 ~ 01.08	02. 01(토)	02. 20(목)
제 89 회		03.04 ~ 03.10	04. 04(토)	04. 23(목)
제 90 회	전산세무1, 2급	05.06 ~ 05.12	06. 06(토)	06. 25(목)
제 91 회	전산회계1, 2급	07.01 ~ 07.07	08. 01(토)	08. 20(목)
제 92 회		09.02 ~ 09.08	10. 11(일)	10. 28(수)
제 93 회		10.29 ~ 11.04	11. 28(토)	12. 17(목)

4. 검정 요강 ▶▶

(1) 검정기준

종목 및 등급	검 정 기 준
전산세무 1급	대학 졸업수준의 재무회계와 원가관리회계, 세무회계(법인세, 소득세, 부가가치세)에 관한 지식을 갖추고 기업체의 세무회계 관리자로서 전산세무회계프로그램을 활용한 세무회계 전 분야의 실무업무를 완벽히 수행할 수 있는지에 대한 능력을 평가함.
전산세무 2급	전문대학 졸업수준의 재무회계와 원가회계, 세무회계(소득세, 부가가치세)에 관한 지식을 갖추고 기업체의 세무회계 책임자로서 전산세무회계프로그램을 활용한 세무회계 전반의 실무처리 업무를 수행할 수 있는지에 대한 능력을 평가함.
전산회계 1급	전문대학 중급수준의 회계원리와 원가회계, 세무회계(부가가치세 중 매입매출전표와 관련된 부분)에 관한 기본적 지식을 갖추고 기업체의 회계실무자로서 전산세무회계프로그램을 활용한 세무회계 기본업무를 처리할 수 있는지에 대한 능력을 평가함.
전산회계 2급	대학 초급 또는 고등학교 상급수준의 재무회계(회계원리)에 관한 기본지식을 갖추고 기업체의 세무회계 업무보조자로서 전산회계프로그램을 이용한 회계업무 처리능력을 평가함.

(2) 검정방법 – 전산회계 1급

구 분		평 가 범 위	세 부 내 용
이 론	회계원리 (15%)	1. 회계의 기본원리	회계의 기본 개념, 회계의 순환 과정, 결산 및 결산 절차
		2. 당좌자산	현금및현금성자산, 단기예금(단기금융상품), 매출채권, 기타의 채권
		3. 재고자산	재고자산의 개요, 상품계정의 회계처리, 재고자산의 평가
		4. 유형자산	유형자산의 개요, 취득시의 원가결정, 보유기간 중의 회계처리, 유형자산의 처분, 감가상각
		5. 무형자산	무형자산의 개요, 무형자산의 상각
		6. 유가증권	유가증권의 개요, 유가증권의 매입과 처분
		7. 부채	부채의 개요, 매입채무와 기타의 채무
		8. 자본	자본금, 자본잉여금과 이익잉여금, 이익잉여금 처분계산서
		9. 수익과비용	수익과 비용의 인식, 수익과 비용의 분류

구 분		평 가 범 위	세 부 내 용
이론	원가회계(10%)	1. 원가의 개념	원가의 개념과 종류
		2. 요소별원가계산	재료비, 노무비, 제조경비, 제조간접비의 배부
		3. 부문별원가계산	부문별 원가계산의 기초
		4. 개별원가계산	개별원가계산의 기초
		5. 종합원가계산	종합원가계산의 절차, 종합원가계산의 종류(단일종합원가계산, 공정별종합원가계산)
	세무회계(5%)	1. 부가가치세법	과세표준과 세액(세율, 거래징수, 세금계산서, 납부세액)
실무	기초정보의 등록, 수정(15%)	1. 거래처등록	거래자료 입력시 거래처 추가등록
		2. 계정과목의 운용	계정과목, 적요의 추가설정 및 수정, 변경, 경비구분별 계정과목 운용(제조경비, 판매관리비), 계정과목의 통합
		3. 초기이월	전기분 거래처별 채권, 채무의 잔액 등록
	거래자료의 입력 (30%)	1. 일반전표의 입력	거래내용의 지문 또는 증빙에 의해 일반전표의 입력
		2. 입력자료의 수정, 삭제 등	입력된 자료를 검토하여 거래처, 계정과목, 적요, 금액 등의 수정 및 삭제, 대차차액의 발생원인을 검토하여 정정
		3. 결산정리사항 입력	결산자료의 입력(제조업 포함)
		4. 감가상각비 계산	유, 무형자산의 감가상각비 계산
	부가가치세 (15%)	1. 매입, 매출전표의 입력	부가가치세가 포함된 유형별(과세, 영세, 불공제 등) 거래자료의 입력
		2. 부가가치세 신고서의 조회	과세표준, 매출세액, 매입세액, 납부세액 등의 조회
		3. 매입, 매출처별세금계산서 합계표의 조회	특정 매입, 매출의 거래 건수, 금액 등의 조회
	입력자료 및 제장부 조회(10%)	1. 입력자료의 조회	입력 자료의 검색, 대차차액의 원인 검토, 수정
		2. 장부의 조회	계정과목이나 기간별 거래처의 잔액 조회, 건수, 월계, 누계 등의 조회
		3. 재무제표에 대한 이해도	계정별원장과 거래처원장의 잔액 불일치 검토, 수정, 재무제표의 표시방법

– 각 구분별 ±10% 이내에서 범위를 조정할 수 있으며, 전산회계1급은 전산회계2급의 내용을 포함한다.

(3) 시험 일자 및 장소

① 시험일자 : 연 4회이상 실시되며, 시험일정에 관한 자료는 한국세무사회 자격시험 홈페이지(http://license.kacpta.or.kr)를 참고할 것.

② 시험장소 : 응시원서 접수결과에 따라 시험 시행일 7일 전부터 한국세무사회 자격시험 홈페이지에 공고한다.(응시인원이 일정인원에 미달할 때는 인근지역을 통합하여 실시함)

(4) 합격자 결정 기준

▶100점 만점에 70점 이상 합격

(5) 응시 자격 기준

▶응시자격 제한은 없다. 다만, 부정행위자는 해당 시험을 중지 또는 무효로 하며, 이후 2년간 시험에 응시할 수 없다.

(6) 원서 접수

① 접수 기간 : 각 회별 원서접수기간 내 접수

② 접수 방법 : 한국세무사회 자격시험 홈페이지(http://license.kacpta.or.kr)로 접속하여 단체 및 개인별 접수(회원 가입 및 사진 등록)

③ 응시료 납부 방법 : 원서 접수시 공지되는 입금기간 내에 금융기관을 통한 계좌이체 또는 무통장 입금

(7) 합격자 발표

▶각 회차별 합격자 발표일에 한국세무사회 자격시험 홈페이지에 공고하며, 자동응답전화(ARS : 060-700-1921)를 통해 확인할 수 있음.

▶합격자에게는 자격증을 발급하며, 취업희망자는 한국세무사회의 인력뱅크를 이용하시기 바람.

(8) 기타 사항

▶기타 자세한 사항은 한국세무사회 자격시험 홈페이지(http://license.kacpta.or.kr)를 참고하거나 전화로 문의바람. – 문의 : TEL. (02)521-8398~9 FAX. (02)521-8396

02 질문과 답변

1. [시험관련] 국제회계기준(K-IFRS)이 출제되나요?

- 2011년부터 상장회사에 한국채택국제회계기준(K-IFRS)을 전면적으로 적용하고 있고, 비상장회사는 일반기업회계기준을 채택하고 있습니다. 따라서 현재 우리나라에는 일반기업회계기준과 한국채택국제회계기준(K-IFRS)이 함께 적용되고 있습니다. 국가공인 [전산세무회계자격시험]은 현행세법과 일반기업회계기준을 중심으로 출제됩니다.

2. [공인관련] 학점인정이 되나요?

- [국가평생교육진흥원 고시 제2013-21호]
- 학점인정 등에 관한 법률 제7조 제2항 제4호 및 동법시행령 제9조 제2항, 제11조의 별표에 의하여 「제17차 자격 학점인정 기준」을 다음과 같이 수정고시
- ★ 학점은행제 : 전산세무1급(16학점), 전산세무2급(10학점) 전산회계1급(4학점)

3. [공인관련] 전산세무회계 자격증은 실기교사 자격증으로 인정이 되나요?

- 실기교사 자격증은 실기교사 자격기준을 규정하고 있는 "초중등교육법"에 의거, 전문대학에서 관련 교과를 이수한 후 해당 자격증을 취득한 학생에게 학장이 교육부장관을 대신하여 부여하는 제도입니다. 교육부의 공식적인 입장은 해당학과에서 관련교과를 이수한 학생이 "국가기술자격"을 취득하였을 때 실기교사 자격을 부여한다는 것으로, 현 제도상에서 국가공인자격시험인 한국세무사회의 "전산세무회계자격시험" 합격자에게는 실기교사자격을 부여하지 않고 있습니다. <한국세무사회>

4. [공인관련] 국가(기술)자격과 국가공인자격의 차이점은?

- 현재 우리나라에서 실시하고 있는 자격제도는 크게 국가(기술)자격과 민간자격이 있습니다. 국가(기술)자격은 국가가 신설하여 관리, 운영하는 자격으로서, 특정기관에 위임하여 시행할 수 있으며, 민간자격은 국가외의 법인, 단체 또는 개인이 신설하여 관리, 운영하는 자격입니다. <한국세무사회>

5. [원서접수] 응시자격에 제한이 있나요?
- 한국세무사회에서 실시하는 전산세무, 전산회계, 세무회계, 기업회계 자격시험은 제한 없이 누구나 응시 가능합니다. <한국세무사회>

6. [원서접수] 중복접수가 가능한가요?

– 시험시간이 중복되지 않는다면 중복접수가 가능합니다.

종목	전 산 세 무 회 계				세무회계, 기업회계		
등 급	전산세무 1급	전산세무 2급	전산회계 1급	전산회계 2급	1급	2급	3급
시험시간	15:00~ 16:30 90분	12:30~ 14:00 90분	15:00~ 16:00 60분	12:30~ 13:30 60분	09:30~ 11:10 100분	09:30~ 10:50 80분	09:30~ 10:30 60분

7. 부분점수 및 채점기준은 어떻게 되나요?

– 전산세무회계 실무처리능력을 검증하는 자격시험의 특성상 부분점수는 원칙적으로 없습니다. 매회 [채점기준]은 시험후 공개발표한 [확정답안]이 곧 채점기준입니다. 참고로 시험의 공정성과 정확성을 확보하기 위하여 시험직후 가답안 발표에 따른 [답안이의신청제도]와 합격자발표후 이에 따른 [합격이의신청제도]를 각각 개설하여 운영하고 있습니다.

8. 구분 점수에 대해 알고 싶어요

– 각 문제상에 점수의 표시가 제시 되어 있습니다. 그대로 개별 점수의 합이 70점 이상이면 합격입니다.

9. 답안 작성방법에 대하여 정확히 알고 싶어요

– 검정기출문제를 시작하기전 상세하게 그림파일과 함께 답안 작성방법(본서 p.580~581)이 제시되어 있으니 참고하시면 됩니다. 검정시험시는 감독관이 답안 저장 방법을 알려주고 있습니다.

10. 입금전표(출금전표)로 입력을 하여야 하는 데 대체전표로 입력을 하였을 때 오답으로 처리 하나요?

– 입금전표(출금전표)를 대체전표로 잘못 입력하여도 답안은 같게 나오기 때문에 점수와는 상관이 없습니다.

11. 전력비, 가스수도비, 수도광열비계정 사용방법을 정확히 알고 싶습니다.

– 판매업은 전기요금, 가스요금, 수도요금, 연료비를 합산하여 **"(815) 수도광열비"**로 일괄처리하고, 제조업은 전기요금은 **"(516) 전력비"**로, 가스수도연료비는 **"(515) 가스수도료"**로 구분 처리한다.

 12. [데이터 관리]–[데이타체크]에 대하여 알고 싶습니다.

– 전표입력을 끝낸 후 입력된 내용이 정확하게 입력되었는가를 입력된 데이터를 체크해 보는 곳이다.
– [데이터관리]–[데이터체크] 실행한 다음 상단 툴바의 [검사시작]을 클릭하여 실행시킨다.
  * 에러가 없으면 : 에러가 없습니다. 라는 메시지 창이 뜬다.
  * 에러가 있으면 : 오른 쪽 에러 내용을 검색하여 알려주는 데 이를 수정하기 위해서 사용한다.
– 초보자일수록 전표입력이 서툴기 때문에 전표입력이 끝나고 항상 데이터를 체크하여 보고 오류가 없으면 다음 작업을 할 수 있도록 한다.

 13. 수동결산과 자동결산에 대하여 정확히 알고 싶습니다.

– 기말재고자산, 감가상각비의 계상, 대손충당금의 설정 등과 관련된 자료는 반드시 [결산자료입력]란에서 자동결산을 하여 상단 툴바의 [전표추가] 단추를 이용하여 일반전표에 결산정리분개를 자동 생성시켜야 하지만, 그 외의 것은 수동결산으로 일반전표에 입력해야 한다. 관련 내용은 다음과 같다.(p.363에 있는 자동결산 부분 참고)

1. 수동 결산 〈일반전표에 입력〉
  – 선급비용, 선수수익, 미수수익, 미지급비용, 가지급금, 가수금, 단기매매증권평가손익, 현금과부족, 대손충당금환입 등

2. 자동 결산
  ㉠ 기말재고자산 : 도·소매업 : 상품
  　　　　　　　　 제조 기업 : 원재료, 재공품, 제품
  ㉡ 퇴직급여
  ㉢ 유형자산의 감가상각과 무형자산의 상각
  ㉣ 대손충당금 설정(단, 대손충당금환입은 수동으로 입력한다.)
  ㉤ 법인세 추산액 등

14. [기출문제] 문제와 답안파일이 열리지 않는 경우는?

- 내려받은 회차별 기출문제 파일은 압축되어 있으니 알집이나 밤톨이 등 압축프로그램을 이용하여 압축해제 한 후 사용해야 합니다.
- 한글파일은 한글2007 이상의 버전이 설치되어 있어야 볼 수 있습니다.(홈페이지 [자료실]－[학습지원프로그램]에서 한글읽기전용 프로그램을 다운받아 설치하면 됨.)
- 문제설치파일(Tax.exe) 또한 [수험용회계프로그램]이 사용자pc에 설치되어 있어야만 이용이 가능합니다.
- 문제설치시 "이름없는 파일~~~", "메뉴가 열리지 않는다" 등 오류 메시지는 사용자 PC에 수험용회계프로그램이 먼저 설치되어 있지 않거나 기출문제와 동일한 해당 년도용 수험용회계프로그램 아닐 경우임을 주의하시기 바랍니다.

15. 단답형 조회에 관련하여 알고 싶습니다.

- 일계표 : 일일 집계표로서 ×월 ×일 ~ ×일까지의 정보를 파악할 수가 있다.
- 월계표 : 월별 집계표로서 ×월 ~ ×월까지의 정보를 파악할 수가 있다.
- 합계잔액시산표 : 현재 월까지의 총집계표로서 ×월 현재까지의 정보를 파악할 수가 있다.
- 계정별원장 : 각 각의 계정별 정보를 파악할 수가 있다.
- 총계정원장 : 1년 전체의 월별 상황에 관련 정보를 파악할 수가 있다.
- 거래처별원장 : 각 각거래처별 정보를 파악할 수가 있다.(잔액란을 조회)
- 현금출납장 : 현금의 수입과 지출에 관련 정보를 파악할 수가 있다.
- 매입매출장 : 부가가치세와 관련된 모든 과세유형별로 정보를 파악 할 수가 있다.

03 KcLep 프로그램의 설치

1. 한국세무사회 국가공인자격시험 홈페이지(http://license.kacpta.or.kr) 좌측 하단의 케이렙
(수험용)다운로드 배너창을 클릭하여 바탕화면에 다운로드를 받아 실행파일 아이콘
[KcLepSetup]을 더블클릭하여 설치를 진행한다.

2. [설치준비마법사]창이 나타나면 잠시 기다린 후에 사용 중인 컴퓨터에 구 버전이 설치되
어 있는 경우 아래와 같은 [설치옵션] 창이 나타난다. [재설치]를 선택하고 [다음(N)] 단
추를 클릭하면 된다. 단, 프로그램을 처음 설치할 때는 아래의 [설치옵션] 창이 나타나지
않는다.

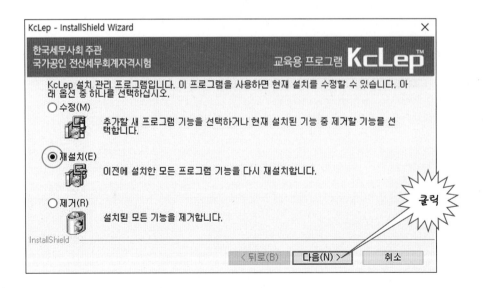

3. [사용권 계약의 조항에 동의합니다.(A)]에 체크를 하고 [다음(N)] 단추를 클릭하면 프로그램 설치 대상 위치 화면이 나타난다.

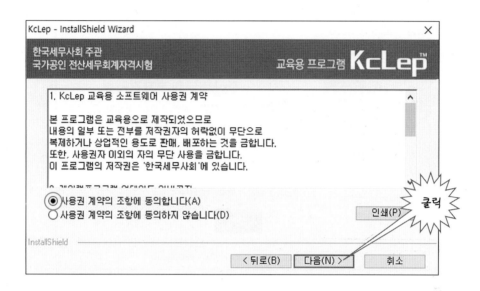

4. 프로그램의 설치 대상 위치는 <C:\>가 자동으로 선택되어지므로 [다음(N)] 단추를 클릭하면 자동으로 설치가 진행된다.

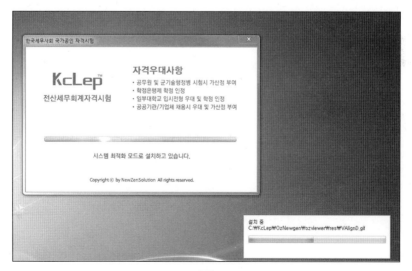

5. 설치가 완료되면 '안전하게 설치가 완료 되었습니다.' 라는 메시지가 나타나며, [확인] 단추를 클릭하면 바탕화면에 <KcLep교육용>프로그램 바로가기 아이콘이 생성된다.

Chapter 02

KcLep 프로그램의 기능정리

- KcLep 프로그램의 시작
- 초기 메인화면의 구성
- 데이터 저장 및 데이터 복구

01 KcLep 프로그램의 시작

> ▶ 프로그램의 메인 화면을 실행하는 절차는 아래와 같은 순서로 진행한다.

① 실행 절차

(1) KcLep 교육용프로그램의 바로가기아이콘( )을 더블클릭하여 실무교육용 프로그램을 실행시킨다.

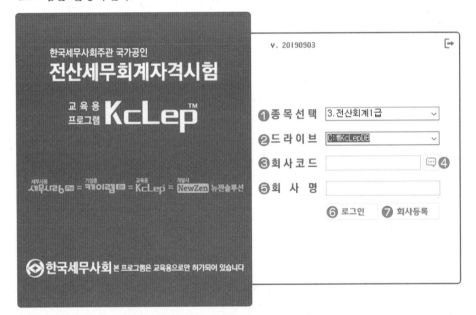

번호	구분	내용
①	종목선택	작업하고자 하는 급수(⑩ 전산회계1급)를 선택하는 곳이다.
②	드라이브	기본 드라이브 : C:₩KcLepDB가 지정되어 나타난다.
③	회사코드	• 기존 DB를 불러오지 않고 최초 실행 시에는 하단의 [회사등록] 단추를 눌러 작업할 회사를 먼저 등록해야 프로그램이 시작된다. • 기존 DB가 있는 경우는 [검색]단추( )를 눌러 [회사코드도움] 창에서 작업할 회사를 선택하고 [확인] 단추를 누르면 된다.
④	검색( )	기존 DB가 있는 경우 [회사 코드도움] 창에서 작업할 회사를 선택할 수 있다.
⑤	회사명	[회사코드]를 선택하면 자동으로 회사 이름이 입력된다.
⑥	로그인	작업할 회사가 선택된 후 [로그인]을 누르면 메인화면이 나타난다.
⑦	회사등록	회사를 최초로 등록하는 경우 [회사등록]을 클릭한다.

(2) KcLep 실무교육용 프로그램을 설치한 후 DB를 불러오지 않고 처음으로 로그인 하는 경우에는 초기화면의 (회사등록)단추를 클릭하여 [회사등록] 화면을 실행시킨다.

(3) 회사등록 화면에서 화면 왼쪽 상단의 [코드]란에 '0101~9999' 까지의 회사코드를 임의로 선택하여 작업하고자 하는 회사의 사업자등록증을 참고하여 기본사항을 입력한다.

(4) 회사등록을 완료한 후 [Esc]자판 또는 화면 우측 상단의 오른쪽 창닫기()단추를 눌러 [회사등록] 창을 종료시키면 다음과 같이 사용자설정화면이 나타난다.(단, 회사등록이 이미 등록된 코드가 있는 경우에는 이 작업을 생략하고 사용자설정화면의 회사코드 입력에서 [F2]도움 자판 또는 옆에 있는 [검색(💬)]단추를 이용하여 로그인을 하면 된다.)

(5) [검색(💬)]단추를 눌러 등록한 회사를 선택하고 확인[Enter]자판을 치면 KcLep 실무교육용 프로그램의 [회계관리] 메뉴들이 모듈별로 나타난다.

02 초기 메인화면의 구성

① 회계 모듈

번호	구분	내용
①	전표입력	일반전표 입력 : 부가가치세와 관련이 없는 회계상 거래를 입력하는 곳이다. 매입매출전표 입력 : 부가가치세와 관련이 있는 회계상 거래를 입력하는 곳이다.
②	기초정보관리	프로그램 사용에 필요한 기초정보, 즉 회사등록, 거래처등록, 계정과목 및 적요등록, 환경등록을 하는 곳이다.
③	장부관리	거래처원장, 계정별원장, 현금출납장, 일계표(월계표), 분개장, 총계정원장, 매입매출장, 세금계산서(계산서)현황, 전표출력 등을 조회할 수 있는 곳이다.
④	결산/재무제표	결산자료 입력, 합계잔액시산표, 재무상태표, 손익계산서, 제조원가명세서, 이익잉여금처분계산서를 조회할 수 있는 곳이다.
⑤	전기분재무제표	전기분재무상태표, 전기분손익계산서, 전기분원가명세서, 전기분이익잉여금처분계산서, 거래처별초기이월, 마감후이월로 구성되어 있다.
⑥	고정자산 및 감가상각	고정자산을 등록하여 관리하고, 미상각분감가상각비, 양도자산감가상각비를 계산하고, 고정자산관리대장을 출력할 수 있다.
⑦	데이터관리	입력된 회계 관련 자료를 별도의 장소에 저장하기 위한 '데이터백업'과 복구, 회사코드변환, 회사기수변환, 기타코드변환, 데이터체크, 데이터저장 및 압축을 할 수 있는 곳이다.

03 데이터 저장 및 데이터 복구

데이터관리
데이터백업
회사코드변환
회사기수변환
기타코드변환
데이터체크
데이터저장및압축

[데이터저장 및 압축]이란 KcLep 실무교육용 프로그램에서 입력된 자료의 데이터를 별도의 저장장소에 저장하는 작업을 말하는 것이고, [데이터복구]란 저장해 둔 데이터의 연속적인 작업을 위하여 저장파일을 복원하는 것을 말한다. 즉, 교육현장에서 원활하고 연속적인 수업이나 수행평가 등을 위하여 매 수업시간마다 저장하고, 다시 복원하는 작업이다.

1 데이터 저장

① [데이터관리]→[데이터저장 및 압축]을 실행하여 저장할 파일명(학생이름, ⑩ 홍길동)을 입력한다.

② [저장]을 누르면 저장하고자 하는 파일명으로 [C:₩KcLepDB]와 [이동식디스크(USB)]에 동시에 저장이 되고, [폴더열기]를 누르면, [C:₩KcLepDB]에 저장된 [zip파일(홍길동)]이 보인다. 단, 이동식디스크(USB)가 꽂혀 있지 않으면 [C:₩KcLepDB]에만 저장된다.

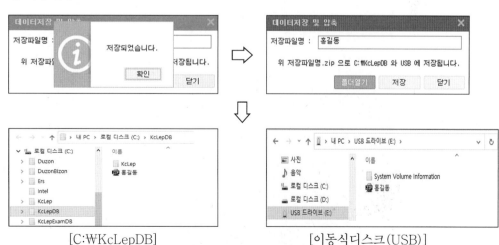

[C:₩KcLepDB]   [이동식디스크(USB)]

② 데이터 복구

① [zip파일: 홍길동]을 압축풀기 한다.(⑩ 압축된 파일은 2020 : (주)초석상사로 가정한다.)

② 압축 해제한 폴더 안에 있는 [회사코드(⑩ 2020)]을 [C:₩KcLepDB→KcLep]폴더 안에 붙여넣기를 한다.

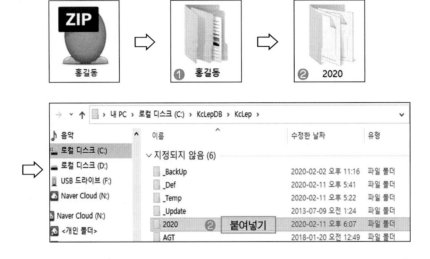

③ KcLep프로그램을 실행한 다음 [종목선택 : 3.전산회계1급]을 선택한 후 [회사등록] 단추를 누르면 나타나는 [회사등록]화면 상단 툴바의 [(F4) 회사코드 재생성]을 누르면, 회사코드재생성이 진행된다.

㉠ 회사 코드를 재생성 하시겠습니까? → 예(y)

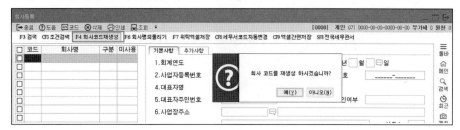

㉡ 회사코드 재생성 작업이 완료되었습니다. → [확인]

㉢ [회사코드 (예) 2020 (주)초석상사]가 재생성된 것을 알 수가 있다.

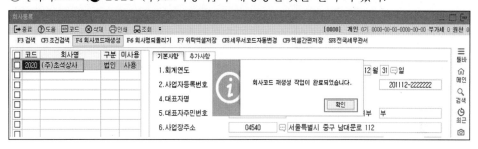

④ [회사코드재생성] 된 화면에서 [ESC]key 또는 화면 오른쪽 [닫기(☒)] 단추를 클릭하면[사용자설정화면]이 다시 나타난다.

⑤ [회사코드]에서 [F2] 또는 [회사도움(☐)] 단추를 클릭하여 나타나는 [회사도움검색창]에서 원하는 회사 [예) (주)초석상사]를 선택하고 [확인(Enter)]를 치면 [회계관리화면]이 나타난다.

⑥ 모든 작업은 [회계관리화면]에서 선택작업을 하며, 오른 쪽 [회사변경()]단추를 이용하여 언제든지 [회사변경]을 할 수 있다.

-1 【 교육현장에서 실제 데이터 저장 및 복구 】

① 회사코드는 네 자리 수로 되어 있으며, 언제든지 원하는 코드번호로 변경하여 사용이 가능하다.

② KcLep프로그램은 회사명은 같아도 코드번호가 다르면 다른 회사로 인식한다. 이를 다음과 같이 이용할 수가 있다.

다수의 학생이 동일한 문제로 작업한 자료를 e-mail이나, 이동식디스크(USB)로 받아서 채점 또는 하나의 파일로 저장해 둘 필요가 있을 경우 다음과 같은 방법으로 작업을 하면 된다.

① 학생들에게 파일명을 아래와 같이 지정한다.
- 2학년 1반 1번 학생 : 2101
- 2학년 1반 2번 학생 : 2102
- 2학년 1반 3번 학생 : 2103
- 3학년 1반 1번 학생 : 3101
- 3학년 1반 2번 학생 : 3102
- 3학년 1반 3번 학생 : 3103

② 지정해 준 파일명으로 압축하여 [e-mail이나, 이동식디스크(USB)]로 받는다.

③ 압축파일을 해제한 다음, 압축 해제한 [노란색 폴더] 내에 있는 [회사코드 네자리]를 [C:\KcLepDB→KcLep]에 붙여넣기 하고, 회사등록 화면에서 상단 툴바 [F4 회사코드재생성]을 누르면, 회사명은 같아도 각각의 학생들에게 부여해 준 코드번호로 나타나므로 작업한 결과에 대하여 확인(채점)할 수 있다.

-2 【 데이터 백업 및 복구 방법 】

① [회계관리] 화면 [데이터관리]에서 "데이타백업"을 사용하지 않고 다음과 같은 방법을 이용하면 편리하다.

② 내컴퓨터 → "C:₩KcLepDB₩KcLep" 안에 있는 "회사코드번호" 중 백업하고자 하는 회사 코드번호를 선택하고, 백업 받고자 하는 폴더(또는 USB)에 복사하여 두었다가 작업 시 다시 "C:₩KcLepDB₩KcLep" 붙여넣기를 하고, "회사등록 화면" 상단에 있는 "회사코드 재생성"을 이용하여 선택 작업을 할 수가 있다.

③ 회사코드번호는 원하는 번호(4자리수)로 언제든지 변경 사용이 가능하다.

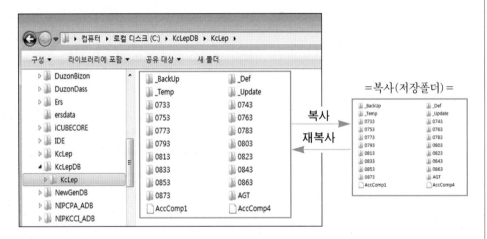

< 회사코드 재생성 화면 >

Chapter 03

기초정보관리

- 회사 등록
- 거래처 등록
- 계정과목 및 적요 등록
- 전기분 재무상태표
- 전기분 손익계산서
- 전기분 원가명세서
- 전기분 잉여금처분계산서
- 거래처별 초기이월

01 회사 등록

기초정보관리
회사등록
거래처등록
계정과목및적요등록
환경등록

[회사등록]은 작업하고자 하는 회사의 사업자등록증 및 회사관련 기본 자료를 입력하는 메뉴로 세금계산서 발행 및 부가가치세 신고 등 각종 신고 시 이용되므로 정확히 입력해야 한다. 메인화면의 [회계모듈] 세부메뉴에서 [기초정보관리] – [회사등록]을 선택하여 실행한다.

▶ 회사 등록 방법

항 목	입 력 내 용
회사코드	사용할 회사코드를 0101 ~ 9999 번호 중 4자리 코드를 등록한다.
회사명	사용할 회사명을 입력한다.
구분	법인사업자는 '1' 선택하고, 개인사업자는 '2'를 선택한다.
미사용	'사용'을 선택해야만 로그인 시 조회가 가능하다.
회계연도	기수와 회계연도를 입력한다.(사업자등록증상의 개업연월일을 기준으로 한다.)
사업자등록번호와 법인등록번호	사업자등록증과 법인등기부등본에 기재되어 있는 번호를 정확히 입력한다. 잘못 입력 시 붉은색으로 표시되지만 계속 진행할 수 있다.
대표자명	사업자등록증상의 대표자 이름을 입력한다.
사업장 주소	[F2] 도움 자판이나 검색단추(🔍)를 눌러 도로명 주소나 지번주소로 검색하여 검색된 주소를 선택하고 나머지 상세주소를 입력한다. 시험 시는 우편번호를 생략하고 주소를 직접 입력하여도 된다.
본점주소	본점 주소를 입력한다.
업태/업종	사업자등록증상의 업태와 업종을 입력한다.
사업장 전화번호	사업장전화번호를 입력한다.
개업년월일	사업자등록증상의 개업연월일 등을 참고하여 입력한다.
사업장관할세무서	[F2] 도움 자판이나 검색단추(🔍)를 눌러 사업자등록증상의 관할세무서를 입력한다.

회사등록 따라하기

◉ **법인사업자인 (주)초석상사의 회사정보를 입력하시오.**

① 회사코드 : 2020　　　　　　　　　② 회사명 : (주)초석상사
③ 회계연도 : 제5기 2020년 1월 1일 ~ 2020년 12월 31일
④ 사업자등록번호 : 104-81-09258
⑤ 법인등록번호 : 201112-2222222　　⑥ 대표자명 : 정두령
⑦ 사업장주소 : 서울특별시 중구 남대문로 112 동강빌딩 505호
⑧ 본점주소 : 인천광역시 연수구 인천신항대로 1100(송도동)
⑨ 업태 : 제조　　　　　　　　　　　⑩ 종목 : 전자기기
⑪ 사업장전화번호 : 02)488-1234　　⑫ 개업연월일 : 2016년 1월 1일
⑬ 사업장관할세무서 : 104 남대문

 **회계충전소**

1. 등록한 회사를 삭제하고자 할 때는 [회사등록]화면에서 삭제할 회사를 선택하고 [F5]key를 누른 다음 [Enter]key를 치면 삭제가 된다. 그러나 [C:\KcLepDB\KcLep]에는 자료가 남아 있기 때문에 [회사등록]화면 상단 [F4]회사코드재생성을 하면, 삭제된 회사가 되살아난다. 완전 삭제를 위해서는 [C:\KcLepDB\KcLep] 에서 삭제하고자 하는 회사의 코드 '네자리 숫자'를 삭제하면 완전히 삭제가 되어 재생이 불가능하다. 단, 로그인하여 현재 실행 중인 회사는 삭제되지 않는다.

2. 전자세금계산서를 발행하는 경우에는 [회사등록] 입력 시 [추가사항]에 신고담당자의 E-mail 주소를 반드 시 입력해야 전자세금계산서 전송이 가능하다.(전자세금계산서 전송 시 직접 입력할 수도 있다.)

02 거래처 등록

기초정보관리
회사등록
거래처등록
계정과목및적요등록
환경등록

[거래처등록]은 거래처별로 발행 또는 수취하는 각종 증빙서류(세금계산서, 신용카드매출전표, 현금영수증 등)의 관리 및 거래처별 채권·채무 관리, 통장잔액 관리를 위해 등록하는 메뉴이며, 기본적으로 일반거래처(매입처와 매출처), 금융거래처, 카드거래처를 등록하여 관리하는 곳이다. 메인화면의 [회계모듈]을 선택한 후 세부메뉴에서 [기초정보관리] – [거래처 등록]을 선택하여 실행한다.

▶ 거래처 등록 방법

구 분	항 목	입 력 내 용
일반	거래처코드	'00101 ~ 97999' 중 입력하고자 하는 거래처코드와 거래처명을 입력한다.
	유 형	거래처를 세부적으로 관리하고자 할 경우 1:매출, 2:매입, 3:동시 중 선택한다.
	사업자등록번호, 법인등록번호	오른쪽 1.사업자등록증상의 사업자등록번호를 입력하면 왼쪽 등록번호란은 자동으로 반영된다.
	대 표 자 명	사업자등록증상의 대표자 이름을 입력한다.
	업 태 / 업 종	사업자등록증상의 업태와 종목을 입력한다.
금융	거래처코드	98000~99599 중 입력하고자 하는 거래처코드와 거래처명을 입력한다.
	유 형	1:보통예금, 2:당좌예금, 3:정기적금, 4:정기예금, 5:기타, 6:외화 중 선택한다.
	계 좌 번 호	은행계좌번호를 입력한다.
카드	거래처코드	'99600 ~ 99999' 중 입력하고자 하는 거래처코드와 거래처명을 입력한다.
	유 형	1:매출, 2:매입 카드 중 선택한다.
툴바	거래처명변경	일반거래처, 금융기관거래처, 신용카드거래처 이름을 변경할 경우 [거래처명]란에서 이름을 변경하고, 상단의 F11전표변경 단추를 눌러 주어야 이전에 등록된 모든 거래처명이 변경된다. 그렇지 않으면 변경 전 입력된 거래처명은 변경되지 않고 변경 전 이름으로 나타난다.

문제1 다음 신규 거래처를 등록하시오,

① **일반거래처 등록** : 00101~97999까지 입력한다.

검정시험 시는 매입·매출처 구분이 없이 구분은 "3.동시"를 선택하도록 주어진다.

[1] 매입처

코드	거래처명	대표자	사업자등록번호	업태	종목
101	(주)서초상사	마동탁	119-81-07607	도매	전자기기
102	(주)대전기업	박찬호	137-81-25151	도매	전자기기
103	(주)부산상사	이승엽	107-81-98032	도매	전자기기

[2] 매출처

코드	거래처명	대표자	사업자등록번호	업태	종목
201	구로상사	김재동	101-52-04875	소매	전자기기
202	용산상사	강호동	201-56-25668	소매	전자기기
203	유성상사	유재석	105-52-01147	소매	전자기기

【 일반거래처 입력 화면 】

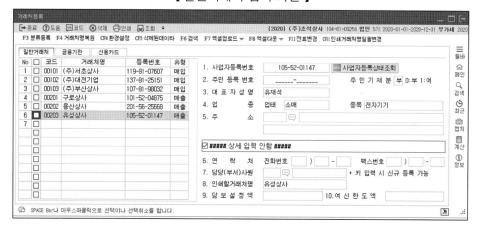

▶ 개인에게 세금계산서 발행 시 주민등록번호 기재 분으로 선택해야만 세금계산서합계 표상 주민 기재분으로 표시된다.

② **금융기관 등록** : 98000-99599까지 입력한다.

보통예금, 당좌예금, 정기예금, 정기적금 유형으로 입력한다.

코드	거래처명	계좌번호	유형
98000	국민은행	357702-04-084678	보통예금
98001	신한은행	415-04-270146	보통예금
98002	외환은행	123-05-325890	보통예금

【 금융거래처 입력 화면 】

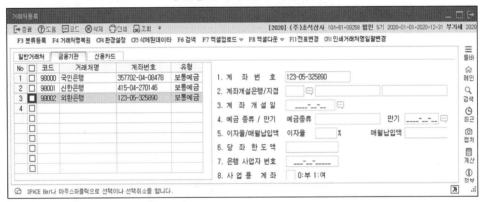

▶ 은행등록은 받을어음 관리, 금융기관 및 정기예적금을 분류별로 관리하기 위해 등록한다.

③ **신용카드 가맹점 등록**

1. 99600-99999까지 입력한다.
2. 매출은 가맹점번호, 매입은 카드번호를 입력한다.
3. 같은 카드사에서 매출과 매입이 동시에 발생하면 매출카드사와 매입카드사를 따로 입력한다.

(1) 매입카드

코드	거래처명	가맹점(카드)번호	유형	결제일	결제계좌
99600	BC카드	1234-5678-9876-4436	매입	5	국민은행
99601	국민카드	3412-2612-4312-8216	매입	10	국민은행
99602	삼성카드	3103-3206-3309-3412	매입	15	신한은행
99603	외환비자카드	4104-4208-4312-4416	매입	25	외환은행

【 매입카드 입력 화면 】

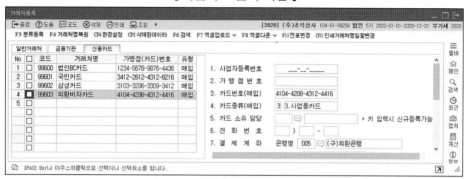

(2) 매출카드

코드	거래처명	가맹점(카드)번호	유형	결제계좌
99604	국민카드	1234567890	매출	국민은행
99605	신한카드	0987654321	매출	신한은행

【 매출카드 입력 화면 】

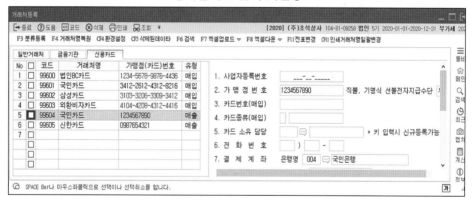

▶ 매출카드사는 부가가치세 부속서류 중 신용카드매출전표 발행집계표와 연관이 있으며, 매입카드사는
신용카드매출전표 등 수령금액합계표와 연관이 있다.

03 계정과목 및 적요 등록

기초정보관리
회사등록
거래처등록
계정과목및적요등록
환경등록

[계정과목및적요등록]은 유동성배열법에 의하여 코드번호를 체계화하여 기본적으로 설정되어 있으나 사용자가 계정과목을 수정하거나 추가 등록하고자 할 때 실행하며, 적색으로 표시되어 있는 계정과목은 임의로 변경하면 안된다. 메인화면의 [회계모듈]을 선택한 후 세부메뉴에서 [기초정보관리] – [계정과목및적요등록]을 선택하여 실행한다.

번호	수 정	내 용
1	계 정 체 계	- 유동성배열법으로 코드번호를 부여하여 체계화되어 있다. - 계정과목 등록 시 반드시 코드체계에 맞게 선택하여 등록해야 한다.(**예** 소모품비는 '판매관리비'에 속하므로 코드체계 '0801-0900' 사이에 등록하여야 한다.)
2	사용자설정계정과목	신규로 계정과목을 등록할 경우에 코드체계에 맞게 선택하는 곳이다.
3	계 정 코 드 (명)	코드체계에 맞게 선택하였을 경우 사용자가 직접 계정과목명을 입력하는 곳이다.
4	성 격	성격은 1.인건비(근로), 2.인건비(퇴직), 3.경비, 4.기타, 5.차감 등을 선택한다.
5	현 금 적 요	현금거래의 적요를 등록하는 곳이다.
6	대 체 적 요	현금을 수반하지 않은 대체거래 적요를 등록하는 곳이다.
7	검정색계정과목	수정하고자 하는 계정과목에 바로 덧 씌어 수정한다.
8	적색계정과목	[Ctrl]+[F2] 기능 key를 이용하여 수정한다.

▶ [회계관리] 화면에서 [환경등록]을 클릭하여 다음과 같이 수정 및 입력한다.
  – 아래 사항 외는 자동으로 반영된다.

  ① ② 분개유형 설정 : 제조기업일 경우 다음과 같이 수정한다.
    –. 0401 상품매출 → 0404 제품매출
    –. 0146 상품 → 0153 원재료
    –. 신용카드 매출채권 : 0120 미수금 → 0108 외상매출금

  ② ③ 추가계정 설정 : 필요할 때만 입력한다.
    –. 매출 : 매출 → 0401 상품매출, 매출채권 → 0108 외상매출금
    –. 매입 : 매입 → 0146 상품, 매입채무 → 0251 외상매입금

  ③ 부가세 포함여부 : –. 카과 현과의 공급가액에 부가세 포함 : 1.포함
    –. 건별 공급가액에 부가세 포함 : 1.포함
    –. 과세 공급가액에 부가세 포함 : 0.미포함

  ④ ⑯ 면세류 입력 설정 : 필요한 때만 입력한다.(전산세무 2급이상)
    –. 의제류 자동 설정 : 0.없음을 선택한다.

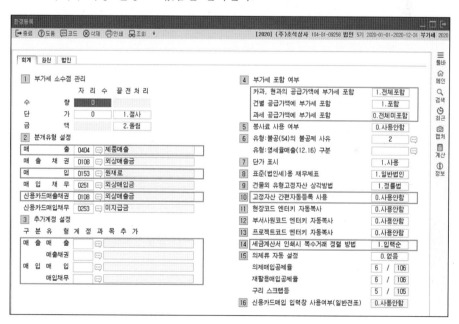

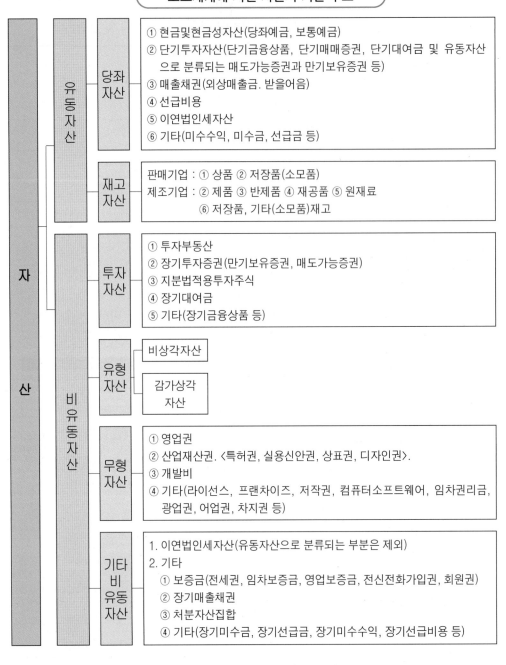

코드체계에 의한 자산의 기본 구조

자산

유동자산

당좌자산
① 현금및현금성자산(당좌예금, 보통예금)
② 단기투자자산(단기금융상품, 단기매매증권, 단기대여금 및 유동자산으로 분류되는 매도가능증권과 만기보유증권 등)
③ 매출채권(외상매출금. 받을어음)
④ 선급비용
⑤ 이연법인세자산
⑥ 기타(미수수익, 미수금, 선급금 등)

재고자산
판매기업 : ① 상품 ② 저장품(소모품)
제조기업 : ② 제품 ③ 반제품 ④ 재공품 ⑤ 원재료
⑥ 저장품, 기타(소모품)재고

비유동자산

투자자산
① 투자부동산
② 장기투자증권(만기보유증권, 매도가능증권)
③ 지분법적용투자주식
④ 장기대여금
⑤ 기타(장기금융상품 등)

유형자산
비상각자산
감가상각 자산

무형자산
① 영업권
② 산업재산권. 〈특허권, 실용신안권, 상표권, 디자인권〉.
③ 개발비
④ 기타(라이선스, 프랜차이즈, 저작권, 컴퓨터소프트웨어, 임차권리금, 광업권, 어업권, 차지권 등)

기타비유동자산
1. 이연법인세자산(유동자산으로 분류되는 부분은 제외)
2. 기타
① 보증금(전세권, 임차보증금, 영업보증금, 전신전화가입권, 회원권)
② 장기매출채권
③ 처분자산집합
④ 기타(장기미수금, 장기선급금, 장기미수수익, 장기선급비용 등)

부채의 구성

부채

유동부채 : 단기차입금, 외상매입금, 지급어음, 미지급금, 선수금, 유동성장기부채 등

비유동부채 : 사채, 퇴직급여충당부채, 장기차입금, 장기성지급어음 등

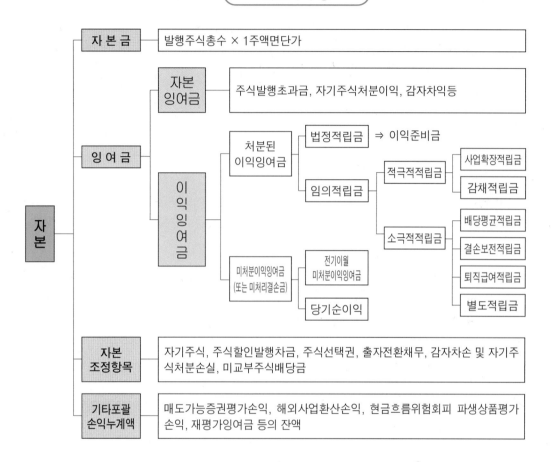

자본의 구성

- **자본금**: 발행주식총수 × 1주액면단가
- **잉여금**
  - **자본잉여금**: 주식발행초과금, 자기주식처분이익, 감자차익등
  - **이익잉여금**
    - **처분된 이익잉여금**
      - 법정적립금 ⇒ 이익준비금
      - 임의적립금
        - 적극적적립금: 사업확장적립금, 감채적립금
        - 소극적적립금: 배당평균적립금, 결손보전적립금, 퇴직급여적립금, 별도적립금
    - **미처분이익잉여금 (또는 미처리결손금)**
      - 전기이월 미처분이익잉여금
      - 당기순이익
- **자본조정항목**: 자기주식, 주식할인발행차금, 주식선택권, 출자전환채무, 감자차손 및 자기주식처분손실, 미교부주식배당금
- **기타포괄손익누계액**: 매도가능증권평가손익, 해외사업환산손익, 현금흐름위험회피 파생상품평가손익, 재평가잉여금 등의 잔액

① 계정과목 적요등록

사용하고자 하는 계정과목이 없을 때 회사가 신규로 등록하는 경우와 현재 사용하고 있는 계정과목을 수정하고자 할 때 실행하며, 적색으로 표시되어 있는 계정과목은 회사가 임의로 변경하면 안 된다.

② 계정과목 적요등록 수정

(1) 검정색 계정과목 : 바로 덧씌워 수정한다.
(2) 적색계정과목 : [Ctrl] + [F2]를 이용하여 수정한다.

예제 ◐ 검정색 계정과목 수정 및 신규등록

▶ (주)초석상사(회사코드 : 2020)는 전자기기를 제조하여 판매하는 중소기업이며, 당기
(제5기) 회계기간은 2020. 1. 1 ~ 2020. 12. 31 이다. 전산세무회계 수험용 프로그램
을 이용하여 다음 물음에 답하시오.

1. 계정과목의 코드번호가 주어지지 않은 경우의 입력 방법

예제1 '단기투자자산평가이익'을 '단기매매증권평가이익'으로, '단기투자자산처분이익'을
'단기매매증권처분이익'으로 수정하시오. 단, 처음 [회사등록]을 한 상태에서 작업할 것.

 입력방법

① [회계관리] – [기초정보관리] – [계정과목 및 적요등록]을 선택하여 실행한다.

② 화면 왼쪽 '계정체계'의 영업외수익 [0901-0950]을 클릭한 후 '코드/계정
과목'의 0905 단기투자자산평가이익을 클릭한다.

③ 화면 오른쪽 [계정코드(명)]에서 단기투자자산평가이익을 단기매매증권평가이익으로 덧씌워 입력하고 Enter↵ 하면 수정이 완료된다. 단, [성격]란의 2.일반은 그대로 두면 된다.

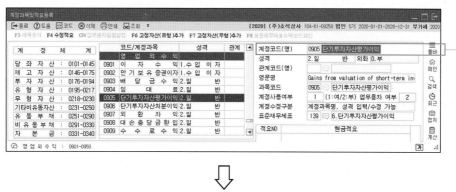

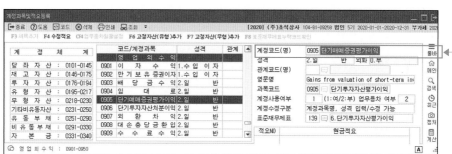

④ 수정 후 [ESC] 자판을 눌러 빠져나왔다가 다시 실행하면 [과목코드]란에도 자동으로 변경되어 있음을 알 수 가 있다.

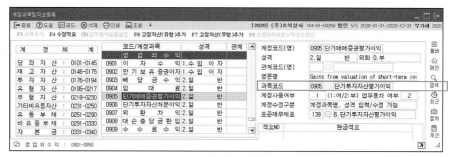

▶ 단기투자자산처분이익을 단기매매증권처분이익으로 수정하는 것도 위와 같은 절차로 실행하면 된다.

예제2 판매비와관리비 계정인 '차량리스료 계정과목'을 신규 등록하여 사용하고자 한다. '0829 사용자설정계정과목'에 등록하시오.

 입력방법

① [회계관리] – [기초정보관리] – [계정과목 및 적요등록]을 선택하여 실행한다.

② "코드번호란"에 커서를 두고 숫자 "829"를 치면 "0829 사용자설정계정과목"으로 이동한다.

③ 우측 계정코드(명) "0829 사용자설정계정과목"에 "차량리스료"라 덧씌워 입력하고, 성격은 "3.경비"를 선택한 후 Enter↵ 하면 등록이 완료된다.

④ 과목코드란은 자동으로 생성되도록 되어 있다.

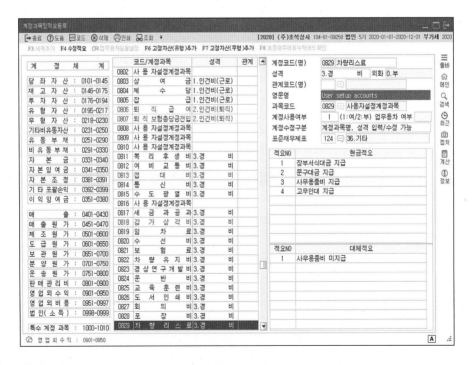

3. 적색계정과목 수정 ⇒ [Ctrl+F2] 키를 이용하여 수정한다.

 예제3 0138 전도금 계정을 '소액현금 계정'으로 수정하여 사용하고자 한다. 적절하게 수정
등록을 하시오.

입력방법

① [회계관리] – [기초정보관리] – [계정과목 및 적요등록]을 선택하여 실행한다.

② 커서를 "코드번호란"에 두고 숫자 "138"을 치면 "0138 전도금계정"으로 이동
한다.

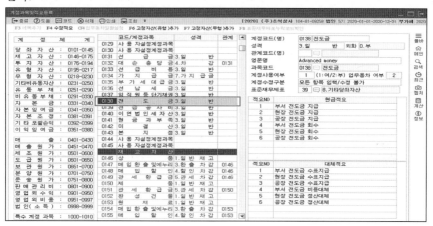

② "0138 전도금계정"에 마우스포인터를 두고 [Ctrl+F2]를 누르고 우측 계정코
드(명)란에 "0138 전도금"에 바로 덧씌워 "소액현금"이라 입력하고 **Enter⏎**
하면 등록이 완료된다.(성격은 3.일반으로 선택되어 있다.)

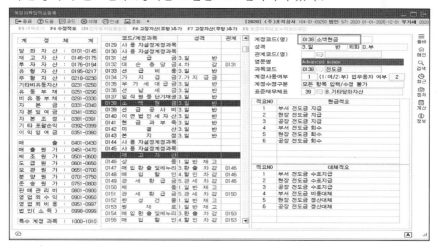

4. 통합계정 신규 등록

 예제4 건물, 구축물, 기계장치계정을 통합계정인 "설비자산"으로 개정기업회계기준서 21호에 맞추어 신규등록하시오.

입력방법

① [합계잔액시산표]–[재무상태표]–[손익계산서] 상단 툴바에 있는 [(F4)통합계정] 단추를 클릭하여 실행시키면 [제출용 계정 등록] 화면이 나타난다.

② [제출용 계정 등록]에서 제출명칭 11번에 통합계정과목명 "설비자산"을 입력하고, [Enter↵]를 친 후 사용은 [3번 유형자산]을 선택한 다음 사용여부에서 [1번 사용]을 선택하면 커서는 오른쪽 코드란으로 이동한다. [(F2)검색] 단추를 눌러 건물, 구축물, 기계장치를 선택하여 입력하고 [Enter↵]를 치면 등록이 완료된다.

<제출용계정 등록>

	제출용 명칭	구분	사용		코드	계정과목
1	현금밀현금성자산	1.당좌자산	1.사용	1	0101	현금
2	단기투자자산	1.당좌자산	1.사용	2	0102	당좌예금
3	매출채권	1.당좌자산	1.사용	3	0103	보통예금
4	장기투자증권	2.투자자산	1.사용	4	0104	제예금
5	장기매출채권	5.기타비유동자산	1.사용	5		
6	산업재산권	4.무형자산	1.사용			
7	개발비	4.무형자산	1.사용			
8	매입채무	6.유동부채	1.사용			
9	장기매입채무	7.비유동부채	1.사용			
10	퇴직급여충당부채	7.비유동부채	1.사용			
11						

※ 퇴직연금충당부채(코드329)는 퇴직급여충당부채(제출용명칭)에 자동합산되므로 코드를 입력하지 않습니다.

기본데이타 / 삭제(F5) / 종료(ESC)

<등록이 완료된 화면>

	제출용 명칭	구분	사용		코드	계정과목
1	현금밀현금성자산	1.당좌자산	1.사용	1	0202	건물
2	단기투자자산	1.당좌자산	1.사용	2	0204	구축물
3	매출채권	1.당좌자산	1.사용	3	0206	기계장치
4	장기투자증권	2.투자자산	1.사용	4		
5	장기매출채권	5.기타비유동자산	1.사용			
6	산업재산권	4.무형자산	1.사용			
7	개발비	4.무형자산	1.사용			
8	매입채무	6.유동부채	1.사용			
9	장기매입채무	7.비유동부채	1.사용			
10	퇴직급여충당부채	7.비유동부채	1.사용			
11	설비자산	3.유형자산	1.사용			

코드를 입력하세요

※ 퇴직연금충당부채(코드329)는 퇴직급여충당부채(제출용명칭)에 자동합산되므로 코드를 입력하지 않습니다.

기본데이타 / 삭제(F5) / 종료(ESC)

③ 등록 완료 후 합계잔액시산표 또는 재무상태표[제출용]을 클릭하여 실행하면 [건물, 구축물, 기계장치 계정]이 [설비자산]으로 통합하여 나타남을 확인할 수가 있다. 단, [건물, 구축물, 기계장치 계정]이 어느 하나라도 입력되어 있어야 통합 계정인 [설비자산]이 나타난다.

<아래 화면은 제시된 기초데이터 중 '2020 (주)한라상사 12월 31일 현재 합계잔액시산표[제출용]'을 출력한 화면이다>

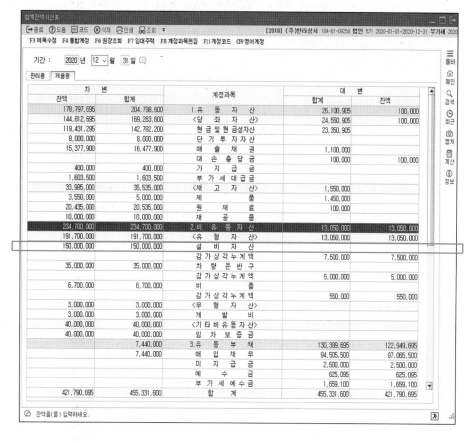

5. 적요등록 신규 등록

 예제5 퇴직금 중간정산을 신청하는 직원들에게 퇴직금을 지급하기로 하였다. 판매비와관리비의 0806. 퇴직급여 계정에 다음 내용의 적요를 등록하시오.

> 현금적요 1. 직원 중간 정산 시 퇴직금 지급

입력방법

① [회계관리] - [기초정보관리] - [계정과목 및 적요등록]을 선택하여 실행시킨다.

② 코드란에 커서를 두고 "숫자 806"을 치면 [0806. 퇴직급여계정]으로 이동한다.

③ 현금적요 No란에 숫자 "1"을 입력하고 적요내용 [직원중간정산시 퇴직금지급]을 입력한 후 Enter↵ 하면 등록이 완료된다.

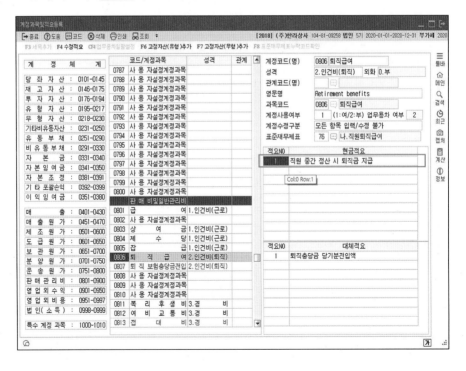

04 전기분 재무상태표

전기분재무제표
전기분재무상태표
전기분손익계산서
전기분원가명세서
전기분잉여금처분계산서
거래처별초기이월
마감후이월

실무상 계속사업자는 '마감후이월 메뉴"를 통하여 자동이월 되기 때문에 초기이월 작업을 할 필요가 없지만, 자격시험을 대비 하여 회계프로그램을 처음 시작할 경우 전기자료가 없으므로, 전기분에 대한 필요한 자료를 직접 입력하여 이월을 받아야 한다. 메인화면의 [회계모듈]을 선택한 후 세부메뉴에서 [전기분재무제표]−[전기분재무상태표]를 선택하여 실행한다.

▶ 단, 실제시험의 경우 모든 data가 입력된 자료로 제시하여, "추가입력 및 수정"에 관련된 문제가 출제된다.

예 제 다음 (주)초석상사의 전기분 재무상태표를 입력하시오.

재 무 상 태 표

(주)초석상사   제4기 2019년 12월 31일   단위 : 원

과 목	금	액	과 목	금	액
현 금		50,200,000	단 기 차 입 금		20,000,000
당 좌 예 금		66,500,000	외 상 매 입 금		80,800,000
보 통 예 금		5,000,000	지 급 어 음		6,000,000
외 상 매 출 금	10,000,000		미 지 급 금		2,500,000
대 손 충 당 금	100,000	9,900,000	예 수 금		550,000
단 기 매 매 증 권		8,000,000	미 지 급 비 용		1,000,000
제 품		5,000,000	자 본 금		117,000,000
원 재 료		4,500,000	미처분이익잉여금		9,700,000
재 공 품		10,000,000			
임 차 보 증 금		40,000,000			
개 발 비		3,000,000			
차 량 운 반 구	35,000,000				
감 가 상 각 누 계 액	5,000,000	30,000,000			
비 품	6,000,000				
감 가 상 각 누 계 액	550,000	5,450,000			
자 산 총 계		237,550,000	부채와 자본총계		237,550,000

회계충전소

▶ 전기분재무상태표의 (377) 미처분이익잉여금 9,700,000을 (375)이월이익잉여금 9,700,000으로 입력한다.

입력방법

▶ [회계관리] – [전기분재무제표] – [전기분재무상태표]를 선택하여 실행한 후 직접 입력한다.

① 계정과목 등록 시 계정과목코드 번호를 모르면 커서를 코드란에 두고 [F2]도움 자판을 이용 검색하여 등록을 하거나, 계정과목 앞자리 두 글자를 입력하고 [Enter]키를 치고 나타나는 보조화면에서 원하는 계정과목을 선택하여 입력하여도 된다.

② 외상매출금의 코드번호는 '0108'이며, 외상매출금에 대한 대손충당금은 '0109' 대손충당금을 선택하여 등록하면 된다.

③ 건물의 코드번호는 '0202'이며, 건물에 대한 감가상가누계액은 '0203' 감가상각누계액을 선택하여 등록하면 된다.

④ 제품 5,000,000원은 전기분손익계산서의 기말제품재고액에 자동으로 반영된다.

⑤ 원재료 4,500,000원은 전기분제조원가명세서의 기말원재료재고액에 자동으로 반영된다.

⑥ 재공품 10,000,000원은 전기분원가명세서의 기말재공품재고액에 자동으로 반영된다.

⑦ 거래처별 초기이월작업을 할 때 상단툴바의 [(F4)불러오기] 단추를 클릭하면 재무상태표에 입력된 내용이 자동 반영된다.

【 전기분 재무상태표 입력 화면 】

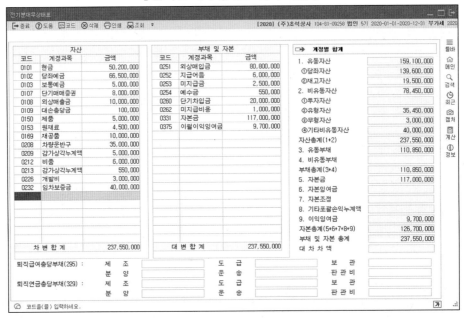

05 전기분 손익계산서

전기분재무제표
전기분재무상태표
전기분손익계산서
전기분원가명세서
전기분잉여금처분계산서
거래처별초기이월
마감후이월

[전기분손익계산서]는 당기분과 전기분의 손익계산서가 비교식으로 조회된다. 메인화면의 [회계모듈]을 선택한 후 세부메뉴에서 [전기분재무제표]-[전기분손익계산서]를 선택하여 실행한다.

▶ 단, 실제시험의 경우 모든 data가 입력된 자료로 제시하여, "추가입력 및 수정"에 관련된 문제가 출제된다.

예 제 다음 (주)초석상사의 전기분 손익계산서를 입력하시오.

손 익 계 산 서

(주)초석상사   제4기 2019. 1. 1 ~ 2019. 12. 31   단위 : 원

과 목	금 액	과 목	금 액
매 출 액	100,000,000	영 업 이 익	18,350,000
제 품 매 출	100,000,000	영 업 외 수 익	300,000
매 출 원 가	50,000,000	단기매매증권평가이익	300,000
제 품 매 출 원 가	50,000,000	영 업 외 비 용	3,600,000
기 초 제 품 재 고 액	0	이 자 비 용	3,000,000
당 기 제 품 제 조 원 가	55,000,000	기 부 금	500,000
기 말 제 품 재 고 액	5,000,000	유 형 자 산 처 분 손 실	100,000
매 출 총 이 익	50,000,000	법인세비용차감전순이익	15,050,000
판 매 비 와 관 리 비	31,650,000	법 인 세 비 용	4,138,750
급 여	20,000,000	당 기 순 이 익	10,911,250
복 리 후 생 비	3,500,000		
여 비 교 통 비	800,000		
접 대 비	2,000,000		
통 신 비	1,500,000		
수 도 광 열 비	600,000		
임 차 료	2,500,000		
운 반 비	100,000		
소 모 품 비	350,000		
대 손 상 각 비	300,000		

▶ [회계관리] – [전기분재무제표] – [전기분손익계산서]를 선택하여 실행한 후 직접 입력한다.

제품 매출원가 입력 방법

제조업체일 경우 < 455 제품매출원가 >를 선택

① 기초제품재고액 : 0원은 입력하지 않는다.

② 당기제품제조원가 : 55,000,000원을 55++로 직접 입력하고 반드시 [Enter↵]로 저장을 완료한다.

③ 기말제품재고액 : 전기분재무상태표에 입력된 5,000,000원이 자동 반영된다.

④ 모든 비용은 "800번대"를 입력한다.

⑤ 당기순손익은 입력하지 않는다.

【 제품 매출원가 입력 화면 】

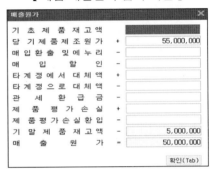

【 전기분 손익계산서 입력 화면 】

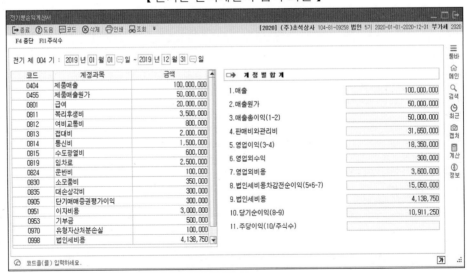

06 전기분 원가명세서

전기분재무제표

전기분재무상태표
전기분손익계산서
전기분원가명세서
전기분잉여금처분계산서
거래처별초기이월
마감후이월

[전기분원가명세서]는 당기분과 전기분의 제조원가명세서를 비교식으로 작성하기 위함이며, (11번) 당기제품제조원가는 손익계산서상 제품매출 원가계산을 위한 박스 안 당기제품제조원가의 금액과 일치하여야한다. 메인화면의 [회계모듈]을 선택한 후 세부메뉴에서 [전기분재무제표]−[전기분 원가명세서]를 선택하여 실행한다.

▶ 단, 실제시험의 경우 모든 data가 입력된 자료로 제시하여, "추가입력 및 수정"에 관련된 문제가 출제된다.

예 제 다음 (주)초석상사의 전기분 제조원가명세서를 입력하시오.

제 조 원 가 명 세 서

(주)초석상사   2019. 01. 01 ~ 2019. 12. 31   단위 : 원

과 목	제 4 (전) 기	
	금	액
원 재 료 비		21,000,000
기 초 원 재 료 재 고 액	5,500,000	
당 기 원 재 료 매 입 액	20,000,000	
기 말 원 재 료 재 고 액	4,500,000	
노 무 비		18,000,000
임 금	18,000,000	
제 조 경 비		21,000,000
복 리 후 생 비	6,000,000	
통 신 비	2,000,000	
가 스 수 도 료	5,000,000	
전 력 비	3,000,000	
소 모 품 비	5,000,000	
당 기 총 제 조 비 용		60,000,000
기 초 재 공 품 재 고 액		(+) 5,000,000
합 계		65,000,000
기 말 재 공 품 재 고 액		(−) 10,000,000
당 기 제 품 제 조 원 가		55,000,000

※ 제조업 : (516) 전력비, (515) 가스수도료
※ 도·소매업 : (815) 수도광열비

전기분원가명세서를 처음 입력을 할 때는 다음과 같은 순서에 의하여 작업을 한다.

입력방법

① [회계관리]－[전기분재무제표]－[전기분원가명세서]를 선택하여 실행하면 [매출원가 및 경비선택] 화면이 실행된다.

매출원가 및 경비선택

사용여부	매출원가코드 및 계정과목		원가경비		화면
부	0455	제품매출원가	1	0500번대	제조
부	0452	도급공사매출원가	2	0600번대	도급
부	0457	보관매출원가	3	0650번대	보관
부	0453	분양공사매출원가	4	0700번대	분양
부	0458	운송매출원가	5	0750번대	운송

[참고사항]
1.편집(tab)을 선택하면 사용여부를 1.여 또는 0.부로 변경하실 수 있습니다.
2.사용여부를 1.여로 입력 되어야만 매출원가코드를 변경하실 수 있습니다.
(편집(tab)을 클릭하신 후에 변경하세요)
3.사용여부가 1.여인 매출원가코드가 중복 입력되어 있는 경우 본 화면에 입력하실 수 없습니다.

확인(Enter) 편집(Tab) 자동설정(F3) 취소(ESC)

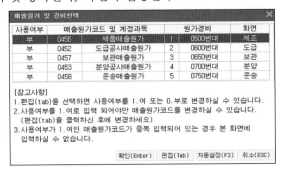

② [매출원가 및 경비선택] 화면 하단 [편집(Tab)]을 클릭하여 [사용여부]를 '1.여' 로 변경한 후 하단에 있는 [선택(Tab)]단추를 누른다.

매출원가 및 경비선택

사용여부	매출원가코드 및 계정과목		원가경비		화면
부	0.부 / 1.여	제품매출원가	1	0500번대	제조
부	0452	도급공사매출원가	2	0600번대	도급
부	0457	보관매출원가	3	0650번대	보관
부	0453	분양공사매출원가	4	0700번대	분양
부	0458	운송매출원가	5	0750번대	운송

[참고사항]
1.편집(tab)을 선택하면 사용여부를 1.여 또는 0.부로 변경하실 수 있습니다.
2.사용여부를 1.여로 입력 되어야만 매출원가코드를 변경하실 수 있습니다.
(편집(tab)을 클릭하신 후에 변경하세요)
3.사용여부가 1.여인 매출원가코드가 중복 입력되어 있는 경우 본 화면에 입력하실 수 없습니다.

확인(Enter) 선택(Tab) 자동설정(F3) 취소(ESC)

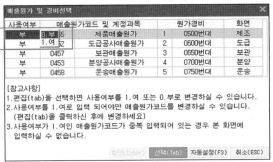

③ [매출원가 및 경비선택] 화면 하단 [확인(Enter)]하면 전기분원가명세서 입력 화면이 실행된다.

매출원가 및 경비선택

사용여부	매출원가코드 및 계정과목		원가경비		화면
여	0455	제품매출원가	1	0500번대	제조
부	0452	도급공사매출원가	2	0600번대	도급
부	0457	보관매출원가	3	0650번대	보관
부	0453	분양공사매출원가	4	0700번대	분양
부	0458	운송매출원가	5	0750번대	운송

[참고사항]
1.편집(tab)을 선택하면 사용여부를 1.여 또는 0.부로 변경하실 수 있습니다.
2.사용여부를 1.여로 입력 되어야만 매출원가코드를 변경하실 수 있습니다.
(편집(tab)을 클릭하신 후에 변경하세요)
3.사용여부가 1.여인 매출원가코드가 중복 입력되어 있는 경우 본 화면에 입력하실 수 없습니다.

확인(Enter) 편집(Tab) 자동설정(F3) 취소(ESC)

④ 원재료비를 입력한다.

⊙ 코드란에 501 원재료비를 입력하면 우측에 원재료비 입력 화면이 실행된다.

ⓛ 기초원재료재고액 5,500,000원 당기원재료매입액 20,000,000원을 입력하고 [Enter]로 빠져나오면 501.원재료비가 21,000,000원이 된다.

ⓒ 504 임금 및 500번대 제조경비를 입력한다.

ⓔ 기초재공품 재고액 5,000,000원은 마우스를 이용하여 직접 입력한다.

ⓜ 기말원재료재고액 4,500,000원과 기말재공품재고액 10,000,000원은 전기분재무상태표에서 입력된 금액이 자동으로 반영이 된다.

ⓗ 반드시 [Enter↵]로서 저장을 완료하고 빠져나온다.

【 원재료비 입력 화면 】

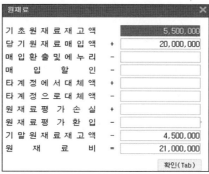

【 전기분 원가명세서 입력완료 화면 】

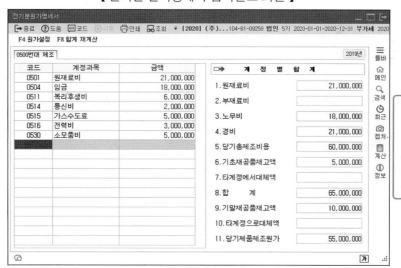

기초재공품재고액은 마우스 또는 [TAB]키를 이용 직접 입력하고, 기말재공품재고액은 전기분재무상태표에서 자동 반영된다.

07 전기분 잉여금처분계산서

전기분재무제표

전기분재무상태표
전기분손익계산서
전기분원가명세서
전기분잉여금처분계산서
거래처별초기이월
마감후이월

[전기분잉여금처분계산서]는 당기분과 전기분의 이익잉여금처분계산서 또는 결손금처리계산서를 비교식으로 작성하기 위함이며, 당기순이익은 상단 툴바의 [(F6)불러오기]를 클릭하여 손익계산서상 당기순이익 금액을 자동으로 반영되도록 한다. 당기순손실일 경우에는 당기순이익명이 당기순손실로 바뀌어 나타난다. 메인화면의 [회계모듈]을 선택한 후 세부메뉴에서 [전기분재무제표]-[전기분잉여금처분계산서]를 선택하여 실행한다.

예 제   다음 (주)초석상사의 전기분 잉여금처분계산서를 입력하시오.

이 익 잉 여 금 처 분 계 산 서

(주)초석상사   제4기 2019년 1월 1일부터 2019년 12월 31일까지   단위 : 원

계 정 과 목	금	액
미 처 분 이 익 잉 여 금		9,700,000
전기이월미처분이익잉여금	−1,211,250	
당 기 순 이 익	10,911,250	
임 의 적 립 금 이 입 액		
배 당 평 균 적 립 금		
별 도 적 립 금		
합 계		9,700,000
이 익 잉 여 금 처 분 액		
이 익 준 비 금		
차기이월미처분이익잉여금		9,700,000

1 이익잉여금처분계산서

(1) 미처분이익잉여금 9,700,000원이 전기분재무상태표의 이월이익잉여금과 일치
    화면상 −1,211,250원은 이월결손금을 말한다.

(2) 당기순이익 10,911,250원은 상단 툴바의 [F6]불러오기를 클릭하면 전기분손익계산서의 당기순이익이 자동반영된다.

(3) 전기분과 당기분을 비교식으로 작성하기 위해서이다.

▶ 전기이월미처분이익잉여금 -1,211,250을 입력하면 전기이월미처리결손금 1,211,250 으로 입력되어 나타난다.

08 거래처별 초기이월

전기분재무제표
전기분재무상태표
전기분손익계산서
전기분원가명세서
전기분잉여금처분계산서
거래처별초기이월
마감후이월

　　[거래처별초기이월]은 거래처 별로 채권·채무관계를 관리하기 위하여 입력하는 곳이다. 전기분재무상태표를 입력한 다음 왼쪽상단 툴바의 `F4 불러오기`를 클릭하여 불러온 다음 입력할 계정과목을 선택하고, [Tab] key 또는 마우스로 오른쪽 코드란에 커서를 두고 [F2]도움 자판을 누르면 나타나는 보조화면에서 선택하여 입력한다. [회계모듈]을 선택한 후 세부메뉴에서 [전기분재무제표]-[거래처별초기이월]를 선택하여 실행한다.

> **예 제** 다음 (주)초석상사의 거래처별 자료를 입력하시오.

[1] 매입처

코드	거래처명	대표자	사업자등록번호	외상매입금	지급어음
101	(주)서초상사	마동탁	119-81-07607	30,000,000원	2,000,000원
102	(주)대전기업	박찬호	137-81-25151	20,000,000원	1,500,000원
103	(주)부산상사	이승엽	107-81-98032	30,800,000원	2,500,000원

[2] 매출처

코드	거래처명	대표자	사업자등록번호	외상매출금	받을어음
201	구로상사	김재동	101-52-04875	3,000,000원	0
202	용산상사	강호동	201-56-25668	3,000,000원	0
203	유성상사	유재석	105-52-01147	4,000,000원	0

 입력방법

　① [회계관리]-[전기분재무제표]-[거래처별 초기이월]을 선택하여 실행한다.

　② 거래처별로 채권·채무 등을 관리하기 위함이며, 거래처등록란에 등록이 되어 있어야 한다.

　③ 상단의 [불러오기]를 클릭하면 전기분재무상태표의 자료가 불러와진다.

　④ [TAB]키를 이용 거래처별 입력화면이 나타나도록 한다.

【 거래처별 초기이월 화면 】

⑤ 입력하고자 하는 계정과목에 커서를 두고 [Tab]key를 누르거나, 마우스로
우측화면 코드란에 커서를 두고, [F2]도움 자판을 누르면 [거래처도움] 팝
업창이 나타난다. 여기서 원하는 거래처를 선택하고 금액을 입력한 다음 반
드시 Enter↵ key를 쳐서 등록을 완료한다.

【 외상매입금 거래처별 초기이월 입력 화면 】

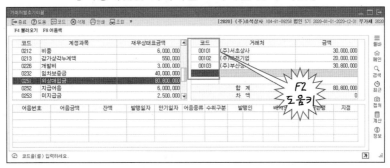

【 지급어음 거래처별 초기이월 입력 화면 】

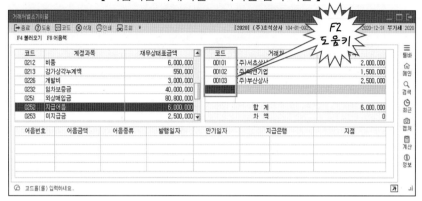

▶ 반드시 금액을 입력한 후 화면 하단에 차액 란을 확인한다.

- 채권 잔액과 거래처별 채권 잔액의 합이 일치할 경우는 차액은 '0'으로 표시된다.

- 채권 잔액과 거래처별 채권 잔액의 합이 일치하지 않으면, 그 차액이 적색으로 나타난다.

【 외상매출금 거래처별 초기이월 입력 화면 】

Chapter **04**

전표 입력

- 일반전표 입력
- 매입매출전표 입력
- 전표의 수정과 삭제

01 일반전표 입력

[일반전표입력]은 기업에서 발생하는 거래 중 상품 매입/매출 거래를 제외한 부가가치세 신고와 관련이 없는 모든 거래를 입력하는 메뉴로 각종 장부 및 재무제표에 반영된다. 메인화면의 [회계모듈]을 선택한 후 세부메뉴에서 [전표입력]−[일반전표입력]을 선택하여 실행한다.

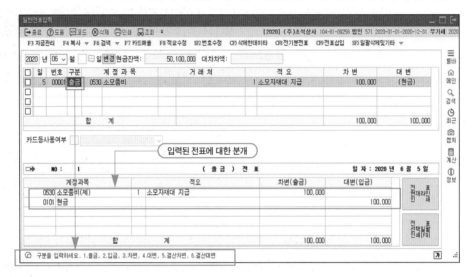

▶ 전표 입력 방법

번호	항목	내 용
(1)	월일	① 해당 월만 입력 후 하단 일에 거래 일자를 입력한다. ② 해당 일자를 입력 후 일일 거래를 바로 입력한다.
(2)	구분	전표의 유형을 선택한다. ① 현금전표 : 출금전표 : 1번, 입금전표 : 2번 ② 대체전표 : 차변 : 3번, 대변 : 4번 ③ 결산전표 : 결산차변 : 5번, 결산대변 : 6번(결산전표는 결산 수정 분개를 하는 경우만 사용한다.)
(3)	코드/계정과목	계정코드를 입력하면 계정과목명이 자동 입력된다. ① 계정코드를 모르는 경우 　㉠ 코드에서 [F2]도움 자판을 눌러 원하는 계정을 검색하여 선택한 후 [Enter]로 입력한다. 　㉡ 코드에서 계정과목명 두 글자를 입력하고 [Enter]한 후 원하는 계정을 선택하여 [Enter]로 입력한다. ② 계정코드를 아는 경우에는 해당 코드를 직접 입력하면 계정과목명이 자동 입력된다.

번호	항목	내 용
(4)	코드/거래처명	거래처코드를 입력하면 거래처명이 자동 입력된다. ① 거래처 코드를 모르는 경우 : 코드란에 커서를 이동하여 [F2]도움 자판을 눌러 조회하고자 하는 거래처를 검색하여 [Enter]로 입력한다. ② 거래처코드를 아는 경우 해당 코드를 입력하면 거래처명이 자동 입력된다. ③ 신규 거래처의 등록 　㉠ 코드란에서 '+'자판을 누른 후 거래처명을 입력한 다음 [Enter]를 치면 [거래처등록] 팝업창이 나타난다. 　㉡ 등록하고자 하는 거래처 코드번호를 입력한 다음 [수정] Tab을 누른 후 아래 거래처등록란에 기본사항을 입력한 후 [Enter]하면 거래처가 등록된다.
(5)	적 요	거래 내용에 대한 적요는 화면 아래의 표준 적요를 선택하거나 [F2] 도움 자판을 눌러 [적요코드도움] 창에서 선택하여 입력한다. 실제 자격시험에서는 적요를 입력하지 않아도 불이익은 없지만 실무에서는 적요등록이 중요하기 때문에 거래 내용을 육하원칙에 입각해서 요약 입력하는 연습을 하도록 한다.
(6)	금 액	금액 입력 시 오른쪽 작은 키보드의 '+'자판을 누르면 금액란에 '000' 세자리 수가 바로 입력됨을 알 수가 있다. 즉, 1,000,000원을 입력 시 1++ Enter↵ 하면 빠르게 입력할 수가 있다.

일반전표 입력 따라하기

▶ (주)초석상사(회사코드 : 2020)의 영업거래 내역을 일반전표에 입력하시오.(부가가치세는 생략한다.) < 적요 등록도 할 것 >

① 출금 거래

(1) **6월 5일** 공장소모자재 100,000원을 구입하고, 대금은 현금으로 지급하다.

분개 : (차변) 530 소모품비(제) 100,000   (대변) 101 현 금 100,000

① 하단 "일"란에 5를 입력한다.

② 커서가 **"구분"**란에 왔을 때 **"1:출금"**을 선택한다.

③ 계정과목 코드란에 앞자리 두글자 **"소모"**를 입력하고 Enter↵ key를 치면 나타나는 [계정코드도움] 팝업창에서 [0530 : 소모품비]를 선택하여 입력한다.

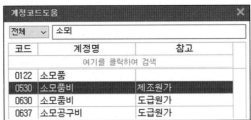

 알고 갑시다

❖ **판매경비와 제조경비**
  ① 판매업 즉 일반경비는 "800"번대로 입력 ⇒ 손익계산서에 반영된다.
  ② 제조기업 즉 제품제조와 관련 있는 제조경비는 "500"번대로 입력 ⇒ 제조원가명세서에 반영된다.

④ 거래처 등록 : 채권·채무와 관련된 거래가 아니기 때문에 거래처 코드번호 및 거래처명은 입력하지 않아도 된다.

⑤ 적요 등록 : 적요 코드란에 '1'을 입력하면 하단의 **"01 소모자재대 지급"**이 입력된다. 금액 100,000원은 100+로 입력한 후 Enter↵ key를 쳐서 입력을 완료한다.

【 입력 완료 화면 】

② 입금 거래

> **(2) 6월 6일** 매출처 구로상사의 외상대금 중 일부 1,000,000원을 현금으로
> 회수하다.

① 하단 "일"란에 6을 입력한다.

② 커서가 **"구분"란**에 오면 **"2:입금"**을 선택한다.

③ 계정과목 코드란에 앞자리 두글자 **"외상"**을 입력하고 Enter⏎ key를 치면 나타나
는 [계정코드도움] 팝업창에서 [108 : 외상매출금]을 선택하여 입력한다.

④ 거래처명 등록 : 코드란에 커서를 두고 거래처명 앞자리 두글자 **"구로"**를 입력
한 후 Enter⏎ key를 치고 나타나는 [거래처도움] 팝업창에서 "구로상사"를 선택
하여 입력한다.

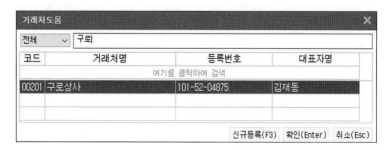

⑤ 적요 등록 : 적요 코드란에 '1'을 입력하면 하단의 **"01 외상매출대금 현금회수"**가 입력된다. 금액 1,000,000원은 1++로 입력한 후 Enter↵ key를 쳐서 입력을 완료한다.

> 분개 : (차변) 101 현　금 1,000,000　　(대변) 108 외상매출금 1,000,000
> [구로상사]

【 입력 완료 화면 】

③ **대체 거래**

> **(3) 6월 8일**　거래처 (주)서초상사의 외상대금 5,700,000원을 당사 국민은행 보통예금에서 계좌이체하여 지급하다. <거래처 은행 등록도 할 것>

① 하단 "일"란에 8을 입력한다.

② 커서가 **"구분"**란에 오면 **"3:차변"**을 선택하고, 0251 **외상매입금**을 입력한다.
계정과목 코드번호를 모르면 계정과목의 앞자리 두글자 **"외상"**을 입력하고 Enter↵ key를 치면 나타나는 [계정코드도움] 팝업창에서 [0252 : 외상매입금]을 선택하여 입력한다.

③ 거래처명 등록 : 코드란에 커서를 두고 거래처명 앞자리 두글자 **"서초"**를 입력한 후 Enter↵ key를 치고 나타나는 [거래처도움] 팝업창에서 "(주)서초상사"를 선택하여 입력한다.

④ 적요 등록 : 적요의 입력은 하단에 알맞은 적요가 없기 때문에 임의로 <외상매입금 보통예금 반제>를 입력하고 금액 5,700,000원을 **5700+**로 입력한 후 다음 입력단계(대변) "구분"란에 커서가 올 때까지 계속하여 **Enter↵**key를 친다.

⑤ "구분"란에 **"4:대변"**을 선택하고 103 보통예금을 입력한다. 커서가 거래처명등록란에 오면 거래처 앞자리 두글자 **"국민"**을 입력한 후 **Enter↵**key를 치면 나타나는 [거래처코드도움] 팝업창에서 "98000 국민은행"을 선택하여 입력한다. 금액란에 5,700,000원은 자동으로 계산되어 나타나며, 커서는 다음 입력단계로 이동한다. 이 때 적요등록은 앞서 입력한 [외상매입금 보통예금 반제] 내용이 자동으로 입력되어 나타난다.

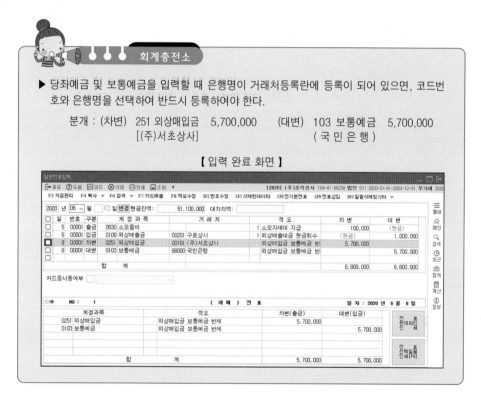

회계충전소

▶ 당좌예금 및 보통예금을 입력할 때 은행명이 거래처등록란에 등록이 되어 있으면, 코드번호와 은행명을 선택하여 반드시 등록하여야 한다.

분개 : (차변) 251 외상매입금 5,700,000   (대변) 103 보통예금 5,700,000
        [(주)서초상사]   (국 민 은 행)

【 입력 완료 화면 】

---

(4) **6월 15일** 국일은행에서 사업자금 10,000,000원을 대출하고, 선이자 50,000원을 차감한 잔액은 보통예금하다.(상환기간 : 2021년 6월 14일)

① 계좌번호 : 605-9593770

② 대표자 : 이국일

③ 코드번호 "98003"으로 신규 등록하여 사용할 것.

① 하단 "일"란에 15를 입력한다.

② 커서가 **"구분"**란에 오면 **"4:대변"**을 선택하고, **"0260 단기차입금"**을 입력한다. 계정과목 코드번호를 모르면 계정과목의 앞자리 두글자 **"단기"**를 입력하고 Enter↵ 하면, 보조화면이 보여진다. 원하는 계정과목 **<단기차입금>**을 선택하여 Enter↵ key를 치면 나타나는 [계정코드도움] 팝업창에서 [0260 : 단기차입금]을 선택하여 입력한다. 거래처 국일 은행을 신규 등록한다.

③ 적요등록 : 적요의 입력은 하단 **"04 차입금 발생시 보통예금"**을 선택하여 입력한다.

④ 금액 10,000,000원을 10++로 입력하고 커서가 다음 입력단계 "구분"란에 올 때가지 Enter↵ 를 친다.

⑤ **"구분 3차변"**을 선택하고 **"0103 보통예금"**을 입력한다. 거래처 등록은 신규 등록한 **"98003 국일은행"**을 입력하고, 금액 9,950,000원을 9950+로 입력하고 커서가 다음 입력단계 계정과목 코드란에 올 때까지 계속 Enter↵ 를 친다.

⑥ **"0951 이자비용"**을 입력한다. 거래처 등록은 생략하여도 되며, 금액 50,000원은 자동으로 계산되어 입력되기 때문에 Enter↵ 하면 등록이 완료된다.

⑦ 적요등록 : 적요의 입력은 하단에 알맞은 적요가 없기 때문에 임으로 "차입 시 선이자 지급"을 직접 입력한다.

 신규거래처 입력방법

① 화면①에서 거래처 코드란에 "00000"을 거래처란에 "국일은행"을 입력하고 Enter↵ 를 치면 화면②가 나타난다.

화면 ①

□	일	번호	구분	계 정 과 목		거 래 처	적 요	차 변	대 변
□	5	00001	출금	0530 소모품비			1 소모자재대 지급	100,000	(현금)
□	6	00001	입금	0108 외상매출금	00201	구로상사	1 외상매출대금 현금회수	(현금)	1,000,000
□	8	00001	차변	0251 외상매입금	00101	(주)서초상사	외상매입금 보통예금 반	5,700,000	
□	8	00001	대변	0103 보통예금	98000	국민은행	외상매입금 보통예금 반		5,700,000
□	15		대변	0260 단기차입금	00000	국일은행			

2020 년 06 v 월 일 변경 현금잔액: 51,100,000 대차차액:

② 화면②에서 거래처코드 "98003"을 입력하면 화면③이 된다.

화면 ②

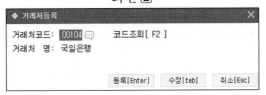

◆ 거래처등록

거래처코드: 00104 ⋯ 코드조회[F2]
거래처 명: 국일은행

등록[Enter] 수정[tab] 취소[Esc]

화면 ③

③ 화면③에서 화면 ④와 같이 커서를 거래처 코드란에 두고, 화면 하단에 화면 ⑤와 같이 주어진 거래처 정보를 입력하면 된다.

화면 ④

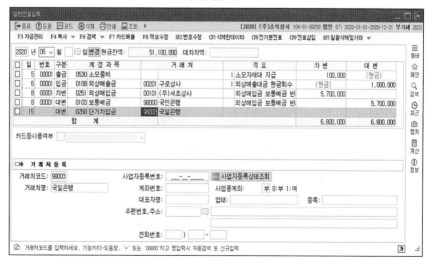

화면 ⑤

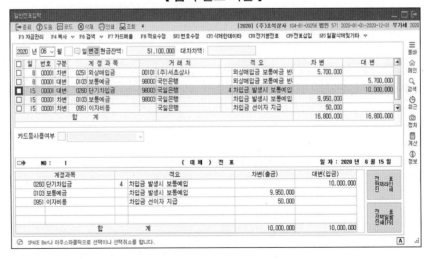

분개 : (차변) 103 보통예금   9,950,000   (대변) 260 단기차입금 10,000,000
         [거래처:국일은행]   [거래처:국일은행]
         이 자 비 용   50,000

【 입력 완료 화면 】

④ 타계정으로 대체액 손익계산서 반영분

> **(5) 6월 17일** 판매용 제품 10개 시가 @25,000원(원가 @20,000원)을 영업용
> 으로 전용하다. 〈비품으로 처리할 것〉

① 하단 "일"란에 17을 입력한다.

② 커서가 **"구분"**란에 오면 **"3:차변"**을 선택하고, **212 비품**을 입력한다. 커서가 적요등
록란에 오면 아래 적당한 적요가 없으므로 "판매용 제품 영업용 전용"을 직접 입력
한 다음 차변금액 200,000원을 200+로 입력하고(나타나는 고정자산 간편등록의
[취소(ESC)]를 클릭함) 커서가 다음 **"구분"**란에 올 때까지 계속 [Enter↵]를 친다.

③ 커서가 **"구분"**란에 오면 **"4:대변"**을 선택하고, **(150) 제품 200,000원**을 200+로 입력
한다. 계정과목코드번호를 모르면 계정과목의 앞자리 두글자 **"제품"**을 입력하고
[Enter↵] key를 치면 등록이 되면서 커서는 현재적요 등록란으로 이동한다.

④ 적요등록은 하단 **"(8번)타계정으로 대체 손익계산서 반영분"**을 선택한다.

⑤ 금액 200,000원은 자동으로 반영되며, [Enter↵] key를 쳐서 입력을 완료한다.

> 분개 : (차변) 212 비 품   200,000   (대변) 150 제 품   200,000
> 적요등록 8번 : 타계정으로 대체액 손익계산서 반영분 선택

【 입력 완료 화면 】

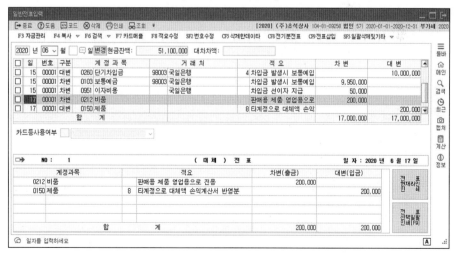

※ (6) ~ (8)번 : (5)번과 같은 방법으로 전표입력을 하면 된다.

(6) 6월 20일 판매용 제품 시가 350,000원(원가 200,000원)을 영업직 사원들에게 나누어 주다.

분개 : (차변) 811 복리후생비   200,000 (대변) 150 제 품   200,000
적요등록 8번 : 타계정으로 대체액 손익계산서 반영분 선택

【 입력 완료 화면 】

일	번호	구분	계 정 과 목	거 래 처	적 요	차 변	대 변
15	00001	차변	0951 이자비용	국일은행	차입금 선이자 지급	50,000	
17	00001	차변	0212 비품		판매용 제품 영업용으로	200,000	
17	00001	대변	0150 제품		8 타계정으로 대체액 손익		200,000
20	00001	차변	0811 복리후생비		판매용 제품 영업직 사원	200,000	
20	00001	대변	0150 제품		8 타계정으로 대체액 손익		200,000
			합 계			17,200,000	17,200,000

카드등사용여부

NO : 1   (대 체) 전 표   일 자 : 2020 년 6 월 20 일

계정과목	적요	차변(출금)	대변(입금)
0811 복리후생비(판)	판매용 제품 영업직 사원에게 지급	200,000	
0150 제품	8 타계정으로 대체액 손익계산서 반영분		200,000
합 계		200,000	200,000

(7) 6월 25일 판매용 제품 200,000원(원가 150,000원)을 불우이웃돕기 독거노인에게 기부하다.

분개 : (차변) 953 기부금   150,000 (대변) 150 제 품   150,000
적요등록 8번 : 타계정으로 대체액 손익계산서 반영분 선택

【 입력 완료 화면 】

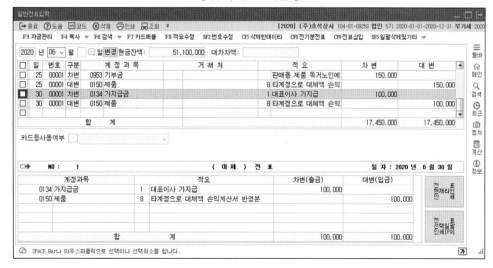

---

(8) **6월 30일** 판매용 제품 5개 시가 @30,000원(원가 @20,000원)을 대표이사 개인적 용도로 사용하다.

분개 : (차변) 134 가지급금 100,000 (대변) 150 제 품   100,000

　　　　적요등록 8번 : 타계정으로 대체액 손익계산서 반영분 선택

【 입력 완료 화면 】

일반전표 입력 숙달 과정

▶ 다음 (주)초석상사의 7월분 거래내역을 일반전표에 추가 입력하시오.

(1) 7월 6일　경인주유소에서 영업용 차량에 경유를 주유하고 주유대금 40,000원을 현금으로 지급하다.(일반경비)

(2) 7월 12일　7월분 영업부 업무용 승용차의 자동차세 35,000원을 현금으로 납부하다.(일반경비)

(3) 7월 15일　총무과 직원 급여 5,000,000원을 지급함에 있어 근로소득세등 22,000원과 건강보험료 26,235원을 차감한 잔액은 보통예금(국일은행)에서 계좌이체하여 지급하다.

(4) 7월 17일　영업부에 사용할 난방용 등유 50,000원을 현금으로 구입하다.

(5) 7월 21일　생산직 사원 식대 및 물품, 회식대 등 294,000원을 현금으로 지급하다.(제조경비)

(6) 7월 24일　건강보험료 회사부담분(공장 6,000원, 사무실 18,000원) 24,000원을 현금으로 납부하다. (제조경비, 일반경비)

(7) 7월 25일　대림석유에 공장연료비 200,000원을 현금으로 지급하다.(제조경비)

(8) 7월 25일　생산직 사원 급여 2,000,000원에서 근로소득세 18,970원, 지방소득세 1,890원, 건강보험료 6,000원을 원천징수하고, 차감한 잔액은 현금으로 지급하다.(제조경비)

(9) 7월 27일　판매용 제품(원가 500,000원, 판매가 700,000원)을 영업용으로 전용하다.(비품으로 처리할 것)

(10) 7월 30일　판매용 제품(원가 300,000원, 판매가 450,000원)을 대표이사가 개인적 용도로 사용하다.

(11) 7월 30일　7월분 전기요금 50,000원을 현금으로 지급하다.(관리부 : 15,000원/ 생산부 35,000원)

7월 6일 ~ 7월 31일까지 일반전표에 입력한 결과의 분개장 내역

분 개 장

회사명 : (주)초석상사   2020년 7월 1일 ~ 2020년 7월 31일까지   단위 : 원

구분		차 변		대 변	
월	일	계 정 과 목	금 액	계 정 과 목	금 액
7	6	차 량 유 지 비 (판)	40,000	현 금	40,000
	12	세 금 과 공 과 (판)	35,000	현 금	35,000
	15	급 여 (판)	5,000,000	예 수 금	48,235
				보 통 예 금	4,951,765
	17	수 도 광 열 비 (판)	50,000	현 금	50,000
	21	복 리 후 생 비 (제)	294,000	현 금	294,000
	24	복 리 후 생 비 (제)	6,000	현 금	24,000
		복 리 후 생 비 (판)	18,000		
	25	가 스 수 도 료 (제)	200,000	현 금	200,000
	25	임 금 (제)	2,000,000	예 수 금	26,860
				현 금	1,973,140
	27	비 품	500,000	제 품	500,000
		*적요등록 : 8번 타계정으로 대체액 손익계산서 반영분			
	30	가 지 급 금	300,000	제 품	300,000
		*적요등록 : 8번 타계정으로 대체액 손익계산서 반영분			
	30	수 도 광 열 비 (판)	15,000	현 금	50,000
		전 력 비 (제)	35,000		
		합 계	8,493,000	합 계	8,493,000

회계충전소

1. 도·소매업 : 전기요금, 수도요금, 가스요금 ⇒ (815) 수도광열비
2. 제조업 : 전기요금 ⇒ (516) 전력비
   수도요금, 가스요금 ⇒ (515) 가스수도료

◑ 7월 31일 현재까지 입력된 (주)초석상사의 합계잔액시산표 ◑

합 계 잔 액 시 산 표
2020년 7월 31일 현재

회사명 : (주)초석상사 　　　　　　　　　　　　　　　　　　　　　　　　　단위 : 원

합계잔액시산표　　　　　　　　　　　　　　　　　　　　　　　　　　　　　　□ ✕

┌ 종료　⑦도움　囲코드　⊗삭제　🖶인쇄　🔲조회　▾　　　　【2020】(주)초석상사 104-81-09258 법인 5기 2020-01-01-2020-12-31 부가세 2020

F3 제목수정　F4 통합계정　F6 원장조회　F7 임대주택　F8 계정과목편집　F11계정코드　CF9영어계정

기간 : 2020 년 07 ∨ 월 31 일 💬

관리용 ｜ 제출용

차 변		계정과목	대 변	
잔액	합계		합계	잔액
154,682,095	170,550,000	1.유 동 자 산	15,967,905	100,000
136,632,095	151,050,000	〈당 좌 자 산〉	14,517,905	100,000
50,407,000	51,200,000	현　　　　금	793,000	
66,500,000	66,500,000	당 좌 예 금		
2,325,095	14,950,000	보 통 예 금	12,624,905	
8,000,000	8,000,000	단 기 매 매 증 권		
9,000,000	10,000,000	외 상 매 출 금	1,000,000	
		대 손 충 당 금	100,000	100,000
400,000	400,000	가 지 급 금		
18,050,000	19,500,000	〈재 고 자 산〉	1,450,000	
3,550,000	5,000,000	제　　　　품	1,450,000	
4,500,000	4,500,000	원 　 재 　 료		
10,000,000	10,000,000	재 　 공 　 품		
84,700,000	84,700,000	2.비 유 동 자 산	5,550,000	5,550,000
41,700,000	41,700,000	〈유 형 자 산〉	5,550,000	5,550,000
35,000,000	35,000,000	차 량 운 반 구		
		감 가 상 각 누 계 액	5,000,000	5,000,000
6,700,000	6,700,000	비　　　　품		
		감 가 상 각 누 계 액	550,000	550,000
3,000,000	3,000,000	〈무 형 자 산〉		
3,000,000	3,000,000	개 　 발 　 비		
40,000,000	40,000,000	〈기 타 비 유 동 자 산〉		
40,000,000	40,000,000	임 차 보 증 금		
	5,700,000	3.유 동 부 채	120,925,095	115,225,095
	5,700,000	외 상 매 입 금	80,800,000	75,100,000
		지 급 어 음	6,000,000	6,000,000
		미 지 급 금	2,500,000	2,500,000
		예 　 수 　 금	625,095	625,095
		단 기 차 입 금	30,000,000	30,000,000
		미 지 급 비 용	1,000,000	1,000,000
		4.자 　 본 　 금	117,000,000	117,000,000
		자 　 본 　 금	117,000,000	117,000,000
		5.이 익 잉 여 금	9,700,000	9,700,000
		이 월 이 익 잉 여 금	9,700,000	9,700,000
2,635,000	2,635,000	6.제 조 원 가		
2,000,000	2,000,000	〈노 　 무 　 비〉		
2,000,000	2,000,000	임 　 　 금		
635,000	635,000	〈제 조 경 비〉		
300,000	300,000	복 리 후 생 비		
200,000	200,000	가 스 수 도 료		
35,000	35,000	전 　 력 　 비		
100,000	100,000	소 모 품 비		
5,358,000	5,358,000	7.판 매 비밎일반관리비		
5,000,000	5,000,000	급 　 　 여		
218,000	218,000	복 리 후 생 비		
65,000	65,000	수 도 광 열 비		
35,000	35,000	세 금 과 공 과		
40,000	40,000	차 량 유 지 비		
200,000	200,000	8.영 업 외 비 용		
50,000	50,000	이 자 비 용		
150,000	150,000	기 　 부 　 금		
247,575,095	269,143,000	합 　 　 계	269,143,000	247,575,095

02 매입매출전표 입력

[회계관리] ➡ [전표입력] ➡ [매입매출전표 입력]

【 매입매출전표 입력 창 】

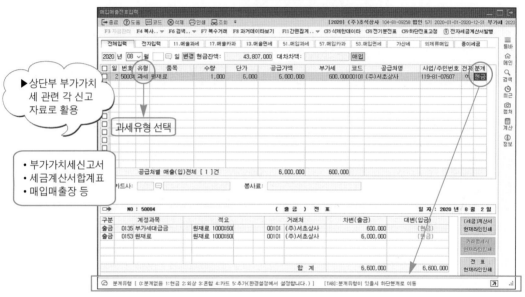

▶상단부 부가가치세 관련 각 신고 자료로 활용

과세유형 선택

• 부가가치세신고서
• 세금계산서합계표
• 매입매출장 등

▶하단부 분개는 재무회계자료에 반영된다. – 계정별원장, 재무제표 등

▶ 하단부 분개 유형의 종류

0번 – 분개없음 <건별>

1번 – 현금입금 및 현금출금 거래일 때

2번 – 외상매출금 거래일 때, 외상매입금 거래일 때

3번 – 보통예금·당좌예금·받을어음·지급어음·미수금·미지급금 등 현금 거래 및 외상거래 이외의 거래, 즉 혼합거래일 때 선택한다.

4번 – 매출, 매입시 카드결제인 경우 선택한다.

각 유형별 특성은 다음과 같다

< 매 출 >

코드	유형	입력내용	반영되는서식
11	과세	일반 매출세금계산서 입력시 선택 신용카드에 의한 과세매출시 매출세금계산서를 함께 교부하였을 경우 선택한다.	매출처별 세금계산서합계표, 매입매출장, 부가가치세신고서, 매출세액부분, 과세표준명세서
12	영세	매출세금계산서로 영세율 분 <LOCAL : 간접수출> 특히 직접 수출되어 영세율세금계산서가 발행되지 아니하는 경우 [16수출]로 등록	매출처별 세금계산서합계표, 매입매출장, 부가가치세신고서, 매출세액부분, 과세표준명세서
13	면세	부가가치세 면세사업자가 발행하는 계산서	매출처별 세금계산서합계표, 매입매출장, 부가가치세신고서 과세표준명세란
14	건별	간주공급(세금계산서가 발행되지 않는 과세매출분)	부가가치세 신고서 4번 과세 기타란에 반영
16	수출	외국에 직접 수출하는 경우로 외국환증명서 수출면장 등의 자료	매입매출장, 부가가치세 신고서의 영세 매출 기타란
17	카과	신용카드에 의한 과세매출 입력시 선택한다.	매입매출장, 신용카드매출전표 발행집계표 부가가치세신고서의 과세매출의 신용카드 현금영수증란
18	카면	신용카드에 의한 면세매출 입력시 선택한다.	매입매출장, 부가가치세신고서 과세표준명세 면세수입금액란
19	카영	영세율 적용 매출시 신용카드로 결제받은 경우 선택	매입매출장, 부가가치세신고서 영세율 기타란
20	면건	면세 매출시 계산서가 발급되지 않은 경우 선택	매입매출장, 부가가치세신고서 과세표준명세 면세수입금액란
21	전자	전자적 결제수단으로 매출한 경우 선택(전자세금계산서가 아님을 주의)	매입매출장, 신용카드매출전표등 발행집계표, 부가가치세신고서의 과세매출의 신용카드, 현금영수증란
22	현과	과세 매출시 현금영수증을 발급하였을 때 선택	매입매출장, 신용카드매출전표등 발행집계표, 부가가치세신고서의 과세매출의 신용카드, 현금영수증란
23	현면	면세 매출시 현금영수증을 발급하였을 때 선택	매입매출장, 부가가치세신고서 과세표준명세 면세수입금액란
24	현영	영세율 매출시 현금영수증을 발급하였을 때 선택	매입매출장, 부가가치세신고서 영세율 기타란

< 매 입 >

코드	유형	입 력 내 용	반영되는서식
51	과세	교부받은 매입세금계산서의 입력시 선택 신용카드에 의한 과세매입시 매입세금계산서를 함께 교부 받았을 경우 선택한다.	매입매출장, 부가가치세신고서 일반매입란 (고정자산 매입 분개시 – 신고서고정자산매입란) 매입처별세금계산서합계표
52	영세	교부받은 영세율의 매입계산서 입력시 선택	매입매출장, 부가가치세신고서 일반매입란 매입처별세금계산서합계표
53	면세	부가가치세 면세사업자가 발행하는 계산서	매입매출장, 매입처별계산서합계표
54	불공	매입세액 불공제분 세금계산서	매입매출장, 매입처별세금계산서합계표, 부가가치세신고서, 매입세액 불공제란, 부속서류 – 매입세액불공제 계산근거
55	수입	재화의 수입시 세관장이 발행한 수입세금계산서 입력시 선택 – 세금계산서상의 공급가액은 단순히 세관장이 부가가치세를 징수하기 위한 부가가치세 과세표준일 뿐이므로 회계처리대상이 아님. 따라서 본 프로그램에서 수입세금계산서의 경우 하단부 분개 시에는 부가가치세만 표시되도록 되어 있음	매입매출장
57	카과	신용카드에 의한 과세매입 입력시 선택한다.	매입매출장, 부가가치세신고서의 기타공제 매입세액 명세의 신용카드매출전표 수취명세서 제출분
58	카면	면세 매입시 신용카드결제시 선택	매입매출장
59	카영	영세율 적용 매입시 신용카드 결제시 선택	매입매출장, 부가가치세 신고서의 기타공제 매입세액란
60	면건	면세 매입시 계산서가 발급되지 않았을 시 선택	매입매출장
61	현과	현금영수증에 의한 매입시 선택	매입매출장, 부가가치세 신고서의 기타공제 매입세액란
62	현면	현금영수증에 의한 면세매입시 선택	매입매출장

▶ 유의사항 : 매입매출 관련 자료를 일반전표에 입력한 경우는 부가가치세 신고 자료에 전혀 반영되지 않는다.

① 51번 매입 과세

(1) 8월 2일 (주)서초상사에서 원재료 1,000개(@6,000원)를 6,000,000원에 매입하고, 대금은 자기앞수표로 지급하고 전자세금계산서를 교부받다.(부가가치세 별도)

 입력방법

① 하단 "일"란에 2를 입력한다.

② 과세유형 **"51번" 매입**을 선택한다.

③ 품명(원재료)은 요약하여 적절히 입력한다.

④ 수량 : 1,000 단가 : 6,000을 입력하고 [Enter↵] key를 치면 공급가액 6,000,000과 부가세 600,000은 자동으로 계산되어 나타나며 커서는 코드란으로 이동한다.

⑤ 공급처명 : 코드란에 커서가 위치하면 공급처명의 앞자리 두글자 **"서초"**를 입력한 후 [Enter↵] key를 치고 나타나는 [거래처코드도움] 팝업창에서 "(주)서초상사" 를 선택하고 [Enter↵] key를 치면 등록이 되면서 커서는 전자세금계산서 선택란 으로 이동한다.(사업자/주민번호는 자동반영된다.)

⑥ 전자 **"1.여"**를 선택하고, 분개선택은 **분개 1번 현금**을 선택하면 분개는 자동으 로 하단에 입력되어 나타난다.

⑦ [Enter↵] key를 치면 분개내용이 자동저장되면서 다음 입력단계로 커서가 이동 한다.

(차변) 원 재 료 6,000,000   (대변) 현   금 6,600,000
부가세대급금   600,000

▶ 반드시 대차가 일치 해야만 분개가 완료되어 커서가 다음 입력 단계로 이동하며, 8월 2일 거래는 현금입금 거래로서 "분개1번"을 선택하면 자동으로 분개가 이루어 진다. [Enter↵]로 등록하고 다 음 단계의 분개를 같은 방법으로 입력하면 된다.

(2) 8월 3일   (주)대전기업에서 원재료 500개(@6,000원)를 3,000,000원에 매입하고, 대금은 당좌수표를 발행하여 지급하고 전자세금계산서를 교부받다. (부가가치세 별도)

 입력방법

① 하단 "일"란에 3을 입력한다.

② 과세유형 **"51번" 매입**을 선택한다.

③ 품명(원재료)은 요약하여 적절히 입력한다.

④ 수량 : 500 단가 : 6,000을 입력하고 Enter↵ key를 치면 공급가액 3,000,000과 부가세 300,000은 자동으로 계산되어 나타나며 커서는 코드란으로 이동한다.

⑤ 공급처명 : 코드란에 커서가 위치하면 공급처명의 앞자리 두글자 **"대전"**을 입력한 후 Enter↵ key를 치고 나타나는 [거래처코드도움] 팝업창에서 "(주)대전기업"을 선택한 다음 Enter↵ key를 치면 등록이 되면서 커서는 전자세금계산서 선택란으로 이동한다. (사업자, 주민번호는 자동반영된다.)

⑥ 전자 **"1.여"**를 선택하고, 분개선택은 **분개 3번 혼합**을 선택한다.

(차변) 135 부가세대급금 300,000

(차변) 153 원재료 3,000,000 기본계정이 자동으로 나타난다.

(대변) 102 당좌예금 입력을 하고 Enter↵ key를 치면 분개 내용이 자동저장되면서 다음 입력단계로 커서가 이동한다. 금액 3,300,000은 자동으로 계산되어 입력되며, Enter↵ key를 쳐서 입력을 완료한다.

> (차변) 원 재 료 3,000,000   (대변) 당 좌 예 금 3,300,000
>   부가세대급금   300,000

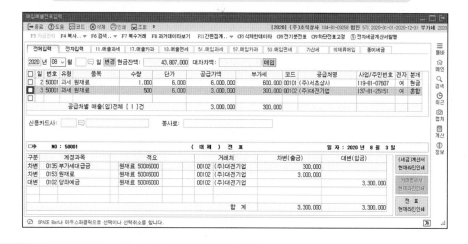

(3) 8월 8일   (주)부산상사에서 원재료 100개 (@5,000원) 500,000원을 외상으로 매입하고, 전자세금계산서를 교부 받았다.(부가가치세 별도)

 입력방법

① 하단 "일"란에 8을 입력한다.

② 과세유형 **"51번" 매입**을 선택한다.

③ 품명(원재료)은 요약하여 적절히 입력한다.

④ 수량 : 100 단가 : 5,000을 입력하고 Enter⏎ key를 치면 공급가액 500,000과 부가세 50,000은 자동으로 계산되어 나타나며 커서는 코드란으로 이동한다.

⑤ 공급처명 : 코드란에 커서가 위치하면 공급처명의 앞자리 두글자 **"부산"**을 입력한 후 Enter⏎ key를 치고 나타나는 [거래처코드도움] 팝업창에서 "(주)부산상사"를 선택하고 Enter⏎ key를 치면 등록이 되면서 커서는 전자세금계산서 선택란으로 이동한다.(사업자, 주민번호는 자동반영된다.)

⑥ 전자 **"1.여"**를 선택하고, 분개선택은 **분개 2번 외상**을 선택하면 자동으로 분개가 되어 나타난다.

⑦ Enter⏎ key를 치면 분개내용이 자동저장되면서 다음 입력단계로 커서가 이동한다.

> (차변) 원 재 료   500,000   (대변) 외상매입금   550,000
> 부가세대급금   50,000

(4) 8월 15일   (주)부산상사에서 매입한 원재료 10개(@5,000원)가 불량품이 있어 이를 반품하고, 외상매입금과 상계하였으며, 수정전자세금계산서를 발부받다. 〈부가가치세 별도〉

 입력방법

① 하단 "일"란에 15를 입력한다.

② 과세유형 **"51번" 매입**을 선택한다.

③ 품명은 요약하여 적절히 입력한다.

④ 수량 앞에 −10으로 입력하면 나머지는 자동으로 "−" 분개가 된다.

   <수량·단가가 주어지지 않으면 공급가액란에 −50,000을 입력하면 된다.

⑤ 공급처명 : 코드란에 커서가 위치하면 거래처명의 앞자리 두 글자 **"부산"**을 입력한 후 Enter⏎ key를 치고 나타나는 [거래처코드도움] 팝업창에서 "(주)부산상사"를 선택한 다음 Enter⏎ key를 치면 등록이 되면서 커서는 전자세금계산서 선택란으로 이동한다. (사업자, 주민번호는 자동반영된다.)

⑥ 전자 **"1.여"**를 선택하고, 분개선택은 **분개 2번 외상**을 선택하면 자동으로 분개가 되어 나타난다.

⑦ Enter⏎ key를 치면 분개내용이 자동저장되면서 다음 입력단계로 커서가 이동한다.

수기 :	(차변) 외상매입금	55,000	(대변) 원 재 료	50,000
			부가세대급금	5,000

프로그램 :	(차변) 원 재 료	−50,000	(대변) 외상매입금	−55,000
	부가세대급금	−5,000		

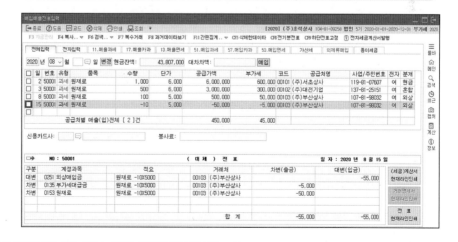

② 11번 매출 과세

> **(5) 9월 7일** 갑제품 1,000개(@7,500원) 7,500,000원을 구로상사에 매출하고,
> 전자세금계산서를 발행하여 주고 대금은 현금으로 받다.(부가가치
> 세 별도)

입력방법

① 하단 "일"란에 7을 입력한다.

② 과세유형 **11번 매출**을 선택한다.

③ 품명(갑제품)은 요약하여 적절히 입력한다.

④ 수량 : 1,000, 단가 : 7500을 입력하고 Enter↵ key를 치면 공급가액 7,500,000과 부가세 750,000이 자동으로 계산되어 나타나면서 커서는 거래처 등록란으로 이동한다.

⑤ 공급처명 : 코드란에 커서가 위치하면 공급처명의 앞자리 두글자 **"구로"**를 입력한 후 Enter↵ key를 치고 나타나는 [거래처코드도움] 팝업창에서 "구로상사"를 선택한 다음 Enter↵ key를 치면 등록이 되면서 커서는 전자세금계산서 선택란으로 이동한다.(사업자/주민번호는 자동 반영된다.)

⑥ 전자 **"1.여"**를 선택하고, 분개선택은 **분개 1번 현금**을 선택하면 자동으로 분개가 되어 나타난다.

⑦ Enter↵ key를 치면 분개내용이 자동저장되면서 다음 입력단계로 커서가 이동한다.

(차변) 현 금 8,250,000	(대변) 제 품 매 출 7,500,000
	부가세예수금 750,000

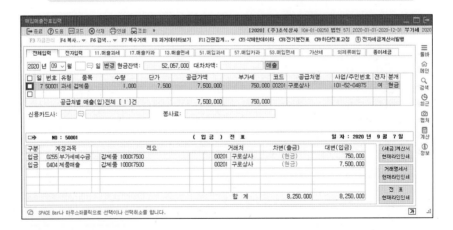

> **(6) 9월 11일** 용산상사에 병제품 1,540,000원(부가가치세 포함)을 매출하고,
> 대금은 외상으로 하고 전자세금계산서를 발행하여 주다.

▶ 공급가액 계산 : 1,540,000 × (100/110) = 1,400,000

 입력방법

① 하단 "일"란에 11을 입력한다.

② 과세유형 **11번 매출**을 선택한다.

③ 품명(병제품)은 요약하여 적절히 입력한다.

④ 수량, 단가가 주어지지 않으면 공급가액란에 1,400,000을 입력하고 [Enter↵]
key를 치면 부가세 140,000이 자동으로 계산되어 나타나면서 커서는 코
드란으로 이동한다.

⑤ 공급처명 : 코드란에 커서가 위치하면 공급처명의 앞자리 두글자 **"용산"**을
입력한 후 [Enter↵] key를 치고 나타나는 [거래처코드도움] 팝업창에서 "용
산상사"를 선택하고 [Enter↵] key를 치면 등록이 되면서 커서는 전자세금계
산서 선택란으로 이동한다.(사업자/주민번호는 자동반영된다.)

⑥ 전자 **"1.여"**를 선택하고, 분개선택은 **분개 2번 외상**을 선택하면 자동으로 분
개가 되어 나타난다.

⑦ [Enter↵] key를 치면 분개내용이 자동저장되면서 다음 입력단계로 커서가
이동한다.

> (차변) 외상매출금 1,540,000   (대변) 제 품 매 출 1,400,000
> 부가세예수금   140,000

(7) 9월 15일　유성상사에 정제품 5,500,000원(부가가치세 포함)을 매출하고, 전자세금계산서를 발행하여 주고 대금 중 500,000원은 현금으로 받고, 잔액은 약속어음으로 받다.

 입력방법

① 하단 "일"란에 15를 입력한다.

② 과세유형 **11번 매출**을 선택한다.

③ 품명(정제품)은 요약하여 적절히 입력한다.

④ 수량, 단가가 주어시지 않았음으로 공급가액란에 5,000,000을 입력하고 [Enter↵] key를 치면 부가세 500,000이 자동으로 계산되어 나타나면서 커서는 거래처 등록란으로 이동한다.

⑤ 공급처명 : 코드란에 커서가 위치하면 공급처명의 앞자리 두글자 **"유성"**을 입력한 후 [Enter↵] key를 치고 나타나는 [거래처코드도움] 팝업창에서 "유성상사"를 선택한 다음 [Enter↵] key를 치면 등록이 되면서 커서는 전자세금계산서 선택란으로 이동한다.(사업자/주민번호 는 자동반영된다.)

⑥ 전자 **"1.여"**를 선택하고, 분개선택은 **3번 혼합**을 선택한다.
(대변) 255 부가세예수금 500,000
(대변) 404 제품매출 5,000,000이 자동으로 나타난다.
(차변) 현금 500,000과 받을어음을 입력하면 금액 5,000,000원은 자동으로 계산되어 입력된다.

⑦ [Enter↵] key를 치면 분개내용이 자동저장되면서 다음 입력단계로 커서가 이동한다.

(차변) 현　　　금	500,000	(대변) 제 품 매 출	5,000,000
받 을 어 음	5,000,000	부가세예수금	500,000

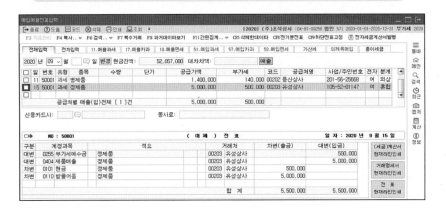

(8) **9월 16일** 앞서 용산상사에 매출하였던 병제품 50개(@7,500원)이 주문품과 달라 이를 반품 받고 외상대금과 상계하고, 수정전자세금계산서를 발행하여 교부하여 주다.

 입력방법

① 하단 "일"란에 16을 입력한다.

② 과세유형 **11번 매출**을 선택한다.

③ 품명은 요약하여 적절히 입력한다.

④ 수량 입력 시 −50을 입력 단가는 7500을 입력하고 Enter↵ key를 치면 모든 금액에 "−" 부호가 붙여지면서 등록이 된다.(수량을 주어지지 않으면 금액란에 "−"를 붙이면 된다.)

⑤ 공급처명 : 코드란에 커서가 위치하면 공급처명의 앞자리 두 글자 **"용산"**을 입력한 후 Enter↵ key를 치고 나타나는 [거래처코드도움] 팝업창에서 "용산상사"를 선택한 다음 Enter↵ key를 치면 등록이 되면서 커서는 전자세금계산서 선택란으로 이동한다.(사업자/주민번호는 자동 반영된다.)

⑥ 전자 **"1.여"**를 선택하고, 분개선택은 **2번 외상**을 선택하면, 자동으로 "−" 분개가 된다.

⑦ Enter↵ key를 치면 분개내용이 자동저장되면서 다음 입력단계로 커서가 이동한다.

수기 : (차변) 제 품 매 출 375,000 (대변) 외상매출금 412,500
　　　　　　 부가세예수금 37,500

프로그램 : (차변) 외상매출금 −412,500 (대변) 제 품 매 출 −375,000
　　　　　　　　　　　　　　　　　　　　　부가세예수금 −37,500

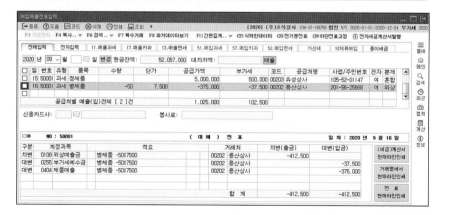

⑧ 입력 후 16일자 앞에 ☑를 하고 상단툴바의 [간편집계 및 기타 (▼)] [수정
세금계산서]에 클릭하면 [수정세금계산서 수정사유] 입력화면이 나타난다.

"수정세금계산서 사유 : 3.환입"을 선택하고, "당초세금계산서작성일 : 2020
년 9월 7일" 입력, [적용(Tab)]을 클릭하면 입력이 완료된다. 당초분 승인번
호는 주어지지 않으면 생략한다. <매출환입에 대해서 공급자가 수정세금계
산서를 발행한다.>

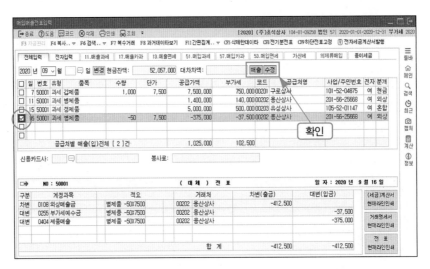

(9) 9월 26일 강북상사에서 전자세금계산서에 의하여 갑제품 2,400개(@1,000원)를 매출하고, 대금 중 1,000,000원은 현금으로 받고, 잔액은 당점발행 약속어음으로 받다. 거래등록 00601번으로 신규등록하여 입력하시오. (부가가치세 별도)

회 사 명 : 강북상사	대 표 자 : 이강북
사업등록번호 : 125-06-71261	
업 태 : 소매	종 목 : 전자기기

 입력방법

① 하단 "일"란에 26을 입력한다.

② 과세유형 **11번 매출**을 선택한다.

③ 품명(갑제품)은 요약하여 적절히 입력한다.

④ 수량 : 2400 단가 : 1000을 입력하고 [Enter↵]key를 치면 공급가액 2,400,000과 부가세 240,000이 자동으로 나타나면서 커서는 코드란으로 이동한다.

⑤ 신규 거래처 등록을 한다. (거래처 등록란에서 먼저 등록을 하고 전표입력을 하는 방법도 있다.)

⑥ 분개 선택 : **분개 3번 혼합**을 선택한다.
   (대변) 255 부가세예수금 240,000
   (대변) 404 제품매출 2,400,000이 자동으로 분개되어 나타난다.
   (차변) 101 현금 1,000,000 252 지급어음 1,640,000만 입력한다.

⑦ [Enter↵]key를 치면 분개내용이 자동저장되면서 다음 입력단계로 커서가 이동한다.

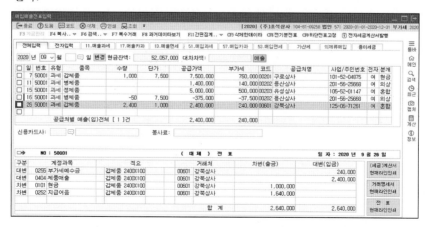

매입매출전표 입력 시 신규거래처 등록

① 거래처 코드란에 커서가 위치하면 화면 **1**과 같이 거래처코드란에 "00000"을 거래처명란에 "강북상사"를 입력하고 [Enter↵]를 치면 화면 **2**가 나타난다.

화면 **1**

2020 년 09 ∨ 월		일 변경 현금잔액:		52,057,000	대차차액:			매출			
□	일	번호	유형	품목	수량	단가	공급가액	부가세	코드	공급처명	사업/주민번호	전자	분개
□	7	50001	과세	갑제품	1,000	7,500	7,500,000	750,000	00201	구로상사	101-52-04875	여	현금
□	11	50001	과세	병제품			1,400,000	140,000	00202	용산상사	201-56-25668	여	외상
□	15	50001	과세	정제품			5,000,000	500,000	00203	유성상사	105-52-01147		혼합
□	16	50001	과세	병제품	-50	7,500	-375,000	-37,500	00202	용산상사	201-56-25668	여	외상
□	26	50001	과세	갑제품	2,400	1,000	2,400,000	240,000	00000	강북상사			

화면 **2**

공급처등록

공급처코드: [00104] ⋯ 코드조회[F2]

공급처 명: 강북상사

등록(Enter) 수정(Tab) 취소(Esc)

② 화면 **2**에서 화면 **3**과 같이 공급처코드 "00601"을 입력하고 [수정(Tab)]키를 클릭하여 하단에 나타나는 공급처등록정보 화면에서 "커서를 거래처코드란"에 두고 주어진 내용을 화면**4**와 같이 입력하고, 계속 [Enter↵]를 치면 커서는 다음 입력단계로 이동한다.

화면 **3**

공급처등록

공급처코드: [00601] ⋯ 코드조회[F2]

공급처 명: 강북상사

등록(Enter) 수정(Tab) 취소(Esc)

화면 ④

분개 : (차변) 현　　　금 1,000,000　　(대변) 제 품 매 출 2,400,000
　　　　　　지 급 어 음 1,640,000　　　　　　부가세예수금　　240,000

【 입력완료 화면 】

• 동(타)점 발행 약속어음 → 받을어음　• 당점(자회사)발행 약속어음 → 지급어음

> **(10) 9월 28일**　(주)동해상사에서 전자기기의 부품 등을 매입하고, 다음과 같은 전자세금계산서를 교부받았다. 〈거래처등록: 777로 신규등록 할 것〉
> = 신규거래처등록은 문제9번을 참조 =

전자세금계산서

				승인번호		XXXXXXXXX	

공급자	사업자등록번호	121-81-45846	종사업장 번호		공급받는자	사업자등록번호	104-81-09258	종사업장 번호	
	상호(법인명)	(주)동해상사	성명	임동석		상호(법인명)	(주)초석상사	성 명	정두령
	사업장주소	경기도 평택시 가재길100(가재동)				사업장 주소	서울시 중구 남대문로 112(남대문로1가)		
	업 태	도매	종목	문구		업 태	제조, 도매	종 목	전자기기
	이메일					이메일			

작성일자	공급가액	세액	수정사유		
2020. 09. 28.	6,400,000	640,000			
비고					

월	일	품 목	규 격	수 량	단 가	공 급 가 액	세 액	비 고
09	28	문구				6,400,000	640,000	

합 계 금 액	현 금	수 표	어 음	외 상 미 수 금	이 금액을 영수/청구 함
7,040,000			2,000,000	5,040,000	

분개 : (차변) 원 재 료 6,400,000 　　(대변) 지 급 어 음 2,000,000
　　　　　부가세대급금 640,000 　　　　　　외상매입금 5,040,000

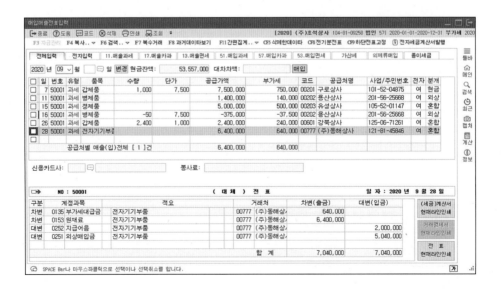

등록되어 있는 거래처의 내용수정 방법

▶ **9월 28일** (주)동해상사에서 전자기기의 부품 등을 매입하고, 교부받은 전자세금계산서가 오류가 있어 수정전자세금계산서를 교부받았다. 적절한 처리를 하시오.

전자세금계산서				승인번호	xxxxxxxx	

공급자	사업자등록번호	121-81-45846	종사업장 번호		공급받는자	사업자등록번호	104-81-09258	종사업장 번호	
	상호(법인명)	(주)동해상사	성명	임동석		상호(법인명)	(주)초석상사	성 명	정두령
	사업장주소	경기도 평택시 가재길100(가재동)				사업장 주소	서울시 중구 남대문로 112(남대문로1가)		
	업 태	제조	종목	전자기기		업 태	제조, 도매	종 목	전자기기
	이메일					이메일			

작성일자	공급가액	세액	수정사유			
2020. 09. 28.	6,400,000	640,000				
비고						

월	일	품 목	규 격	수 량	단 가	공 급 가 액	세 액	비 고
09	28	전자기기 부품				6,400,000	640,000	

합계금액	현 금	수 표	어 음	외상미수금	이 금액을 영수 함 청구
7,040,000			2,000,000	5,040,000	

 입력방법

① 매입매출전표 9월 28일자 매입매출전표 입력화면에서, **거래처 코드란**에 커서를 두고, 화면 하단 "공급처등록정보"란에 수정 입력하면 된다.

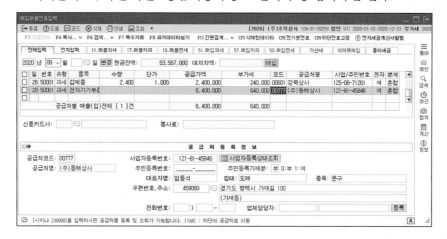

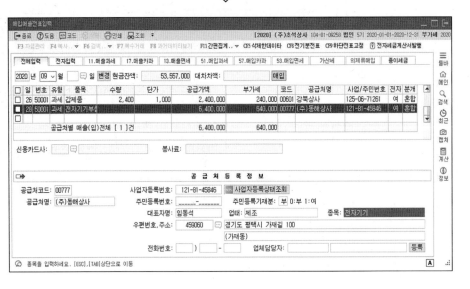

매입매출전표 입력 숙달 과정

▶ 다음 (주)초석상사(코드 : 2020)의 10월분 거래내역을 매입매출전표에 추가 입력하시오.

(1) 10월 2일 (주)서초상사에서 재료 1,500개(@50원)를 75,000원에 외상으로 매입하고, 전자세금계산서를 교부받았다. (부가가치세 별도)

매입 (51.과세)

품명	수량	단가	공급가액	부가세	코드	거래처명	사업자,주민번호	전자	분개
원재료	1,500	50	75,000	7,500	00101	(주)서초상사	119-81-07607	여	2(외상)

구분	코드	계정과목	적요	코드	거래처명	차변(출금)	대변(입금)
대변	251	외상매입금	원재료 1,500×50	00101	(주)서초상사		82,500
차변	135	부가세대급금	원재료 1,500×50	00101	(주)서초상사	7,500	
차변	153	원 재 료	원재료 1,500×50	00101	(주)서초상사	75,000	

(2) 10월 3일 (주)대전기업에서 재료 1,000개(@50원)를 50,000원에 매입하고 전자세금계산서를 교부받고 대금은 약속어음을 발행하여 지급하다. (부가가치세 별도)

매입 (51.과세)

품명	수량	단가	공급가액	부가세	코드	거래처명	사업자,주민번호	전자	분개
원재료	1,000	50	50,000	5,000	00102	(주)대전기업	137-81-25151	여	3(혼합)

구분	코드	계정과목	적요	코드	거래처명	차변(출금)	대변(입금)
차변	135	부가세대급금	원재료 1,000×50	00102	(주)대전기업	5,000	
차변	153	원 재 료	원재료 1,000×50	00102	(주)대전기업	50,000	
대변	252	지 급 어 음	원재료 1,000×50	00102	(주)대전기업		55,000

(3) 10월 6일 (주)부산상사에서 재료 600개(@100원)를 60,000원에 매입하고 전자세금계산서를 교부받고 대금 중 반액은 현금으로 지급하고, 잔액은 외상으로 하다. (부가가치세 별도)

매입 (51.과세)

품명	수량	단가	공급가액	부가세	코드	거래처명	사업자,주민번호	전자	분개
원재료	600	100	60,000	6,000	00103	(주)부산상사	107-81-98032	여	3(혼합)

구분	코드	계정과목	적요	코드	거래처명	차변(출금)	대변(입금)
차변	135	부가세대급금	원재료 600×100	00103	(주)부산상사	6,000	
차변	153	원 재 료	원재료 600×100	00103	(주)부산상사	60,000	
대변	101	현 금	원재료 600×100	00103	(주)부산상사		33,000
대변	251	외상매입금	원재료 600×100	00103	(주)부산상사		33,000

(4) 10월 7일 구로상사에 제품 1,400개(@180원)를 252,000원에 현금으로 매출하고 전자세금계산서를 교부하다. (부가가치세 별도)

매출(11.과세)

품명	수량	단가	공급가액	부가세	코드	거래처명	사업자,주민번호	전자	분개
제품	1,400	180	252,000	25,200	00201	구로상사	101-52-04875	여	1(현금)

구분	코드	계정과목	적요	코드	거래처명	차변(출금)	대변(입금)
입금	255	부가세예수금	제품 1,400×180	00201	구로상사		25,200
입금	404	제 품 매 출	제품 1,400×180	00201	구로상사		252,000

(5) 10월 15일 용산상사에 제품 1,100개(@180원)를 198,000원에 매출하고 전자세금계산서를 교부하고, 대금 중 50,000원은 현금으로 받고, 잔액은 약속어음으로 받다. (부가가치세 별도)

매출(11.과세)

품명	수량	단가	공급가액	부가세	코드	거래처명	사업자,주민번호	전자	분개
제품	1,100	180	198,000	19,800	00202	용산상사	201-56-25668	여	3(혼합)

구분	코드	계정과목	적요	코드	거래처명	차변(출금)	대변(입금)
대변	255	부가세예수금	제품 1,100×180	00202	용산상사		19,800
대변	404	제 품 매 출	제품 1,100×180	00202	용산상사		198,000
차변	101	현 금	제품 1,100×180	00202	용산상사	50,000	
차변	110	받 을 어 음	제품 1,100×180	00202	용산상사	167,800	

(6) 10월 23일 유성상사에 제품 1,200개(@180원)를 216,000원에 매출하고 전자세금계산서를 교부하고, 대금 중 55,000원은 현금으로 받고, 잔액은 외상으로 하다. (부가가치세 별도)

매출(11.과세)

품명	수량	단가	공급가액	부가세	코드	거래처명	사업자,주민번호	전자	분개
제품	1,200	180	216,000	21,600	00203	유성상사	105-52-01147	여	3(혼합)

구분	코드	계정과목	적요	코드	거래처명	차변(출금)	대변(입금)
대변	255	부가세예수금	제품 1,200×180	00203	유성상사		21,600
대변	404	제 품 매 출	제품 1,200×180	00203	유성상사		216,000
차변	101	현 금	제품 1,200×180	00203	유성상사	55,000	
차변	108	외상매출금	제품 1,200×180	00203	유성상사	182,600	

합 계 잔 액 시 산 표

2020년 10월 31일 현재

회사명 : (주)초석상사 　　　　　　　　　　　　　　　　　　　　단위 : 원

차 변		계정과목	대 변	
잔액	합계		합계	잔액
178,997,695	204,798,600	1.유 동 자 산	25,900,905	100,000
144,912,695	169,263,600	〈당 좌 자 산〉	24,450,905	100,000
53,906,200	61,332,200	현　　　　금	7,426,000	
63,200,000	66,500,000	당 좌 예 금	3,300,000	
2,325,095	14,950,000	보 통 예 금	12,624,905	
8,000,000	8,000,000	단 기 매 매 증 권		
10,310,100	11,310,100	외 상 매 출 금	1,000,000	
		대 손 충 당 금	100,000	100,000
5,167,800	5,167,800	받 을 어 음		
400,000	400,000	가 지 급 금		
1,603,500	1,603,500	부 가 세 대 급 금		
34,085,000	35,535,000	〈재 고 자 산〉	1,450,000	
3,550,000	5,000,000	제　　　　품	1,450,000	
20,535,000	20,535,000	원 재 료		
10,000,000	10,000,000	재 공 품		
84,700,000	84,700,000	2.비 유 동 자 산	5,550,000	5,550,000
41,700,000	41,700,000	〈유 형 자 산〉	5,550,000	5,550,000
35,000,000	35,000,000	차 량 운 반 구		
		감 가 상 각 누 계 액	5,000,000	5,000,000
6,700,000	6,700,000	비　　　　품		
		감 가 상 각 누 계 액	550,000	550,000
3,000,000	3,000,000	〈무 형 자 산〉		
3,000,000	3,000,000	개 발 비		
40,000,000	40,000,000	〈기 타 비 유 동 자 산〉		
40,000,000	40,000,000	임 차 보 증 금		
	7,340,000	3.유 동 부 채	130,289,695	122,949,695
	5,700,000	외 상 매 입 금	86,450,500	80,750,500
	1,640,000	지 급 어 음	8,055,000	6,415,000
		미 지 급 금	2,500,000	2,500,000
		예 수 금	625,095	625,095
		부 가 세 예 수 금	1,659,100	1,659,100
		단 기 차 입 금	30,000,000	30,000,000
		미 지 급 비 용	1,000,000	1,000,000
		4.자 본 금	117,000,000	117,000,000
		자 본 금	117,000,000	117,000,000
		5.이 익 잉 여 금	9,700,000	9,700,000
		이 월 이 익 잉 여 금	9,700,000	9,700,000
		6.매 출	16,591,000	16,591,000
		제 품 매 출	16,591,000	16,591,000
2,635,000	2,635,000	7.제 조 원 가		
2,000,000	2,000,000	〈노 무 비〉		
2,000,000	2,000,000	임 금		
635,000	635,000	〈제 조 경 비〉		
300,000	300,000	복 리 후 생 비		
200,000	200,000	가 스 수 도 료		
35,000	35,000	전 력 비		
100,000	100,000	소 모 품 비		
5,358,000	5,358,000	8.판 매 비 및 일 반 관 리 비		
5,000,000	5,000,000	급 여		
218,000	218,000	복 리 후 생 비		
65,000	65,000	수 도 광 열 비		
35,000	35,000	세 금 과 공 과		
40,000	40,000	차 량 유 지 비		
200,000	200,000	9.영 업 외 비 용		
50,000	50,000	이 자 비 용		
150,000	150,000	기 부 금		
271,890,695	305,031,600	합 계	305,031,600	271,890,695

03 전표의 수정과 삭제

번호	툴바의 기능키	내 용
(1)	전표 번호 수정	전표입력 후 전표번호가 맞지 않아 에러 메시지(적색)가 나타나는 경우
(2)	전표 이동	전표입력 시 해당 '[월일]'을 잘못 선택하여 입력 한 경우 전표이동을 통하여 이동할 수 있다.
(3)	전표 입력 시 삭제 및 복구	① 자판의 기능키 [F5] 또는 상단 툴바의 단추를 이용 삭제한다. ② 상단 툴바 이용 : 삭제한데이타, 데이터복구, 휴지통비우기, 전표번호재생성을 할 수가 있다.
(4)	거래처 삭제 및 복구	등록된 거래처를 삭제 한 경우, 자료는 휴지통에 남아 있어 동일한 거래처코드번호를 이용할 수 없게 된다. 상단 툴바를 이용하여 삭제된 [데이터를 복구] 또는 [휴지통비우기]를 할 수가 있다.
(5)	거래처명 변경	[거래처등록]에서 [거래처명]을 변경한 다음 반드시 [F11]전표변경 단추를 눌러 주어야 앞서 내장된 모든 자료의 거래처명이 동시에 변경된다.
(6)	거래처 코드 변환	시작화면의 데이터관리의 기타코드변환을 이용하여 변환한다. 거래처명을 변환할 때도 기타코드변환을 이용하여 변환할 수 있다.

1 전표번호 수정

전표번호는 예를 들어 1월 5일자로 3건의 거래가 있었다면, 전표발행 수는 3매, 전표번호는 1번에서 3번까지 부여되며, 다시 1월 6일자에 10건의 거래가 발생되었다면 전표발행 수는 10매가 되며, 전표번호는 다시 1번에서 10번까지 부여된다.

KcLep 교육용프로그램에서는 자동으로 전표번호가 생성되긴 하지만 전표번호가 일치하지 않는 경우도 발생하기 때문에 이 경우 [전표번호수정(번호수정)]키를 이용하여 수정을 한다. 그 방법은 다음과 같다.

▶ (주)서울상사(코드번호 : 2023)는 사무용품을 판매하는 법인기업이다. 당기(제2기) 회계 기간은 2020. 1. 1. ~ 2020. 12. 31.이다. 전산세무회계 수험용 프로그램을 이용하여 다음 물음에 답하시오.

> **1월 5일** 남대문상사에 상품 1,000,000원을 매출하고 대금은 외상으로 한 거래입력자료를 조회하여 전표번호를 적절히 수정하시오.

① 커서를 [일 또는 구분]란에 두고 상단 툴바의 ([F3] 번호수정) 단추를 한번 누르면 커서는 [번호]란으로 자동 이동한다.

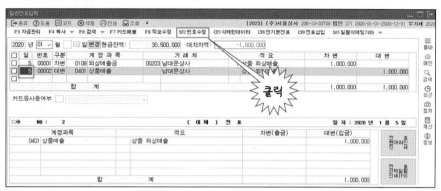

② 바로 위 전표번호와 동일한 전표번호를 입력하고 Enter↵를 친다. 본 문제에서는 '1 또는 00001'을 입력하고 Enter↵를 친다.

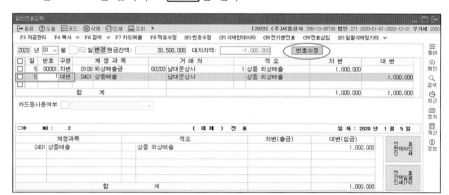

③ 수정이 끝나면 다시 한번 [번호수정] 단추를 클릭하면 된다.

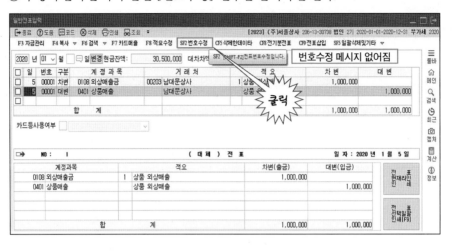

② 전표 이동

 예제1 NH농협카드로 결제한 문화접대비의 9월 5일 거래를 7월 5일자로 잘못 입력하였다. 9월 5일자로 수정 입력하시오.

전표 이동 방법

① 일반전표 2020년 07월 05일을 조회한다. 이동이 필요한 부분을 체크(∨)한다.

② 상단 툴바의 복사 옆 '[역삼각형(▽)]'을 눌러서 '[이동]'을 클릭한다.

③ 나타나는 '[이동 입력메뉴]'에서 [이동일자 : 9월 5일] [일괄적요: 2.변경하지 않음]을 입력한 다음 [확인(Tab)] 단추를 누르면, 7월 5일자는 삭제가 되고, 9월 5일자로 전표입력 내용은 이동한다.

④ 9월 5일 자를 조회하여 보면 이동되어 있는 것을 확인할 수가 있다.

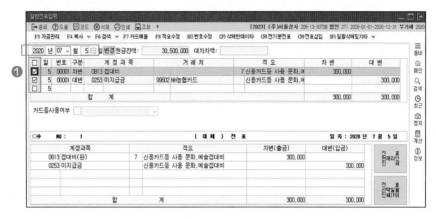

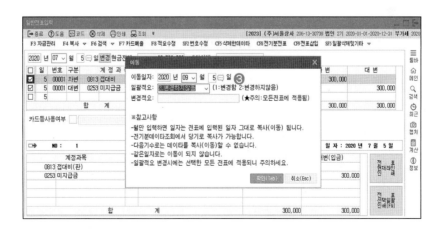

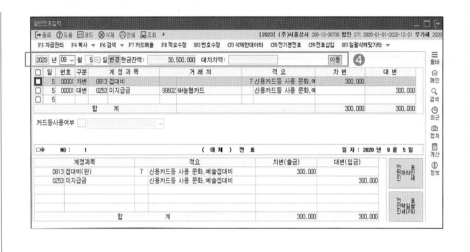

③ 전표 입력 시 삭제 및 복구

 일반전표에 입력한 12월 15일자 거래는 잘못 입력한 것이다. 이를 삭제하시오.

전표 삭제 방법

① 삭제하고자 하는 일자에(⑩ 12월 15일)자에 체크(∨)한다.

② 기능 key [F5] 또는 상단 툴바의 ⊗삭제 누르고, 나타나는 삭제메시지 창에서 [예(y)]를 클릭하면 삭제된다.

③ 상단 툴바의 [삭제한데이타] 단추를 눌러, [삭제데이타 조회기간 입력]란에서 [조회일자]를 입력한 다음 [확인(Tab)] 단추를 누르면 삭제된 데이터가 다시 나타난다.

④ 필요한 부분을 선택하여 [데이터복구] 및 [휴지통비우기]를 할 수가 있다.

⑤ 삭제를 하고 [휴지통비우기]를 한 다음에는 전표번호를 일률적으로 부여하기 위해 [오른쪽 마우스]를 눌러 나타나는 보조 메뉴 창에서[전표번호재생성]을 눌러 전표번호가 항상 일률적으로 부여되도록 한다. <점수와는 상관이 없다>

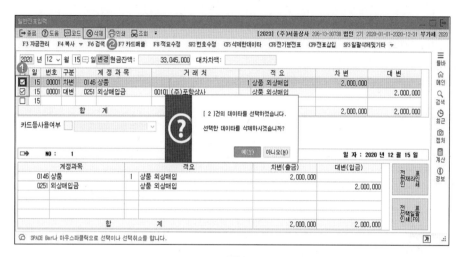

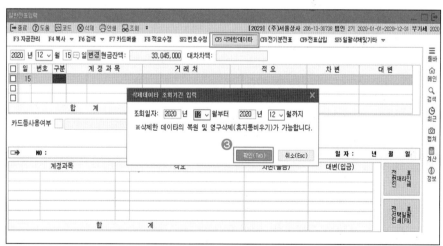

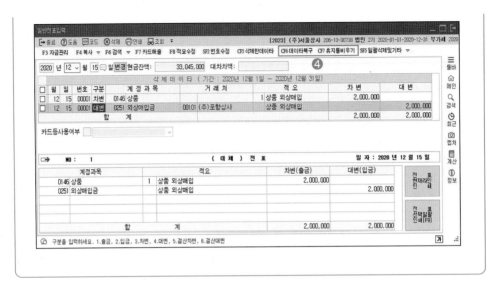

④ 거래처코드 및 거래처명 삭제와 변경

예제3 다음 입력된 거래처 중 [거래처코드 8000 : 팔도상사]를 삭제하시오.

 등록된 거래처 삭제 방법

① 삭제하고자 하는 거래처에 체크(∨)한다.

② 기능key [F5] 또는 상단 툴바의 ⊗삭제 단추를 이용하여 삭제한다.(삭제한 데이터는 완전히 삭제되지 않고 [휴지통]에 보관된다.)

③ 상단 툴바의 [삭제한데이타] 단추를 누르고, 나타나는 [삭제된 거래처 관리] 란 보조 창에서 거래처를 체크(∨)한 다음, [데이터복구]−[휴지통비우기] 를 선택 작업을 하면 된다. [확인(Tab)] 단추를 누르면 바로 삭제가 된다.

④ [삭제된 거래처 관리]란에서 삭제하지 않으면, 동일한 코드번호로는 거래 처가 등록되지 않는다.

⑤ 전표입력 시 등록되어 있는 거래처는 삭제할 수 없다.

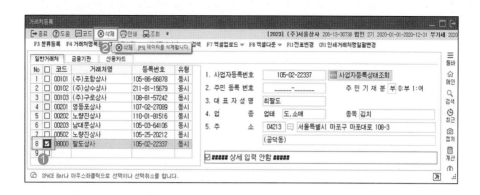

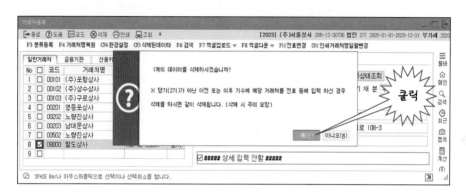

예제4 거래처 [00502 : 노량진상사]가 [평창상사]로 상호가 변경되었다는 연락이 왔다. 거래처코드는 변경이 없다. 상호를 변경하시오.

 거래처명 변경 방법

① 변경하고자 하는 거래처에 체크(∨) 한 다음, 거래처명에서 거래처 명을 수정 입력한다.

② 상단툴바의 [F11]전표변경 단추를 누르고 나타나는 보조 창에서 [예(y)]를 클릭하면, 이전 입력된 모든 거래처가 변경된다. [F11][전표변경] 단추를 누르지 않으면 변경이전 거래처는 변경되지 않고 변경 전 거래처명으로 나타난다.

③ '전표 전송 완료!!' 메시지가 나타나면 거래처명 변경이 완료된다.

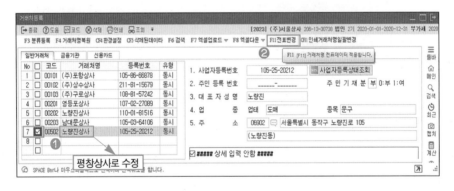

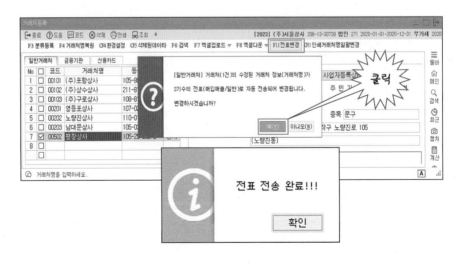

⑤ 거래처코드 변환

데이터관리

데이터백업
회사코드변환
회사기수변환
기타코드변환
데이터체크
데이터저장및압축

[거래처코드변환] : 이미 등록된 거래처 코드는 바로 수정되지 않기 때문에 [데이터관리]−[기타코드변환] 단추를 누르고 나타나는 [기타코드 변환창]의 [거래처코드변환]을 통하여 거래처코드를 변환한다.

예제5 거래처 [00502 : 평창상사]의 거래처 코드를 [00204 : 평창상사]로 거래처 코드를 변환하시오.

거래처코드 변환 방법

① [회계모듈]에서 [데이터관리]−[기타코드변환]을 선택하여 실행하고, 나타나는 [기타코드변환] 창에서 상단 툴바의 [거래처코드변환] 단추를 누른다.

② 기존거래처코드 : 기능key [F2] 또는 검색 단추 [···]를 누르고 나타나는 보조창에서 기존거래처를 등록한다.

③ 치환거래처코드 : 변경하고자 하는 거래처코드 번호를 입력하면 거래처명은 자동 등록된다.

④ 상단 [F6]변환실행을 클릭하면 원하는 거래처코드 번호로 변환된다.

⑤ 치환거래처 명을 입력하면, 여기서 거래처 명을 변환할 수도 있다.

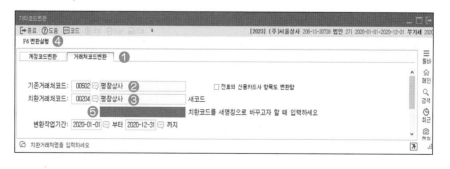

- 출처 : www.naver.com -

    일본 프로 야구 라쿠텐의 노무라 가스야 명예 감독은 우승팀의 10대 조건을 꼽으면서 '절대적인 마무리 투수의 존재' 를 가장 처음으로 거론했다. 한국의 이광환 감독도 LG트윈스 시절 우승팀의 5가지 조건 가운데 하나로 '뛰어난 마무리' 를 언급한 바 있다. 현대 야구에서는 그 만큼 마무리 역량이 팀 성적에 큰 영향을 끼친다는 얘기다.

    실제로 1990년대 이후 국내 프로 야구를 살펴보면 우승팀에는 늘 리그 최정상급의 마무리 투수가 버티고 있었다. 2012년 한국시리즈 우승에 이어 2013년에도 정규리그 우승을 거머쥔 삼성 라이온즈에도 역시 '특급 마무리' 혹은 '끝판 왕' 이라 불리는 오승환 선수가 있었다.

    야구에서 경기를 끝내는 마무리 투수를 영어로는 클로저(Closer)라고 부른다. 재무회계에서도 마무리 투수 역할과 같은 절차가 있는데, 이것을 결산(決算, Closing)이라고 부른다. 한자(漢字)로는 말 그대로 '셈을 마무리한다.' 라는 의미이다.

출처 : 〈지금 당장 회계 공부 시작하라〉 - 강대준, 신홍철 저 (한빛비즈) -

01 결산 및 재무제표

> ▶ (주)초석상사(회사코드 : 2020)로 재로그인 한 다음 결산정리사항을 해당메뉴에 입력하여 결산을 완료하시오.

【 결산 작업 순서 】

결산전합계잔액시산표 ➡ 수동 및 자동결산 ➡ 결산후합계잔액시산표

제조원가명세서 ➡ 손익계산서 ➡ 이익잉여금처분계산서 ➡ 재무상태표

단, 프로그램상에서는 위의 순서로 진행되지만 이론시험에서는 기준서 제6호에 의하여 손익계산서−재무상태표−이익잉여금처분계산서의 순서이다.

1 결산전 합계잔액시산표

모든 전표입력이 끝나면 입력한 내용을 집계하여 그 내용의 오류를 검증하기 위한 계정집계표로서 이상이 없으면 잔액란의 금액을 기준으로 기말정리사항을 분개하여 추가입력하며, 수동결산과 자동결산으로 나누어 입력한다.

2 수동결산 (일반전표에 직접 입력)

선급비용, 선수수익, 미수수익, 미지급비용, 가지급금, 가수금, 단기매매증권평가 손익, 현금과부족, 대손충당금환입 등

3 자동결산 (결산자료 입력란에 입력)

> ㉠ 기말재고자산 ┌ 도, 소매업 : 상품
> └ 제조기업 : 원재료, 재공품, 제품
> ㉡ 퇴직급여 ㉢ 유형자산의 감가상각과 무형자산의 상각
> ㉣ 대손충당금 설정(단, 대손충당금환입은 수동으로 입력한다.)
> ㉤ 법인세 추산액 등

결산 / 재무제표 ➡ 결산자료입력 ➡ [F3]전표추가

▶ [회계관리]−[결산/재무제표]−[결산자료입력]을 클릭하고, 기간(**예** 1월~12월) 을 입력하면 다음과 같은 메시지 창이 나타난다.

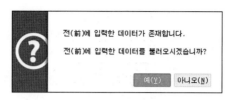

전(前)에 입력한 데이터가 존재합니다.

전(前)에 입력한 데이터를 불러오시겠습니까?

예(Y)   아니오(N)

▶ 이미 입력된 데이터를 불러오는 경우에는 [예(y)], 처음 입력하는 경우에는 [아니오(N)]를 클릭하여 실행한 후 주어진 자료를 해당란에 입력한다.

【 결산자료 입력 화면 】

기 간 2020 년 01 ∨ 월 ~ 2020 년 12 ∨ 월

±	코드	과 목	결산분개금액	결산전금액	결산반영금액	결산후금액
		1. 매출액		16,591,000		16,591,000
	0404	제품매출		16,591,000		16,591,000
		2. 매출원가		36,720,000		36,720,000
	0455	제품매출원가		36,720,000		36,720,000
		1)원재료비		20,535,000		20,535,000
	0501	원재료비		20,535,000		20,535,000
	0153	① 기초 원재료 재고액		4,500,000		4,500,000
	0153	② 당기 원재료 매입액		16,035,000		16,035,000
	0153	⑩ 기말 원재료 재고액				
		3)노 무 비		2,000,000		2,000,000
		1). 임금 외		2,000,000		2,000,000
	0504	임금		2,000,000		2,000,000
	0508	2). 퇴직급여(전입액)				
	0550	3). 퇴직연금충당금전입액				
		7)경 비		635,000		635,000
		1). 복리후생비 외		635,000		635,000
	0511	복리후생비		300,000		300,000
	0515	가스수도료		200,000		200,000
	0516	전력비		35,000		35,000
	0530	소모품비		100,000		100,000
	0518	2). 일반감가상각비				
	0208	차량운반구				
	0212	비품				
	0455	8)당기 총제조비용		23,170,000		23,170,000
	0169	① 기초 재공품 재고액		10,000,000		10,000,000
	0169	⑩ 기말 재공품 재고액				
	0150	9)당기완성품제조원가		33,170,000		33,170,000
	0150	① 기초 제품 재고액		5,000,000		5,000,000
	0150	⑥ 타계정으로 대체액		1,450,000		1,450,000
	0150	⑩ 기말 제품 재고액				
		3. 매출총이익		-20,129,000		-20,129,000
		4. 판매비와 일반관리비		5,358,000		5,358,000
		1). 급여 외		5,000,000		5,000,000
	0801	급여		5,000,000		5,000,000
	0806	2). 퇴직급여(전입액)				
	0850	3). 퇴직연금충당금전입액				
	0818	4). 감가상각비				
	0208	차량운반구				
	0212	비품				
	0835	5). 대손상각				
	0108	외상매출금				
	0110	받을어음				
	0840	6). 무형자산상각비				
	0226	개발비				
		7). 기타비용		358,000		358,000
	0811	복리후생비		218,000		218,000
	0815	수도광열비		65,000		65,000
	0817	세금과공과		35,000		35,000
	0822	차량유지비		40,000		40,000
		5. 영업이익		-25,487,000		-25,487,000
		6. 영업외 수익				
+	0924	2). 준비금 환입				
		7. 영업외 비용		200,000		200,000
		1). 이자비용		50,000		50,000
	0951	이자비용		50,000		50,000
+	0972	3). 준비금 전입				
+	0977	4). 조특법상 특별상각				
		5). 기타영업외비용		150,000		150,000
	0953	기부금		150,000		150,000
		8. 법인세차감전이익		-25,687,000		-25,687,000
	0998	9. 법인세등				
	0998	2). 추가계상액				
		10. 당기순이익		-25,687,000		-25,687,000
		11. 주당이익				
		주식수				

매출액:[16,591,000] 당기순이익:[-25,687,000] 소득률율:-154.82%

상단 ↑

하단 ↓

▶비용계정은 ① 상단 : 제조경비〈500번대〉 ⇒ 제조원가명세서에 반영된다.
　　　　　　② 하단 : 판매비와관리비〈800번대〉 ⇒ 손익계산서에 반영된다.

④ 기말정리사항의 입력

① • 기말 원재료 재고액 : 17,000,000원　• 기말 재공품 재고액 : 10,150,000원
　　• 기말 제품 재고액 : 10,000,000원

② 매출채권(외상매출금, 받을어음)에 대하여 각 각 1%의 대손을 예상한다.

③ 유형자산에 대한 감가상각액은 다음과 같다.

차 량 운 반 구	2,400,000원	제조 60%, 판매 40%
비　　　품	1,000,000원	제조 30%, 판매 70%

④ 국일은행에 대한 단기차입금 이자 미지급분 100,000원을 계상하다.

⑤ 당기말 법인세 등은 4,640,000원이다. 법인세 중간예납세액은 없는 것으로 한다.

> 2020년(당기) 처분예정일 : 2021. 02. 20
> 2019년(전기) 처분확정일 : 2020. 02. 20

입력방법

① [결산/재무제표 – 결산자료입력] 실행
　　0153 ⑩ 기말 원재료 재고액 란에 17,000,000원을 입력
　　0169 ⑩ 기말 재공품 재고액 란에 10,150,000원을 입력
　　0150 ⑩ 기말 제품 재고액 란에 10,000,000원을 입력

② [결산/재무제표 – 결산자료 입력] 실행
　　0108 외상매출금 란에 3,101원 입력
　　0110 받 을 어 음 란에 51,678원 입력
　　– 외상 매출금 : 10,310,100×1%–100,000 = 3,101
　　– 받 을 어 음 : 5,167,800×1%–0 = 51,678

③ [결산/재무제표 – 결산자료입력] 실행
　　0208 차량운반구 란에 1,440,000원 입력 (결산자료 입력란 상단) : 제조
　　0208 차량운반구 란에　960,000원 입력 (결산자료 입력란 하단) : 판매
　　0212 비품란에 300,000원 입력 (결산자료 입력란 상단) : 제조
　　0212 비품란에 700,000원 입력 (결산자료 입력란 하단) : 판매

④ 12월 31일 : 일반전표에 직접입력

　　(차변) 이자비용　　100,000　　(대변) 미지급비용(국일은행) 100,000

⑤ [결산/재무제표 – 결산자료입력] 실행
　　0998 9.법인세등 2). 추가계상액란에 4,640,000원 입력(결산자료 입력란 아래쪽)

【 마무리 】 대손충당금설정과 감가상각비계상 및 기말상품재고액, 기말원재료재고액, 기말재공품재고액, 기말제품재고액, 퇴직급여충당부채계상, 법인세 추산액을 입력하여 자동결산을 하는 경우에는 반드시 결산자료입력 화면 상단의 [(F3)전표추가] 단추를 클릭하여 결산전표를 자동생성시킨 후 [일반전표 입력]란에서 12월 31일자의 결산자동 분개를 확인한다.

⑥ 상단 툴바의 [(F3)전표추가] 단추를 누른 후 "결산분개를 일반전표에 추가
하시겠습니까"라는 메시지 창에서 [예(y)]를 클릭하면 일반전표에 결산정
리분개가 자동으로 생성된다.

> ※ [(F3)전표추가] 후 결산정리사항을 수행하는 과정에서 잘못이 있어 수정작업을 해
> 야 할 경우에는 결산자료입력란 상단 툴바의 [(CF5)결산분개삭제] 단추를 누르면
> 일반전표 에 생성된 결산정리분개가 모두 삭제 가 된다. 오류부분을 수정 후 다시
> [(F3)전표추가] 단추를 누르면 수정된 결산정리분개가 일반전표에 다시 생성된다.

【 자동결산자료가 입력된 화면 】

기 간 2020 년 01 ∨ 월 ~ 2020 년 12 ∨ 월

±	코드	과 목	결산분개금액	결산전금액	결산반영금액	결산후금액
		1. 매출액		16,591,000		16,591,000
	0404	제품매출		16,591,000		16,591,000
		2. 매출원가		36,720,000		1,310,000
	0455	제품매출원가				1,310,000
		1)원재료비		20,535,000		3,535,000
	0501	원재료비		20,535,000		3,535,000
	0153	① 기초 원재료 재고액		4,500,000		4,500,000
	0153	② 당기 원재료 매입액		16,035,000		16,035,000
①	0153	⑩ 기말 원재료 재고액			17,000,000	17,000,000
		3)노 무 비		2,000,000		2,000,000
		1). 임금 외		2,000,000		2,000,000
	0504	임금		2,000,000		2,000,000
	0508	2). 퇴직급여(전입액)				
	0550	3). 퇴직연금충당금전입액				
		7)경 비		635,000	1,740,000	2,375,000
		1). 복리후생비 외		635,000		635,000
	0511	복리후생비		300,000		300,000
	0515	가스수도료		200,000		200,000
	0516	전력비		35,000		35,000
	0530	소모품비		100,000		100,000
	0518	2). 일반감가상각비			1,740,000	1,740,000
③	0208	차량운반구			1,440,000	1,440,000
	0212	비품			300,000	300,000
	0455	8)당기 총제조비용		23,170,000		7,910,000
	0169	① 기초 재공품 재고액		10,000,000		10,000,000
①	0169	⑩ 기말 재공품 재고액			10,150,000	10,150,000
	0150	9)당기완성품제조원가		33,170,000		7,760,000
	0150	① 기초 제품 재고액		5,000,000		5,000,000
	0150	⑥ 타계정으로 대체액		1,450,000		1,450,000
①	0150	⑩ 기말 제품 재고액			10,000,000	10,000,000
		3. 매출총이익		-20,129,000	35,410,000	15,281,000
		4. 판매비와 일반관리비		5,358,000	1,714,779	7,072,779
		1). 급여 외		5,000,000		5,000,000
	0801	급여		5,000,000		5,000,000
	0806	2). 퇴직급여(전입액)				
	0850	3). 퇴직연금충당금전입액				
	0818	4). 감가상각비			1,660,000	1,660,000
③	0208	차량운반구			960,000	960,000
	0212	비품			700,000	700,000
	0835	5). 대손상각			54,779	54,779
②	0108	외상매출금			3,101	3,101
	0110	받을어음			51,678	51,678
	0840	6). 무형자산상각비				
	0226	개발비				
		7). 기타비용		358,000		358,000
	0811	복리후생비		218,000		218,000
	0815	수도광열비		65,000		65,000
	0817	세금과공과		35,000		35,000
	0822	차량유지비		40,000		40,000
		5. 영업이익		-25,487,000	33,695,221	8,208,221
		6. 영업외 수익				
	0924	2). 준비금 환입				
		7. 영업외 비용		300,000		300,000
		1). 이자비용		150,000		150,000
	0951	이자비용		150,000		150,000
	0972	3). 준비금 전입				
	0977	4). 조특법상 특별상각				
		5). 기타영업외비용		150,000		150,000
	0953	기부금		150,000		150,000
		8. 법인세차감전이익		-25,787,000	33,695,221	7,908,221
	0998	9. 법인세등			4,640,000	4,640,000
⑤	0998	2). 추가계상액			4,640,000	4,640,000
		10. 당기순이익		-25,787,000	29,055,221	3,268,221
		11. 주당이익				
		주식수				

매출액:[16,591,000] 당기순이익:[3,268,221] 소득률율:19.70%

【 자동 결산 정리 분개 】

2020 년 | 12 v 월 | 31 🖃 일 | 변경 현금잔액: 53,906,200 | 대차차액: [   ]

□	일	번호	구분	계정과목	거래처	적요	차변	대변
□	31	00001	차변	0951 이자비용		2 차입금이자 미지급	100,000	
□	31	00001	대변	0262 미지급비용	98003 국일은행	차입금이자 미지급		100,000
□	31	00002	결차	0501 원재료비		1 원재료사용분 재료비대체	3,535,000	
□	31	00002	결대	0153 원재료		5 원재료비 대체		3,535,000
□	31	00003	결차	0169 재공품			3,535,000	
□	31	00003	결대	0501 원재료비		2 재료비 제조원가로 대체		3,535,000
□	31	00004	결차	0169 재공품			2,000,000	
□	31	00004	결대	0504 임금		8 제조원가로 대체		2,000,000
□	31	00005	결차	0518 감가상각비		1 당기말 감가상각비 계상	1,440,000	
□	31	00005	결대	0209 감가상각누계액		4 당기 감가상각누계액 설		1,440,000
□	31	00006	결차	0518 감가상각비		1 당기말 감가상각비 계상	300,000	
□	31	00006	결대	0213 감가상각누계액		4 당기감가상각누계액 설정		300,000
□	31	00007	결차	0169 재공품			2,375,000	
□	31	00007	결대	0511 복리후생비		8 제조원가로 대체		300,000
□	31	00007	결대	0515 가스수도료		8 제조원가로 대체		200,000
□	31	00007	결대	0516 전력비		8 제조원가로 대체		35,000
□	31	00007	결대	0530 소모품비		8 제조원가로 대체		100,000
□	31	00007	결대	0518 감가상각비		8 제조원가로 대체		1,740,000
□	31	00008	결차	0150 제품		1 제조원가 제품대체	7,760,000	
□	31	00008	결대	0169 재공품				7,760,000
□	31	00009	결차	0455 제품매출원가		1 제품매출원가 대체	1,310,000	
□	31	00009	결대	0150 제품				1,310,000
□	31	00010	결차	0818 감가상각비			1,660,000	
□	31	00010	결대	0209 감가상각누계액				960,000
□	31	00010	결대	0213 감가상각누계액				700,000
□	31	00011	결차	0835 대손상각비			54,779	
□	31	00011	결대	0109 대손충당금				3,101
□	31	00011	결대	0111 대손충당금				51,678
□	31	00012	결차	0998 법인세비용			4,640,000	
□	31	00012	결대	0261 미지급세금				4,640,000
			합 계				28,709,779	28,709,779

⑤ 결산/재무제표 출력 순서

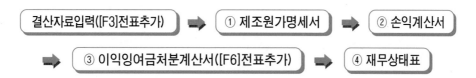

결산자료입력([F3]전표추가) ➡ ① 제조원가명세서 ➡ ② 손익계산서

➡ ③ 이익잉여금처분계산서([F6]전표추가) ➡ ④ 재무상태표

입력방법

(1) 제조원가명세서

① [회계관리] – [결산/재무제표] – [제조원가명세서]를 선택하여 실행한다.

② 기간 월 란에 숫자 "12"를 입력하고 Enter↵ 를 치면 제조원가명세서가 출력
된다.

【 제조원가명세서 출력 화면 】

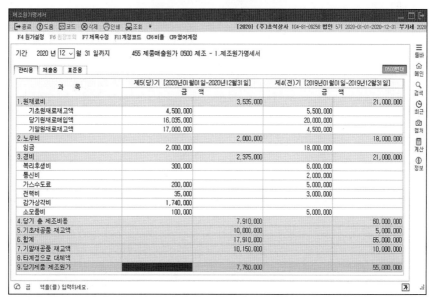

(2) 손익계산서

① [회계관리] – [결산/재무제표] – [손익계산서]를 선택하여 실행한다.

② 기간 월란에 숫자 "12"를 입력하고 Enter↵ 를 치면 손익계산서가 출력된다.

③ 당기제품제조원가 7,760,000원이 정확하게 반영되었는가를 확인한다.

【 손익계산서 출력 화면 】

제5기 2020년 1월 1일부터 2020년 12월 31일까지
제4기 2019년 1월 1일부터 2019년 12월 31일까지

회사명:(주)초석상사 (단위:원)

과 목	제 5(당)기 2020년1월1일 ~ 2020년12월31일		제 4(전)기 2019년1월1일 ~ 2019년12월31일	
	금액		금액	
Ⅰ.매출액		16,591,000		100,000,000
제품매출	16,591,000		100,000,000	
Ⅱ.매출원가		1,310,000		50,000,000
제품매출원가		1,310,000		50,000,000
기초제품재고액	5,000,000			
당기제품제조원가	7,760,000		55,000,000	
타계정으로 대체액	1,450,000			
기말제품재고액	10,000,000		5,000,000	
Ⅲ.매출총이익		15,281,000		50,000,000
Ⅳ.판매비와관리비		7,072,779		31,650,000
급여	5,000,000		20,000,000	
복리후생비	218,000		3,500,000	
여비교통비			800,000	
접대비			2,000,000	
통신비			1,500,000	
수도광열비	65,000		600,000	
세금과공과	35,000			
감가상각비	1,660,000			
임차료			2,500,000	
차량유지비	40,000			
운반비			100,000	
소모품비			350,000	
대손상각비	54,779		300,000	
Ⅴ.영업이익		8,208,221		18,350,000
Ⅵ.영업외수익				300,000
단기매매증권평가이익			300,000	
Ⅶ.영업외비용		300,000		3,600,000
이자비용	150,000		3,000,000	
기부금	150,000		500,000	
유형자산처분손실			100,000	
Ⅷ.법인세차감전이익		7,908,221		15,050,000
Ⅸ.법인세등		4,640,000		4,138,750
법인세비용	4,640,000		4,138,750	
Ⅹ.당기순이익		3,268,221		10,911,250

(3) 이익잉여금처분계산서

▶ [회계관리] – [결산/재무제표] – [이익잉여금처분계산서]를 선택하여 실행한다.

　㉠ 처분예정일(확정일)은 문제상에서 주어지지 않으면 입력하지 않는다.
　　– 처분예정일 " 20210220, 처분확정일 : 20200220을 입력한다.

　㉡ 손익계산서상 당기순이익 3,268,221원이 자동으로 반영된다.

　㉢ 상단 툴바에 있는 [(F6)전표추가] 단추를 클릭하면 "일반전표에 20건 추가되었습니다"라는 메시지 창에서 [확인]단추를 누른다.

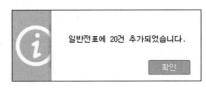

㉣ 재무상태표상에 미처분이익잉여금 12,968,221원이 자동으로 반영된다.

【 이익잉여금처분계산서 출력 화면 】

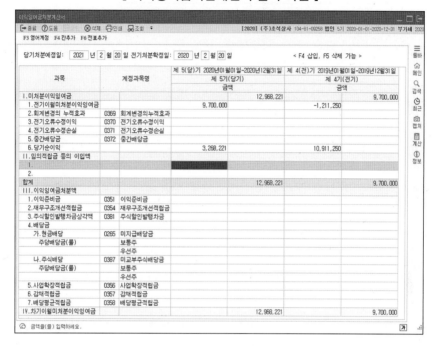

과목	계정과목명	제 5(당)기 2020년01월01일-2020년12월31일 제 5기(당기) 금액	제 4(전)기 2019년01월01일-2019년12월31일 제 4기(전기) 금액
I.미처분이익잉여금		12,968,221	9,700,000
1.전기이월미처분이익잉여금		9,700,000	9,700,000
2.회계변경의 누적효과	0369 회계변경의누적효과		-1,211,250
3.전기오류수정이익	0370 전기오류수정이익		
4.전기오류수정손실	0371 전기오류수정손실		
5.중간배당금	0372 중간배당금		
6.당기순이익		3,268,221	10,911,250
II.임의적립금 등의 이입액			
1.			
2.			
합계		12,968,221	9,700,000
III.이익잉여금처분액			
1.이익준비금	0351 이익준비금		
2.재무구조개선적립금	0354 재무구조개선적립금		
3.주식할인발행차금상각액	0381 주식할인발행차금		
4.배당금			
가.현금배당	0265 미지급배당금		
주당배당금(률)	보통주		
	우선주		
나.주식배당	0387 미교부주식배당금		
주당배당금(률)	보통주		
	우선주		
5.사업확장적립금	0356 사업확장적립금		
6.감채적립금	0357 감채적립금		
7.배당평균적립금	0358 배당평균적립금		
IV.차기이월미처분이익잉여금		12,968,221	9,700,000

(4) 재무상태표

① [회계관리] - [결산/재무제표] - [재무상태표]를 선택하여 실행한다.

② 기간 월 란에 숫자 "12"를 입력하고 Enter↵ 를 치거나 마우스로 12월을 선택하면 재무상태표가 출력된다.

③ 이익잉여금처분계산서의 미처분이익잉여금 12,968,221원이 재무상태표에 반영된다.

▶ 이때 "에러"가 발생하면 일반전표 12월 31일자에서 [SHIFT] [F5]를 이용하여 자동결산 부분을 모두 삭제한 후에 틀린 부분을 수정하고 다시 결산자료입력 화면에서 전표추가를 한 다음 순서대로 반복 작업을 하여야 한다.

【 재무상태표 출력 화면 】

제5기 2020년 12월 31일 현재
제4기 2019년 12월 31일 현재

회사명 : (주)초석상사 　　　　　　　　　　　　　　　　　　　　(단위:원)

기간 : 2020 년 12 ∨ 월

| 관리용 | 제출용 | 표준용 |

과　목	제 5(당)기 2020년1월1일 ~ 2020년12월31일	금액	제 4(전)기 2019년1월1일 ~ 2019년12월31일	금액
자산				
Ⅰ.유동자산		181,907,916		159,100,000
① 당좌자산		144,757,916		139,600,000
현금		53,906,200		50,200,000
당좌예금		63,200,000		66,500,000
보통예금		2,325,095		5,000,000
단기매매증권		8,000,000		8,000,000
외상매출금	10,310,100		10,000,000	
대손충당금	103,101	10,206,999	100,000	9,900,000
받을어음	5,167,800			
대손충당금	51,678	5,116,122		
가지급금		400,000		
부가세대급금		1,603,500		
② 재고자산		37,150,000		19,500,000
제품		10,000,000		5,000,000
원재료		17,000,000		4,500,000
재공품		10,150,000		10,000,000
Ⅱ.비유동자산		75,750,000		78,450,000
① 투자자산				
② 유형자산		32,750,000		35,450,000
차량운반구	35,000,000		35,000,000	
감가상각누계액	7,400,000	27,600,000	5,000,000	30,000,000
비품	6,700,000		6,000,000	
감가상각누계액	1,550,000	5,150,000	550,000	5,450,000
③ 무형자산		3,000,000		3,000,000
개발비		3,000,000		3,000,000
④ 기타비유동자산		40,000,000		40,000,000
임차보증금		40,000,000		40,000,000
자산총계		257,657,916		237,550,000
부채				
Ⅰ.유동부채		127,689,695		110,850,000
외상매입금		80,750,500		80,800,000
지급어음		6,415,000		6,000,000
미지급금		2,500,000		2,500,000
예수금		625,095		550,000
부가세예수금		1,659,100		
단기차입금		30,000,000		20,000,000
미지급세금		4,640,000		
미지급비용		1,100,000		1,000,000
Ⅱ.비유동부채				
부채총계		127,689,695		110,850,000
자본				
Ⅰ.자본금		117,000,000		117,000,000
자본금		117,000,000		117,000,000
Ⅱ.자본잉여금				
Ⅲ.자본조정				
Ⅳ.기타포괄손익누계액				
Ⅴ.이익잉여금		12,968,221		9,700,000
미처분이익잉여금		12,968,221		9,700,000
(당기순이익)				
당기: 3,268,221				
전기: 10,911,250				
자본총계		129,968,221		126,700,000
부채와자본총계		257,657,916		237,550,000

02 고정자산/감가상각

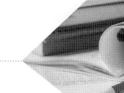

| 회계관리-재무회계 | ➡ | 고정자산 및 감가상각 | ➡ | 고정자산 등록 |

① 감가상각자산의 관리

유형자산 및 무형자산에 대한 감가상각비를 계산하기 위한 곳으로 고정자산의 입력만으로 감가상각비의 계산이 자동으로 이루어진다.

※ 감가상각은 상각자산의 종류별로 개별상각하기 때문에 프로그램에 입력을 할 때 자산의 종류별로 입력하여야 한다. 건물을 본사 건물 / 공장 건물 등으로 구분하여 입력한다.

② 고정자산 등록

[회계관리-재무회계] - [고정자산및감가상각] - [고정자산등록]을 실행하면 고정자산등록 화면이 나타난다.

입력방법-1

① 자산계정과목 : [(F2)도움]자판 또는 검색(🔲)단추를 눌러 [계정코드도움] 창에서 검색하여 입력하면 하단 [자산코드/명]입력화면이 활성화된다.

② 자산코드/명 : 감가상각은 개별상각하기 때문에 종류별로 코드번호를 순차적으로 부여하여 입력하면 된다.

③ 취득년월일 : 실제 취득 년 월 일을 입력한다.

④ 상각방법 : [회계관리] - [기초정보관리] - [환경등록]을 실행하면 ⑩건물외 유형자산 상각방법 [1.정률법]으로 되어 있어 건물을 등록하면 정액법으로 그 외의 자산은 정률법으로 자동선택 되어진다. 상각방법의 변경이 필요하면 정률법 인경우에는 숫자 '1'을 정액법인 경우에는 숫자 '2'를 입력하면 된다.

입력방법-2 (기본등록사항)

[1번란] • 기초가액 : 유형자산 → 취득한 원가를 입력한다.

　　　　　　　　　　무형자산 → KcLep프로그램은 미상각잔액(상각후잔액)을 입력하도록 되어 있다.

[2번란] 전기말상각누계액 → 전기까지 감가상각한 누계액을 입력한다. 전기말장부가액은 자동계산 되어 반영된다.

[11번란] 해당 자산의 감가상각 내용연수를 입력한다. [(F2)도움]자판 또는 검색 (⬛)단추를 누르면 내용연수별 상각률을 확인할 수가 있다.

[14번란] 경비구분 → 제품제조와 관련이 있으면 1번[500번대/제조], 판매와 관련 이 있으면 6번[800번대/판관비]]를 선택한다.

[20번란] 업종코드→[(F2)도움]자판 또는 검색(⬛)단추를 눌러 [업종코드도움] 창에서 선택하여 입력한다.

예제문제 ◑

▶ 다음은 (주)초석상사(회사코드 : 2020)의 고정자산명세서이다. 고정자산등록란에 등록하여 당기 감가상각비를 계산하시오.

계정과목	코드	자산명	취득가액	전기말감가상각누계액	내용연수	업종코드	취득년월일	상각방법
건 물	11	본 사	30,000,000	3,000,000	50	13	2015. 1. 1	정액법
	12	공 장	20,000,000	3,400,000	30	13	2015. 1. 1	정액법
차량운반구	21	화물차(공장)	12,000,000	2,072,000	10	01	2019. 5. 1	정률법
	22	승용차	30,000,000	3,885,000	10	01	2019. 7. 1	정률법
특허권	33	특허권	50,000,000	5,000,000	10	63	2019. 1. 1	정액법

【 건물(본사) 입력화면 】 ▶ 당기감가상각비 : 600,000원

【 건물(공장) 입력화면 】 ▶ 당기감가상각비 : 680,000원

【 차량운반구(화물차) 입력화면 】 ▶ 당기감가상각비 : 2,571,352원

【차량운반구(승용차) 입력화면】 ▶ 당기감가상각비 : 6,763,785원

【산업재산권(특허권) 입력화면】 ▶ 당기감가상각비 : 5,000,000원

【주의】 2019년 1월 1일 취득하였기 때문에 남은 내용연수는 9년이 되며, 기초가액 입력 시 미상각 잔액 45,000,000원을 입력한다.

03 자동 결산

◯ (주)인천상사(회사코드 : 2024)는 자동차부품을 제조하여 판매하는 중소기업이며, 당기(제4기) 회계기간은 2020. 1. 1 ~ 2020. 12. 31이다. 전산세무회계 수험용 프로그램을 이용하여 다음 물음에 답하시오

문제 결산정리사항은 다음과 같다. 해당 메뉴에 입력하시오.

[1] 다음 고정자산을 등록하여 결산에 반영하시오.

계정과목	코드	자산명	취득가액	전기말 상각누계액	내용 연수	업종 코드	취득 년월일	상각 방법
건　　물	11	본사건물	200,000,000	40,000,000	50	13	2010.01.01	정액법
	12	공장건물	400,000,000	80,000,000	50	13	2010.01.01	정액법
차량운반구	21	화물차(공장)	20,000,000		10	01	2020.01.01	정률법
	22	승용차	15,000,000		10	01	2020.01.01	정률법
기 계 장 치	33	절삭기	77,450,000	18,708,000	10	13	2015.07.01	정률법
개 발 비	43	개발비	50,000,000	10,000,000	5	63	2019.01.01	정액법

※ 무형자산 입력 시 취득가액은 미상각잔액인 40,000,000을 입력한다.

 입력방법

(1) [결산/재무제표-결산자료입력] 실행

① [회계관리] − [결산/재무제표] − [결산자료입력]을 실행하여 기간(1월~12월)을 입력하면 [결산자료 입력] 화면이 활성화된다.

② 결산자료입력화면 상단 툴바의 [(F7)감가상각] 단추를 누르면 고정자산 등록에서 등록한 자료가 반영된 창이 나타난다.
　－ 새로불러오기 : 결산반영금액이 잘못 계산되어 나타난 경우 [취소 (Esc)] 단추를 눌러 취소한 다음 [고정자산등록] 란에서 수정한 후 [새로불러오기] 단추를 누르면 수정된 자료가 반영된다.

② 결산반영 버튼을 누르면 [결산반영금액(당기감가상각비)]이 해당란에 자동 반영된다.

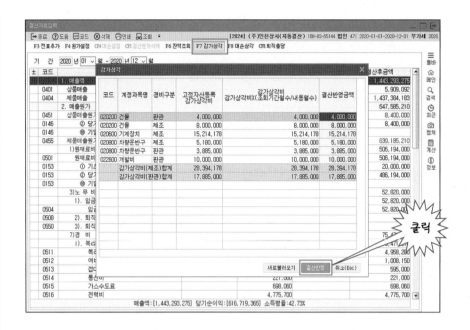

(2) 결산자료입력란에 실제로 반영되는 금액

① 상단(제조) : 0518 2). 일반감가상각비란에 합계액 28,394,178원이 자동 반영된다.

ㄱ 0202 건물란에 8,000,000원이 자동 반영된다.

ㄴ 0206 기계장치란에 15,214,178원이 자동 반영된다.

ㄷ 0208 차량운반구란에 5,180,000원이 자동 반영된다.

② 하단(판매) : 0818 4). 감가상각비란에 합계액 7,885,000원이 자동 반영된다.

ㄱ 0202 건물란에 4,000,000원이 자동 반영된다.

ㄴ 0208 차량운반구란에 3,885,000원이 자동 반영된다.

③ 하단(판매) : 0840 6). 무형자산상각비란에 합계액 10,000,000원이 자동 반영된다.

– 0226 개발비란에 10,000,000원이 자동 반영된다.

[2] 매출채권(외상매출금과 받을어음)에 대한 2%의 대손충당금을 설정하다.

 입력방법

(1) [결산/재무제표−결산자료입력] 실행

① 결산자료입력화면 상단 [(F8)대손상각] 단추를 누르면 [대손상각 : 대손율(%)] 입력 창이 나타난다.

– 새로불러오기 : 결산반영금액 [매출채권 : 외상매출금, 받을어음]이 잘못 계산되어 나타난 경우 [취소(Esc)] 단추를 눌러 취소한 다음, 재수정한 후 [새로불러오기] 단추를 누르면 수정된 자료가 반영된다.

② 대손상각[대손율(%)] : '2'를 입력한 다음 매출채권에 대해서만 대손충당금을 설정함으로 [선급금]금액 226,000원은 삭제한다.

③ [결산반영] 단추를 눌러 실행하면 [추가설정액(결산반영)] 금액이 해당란에 자동 반영된다.

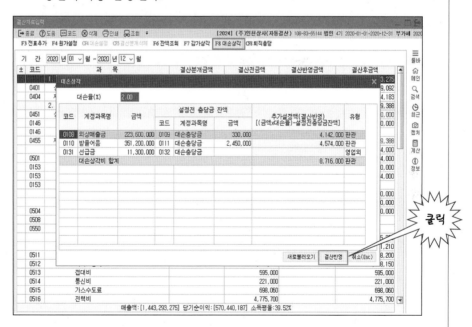

(2) 결산자료입력란에 실제로 반영되는 금액

① 0108 외상매출금란에 4,142,000원이 자동 반영된다.
② 0110 받을어음란에 4,574,000원이 자동 반영된다.

[3] 퇴직급여 추계액은 다음과 같다. 결산에 반영하시오.

코드	계정과목명	퇴직급여추계액	기초금액	추가설정액(결산반영)	유형
0508	퇴직급여	50,000,000	30,000,000	20,000,000	제조
0806	퇴직급여	45,000,000	34,000,000	11,000,000	판관

 입력방법

(1) [결산/재무제표-결산자료입력] 실행

① 결산자료입력화면 상단 [(CF8)퇴직충당]단추를 누르면 고정자산등록에서 등록한 자료가 반영된 창이 나타난다.

– 새로불러오기 : 결산반영금액이 잘못 계산되어 나타난 경우 [취소(Esc)] 단추를 눌러 취소한 다음 [고정자산등록]란에서 수정한 후 [새로불러오기] 단추를 누르면 수정된 자료가 반영된다.

② 퇴직급여추계액 : **0508** 퇴직급여 50,000,000원을 입력한다.
퇴직급여추계액 : **0806** 퇴직급여 45,000,000원을 입력한다.

③ [결산반영] 단추를 눌러 실행하면 [추가설정액(결산반영)]금액이 해당란에 자동 반영된다.

(2) 결산자료입력란에 실지로 반영되는 금액

① **0508** 2). 퇴직급여(전입액)란에 20,000,000원이 자동 반영된다.

② **0806** 2). 퇴직급여(전입액)란에 11,000,000원이 자동 반영된다.

| [4] 기말상품재고액 | 5,000,000원 | 기말원재료재고액 | 45,000,000원 |
| 기말재공품재고액 | 5,000,000원 | 기말제품재고액 | 80,000,000원 |

 입력방법

▶ [결산/재무제표-결산자료입력] 실행

① 0146 ⑩ 기말상품 재고액란에 5,000,000원을 입력

② 0153 ⑩ 기말원재료 재고액란에 45,000,000원을 입력

③ 0169 ⑩ 기말재공품 재고액란에 5,000,000원을 입력

④ 0150 ⑩ 기말제품 재고액란에 80,000,000원을 입력

[5] 당기분 법인세등 5,600,000원을 계상하다.(단, 법인세 중간예납세액은 (8월 31일) 조회하여 입력할 것)

 입력방법

① 법인세 중간예납액

㉠ 일반전표 8월 31일 조회 : 3,154,000원

㉡ 결산자료 입력란 맨 하단에 0136 1). 선납세금 (결산전금액) 3,154,000원

② 0136 1). 선납세금 결산반영금액란에 3,154,000원 직접 입력

0998 2). 추가계상액 결산반영금액란에 2,446,000원 직접 입력

【 마무리 】

대손충당금설정과 감가상각비계상 및 기말상품재고액, 기말원재료재고액, 기말재공품재고액, 기말제품재고액, 퇴직급여충당부채계상, 법인세 추산액을 입력하여 자동결산을 하는 경우에 는 반드시 결산자료입력 화면 상단의 [(F3)전표추가] 단추를 클릭하여 결산전표를 자동생성시킨 후 [일반전표 입력]란에서 12월 31일자의 결산자동 분개를 확인한다.

【 자동결산자료가 입력된 화면 】

기 간 2020 년 01 ∨ 월 ~ 2020 년 12 ∨ 월

±	코드	과 목	결산분개금액	결산전금액	결산반영금액	결산후금액
		1. 매출액		1,443,293,275		1,443,293,275
	0401	상품매출		5,909,092		5,909,092
	0404	제품매출		1,437,384,183		1,437,384,183
		2. 매출원가		647,585,210		560,979,388
	0451	상품매출원가				3,400,000
	0146	② 당기 상품 매입액	8,400,000			8,400,000
	0146	⑩ 기말 상품 재고액			5,000,000	5,000,000
	0455	제품매출원가				557,579,388
		1)원재료비		506,194,000		461,194,000
	0501	원재료비		506,194,000		461,194,000
	0153	① 기초 원재료 재고액		20,000,000		20,000,000
	0153	② 당기 원재료 매입액		486,194,000		486,194,000
	0153	⑩ 기말 원재료 재고액			45,000,000	45,000,000
		3)노 무 비		52,820,000	20,000,000	72,820,000
		1). 임금 외		52,820,000		52,820,000
	0504	임금		52,820,000		52,820,000
	0508	2). 퇴직급여(전입액)			20,000,000	20,000,000
	0550	3). 퇴직연금충당금전입액				
		7)경 비		75,471,210	28,394,178	103,865,388
		1). 복리후생비 외		75,471,210		75,471,210
	0511	복리후생비		4,958,200		4,958,200
	0512	여비교통비		1,008,150		1,008,150
	0513	접대비		595,000		595,000
	0514	통신비		221,000		221,000
	0515	가스수도료		698,060		698,060
	0516	전력비		4,775,700		4,775,700
	0517	세금과공과		206,000		206,000
	0520	수선비		4,600,000		4,600,000
	0521	보험료		2,560,000		2,560,000
	0522	차량유지비		4,254,000		4,254,000
	0526	도서인쇄비		180,000		180,000
	0530	소모품비		1,129,100		1,129,100
	0533	외주가공비		50,000,000		50,000,000
	0536	잡비		286,000		286,000
	0518	2). 일반감가상각비			28,394,178	28,394,178
	0202	건물			8,000,000	8,000,000
	0206	기계장치			15,214,178	15,214,178
	0208	차량운반구			5,180,000	5,180,000
	0212	비품				
	0455	8)당기 총제조비용		634,485,210		637,879,388
	0169	① 기초 재공품 재고액		2,700,000		2,700,000
	0169	⑩ 기말 재공품 재고액			5,000,000	5,000,000
	0150	9)당기완성품제조원가		637,185,210		635,579,388
	0150	① 기초 제품 재고액		12,000,000		12,000,000
	0150	⑥ 타계정으로 대체액		10,000,000		10,000,000
	0150	⑩ 기말 제품 재고액			80,000,000	80,000,000
		3. 매출총이익		795,708,065	86,605,822	882,313,887
		4. 판매비와 일반관리비		179,696,700	37,601,000	217,297,700
		1). 급여 외		61,137,000		61,137,000
	0801	급여		61,137,000		61,137,000
	0806	2). 퇴직급여(전입액)			11,000,000	11,000,000
	0850	3). 퇴직연금충당금전입액				
	0818	4). 감가상각비		2,500,000	7,885,000	10,385,000
	0202	건물			4,000,000	4,000,000
	0206	기계장치				
	0209	차량운반구			3,885,000	3,885,000
	0212	비품				
	0835	5). 대손상각			8,716,000	8,716,000
	0108	외상매출금			4,142,000	4,142,000
	0110	받을어음			4,574,000	4,574,000
	0840	6). 무형자산상각비			10,000,000	10,000,000
	0219	특허권				
	0226	개발비			10,000,000	10,000,000
		7). 기타비용		116,059,700		116,059,700
	0811	복리후생비		7,663,000		7,663,000
	0812	여비교통비		409,800		409,800

0813	접대비		6,099,500		6,099,500
0814	통신비		1,354,010		1,354,010
0815	수도광열비		10,825,060		10,825,060
0817	세금과공과		2,883,000		2,883,000
0819	임차료		8,750,000		8,750,000
0820	수선비		57,486,000		57,486,000
0821	보험료		7,320,000		7,320,000
0822	차량유지비		2,951,910		2,951,910
0824	운반비		845,000		845,000
0826	도서인쇄비		190,000		190,000
0830	소모품비		1,882,420		1,882,420
0831	수수료비용		2,400,000		2,400,000
0833	광고선전비		5,000,000		5,000,000
	5. 영업이익		616,011,365	49,004,822	665,016,187
	6. 영업외 수익		14,000,000		14,000,000
	1). 이자수익		2,000,000		2,000,000
0901	이자수익		2,000,000		2,000,000
0924	2). 준비금 환입				
	3). 기타영업외수익		12,000,000		12,000,000
0904	임대료		12,000,000		12,000,000
	7. 영업외 비용		13,292,000		13,292,000
	1). 이자비용		1,292,000		1,292,000
0951	이자비용		1,292,000		1,292,000
0954	2). 기타의대손상각				
0131	선급금				
0972	3). 준비금 전입				
0977	4). 조특법상 특별상각				
	5). 기타영업외비용		12,000,000		12,000,000
0961	재해손실		10,000,000		10,000,000
0970	유형자산처분손실		2,000,000		2,000,000
	8. 법인세차감전이익		616,719,365	49,004,822	665,724,187
0998	9. 법인세등			5,600,000	5,600,000
0136	1). 선납세금		3,154,000	3,154,000	3,154,000
0998	2). 추가계상액			2,446,000	2,446,000
	10. 당기순이익		616,719,365	43,404,822	660,124,187
	11. 주당이익				
	주식수				

매출액:[1,443,293,275] 당기순이익:[660,124,187] 소득팽율:45.74%

【 자동 결산정리분개 】

2020 년 12 ∨ 월 31 일 변경현금잔액: 109,900,460 대차차액: [결산]

□	일	번호	구분	계 정 과 목	거 래 처	적 요	차 변	대 변
■	31	00031	결대	0169 재공품				635,579,388
□	31	00032	결차	0455 제품매출원가		1 제품매출원가 대체	557,579,388	
□	31	00032	결대	0150 제품				557,579,388
□	31	00033	결차	0806 퇴직급여		1 퇴직충당금 당기분전입익	11,000,000	
□	31	00033	결대	0295 퇴직급여충당부채		7 퇴직급여충당부채당기설		11,000,000
□	31	00034	결차	0818 감가상각비			7,885,000	
□	31	00034	결대	0203 감가상각누계액				4,000,000
□	31	00034	결대	0209 감가상각누계액				3,885,000
□	31	00035	결차	0835 대손상각비			8,716,000	
□	31	00035	결대	0109 대손충당금				4,142,000
□	31	00035	결대	0111 대손충당금				4,574,000
□	31	00036	결차	0840 무형자산상각비			10,000,000	
□	31	00036	결대	0226 개발비				10,000,000
□	31	00037	결차	0998 법인세등			3,154,000	
□	31	00037	결대	0136 선납세금				3,154,000
□	31	00038	결차	0998 법인세등			2,446,000	
□	31	00038	결대	0261 미지급세금				2,446,000
			합 계				2,387,227,342	2,387,227,342

▶ 전표추가 후 오류 수정이 필요 시

결산자료입력화면 상단 [(Ctrl+F5)결산분개삭제] 단추를 클릭하면, 일반전표 12월 31일자로 생성된 결산정리분개가 자동으로 삭제된다. 오류 부분을 수정한 다음 [결산자료입력]화면의 상단 툴바의 [(F3)전표추가]를 눌러 재실행시키면 된다.

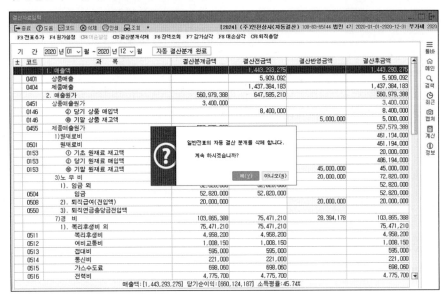

[6] 결산 후 절차

① **제조원가명세서** : 당기제품제조원가(635,579,388원)가 손익계산서에 자동 반영된다.

② **손익계산서** : 당기순이익(660,124,187원)이 이익잉여금처분계산서에 자동 반영된다.

③ **이익잉여금처분계산서**
   ㉠ 다시 [(F6)전표추가] 단추를 눌러 결산대체분개를 생성시킨다.
   ㉡ 나타나는 메시지에서는 항상 "아니오(N)"를 선택한다.
   ㉢ 미처분이익잉여금(812,347,187원)이 재무상태표에 자동으로 반영된다.

④ **재무상태표** : 미처분이익잉여금(812,347,187원)이 자동으로 반영된다.

Chapter 06

분개실습문제

- 분개실습문제(일반전표입력 분개60선,
  매입매출전표입력 분개50선)

01 분개 실습 문제

01 (주)평창상사(회사코드 : 2033) / 일반전표입력 분개문제 60선

❖ 다음 (주)평창상사의 거래 자료를 일반전표 입력메뉴에 입력하시오. (모든 거래는 부가가치세를 고려하지 말 것)

─────── < 입력 시 유의사항 > ───────

- 일반적인 적요의 입력은 생략하지만, 타계정 대체거래는 적요번호를 선택하여 입력한다.
- 채권·채무와 관련된 거래는 별도의 요구가 없는 한 반드시 기 등록되어 있는 거래처코드를 선택하는 방법으로 거래처명을 입력한다.
- 제조경비는 500번대 계정코드를, 판매비와 관리비는 800번대 계정코드를 사용한다.
- 회계처리 시 계정과목은 별도제시가 없는 한 등록되어 있는 계정과목 중 가장 적절한 과목으로 한다.

[01] 7월 1일   영업점을 이전하면서 임대인(대성빌딩)으로부터 임차보증금 중 임차료 미지급액 6,000,000원을 차감한 나머지 194,000,000원을 보통예금으로 반환받았다.(미지급비용 계정과목을 사용하시오) (3점)

[02] 7월 3일   단기간의 매매차익을 목적으로 총액 7,000,000원에 구입한 상장회사 (주)구노물산의 주식 200주 중 80주를 주당 40,000원에 처분하였으며 처분대금은 소망은행 보통예금에 입금되다.(3점)

[03] 7월 3일   충남상사로부터 전자제품 원재료를 구입하기로 하고, 계약금 1,000,000원을 현금으로 지급하였다.(3점)

[04] 7월 4일   생산라인 증설을 위해 지난 5월 9일 계약금 5,000,000원을 주고 (주)광속테크에 제작 의뢰한 기계장치가 설치완료 되어 잔금 25,000,000원 중 22,000,000원은 소망은행 보통예금으로 지급하고 나머지는 15일 후에 지급하기로 하다.(단, 부가가치세는 고려하지 말것) (3점)

[05] 8월 10일   7월 17일에 발생한 화재로 인하여 소실된 제품(원가 10,000,000원)에 대한 보험금 7,000,000원을 보험회사로부터 보통예금계좌로 입금 받았다.(당사는 삼현화재에 화재보험이 가입되어 있다) (3점)

[06] 8월 31일 당해 사업연도 법인세의 중간예납세액 24,000,000원을 현금으로 납부하였다.(단, 법인세납부액은 자산 계정으로 처리할 것) (3점)

[07] 9월 1일 출장갔던 생산직사원 이익동이 복귀하여 8월 30일에 가지급금으로 처리하였던 출장비를 정산하고, 초과지출분에 대해서는 현금지급 하였다.(가지급금 계정에 거래처 입력할 것) (3점)

가 지 급 정 산 서

소 속	생산부	직위		과 장	이름	이익동
출장내역	일 시	2020년 08월 30일				
	출 장 지	부산 (주)송도전자 거래처 방문				
	출장목적	외상미수금 회수 및 신제품 홍보				
출 장 비	지 급 액	소 비 액	정산차액		비고	
	150,000원	166,000원	16,000원			
지출내역	-. KTX〈왕복〉: 100,000원　　　-. 식　　대 : 20,000원 -. 시내교통비 : 16,000원　　　-. 거래처 접대 : 30,000원					
	2020년 09월 01일 신청인 : 이 익 동 **(인)**					

[08] 9월 3일 6월 20일 발생한 길음상사의 제품 외상매출금 7,700,000원을 회수하면서 약정기일보다 10일 빠르게 회수되어 외상매출금의 3%를 할인해 주었다. 대금은 모두 보통예금으로 입금되었다.(3점)

[09] 9월 4일 대표이사로부터 토지 300,000,000원을 무상으로 수증 받았다.(3점)

[10] 9월 5일 보통예금계좌에서 300,000원의 이자수익이 발생하였으며, 원천징수법인세를 제외한 나머지 금액이 보통예금계좌로 입금되었다.(원천징수법인세율은 14%로 가정한다) (3점)

[11] 9월 5일 액면가액이 1주당 5,000원인 보통주를 증권시장에서 주당 10,000원씩 5,000주를 현금으로 발행하였다. 주식발행에 소요된 인쇄비, 광고비, 수수료 등의 주식발행비로 5,000,000원이 현금 지출되었다.(3점)

[12] 9월 5일 당사의 신제품 개발을 위해 보통예금에서 인출된 개발비 2,000,000원에 대하여 자산 계정을 사용하여 회계 처리하시오.(3점)

[13] **9월 10일** 8월 31일의 공장근로자 급여와 관련된 원천징수금액 중 국민연금(회사부담 분 포함)과 근로소득세, 지방소득세를 현금으로 납부하였다.(국민연금의 비용항목과 관련한 부분은 '세금과 공과'로 처리할 것)(3점)

> • 국민연금 : 324,000원 납부(회사부담 분 : 162,000원, 근로자부담분 : 162,000원)
> • 근로소득세 : 200,000원 납부, 지방소득세 20,000원 납부

[14] **9월 11일** 공장용 건물에 대한 재산세 2,500,000원을 현금 납부하였다.(3점)

[15] **9월 16일** 파손된 본사 영업팀 건물의 유리를 서울유리에서 교체하고, 대금은 당좌수표로 발행하여 지급하고, 현금영수증을 수취하다.(수익적지출로 처리할 것)(3점)

> ## 현금(지출증빙)승인
> TID : 10955699-0051   회원용
> [지출증빙승인]   20*-**-*8132
> 거래일시 : 20/09/16/21:34:27
> ================================
> 금　액 : 1,363,136원
> 부가세 :　136,864원　합 계 : 1,500,000원
> ================================
> 승인번호   09309054(EK)
> 사업자번호   732-**-00690
> 박**   TEL:02325****
> 강화유리   ○○지점   서울유리
> 주 소 : 서울특별시 동작구 노들로2길 9-1
> ================================
> 알 림 : 휴대전화, 카드번호등록
> 　http://현금영수증.kr
> 국세청문의(123-1-1)
> jj3302188-0051-SU53

[16] **9월 17일** 지난 달(8월 30일) 도시가스공사에 대한 가스수도료 54,000원(미지급비용)을 보통예금에서 이체지급 하였다.(3점)

[17] **9월 17일** 2018년 7월 1일에 기계장치를 취득하였다. 기계장치 취득 후 2년이 지난 현재 주요수선 및 설비증설을 위한 자본적지출로 6,000,000원을 현금 지출하였다.(3점)

[18] **9월 18일** 창고건물과 토지를 총 220,000,000원에 보통예금으로 지급하고 매입하였다. 토지의 취득가격은 200,000,000원, 창고건물의 취득가격은 20,000,000원이며, 매입에 따른 추가부대비용은 다음과 같이 모두 현금으로 지급하였다.(3점)

> • 토지 중개수수료 및 등기이전비용 : 1,000,000원
> • 토지 조경공사비(영구성 있음) : 2,000,000원
> • 배수로 및 하수처리장 설치(유지보수책임은 지방자치단체에 있음) : 3,000,000원
> • 대대적인 창고건물의 리모델링을 위한 지출 : 6,000,000원

[19] 9월 19일 거래처인 (주)인성상사에 1년 이내 회수할 목적으로 100,000,000원을 대여하기로 하여 80,000,000원은 보통예금에서 지급하였고, 나머지 20,000,000원은 (주)인성상사에 대한 외상매출금을 대여금으로 전환하기로 약정하였다.(3점)

[20] 9월 20일 길음상사의 파산으로 인해 외상매출금 1,000,000원이 회수불가능하게 되어 대손 처리하였다. 외상매출금에 대한 대손충당금 현재 잔액은 280,000원으로 가정하며, 대손세액공제는 고려하지 않기로 한다.(3점)

[21] 9월 21일 거래처인 (주)부상랜드의 제품매출에 대한 외상매출금 10,780,000원이 보통예금 계좌에 입금되었으며, 이는 판매당시 조기회수약정에 따라 200,000원이 할인된 금액이다.(3점)

[22] 9월 22일 단기매매차익을 목적으로 상장회사인 (주)삼한의 주식 1,000주를 주당 6,000원(액면가액 5,000원)에 구입하고 대금은 매입수수료 8,000원을 포함하여 총 6,008,000원을 보통예금 계좌에서 이체하였다.(3점)

[23] 9월 23일 공장신축을 위한 차입금의 이자비용 1,000,000원을 보통예금 계좌에서 이체하였다. 공장의 착공일은 2019년 12월 1일이며, 완공일은 2021년 10월 31일이다.(단, 차입금의 이자비용은 자본화한다)(3점)

[24] 9월 24일 업무용 승용차를 구입하면서 다음과 같은 금액을 구매대행회사에 전액 현금으로 지급하다. 회사는 차량구입 시 필수적으로 매입하는 지역개발채권을 만기까지 보유하기로 하였다.(3점)

> • 차량가액 : 18,500,000원   • 취득세 및 등록세 : 500,000원
> • 지역개발채권매입액 : 액면가 500,000원(공정가액 300,000, 만기 : 2022년 5월 18일)

[25] 9월 25일 영업부 건물의 임차보증금에 대한 간주임대료의 부가가치세를 건물소유주에게 보통예금 계좌에서 이체하였다. (임차계약 시 간주임대료에 대한 부가가치세를 임차인부담으로 계약을 체결하였음. 간주임대료의 부가가치세는 500,000원임) (3점)

[26] 9월 26일 거래처인 (주)청계전자의 미지급금 35,000,000원 중 32,000,000원은 보통예금 계좌에서 이체하고, 나머지 금액은 면제받았다.(3점)

[27] 9월 27일 개인 김돈아씨로부터 차입한 자금에 대한 이자비용 1,500,000원이 발생하여 원천징수세액 412,500원을 차감한 나머지 금액 1,087,500원을 자기앞수표로 지급 하였다.(3점)

[28] 9월 28일 4월 10일에 제품을 매출하고 (주)암석으로부터 수취한 어음 5,000,000원이 부도처리 되었다는 것을 국민은행으로부터 통보받았다.(2019년 9월 28일자로 회계처리 하시오.) (3점)

[29] 9월 28일 중국에서 수입한 원재료 20톤을 인천항에서 공장까지 운송하고 운송료 1,200,000원과 이체수수료 2,000원을 당사 보통예금계좌에서 지급하였다.(3점)

[30] 10월 1일 창고 임차보증금에 대한 계약금 2,000,000원을 상화빌딩에 자기앞수표로 지급하였다. 계약기간은 2020년 11월 1일 ~ 2022년 10월 31일이다.(3점)

[31] 10월 5일 다음과 같은 내용의 9월분 건강보험료를 현금으로 납부하다.(3점)

> - 회사부담분 : 280,000원(이 중 생산직 직원에 대한 건강보험료는 180,000원임)
> - 종업원부담분 : 280,000원
> - 회사는 건강보험료 회사부담분에 대하여 복리후생비로 처리하고 있다.

[32] 10월 5일 만기가 도래하여 거래은행에 추심 의뢰한 (주)송도전자의 받을어음 70,000,000원 중에서, 추심수수료 100,000원을 차감한 금액이 보통예금 계좌에 입금되었다.(3점)

[33] 10월 6일 영업부 직원에 대하여 확정기여형(DC) 퇴직연금에 가입하고 10,000,000원을 보통예금에서 지급하였다. 이 금액에는 연금운용에 대한 수수료 500,000원이 포함되어 있다.(3점)

[34] 10월 7일　　미국기업인 벤카인터내셔날에 수출(선적일자 9월 5일)하였던 제품에 대한 외상매출금이 보통예금 계좌에 입금되었다.(3점)

> - 외상매출금 : 20,000달러　　- 9월 05일 환율 : 1,500원/달러
> - 10월 7일 환율 : 1,300원/달러

[35] 10월 9일　　사용 중인 창고건물(취득가액 50,000,000원, 감가상각누계액 40,000,000원)을 새로 신축하기 위해 철거하였으며, 철거용역업체에 철거비용 2,000,000원을 보통예금에서 지급하였다.(3점)

[36] 10월 10일　　제품을 제조하는 공장 건물에 대한 재산세 1,250,000원과 영업부 사무실에 대한 재산세 2,100,000원을 현금으로 납부하였다.(3점)

[37] 10월 11일　　금년 10월 10일에 열린 주주총회에서 결의한 주식배당 20,000,000원에 대해 주식배정을 실시하였다. 단, 원천징수세액은 없는 것으로 한다.(3점)

[38] 10월 13일　　6월 7일에 원재료를 매입하고 (주)희망에 대금으로 발행하여 주었던 어음이 만기가 되어서 당좌수표를 발행하여 지급하였다.(3점)

[39] 10월 15일　　신입사원 채용을 위하여 생활정보지 "가로등"에 신입사원 채용광고를 게재하고 대금은 법인BC카드로 결제하였다.(3점)

신용카드 매출전표

가맹점명　　가로등　　031-405-6418	
사업자번호　130-42-35528	
대표자명　　이 철 민	
주　　소　　경기 안산 고잔 815	

	신용승인
거래일시	2020. 10. 15.　20:25:15
유효기간	**/**
가맹점번호	12345678
	법인BC카드(전자서명전표)
과세금액　　　　채용광고	90,909원
부가세액	9,091원
합 계	100,000원

[40] 10월 17일　　(주)덕산과 사무실 임대차계약을 맺고 임대보증금 15,000,000원 중 5,000,000원은 (주)덕산 발행 당좌수표로 받고 나머지는 월말에 지급받기로 하였다.(3점)

[41] 11월 3일 (주)두리산업의 외상매입금 20,000,000원을 결제하기 위하여 당사가 제품매출대가로 받아 보유하고 있던 (주)대진상사의 약속어음 20,000,000을 배서하여 지급하였다.(3점)

[42] 11월 5일 평화상사의 외상매출금 6,900,000원이 법인세법상 대손금처리 요건이 충족되어서 당사는 이를 대손처리 하기로 하였다. 지금까지 설정되어 있는 대손충당금을 조회하고 이에 대하여 적절한 회계처리 하시오.(단, 부가가치세는 고려하지 않는다.)(3점)

[43] 11월 6일 사용중인 기계장치(취득원가 : 30,000,000원, 감가상각누계액 : 15,000,000원)를 동일 업종인 거래처의 유사한 용도로 사용하던 기계장치(장부가액 : 18,000,000원, 공정가액 : 20,000,000원)와 교환하였다. 교환되는 기계장치 상호간의 공정가치는 동일하다.(3점)

[44] 11월 7일 8월 13일 주주총회에서 결의한 중간배당금 20,000,000원을 현금으로 지급하였다.(원천징수는 없는 것으로 가정함.)(3점)

[45] 11월 7일 홍콩지점관리를 목적으로 대표이사의 국외출장 왕복항공료 3,000,000원을 법인카드(하나카드)로 결제하였다.(3점)

[46] 11월 10일 생산된 제품(원가 300,000원, 판매시가 500,000원)을 국군 위문금품으로 전달하였다.(3점)

[47] 11월 11일 (주)부동산개발로부터 투자목적으로 토지를 300,000,000원에 구입하고, 현금으로 100,000,000원, 나머지는 약속어음을 발행하여 교부하였다. 또한 당일 취득세와 등록세 10,000,000원은 현금 납부하였다.(3점)

[48] 11월 13일 원재료 매입처인 (주)독도의 외상매입금 10,000,000원을 지급하기 위해 (주)세마에서 받아 보관 중인 약속어음 8,000,000원을 배서양도하고 나머지는 당좌수표를 발행하여 지급하였다.(3점)

[49] 11월 15일 새로 구입한 업무용 차량의 등록세 350,000원과 취득세 250,000원을 현금으로 납부하였다.(3점)

[50] 11월 17일 9월 20일 선지급(50만원)한 생산직 사원에 대한 출장비(전도금으로 회계 처리하였음)에 대하여 다음과 같이 출장비 명세서를 받았다. 초과된 출장 비는 보통예금에서 지급하였다.(전액 여비교통비로 회계처리할 것) (3점)

• 교통비 : 160,000원	• 숙박비 : 210,000원
• 식 대 : 120,000원	• 입장료 : 70,000원

[51] 12월 3일 생산직원 나이직씨가 개인적인 이유로 퇴직하여 다음과 같이 퇴직금을 지 급하였다. 현재 당사는 퇴직금을 지급하기 위한 퇴직급여충당부채가 충분 하다.(3점)

내 역	금액 및 비고
퇴직급여	30,000,000원
퇴직관련세금(소득세 및 주민세)	1,000,000원
차감 지급액	29,000,000원
지급 방법	당사 보통예금에서 지급

[52] 12월 5일 생산라인에 필요한 외국기술서적의 번역을 의뢰한 프리랜서에게 번역비 1,000,000원에서 원천징수세액 33,000원을 차감한 금액을 자기앞수표로 지급하였다.(수수료비용으로 회계처리할 것) (3점)

[53] 12월 6일 8월에 구입하여 보관 중인 원재료(원가 200,000원, 시가 300,000원)를 회 사 소모품으로 사용하고자 대체하였다.(소모품은 자산으로 회계처리할 것) (3점)

[54] 12월 7일 영업활동자금의 원활 한 운용을 위하여 (주)신정정밀에서 받은 받을어 음 9,000,000원을 국민은행에서 할인하고 대금은 할인료 750,000원을 제외한 전액을 당사 당좌예금으로 송금받았다.(매각거래로 회계처리할 것) (3점)

[55] 12월 9일 인천세관으로부터 수입한 원재료에 대한 통관수수료 160,000원을 현금으 로 지급 하였다.(취득원가로 회계처리 할 것) (3점)

[56] 12월 10일 전기에 대손이 확정되어 대손충당금과 상계 처리하였던 외상매출금 중 일 부인 600,000원을 회수하여 당좌예금 계좌에 입금하였다.(3점)

[57] 12월 11일 생산직원의 원가절감교육을 위해 외부강사를 초청하여 교육하고 강사료
중 원천징수세액 99,000원을 제외하고 나머지 금액 2,901,000원은 당사
보통예금계좌에서 강사의 보통예금 계좌로 송금하였다.(3점)

[58] 12월 13일 거래처인 (주)저스트원의 미지급금 70,000,000원 중 50,000,000원은 당
좌수표로 지급하고, 나머지 20,000,000원은 면제받았다.(3점)

[59] 12월 15일 당사 보통예금계좌에서 이자가 발생하여 원천징수세액 14,000원을 제외
한 나머지 금액 86,000원이 입금되었다.(3점) (자산 계정으로 처리할 것)

[60] 12월 31일 2기 확정 부가가치세 신고분에 대한 부가가치세예수금 31,000,000원과
부가가치세대급금 19,600,000원을 상계처리하고, 잔액을 2021년 1월
25일 납부할 예정이다. 12월 31일 기준으로 적절한 회계처리를 하시
오.(미지급세금 계정을 사용할 것)(3점)

02 **(주)평창상사(회사코드 : 2033) / 매입매출전표입력 분개문제 50선**

❷ 다음 (주)평창상사의 거래 자료를 매입매출전표 입력메뉴에 입력하시오.

─────── < 입력 시 유의사항 > ───────

• 일반적인 적요의 입력은 생략하지만, 타계정 대체거래는 적요번호를 선택하여 입력한다.
• 별도의 요구가 없는 한 반드시 기 등록되어 있는 거래처코드를 선택하는 방법으로 거래처명을 입력한다.
• 제조경비는 500번대 계정코드를, 판매비와 관리비는 800번대 계정코드를 사용한다.
• 회계처리시 계정과목은 별도제시가 없는 한 등록되어 있는 계정과목 중 가장 적절한 과목으로 한다.
• 입력화면 하단의 분개까지 처리하고, 전자세금계산서는 전자입력으로 반영한다.

[01] 7월 1일 (주)일진상사에 제품 300개(판매단가 @40,000원, 부가가치세 별도)를 외상으로 납품하면서 전자세금계산서를 발급하였다. 대금은 거래수량에 따라 공급가액 중 전체금액의 5%를 에누리해 주기로 하고, 나머지 판매대금은 30일 후 받기로 하였다.(3점)

[02] 7월 5일 매출거래처인 (주)일진상사에 선물로 증정하기 위해 프린터를 (주)오산에서 외상으로 구입하고 전자세금계산서를 수취하였다.(3점)

전자세금계산서				(공급받는자 보관용)			승인번호		xxxxxxxx	
공급자	사업등록번호	135-81-25631	종사업장 번호		공급받는자	사업자등록번호	108-83-65144	종사업장 번호		
	상호(법인명)	(주)오산	성명	임오산		상호(법인명)	㈜평창상사	성명	신창조	
	사업장주소	서울특별시 동작구 노량진로 103				사업장주소	서울특별시 영등포구 양평로 171			
	업 태	제조	종목	전자제품		업 태	제조	종목	전자제품	
	이메일	lobve@naver.com				이메일	vudckd@hanmail.net			
작성일자		공급가액		세 액			수정사유			
2020. 7. 5.		2,000,000		200,000						
비고										

월	일	품 목	규 격	수 량	단 가	공 급 가 액	세액	비 고
7	5	프린터				2,000,000	200,000	

합계금액	현 금	수 표	어 음	외 상 미 수 금	이 금액을 영수 함 (청구)
2,200,000				2,200,000	

[03] 7월 7일 본사 신축용 토지 취득을 위한 법률자문 및 등기대행 용역을 제이컨설팅으로부터 제공받고 동 용역에 대한 수수료 2,000,000원(부가가치세 별도)을 현금 지급하였다. 이에 대한 전자세금계산서를 발급 받았다.(3점)

[04] 7월 12일   본사 영업부에서 사용하던 4인승 소형승용차(999cc)의 고장으로 (주)해 피카센타에서 수리하고, 수리비 200,000원(부가가치세 별도)을 현금으로 지급하고 전자세금계산서를 발급받았다. 차량유지비 계정으로 처리할 것.(3점)

[05] 7월 17일   (주)동우전자에 제품(공급가액 20,000,000원, 부가가치세 별도)을 공급하면서 전자세금계산서를 발급하였다. 대금 중 부가가치세액은 은행권자기앞수표로 받았고, 잔액은 동점발행 약속어음(어음만기 2020. 11. 11.)으로 받았다.(3점)

[06] 7월 17일   당사는 제품을 (주)미연상사에 판매하고, 전자세금계산서를 발급하였다. 판매대금은 27,500,000원(부가가치세 별도)이었으며, 부가가치세를 포함한 전액을 (주)미연상사가 발행한 약속어음(어음만기 2020. 12. 15.)으로 받았다.[(주)미연상사를 거래처 코드 2200번으로 등록하시오. 사업자등록번호 : 245-82-11479, 대표자 : 김영선, 업태 : 소매, 종목 : 가전제품](3점)

[07] 7월 18일   한마음문구에서 영업부 사무실 프린터기에 사용할 잉크를 99,000원(부가가치세 포함)에 구입하여 현금을 지급하고 현금영수증(지출증빙용)을 교부받았다. 부가가치세 공제요건은 모두 충족하였다.(사무용품비로 회계처리하고, 승인번호 입력 생략)(3점)

[08] 7월 20일   프랑스 거래처 봉쥬르에 공급가액 20,000,000원인 제품을 직수출하고 대금은 외상으로 하였다.(3점)

[09] 7월 26일   (주)까마귀로부터 원재료를 2,000,000원(부가가치세 별도) 매입하고, 대금은 어음(만기 2020. 11. 30.)을 발행하여 지급하고 전자세금계산서 교부받다. (3점)

[10] 7월 27일   생산직 사원 이택영의 결혼식에 사용할 축하화환을 100,000원에 (주)꽃나라에서 계산서를 발급받아 구입하고 대금은 보통예금에서 이체하였다.(3점)

[11] 7월 30일   강변패션(주)에 제품을 판매하고 전자세금계산서를 교부하였다. 판매대금 중 일부는 강변패션(주)가 보유하고 있던 (주)샛별의류가 발행한 약속어음(만기 2020. 8. 31.)으로 배서양도 받고, 잔액은 1개월 후에 수취하기로 하였다.(3점)

전자세금계산서 (공급자보관용)					승인번호		xxxxxxxxx	

공급자	사업자등록번호	108-83-65144	종사업장 번호		공급받는자	사업자등록번호	654-12-62344	종사업장 번호	
	상호(법인명)	㈜평창상사	성명	신창조		상호(법인명)	강변패션	성 명	이강변
	사업장주소	서울특별시 영등포구 양평로 171				사업장 주소	부산광역시 부산진구 가야공원로 1		
	업 태	제조	종목	전자제품		업 태	도, 소매	종 목	전자제품
	이메일	vudckd@hanmail.net				이메일	lob0426@naver.com		

작성일자	공급가액	세 액	수정사유
2020. 7. 30.	15,0000,000	1,500,000	

비고								

월	일	품 목	규 격	수 량	단 가	공 급 가 액	세액	비 고
7	30	전자제품		100	150,000	15,0000,000	1,500,000	

합계금액	현 금	수 표	어 음	외상미수금	이 금액을 (영수) 함 청구
16,500,000			10,000,000	6,500,000	

[12] 8월 7일   (주)까치로부터 부재료를 5,500,000원(부가가치세 포함, 전자세금계산서 교부받음)에 매입하고, 대금의 10%는 현금으로 지급하고, 나머지는 외상으로 하였다.[(주)까치를 거래처코드 00188번으로 등록하시오. 사업자번호 : 108-81-45687, 대표자 : 김성, 업태 : 도매, 종목 : 목재] (3점)

[13] 8월 7일   (주)생산성으로부터 영업직 직원들에게 교육훈련특강을 실시하고, 특강료 3,000,000원에 대한 계산서를 교부받았다. 특강료는 선급금으로 회계처리되어 있던 계약금 1,000,000원을 제외한 나머지 2,000,000원을 현금으로 지급하였다. (3점)

[14] 8월 9일   원재료 운송용 트럭(취득가액 35,000,000원, 전기말 감가상각누계액 16,500,000원)을 (주)대성상사에 20,000,000원(부가가치세 별도)에 처분하면서 전자세금계산서를 발행하였다. 대금은 한 달 후에 수령하기로 하고, 처분시점에 감가상각은 하지 않기로 한다. (3점)

[15] 8월 16일   (주)삼부프라자로부터 업무용 컴퓨터 1대를 5,500,000원(부가가치세 포함)에 구입하고 법인카드인 비씨카드로 구입하였다.(신용카드 매입세액공제요건을 모두 충족함) (3점)

[16] 8월 17일   (주)상기물산에 Local L/C에 의하여 제품 8,000,000원을 납품하고 영세율 전자세금계산서를 발행하였으며, 대금 중 50%는 외상으로 하고 나머지는 어음으로 수령하였다. (3점)

전자세금계산서		(공급자보관용)				승인번호		xxxxxxxx	
공급자	사업자등록번호	108-83-65144	종사업장 번호		공급받는자	사업자등록번호	254-81-24457	종사업장 번호	
	상호(법인명)	㈜평창상사	성명	신창조		상호(법인명)	(주)상기물산	성 명	이성진
	사업장주소	서울특별시 영등포구 양평로 171				사업장 주소	경기도 평택시 평택1로 100		
	업 태	제조	종목	전자제품		업 태	도, 소매	종 목	전자제품
	이메일	vudckd@hanmail.net				이메일	lob0426@naver.com		

작성일자	공급가액	세 액	수정사유		
2020. 8. 17.	8,000,000	0	영세율		
비고					

월	일	품 목	규 격	수 량	단 가	공 급 가 액	세액	비 고
8	17	제품		80	100,000	8,000,000	0	

합계금액	현 금	수 표	어 음	외상미수금	이 금액을 (영수) 함 청구
8,000,000			4,000,000	4,000,000	

[17] 8월 19일 구매확인서에 의해 수출용제품에 대한 원재료(공급가액 35,800,000원)를 (주)신성정밀로부터 매입하고 영세율 전자세금계산서를 발급받았다. 매입대금 중 15,000,000원은 (주)영진전자로부터 받은 약속어음을 배서하여주고 나머지는 3개월 만기의 당사 발행 약속어음으로 주었다.(3점)

[18] 8월 20일 (주)용문에 제품 100개를 개당 200,000원(부가가치세 별도)에 판매하고 전자세금계산서를 교부하였으며, 대금 중 부가가치세는 현금으로 받고 나머지는 3개월 후에 받기로 하였다.(3점)

[19] 8월 26일 비사업자인 최준열씨에게 노트북 컴퓨터 1대를 판매하고 현금 462,000원(부가가치세 포함)을 수취하였다. 현금영수증은 발행하지 않았다.(3점)

[20] 8월 27일 하나마트에서 사무실용 찻잔 1세트를 40,000원(부가가치세 별도)에 구입하고 전자세금계산서를 교부받았으며, 대금은 현금으로 지급하였다. 찻잔은 구입시 비용으로 처리하였다.(3점)

[21] 8월 30일 대표이사(최지원)의 자택에서 사용할 목적으로 (주)호이마트에서 3D TV를 5,000,000원(부가가치세 별도)에 구입하고, 회사명의로 전자세금계산서를 수령하였다. 대금은 회사의 현금으로 결제하였으며, 대표이사의 가지급금으로 처리한다.(3점)

[22] 8월 31일 제품의 임가공 계약에 의해 의뢰하였던 컴퓨터부품을 (주)일신산업으로부터 납품받고 전자세금계산서를 수취하였다. 대금은 10,000,000원(부가가치세 별도)으로 50%는 당좌수표로 지급하고 나머지는 법인카드(신한카드)로 결제하였다. (3점)

[23] 9월 1일 (주)척척상사에 제품 30,000,000원(부가가치세 별도)을 판매하고 전자세금계산서를 교부하였다. 대금은 6개월 후에 받기로 하였다.(3점)

[24] 9월 3일 생산부서 사원들에게 선물로 지급하기 위해 이천쌀 50포대를 유일정미소로부터 구입하고 현금으로 1,200,000원을 결제하면서 현금영수증(지출증빙용)을 교부받았다.(승인번호입력은 생략한다.) (3점)

[25] 9월 5일 수출대행업체인 (주)조조물산에 Local L/C에 의하여 제품 200개를 1개당 100,000원에 납품하고 영세율전자세금계산서를 발행하였다. 대금 중 10%는 현금으로 받고 잔액은 외상으로 하였다.(3점)

[26] 9월 5일 영업부서에서 매출거래처인 (주)은진기업의 체육대회에 대한 점심식사를 지원하기 위하여, 도시락 제공업체인 (주)깔끔도시락으로부터 전자세금계산서를 교부받았다. 대금 5,000,000원(부가가치세 별도)은 자기앞수표로 지급하였다.(3점)

[27] 9월 5일 독도소프트(주)에서 ERP시스템 소프트웨어 용역을 공급받고, 전자세금계산서 22,000,000원(부가가치세 포함)를 수취하였다. 대금은 2020년 12월 10일에 지급하기로 하였다. 단, 계정과목은 무형자산 항목으로 처리하고, 당해 용역은 완료되었다.(3점)

[28] 9월 7일 해외거래처인 히라가나사로부터 수입한 원재료(¥1,000,000)와 관련하여, 인천세관으로부터 수입전자세금계산서를 교부받아 동 부가가치세액 1,000,000원을 김포세관에 현금으로 완납하였다. 단, 부가가치세와 관련된 것만을 회계처리하기로 한다.(3점)

[29] 9월 8일 원재료 납품업체인 (주)대풍으로부터 Local L/C에 의해 수출용 제품생산에 사용될 원재료(1,000개, @50,000원)을 납품받고 전자세금계산서(영세율)를 교부받았다. 그리고 대금은 전액 당점발행 약속어음으로 지급하였다.(3점)

[30] 9월 9일 　개인인 김철수씨에게 제품을 3,300,000원(부가가치세 포함)에 현금으로
판매하고 현금영수증을 교부하여 주었다.(3점)

[31] 9월 10일 　(주)씨엘에게 제품 10,000,000원(부가가치세 별도)을 판매하고 전자세금
계산서를 발행하였다. 판매대금 중 2,000,000원은 (주)씨엘의 선수금과 상
계하고, 5,000,000원은 (주)씨엘이 발행한 어음으로, 잔액은 자기앞수표로
받았다.(3점)

[32] 9월 11일 　공장의 원재료 매입처의 확장이전을 축하하기 위하여 양재화원에서 화분을
100,000원에 구입하여 전달하였다. 증빙으로 계산서를 수취하였으며, 대금
은 외상으로 하였다.(3점)

[33] 9월 12일 　(주)대정에 제품(100개, @100,000원, 부가가치세 별도)을 판매하고 전자
세금계산서를 발행하였다. 대금 중 부가가치세는 현금으로 받고 나머지는
동점발행 약속어음으로 받았다.(3점)

[34] 9월 12일 　수출업체인 (주)세모에 Local L/C에 의해 제품(공급가액 20,000,000원)을
매출하고 영세율전자세금계산서를 발행하였다. 대금은 전액 외상으로 하였
다. (신규거래처 등록하여 입력할 것.) (3점)

신규거래처 등록	• 거 래 처 코 드 : 00503 • 사업자등록번호 : 101-81-17555

[35] 9월 13일 　당사는 거래처인 (주)성심으로부터 내년 여름을 대비하여 사무실용 에어컨
(3대, 대당 2,000,000원, 부가가치세 별도)을 매입하였다. 전자세금계산서
를 교부받고 대금은 매출처인 (주)진흥으로부터 받은 약속어음으로 절반을
지급하였고, 나머지 절반은 당사가 발행한 약속어음을 지급하였다.(3점)

[36] 9월 15일 　생산부서에서 클린세상에 공장청소에 따른 수수료비용 3,300,000원(부가
가치세 포함)을 당좌수표로 지급하고 지출증빙용 현금영수증을 교부받았
다.(현금영수증번호생략)(3점)

[37] 9월 16일 　(주)크로바에 제품(1,000개, @2,000원, 부가가치세 별도)을 판매하고 전
자세금계산서 발행했다. 위의 금액 중 절반은 어음으로 받고 나머지 절반은
외상으로 하였다.(3점)

[38] 9월 18일   영국의 맨유상사에 제품(공급가액 40,000,000원)을 직수출하고 이미 수취한 계약금을 제외한 대금은 외상으로 하였다. 한편 당사는 6월 20일 맨유상사와 제품수출계약을 체결하면서 계약금 8,000,000원을 수취한 바 있다.(3점)

[39] 9월 25일   상록빌딩에서 당월의 본사 임차료에 대한 공급가액 500,000원(부가가치세 별도)의 전자세금계산서를 교부받고 보통예금 계좌에서 송금하였다.(3점)

[40] 9월 25일   비사업자인 개인 최명수(620217-1810133)에게 제품(1,500,000원, 부가가치세 별도)을 판매하고 자기앞수표를 받았으며, 주민등록번호로 전자세금계산서를 교부하였다.(거래처 신규등록할 것, 거래처 코드번호 : 2000)(3점)

[41] 9월 27일   회사 영업부에서 업무용으로 사용하는 법인소유의 소형승용차(1,500CC)가 고장이 발생하여 서울카센터에서 수리하고 전자세금계산서를 수취하였다. 차량수리비 220,000원(부가가치세 포함)은 전액 현금으로 지급하였다.(수익적지출로 회계처리할 것)(3점)

[42] 9월 30일   (주)북부에 제품 1,000개를 @1,000원(부가가치세 별도)에 외상판매하고, 수기세금계산서를 발행교부 하였다.(3점)

[43] 10월 4일   (주)신서울신문에 본사 사무직 신입사원 채용광고를 게재하고 광고료 500,000원(부가가치세 별도)을 현금으로 지급하고 전자세금계산서를 교부받다.(신규거래처 등록할 것, 거래처명 (주)신서울신문, 거래처코드 1411, 사업자등록번호 123-81-66584)(3점)

[44] 10월 5일   공장의 원자재 구입부서에서 매입거래처에 선물할 냉장고 1,000,000원(부가가치세 별도)를 삼성전자로부터 구입하여 제공하고 전자세금계산서를 수취하였다. 대금은 보통예금 계좌에서 이체하였다.(3점)

[45] 10월 19일   제품운반용 트럭이 사고로 인하여 명성공업사로부터 엔진을 교체하였다. 이는 자본적지출에 해당하는 것으로 엔진교체비 5,000,000원(부가가치세 별도)을 당좌수표로 지급하고 전자세금계산서를 교부받았다.(3점)

[46] 10월 22일 공장건물을 신축할 목적으로 (주)아산으로부터 토지를 15,000,000원에 매입하고 전자계산서를 받았다. 대금 중 10,000,000원은 당사 보통예금 계좌에서 이체하여 지급하고 나머지는 3개월 후에 지급하기로 하였다.(3점)

[47] 10월 23일 생산직 종업원들의 안전을 목적으로 하나안전사에서 다음 물품들을 구입 하고 전자세금계산서를 교부받았다. 대금은 1개월 후에 지급하기로 하였다. 비용 계정을 사용하여 회계처리하시오.(복수거래로 회계처리 할 것) (3점)

품목	수량	단가	공급가액	세액	결제방법
안전모	20	20,000	400,000	40,000	외상
장갑	100	1,000	100,000	10,000	

[48] 10월 25일 (주)조이넛에 제품을 5,000,000원(부가가치세 별도)에 공급하면서 전자세금계산서를 교부하고, 대금은 (주)조이넛의 외상매입금 3,350,000원을 상계처리하고, 잔액은 자기앞수표로 받았다.(3점)

[49] 10월 27일 다팔아쇼핑에서 홍삼 1세트(200,000원, 부가가치세 별도)를 현금으로 구입하고 전자세금계산서를 교부받았다. 그리고 구매한 홍삼세트는 매출거래처 (주)LT전자의 영업부 부장의 모친회갑기념으로 전달하였다.(3점)

[50] 10월 31일 제품을 개인 한동엽에게 소매로 판매하고 대금 330,000원(부가가치세 포함)을 현금으로 받았다.(3점)

Chapter **07**

최근 기출문제

- 기초데이터 실행 방법(수험용 및 교육용)
- 답안 작성 방법
- 제87회~제73회 시행 전산회계1급 기출문제

기초데이터 실행 방법

1. 수험용으로 실행하기

2019년에 시행된 기출문제 6회(제87회~제82회)분을 실제 검정시험을 치듯이 연습할 수 있도록 별도의 파일로 구성하였다.

(1) 2019년에 시행된 기출문제 제6회(87회~82회)분을 다운받아 실행하는 방법

① 한국세무사회 자격시험(http://license.kacpta.or.kr) 사이트에 접속하여 회원가입 후 다운

② 파스칼미디어 홈페이지(www.pascal21.co.kr)에 접속하여 [자료실]-[기초자료다운코너]의 [전산회계1급] Tab을 선택한 후 [KcLep-회계1급 최근기출문제87회-82회]를 다운받아 압축 해제한 후 폴더를 더블클릭한다.

(2) 2019년도에 시행된 기출문제 6회분이 보여진다. [제87회 전산회계1급]폴더를 더블클릭하여 나타나는 파일 중 [수험용 Tax]를 더블클릭하면 '[제87회 전산세무회계 자격시험 기초데이터 설치]' 화면이 나타난다.

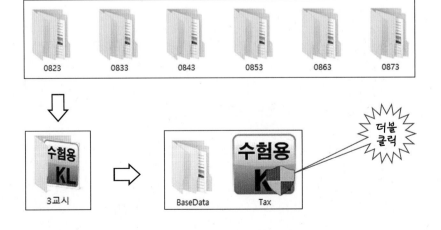

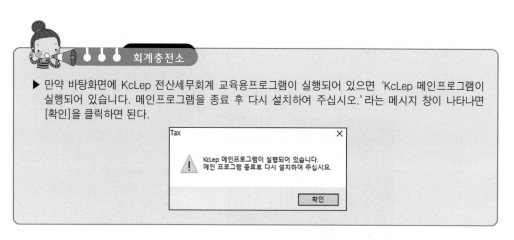

(3) [제87회 전산세무회계 자격시험 기초데이터 설치] 화면에서 수험번호[예 21111111]
   와 이름[예 권기열]을 입력 후 [설치]단추를 클릭하면 프로그램이 자동으로 설치되며
   '제87회 전산세무회계 자격시험' 메인화면인 시작화면이 나타난다.

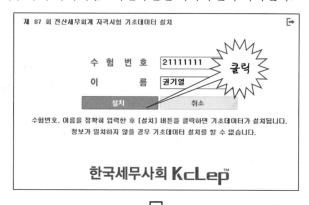

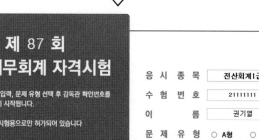

(4) 시작화면에서 다음과 같은 순서로 진행하면 된다.

① 문제유형(**예** A형)을 선택한 다음 감독관이 확인번호를 불러줄 때까지 기다린다.

② 감독관이 불러준 확인번호(**예** 2613)를 입력하고 [로그인]을 클릭하여 검정시험을 시작하면 된다.

(5) 본 교재는 개정 기업회계기준과 개정 세법에 의하여 모든 기출문제에 대한 기초데이터를 교육용으로 실행하기는 2020년으로 업그레이드 하였으나, 2019년에 시행된 제6회 (87회~82회)분은 [로그인] 후 회계기간은 2019년 01월 01일 ~ 2019년 12월 31일로 연습하도록 한다.

(6) 우측상단 [0873] (주)봉천산업 법인 6기 2019-01-01~2019-12-31을 확인한다. 모든 작업은 [회계관리]의 [재무회계] 화면에서 선택작업을 한다.

기출문제 수험번호 및 감독관 확인번호

횟수 \ 구분	수험번호	감독관확인번호
제87회	21111111	[2613]
제86회	21111111	[4622]
제85회	21111111	[3643]
제84회	21111111	[2470]
제83회	21111111	[8341]
제82회	21111111	[7124]

기출문제 실행 시 유의사항

1. 2019년 시행 최근 기출문제(87회~82회)는 자격시험을 치듯이 실습할 수 있도록 편집하였다.(수험용 기초데이터 실행방법은 p.152~p.154 를 참고)

2. 본 서에 수록된 모든 기출문제(87회~73회)의 교육용 기초데이터는 한번에 설치되도록 하였으므로 본인이 작업하고자 하는 회사를 선택하여 실습을 하도록 하였다.(교육용 기초데이터 실행방법은 p.156~p.159를 참고)

3. 교육용 기초데이터는 모두 2020년으로 실습을 할 수 있도록 되어 있다.

2. 교육용으로 실행하기

　　본 서에 수록된 모든 기출문제(제87회~73회)의 기초데이터는 한번에 설치되도록
하였으므로 본인이 작업하고자 하는 회사를 선택하여 실습할 수 있도록 구성하였다.

　❍ 기초데이터는 파스칼미디어 홈페이지(www.pascal21.co.kr)에 접속하여 [자료실]-
　　[기초자료다운코너]의 [전산회계1급] Tab을 선택한 후 [KcLep-회계1급기출(87회-
　　73회)교육용]을 다운받아 더블클릭하면 작업하고자 하는 모든 데이터가 'C:
　　WKcLepDBWKcLep' 방에 자동으로 설치가 되며, 아래 실행방법을 참고하여 작업을
　　하면 된다.

　(1) 다운로드 받은 바탕화면의 기초데이터 파일을 더블클릭하면 나타나는 화면**1**에서 '모
　　　든 파일에 적용(A)'에 체크를 하고 [예(Y)]를 클릭하면 교육용로그인 화면**2**가 나타
　　　난다.

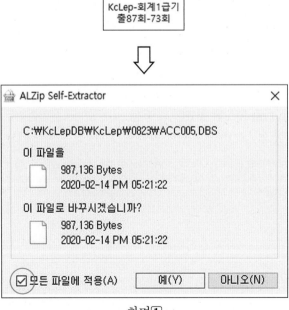

화면**1**

(2) 화면**2**에서 종목선택 상자에서 [3.전산회계1급]을 선택하고 [회사등록]단추를 클릭하면
회사등록화면 **3**이 나타난다.

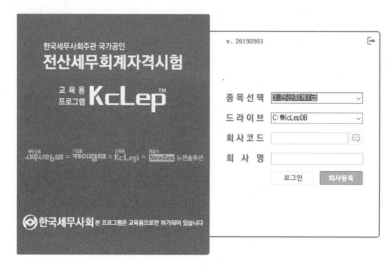

화면**2**

(3) 회사등록 화면 **3**의 상단 툴바의 '회사코드재생성'을 클릭하고 '회사코드를 재생성 하시
겠습니까?' 메시지 창에서 [예(Y)]를 클릭하면 화면**4**가 나타난다.

화면**3**

(4) 화면 ④와 같이 회사코드 재생성 완료창의 [확인]단추를 클릭한 후 [Esc]Key를 눌러 빠져 나오면 화면 ⑤가 나타난다.

화면 ④

화면 ⑤

▶ [기초데이터] 파일을 다운로드 받아 설치하였지만 작업할 회사명이 나타나지 않는 것은 [회사코드 재생성]을 하지 않았기 때문이다.

(5) 화면⑤의 회사코드 선택상자 옆의 풍선아이콘을 클릭하거나 [F2]도움 자판을 누르면 화면 ⑥이 나타난다.

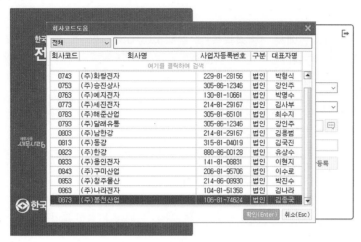

화면⑥

(6) 화면⑥에서 작업하고자 하는 회사(예 0873 (주)봉천산업)를 선택한 후 [확인(Enter)] 하면 '회계관리 메인 화면⑦'이 나타나며, 모든 작업은 여기서부터 시작된다.

화면⑦

환경등록을 반드시 확인한다.

▶ [회계관리] 화면에서 [환경등록]을 클릭하여 아래 내용을 확인하여 다음과 같이 수정 및 입력한다.

① ② 분개유형 설정 : 제조기업일 경우 다음과 같이 수정한다.
　-. 0401 상품매출 → 0404 제품매출
　-. 0146 상품 → 0153 원재료
　-. 신용카드 매출채권 : 0120 미수금 → 0108 외상매출금

② ③ 추가계정 설정 : 필요할 때만 입력한다.
　-. 매출 : 매출 → 0401 상품매출, 매출채권 → 0108 외상매출금
　-. 매입 : 매입 → 0146 상품, 매입채무 → 0251 외상매입금

③ 부가세 포함여부 : -. 카과 현과의 공급가액에 부가세 포함 : 1.포함
　-. 건별 공급가액에 부가세 포함 : 1.포함
　-. 과세 공급가액에 부가세 포함 : 0.미포함

④ ⑯ 면세류 입력 설정 : 필요한 때만 입력한다.(전산세무 2급이상)
　-. 의제류 자동 설정 : 0.없음을 선택한다.

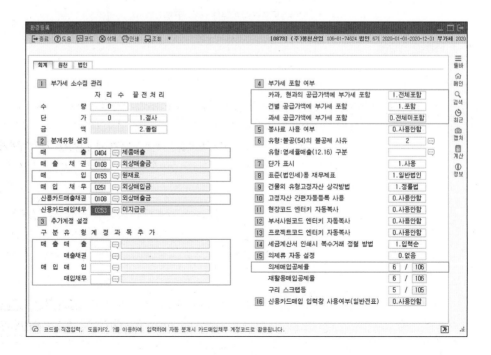

답안 작성 방법

<전산세무회계 자격시험 시작화면>

❍ 전산세무회계 자격시험은 급수에 관계없이 실기<70%>부터 이론<30%>로 출제 되기 때문에
실기를 완전히 끝내고 나서 이론시험을 치루는 것도 하나의 요령이다.

(1) 실기시험을 끝내고 메인화면 왼쪽하단에 있는 **이론문제 답안작성** 을 클릭하여, 이론문제
답안 및 실무시험답안을 입력하고, 우측상단에 있는 [닫기]를 클릭하면 (2)의 화면이
나타난다.

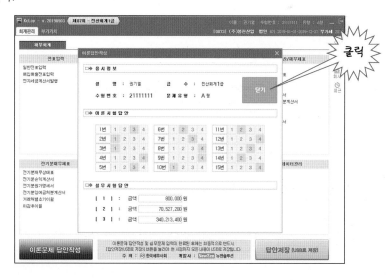

(2) 이론 및 실무 답안은 작성되었으나 반드시 화면 하단우측의 노란색 답안저장 (USB로 저장)
버튼을 눌러야만 이론답안과 실무답안이 USB로 저장된다.

(3) [확인]버튼을 누르고 답안저장 (USB로 저장) 을 클릭하면 USB로 저장되는 화면이 나타나며,
[현 시점까지 작성한 이론 및 실무 답안이 USB로 전송되었습니다.] 라는 메시지에서
확인을 클릭하고 USB를 감독관에게 제출하면 된다.

답안저장 ✕

현 시점까지 작성한 이론 및 실무 답안이
USB로 전송되었습니다.

USB 저장 파일 크기 : 841,936 bytes
C 드라이브파일크기 : 841,936 bytes

확인

2019년 11월 30일 시행
제87회 전산세무회계자격시험

종목 및 등급 : **전산회계 1급**

– 제한시간 : 60분

▶ 시 험 시 작 전 문 제 를 풀 지 말 것 ◀

① USB 수령	·감독관으로부터 시험에 필요한 응시종목별 기초백데이타 설치용 **USB**를 지급받는다. · **USB 꼬리표가 본인 응시종목인지 확인**하고, 뒷면에 **수험정보를** 정확히 기재한다.
② USB 설치	⑴ **USB**를 컴퓨터에 정확히 꽂은 후, 인식된 해당 **USB**드라이브로 이동한다. ⑵ USB드라이브에서 기초백데이타설치프로그램인 '**Tax.exe**' 파일을 실행시킨다. [주의] USB는 처음 설치이후, 시험 중 수험자 임의로 절대 재설치(초기화)하지 말 것.
③ 수험정보입력	·[수험번호(8자리)] -[성명]을 정확히 입력한 후 [설치]버튼을 클릭한다. ＊ 처음 입력한 수험정보는 이후 절대 수정이 불가하니 정확히 입력할 것.
④ 시험지 수령	·시험지가 본인의 응시종목(급수)인지 여부와 문제유형(**A또는B**)을 확인한다. ·문제유형(**A또는B**)을 프로그램에 입력한다. ·시험지의 총 페이지수를 확인한다. ·급수와 페이지수를 확인하지 않은 것에 대한 책임은 수험자에게 있음.
⑤ 시험시작	·감독관이 불러주는 '**감독관확인번호**'를 정확히 입력하고, 시험에 응시한다.
(시험을 마치면) ⑥ USB 저장	⑴ **이론문제의 답**은 메인화면에서 이론문제 답안작성 을 클릭하여 입력한다. ⑵ **실무문제의 답**은 문항별 요구사항을 수험자가 파악하여 각 메뉴에 입력한다. ⑶ 이론과 실무문제의 **답을 모두입력한 후** 답안저장(USB로 저장) 을 클릭하여 저장한다. ⑷ **저장완료** 메시지를 확인한다.
⑦ USB제출	·답안이 수록된 USB메모리를 빼서, <감독관>에게 제출 후 조용히 퇴실한다.

▶ 본 자격시험은 전산프로그램을 이용한 자격시험입니다. 컴퓨터의 사양에 따라 전산진행속도가 느려질 수
도 있으므로 전산프로그램의 진행속도를 고려하여 입력해주시기 바랍니다.
▶ 수험번호나 성명 등을 잘못 입력했거나, 답안을 USB에 저장하지 않음으로써 발생하는 일체의 불이익과
책임은 수험자 본인에게 있습니다.
▶ 타인의 답안을 자신의 답안으로 부정 복사한 경우 해당 관련자는 모두 불합격 처리됩니다.
▶ PC, 프로그램 등 조작미숙으로 시험이 불가능하다고 판단될 경우 불합격처리 될 수 있습니다.

이론문제 답안작성 을 한번도 클릭하지 않으면 답안저장(USB로 저장) 을 클릭해도 답안이 저장되지 않습니다.

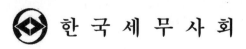

01 제87회 기출문제

이 론 시 험

● 다음 문제를 보고 알맞은 것을 골라 │이론문제 답안작성│ 메뉴화면에 입력하시오. (※ 객관식 문항당 2점)

───< 기 본 전 제 >───
문제에서 한국채택국제회계기준을 적용하도록 하는 전제조건이 없는 경우, 일반기업회계기준을 적용한다.

01 다음 중 재무제표의 작성과 표시의 일반원칙에 관한 내용으로 틀린 것은?

① 재무제표의 작성과 표시에 대한 책임은 경영진에게 있다.
② 재무제표는 기업의 재무상태, 경영성과, 현금흐름 및 자본변동을 공정하게 표시하여야 한다.
③ 중요하지 않은 항목이라 할지라도 성격이나 기능이 유사한 항목과 통합하여 표시할 수 없다.
④ 주식회사의 잉여금은 자본잉여금과 이익잉여금으로 구분하여 표시하여야 한다.

02 다음 중 제조기업의 재무제표를 작성하는 순서로 가장 올바른 것은?

㉠ 제조원가명세서	㉡ 손익계산서
㉢ 이익잉여금처분계산서	㉣ 재무상태표

① ㉠ → ㉡ → ㉢ → ㉣
② ㉡ → ㉢ → ㉣ → ㉠
③ ㉢ → ㉣ → ㉠ → ㉡
④ ㉠ → ㉢ → ㉣ → ㉡

03 다음 중 재고자산의 평가방법에 대한 설명으로 가장 옳지 않은 것은?

① 후입선출법은 실제물량 흐름과 일치하는 평가방법이다.
② 선입선출법을 적용시 기말재고는 최근에 구입한 상품의 원가로 구성된다.
③ 물가가 상승하고 있을 때 선입선출법을 적용하면 평균법에 비해 일반적으로 매출원가가 적게 계상된다.
④ 총평균법은 기초재고자산과 당기에 매입한 상품에 대해 평균 단위당 원가로 기말재고자산가액을 계산하는 것이다.

04 다음은 (주)서초의 신제품 개발을 위한 지출 내역이다. ㈜서초의 재무상태표에 계상될 개발비(무형자산)에 포함되지 않는 항목은?

> 가. 연구활동비
> 나. 생산 전 모형의 설계 및 제작비용
> 다. 개발활동에 사용할 기계장치의 취득원가
> 라. 개발활동에 사용하는 기계장치의 감가상각비
> 마. 새로운 제품에 대한 여러 대체안의 탐색, 평가비용

① 가, 라   ② 다, 라
③ 가, 나, 마   ④ 가, 다, 마

05 다음 중 자본에 대한 설명으로 옳지 않은 것은?

① 자본금은 발행한 주식의 액면금액에 발행주식수를 곱하여 결정된다.
② 자본은 기업의 소유주인 주주의 몫으로 자산에서 채권자의 지분인 부채를 차감한 것이다.
③ 기타포괄손익누계액은 미실현손익의 성격을 가진 항목으로 당기순이익에 반영된다.
④ 이익잉여금은 법정적립금, 임의적립금 및 미처분이익잉여금으로 구분표시 한다.

06 다음 중 자본조정에 해당하지 않는 항목은?

① 자기주식   ② 매도가능증권평가손실
③ 주식(매수)선택권   ④ 주식할인발행차금

07 다음 중 손익계산서 작성기준에 대한 설명으로 가장 옳지 않은 것은?

① 수익은 실현주의를 기준으로 계상한다.
② 비용은 수익비용 대응의 원칙을 적용한다.
③ 수익과 비용은 순액으로 기재함을 원칙으로 한다.
④ 수익과 비용의 인식기준은 발생주의를 원칙으로 한다.

08 다음 자료를 이용하여 상품의 매출원가를 계산하면 얼마인가?

> • 총 매입액 : 1,500,000원 • 매입시 운반비 : 50,000원
> • 기초상품재고액 : 30,000원 • 기말상품재고액 : 10,000원

① 1,320,000원 ② 1,350,000원 ③ 1,460,000원 ④ 1,570,000원

09 다음 중 당기제품제조원가를 계산함에 있어서 옳지 않은 설명은?

① 당기제품제조원가는 원가3요소에 기말재공품과 기초재공품을 반영하여 계산한다.
② 기말원재료가액이 기초원재료가액보다 작을 경우 직접재료비는 당기매입원재료비보다 커진다.
③ 기말재공품가액이 기초재공품가액보다 작을 경우 당기제품제조원가는 당기총제조원가보다 커진다.
④ 당기말 미지급급여가 전기말 미지급급여보다 작을 경우 당기 발생액은 당기 지급액보다 커진다.

10 다음 자료에 의하여 당기총제조원가를 구하면?

> • 당기 원재료재고증가액 : 200,000원 • 당기 재공품재고감소액 : 150,000원
> • 당기 원재료매입액 : 2,500,000원 • 당기 직접노무비 : 1,200,000원
> • 당기 제조간접비 : 1,800,000원

① 5,300,000원 ② 5,450,000원 ③ 5,500,000원 ④ 5,600,000원

11 다음 중 종합원가계산의 특징으로 가장 옳은 것은?

① 직접원가와 간접원가로 나누어 계산한다.
② 단일 종류의 제품을 연속적으로 대량 생산하는 경우에 적용한다.
③ 고객의 주문이나 고객이 원하는 형태의 제품을 생산할 때 사용되는 방법이다.
④ 제조간접원가는 원가대상에 직접 추적할 수 없으므로 배부기준을 정하여 배부율을 계산하여야 한다.

12 보조부문원가의 배부방법 중 단계배부법에 대한 설명으로 틀린 것은?

① 최초 배부되는 부문의 경우 자신을 제외한 다른 모든 부문에 배부된다.
② 보조부문간의 배부순서에 따라 순차적으로 다른 보조부문과 제조부문에 배부하는 방법이다.
③ 보조부문의 배부순서에 따라 배부액이 달라질 수 있다.
④ 보조부문 상호 간의 용역수수를 완전히 고려하므로 이론적으로 가장 타당하다.

13 다음 중 부가가치세법상 세금계산서에 대한 설명으로 가장 옳지 않은 것은?

① 원칙적으로 재화 또는 용역의 공급시기에 발급하여야 한다.
② 일정한 경우에는 재화 또는 용역의 공급시기 전에도 세금계산서를 발급할 수 있다.
③ 월합계세금계산서는 예외적으로 재화 또는 용역의 공급일이 속하는 달의 다음 달 14일까지 세금계산서를 발급할 수 있다.
④ 법인사업자는 전자세금계산서를 의무적으로 발급하여야 한다.

14 부가가치세법상 납세지 관할 세무서장은 조기 환급신고에 따른 환급세액을 신고 기한이 지난 후 몇 일 이내에 환급해야 하는가?

① 10일   ② 15일   ③ 20일   ④ 25일

15 (주)서초는 2019년 11월 20일 (주)중부에게 기계장치를 11,000,000원(부가가치세 포함)에 공급하고 어음을 교부받았다. 그런데 2020년 2월 10일 (주)중부에 부도가 발생하여 은행으로부터 부도확인을 받았다.((주)중부의 재산에 대한 저당권 설정은 없다.) (주)서초가 대손세액공제를 받을 수 있는 부가가치세 신고시기와 공제대상 대손세액으로 가장 올바른 것은?

	공제시기	공제대상 대손세액
①	2020년 1기 예정신고	1,000,000원
②	2020년 1기 확정신고	1,100,000원
③	2020년 2기 예정신고	1,100,000원
④	2020년 2기 확정신고	1,000,000원

실 무 시 험

● (주)봉천산업(회사코드 : 0873)은 자동차부품을 제조하여 판매하는 중소기업이며, 당기(제6기) 회계기간은 2020. 1. 1. ~ 2020. 12. 31. 이다. 전산세무회계 수험용 프로그램을 이용하여 다음 물음에 답하시오.

─────< 기 본 전 제 >─────

문제에서 한국채택국제회계기준을 적용하도록 하는 전제조건이 없는 경우, 일반기업회계기준을 적용한다.

문제1 다음은 기초정보관리 및 전기분 재무제표에 대한 자료이다. 각각의 요구사항에 ●●●●● 대하여 답하시오.(10점)

[1] 전기분원가명세서(제조)의 수선비 3,300,000원 중 450,000원은 제조부문 설비의 수선비가 아니라 영업부문 비품의 수선비이다. 전기분 재무제표 중 이와 관련된 부분(전기분 원가명세서, 전기분 손익계산서, 전기분 이익잉여금처분계산서, 전기분 재무상태표)을 모두 수정하시오.(4점)

[2] 다음은 신규 거래처이다. 거래처등록메뉴의 [신용카드] 탭에 추가 등록하시오.(3점)

> • 거래처코드 : 99606
> • 카드번호 : 9404-1004-4352-5200
> • 결제계좌 : 수협은행 54-63352-5432-1
> • 거래처명 : 수협카드
> • 유형 : 매입
> • 카드종류 : 사업용카드

[3] 다음 계정과목에 대하여 적요를 추가적으로 등록하시오.(3점)

> • 코드 : 506(제수당)
> • 대체적요 : 6. 자격수당 지급   7. 직책수당 지급

문제2 다음 거래 자료를 일반전표입력 메뉴에 추가 입력하시오.(일반전표입력의 모든 거래 ●●●●● 는 부가가치세를 고려하지 말 것)(18점)

───────< 입력시 유의사항 >───────

• 일반적인 적요의 입력은 생략하지만, 타계정 대체거래는 적요번호를 선택하여 입력한다.
• 채권·채무와 관련된 거래는 별도의 요구가 없는 한 반드시 기 등록되어 있는 거래처코드를 선택하는 방법으로 거래처명을 입력한다.
• 제조경비는 500번대 계정코드를, 판매비와 관리비는 800번대 계정코드를 사용한다.
• 회계처리시 계정과목은 별도제시가 없는 한 등록되어 있는 계정과목 중 가장 적절한 과목으로 한다.

[1] 7월 2일   (주)마진상사에 지급할 외상매입금 15,000,000원 중 50%는 3개월 만기 약속어음을 발행하여 지급하고 나머지는 면제받았다.(3점)

[2] 10월 1일   회사는 10월 01일 개최된 이사회에서 현금배당 80,000원의 중간배당을 결의하였다.(단, 이익준비금은 고려하지 않는 것으로 한다.) (3점)

[3] 11월 12일   기업이 속한 한국자동차 판매자 협회(법으로 정한 단체에 해당함)에 일반회비 250,000원과 대한적십자에 대한 기부금 500,000원을 현금으로 납부하다.(3점)

[4] 11월 28일   8월 1일에 선적하여 '미국 Ace Co.'에 수출한 제품에 대한 외상매출금을 회수하여 원화로 당사 보통예금 계좌에 입금하였다.(3점)

> • 외상매출금 : $20,000   • 8월 1일 환율 : 1,100원/$
> • 11월 28일 환율 : 1,070원/$

[5] 12월 2일   본사 영업부 직원 김부장씨가 출장에서 돌아와 6월 25일에 회사에서 지급한 출장비(가지급금) 500,000원에 대해 실제 사용한 교통비 및 숙박비 475,000원과 정산하고 잔액은 현금으로 회수하였다.(단, 가지급금에 대한 거래처를 입력한다.) (3점)

[6] 12월 8일   회사가 보유중인 자기주식 모두를 12,000,000원에 처분하고 매각대금은 보통예금으로 입금 되었다. 처분시점의 장부가액은 13,250,000원이다.(자기주식처분이익 잔액은 조회할 것.) (3점)

문제3 다음 거래 자료를 매입매출전표입력 메뉴에 입력하시오.(18점)

─── < 입력시 유의사항 > ───

- 일반적인 적요의 입력은 생략하지만, 타계정 대체거래는 적요번호를 선택하여 입력한다.
- 별도의 요구가 없는 한 반드시 기 등록되어 있는 거래처코드를 선택하는 방법으로 거래처명을 입력한다.
- 제조경비는 500번대 계정코드를, 판매비와 관리비는 800번대 계정코드를 사용한다.
- 회계처리시 계정과목은 별도제시가 없는 한 등록되어 있는 계정과목 중 가장 적절한 과목으로 한다.
- 입력화면 하단의 분개까지 처리하고, 전자세금계산서 및 전자계산서는 전자입력으로 반영한다.

[1] 8월 17일 (주)천마에 제품을 판매하고 다음과 같이 전자세금계산서를 발급하였다. 대금은 8월 2일에 받은 계약금 1,000,000원을 제외한 나머지 금액 중 50%는 동사발행 당좌수표로 받고, 50%는 2개월 후 받기로 하였다.(3점)

전자세금계산서							승인번호		20200817-1000000-00009329	
공급자	사업자등록번호	106-81-74624	종사업장번호		공급받는자	사업자등록번호	125-85-62258	종사업장번호		
	상호(법인명)	(주)봉천산업	성명(대표자)	김종국		상호(법인명)	(주)천마	성명(대표자)	이천용	
	사업장주소	서울 관악구 관악로 104(봉천동)				사업장주소	서울 영등포구 경인로 702			
	업태	제조 외	종목	자동차부품		업태	도매	종목	전자제품	
	이메일					이메일				

작성일자	공급가액	세액	수정사유		
2020. 08. 17	9,000,000	900,000			
비고					

월	일	품목	규격	수량	단가	공급가액	세액	비고
8	17	Y제품		100	90,000	9,000,000	900,000	

합계금액	현금	수표	어음	외상미수금	이 금액을 영수 함 청구
9,900,000	5,450,000			4,450,000	

[2] 8월 20일 (주)한국테크로부터 원재료(@2,000원, 1,000개, 부가가치세 별도)를 구입하고 전자세금계산서를 발급받았다. 대금 중 1,500,000원은 약속어음을 발행(만기 : 2020.11.20.)했으며, 나머지는 자기앞수표로 지급하였다.(3점)

전자세금계산서							승인번호		20200820-2038000-00005197	
공급자	사업자등록번호	105-81-23608	종사업장번호		공급받는자	사업자등록번호	106-81-74624	종사업장번호		
	상호(법인명)	(주)한국테크	성명(대표자)	최한국		상호(법인명)	(주)봉천산업	성명(대표자)	김종국	
	사업장주소	광주시 동구 학동 21				사업장주소	서울 관악구 관악로 104(봉천동)			
	업태	제조/도소매	종목	전자제품외		업태	제조/도소매업	종목	자동차부품	
	이메일					이메일				

작성일자	공급가액	세액	수정사유		
2020. 08. 20	2,000,000	200,000			
비고					

월	일	품목	규격	수량	단가	공급가액	세액	비고
8	20	부품		1,000	2,000	2,000,000	200,000	

합계금액	현금	수표	어음	외상미수금	이 금액을 영수 함 청구
2,200,000	700,000		1,500,000		

[3] 9월 3일 비사업자인 개인 최지유(720105-1254525)에게 제품을 330,000원(부가가치세 포함)에 현금으로 판매하고 주민등록번호로 전자세금계산서를 발급하였다.(3점)

[4] 10월 1일 구매확인서에 의해 수출용 제품에 대한 원재료(공급가액 30,000,000
원)를 (주)봄날로부터 매입하고 영세율전자세금계산서를 발급받았다.
매입대금 중 13,000,000원은 (주)운천으로부터 받아 보관 중인 약속
어음을 배서양도하고, 나머지 금액은 6개월 만기의 당사 발행 약속어
음으로 지급하였다.(3점)

영세율전자세금계산서

					승인번호		20201001-1208900-00001467		

	사업자 등록번호	122-81-21323	종사업장 번호			사업자 등록번호	106-81-74624	종사업장 번호	
공 급 자	상호 (법인명)	(주)봄날	성 명 (대표자)	김하범	공 급 받 는 자	상호 (법인명)	(주)봉천산업	성 명 (대표자)	김종국
	사업장 주소	서울 관악구 봉천동 458				사업장 주소	서울 관악구 관악로 104(봉천동)		
	업 태	제조/도소매	종 목	전자부품		업 태	제조/도소매업	종 목	자동차부품
	이메일					이메일			

작성일자	공급가액	세액	수정사유		
2020. 10. 01	30,000,000	0			
비고					

월	일	품 목	규 격	수 량	단 가	공급가액	세 액	비 고
10	1	부품				30,000,000	0	

합 계 금 액	현 금	수 표	어 음	외상미수금	이 금액을 영수 함 청구
30,000,000			30,000,000		

[5] 10월 9일 영업부 직원의 교육을 위해 도서를 구입하면서 (주)교보문고 로부터
다음과 같은 현금영수증을 발급받았다.(3점)

```
                    ㈜교보문고
        114-81-80641              이 교 문
    서울 송파구 문정동 101-2 TEL:3289-8085
    홈페이지 http://www.kyobo.or.kr

                현금(지출증빙)

    구매 2020/10/09/17:06   거래번호 : 0026-0107
        상품명              수량         금액
        업무처리해설서         1        80,000
        재고관리입문서         1       120,000
        급여지급지침서         1       100,000

    합    계                         300,000
    받은 금액                        300,000
            현금         300,000
```

[6] 10월 20일 매출거래처 (주)경원으로부터 외상매출금 5,500,000원을 회수하면서
약정 기일보다 10일 빠르게 회수되어 2%를 할인해 주고, (−)전자세
금계산서를 발급하였다.(외상매출금 회수 분개는 생략하고, (−)세금
계산서 발급 부분만 매입매출전표에 입력하고 제품매출 계정에서 직
접차감하는 방식으로 분개할 것.)(3점)

문제4 일반전표입력 및 매입매출전표입력 메뉴에 입력된 내용 중 다음과 같은 오류가 발견
되었다. 입력된 내용을 확인하여 정정하시오.(6점)

[1] 8월 10일 제조부서 공장건물의 유리창 교체작업을 한 후 400,000원(부가가치
세 별도)을 (주)다본다에 자기앞수표로 지급하고 전자세금계산서를
발급받았다. 본 작업은 수익적 지출에 해당하지만 자본적 지출로 잘못
처리하였다.(3점)

[2] 12월 30일 12월 30일 현재 선적이 완료되어 운송 중인 원재료 20,000,000원이
있으며, 이에 대한 전표처리가 누락되어 있음을 발견하였다. 당 원재
료의 수입계약은 AmaZon과의 선적지 인도조건이며 대금은 도착 후
1개월 이내에 지급하기로 하였다.(3점)

문제5 결산정리사항은 다음과 같다. 해당메뉴에 입력하시오.(9점)

[1] 국일은행으로부터 차입한 장기차입금 중 25,000,000원이 만기가 1년 미만으로 도
래하였다.(3점)

[2] 2020년 9월 1일에 1년분(2020. 9. 1. ~ 2021. 8. 31.)의 판매관리비인 임차료
18,000,000원을 현금으로 지급하고 비용으로 처리하였다. 월할 계산하시오.(3점)

[3] 기말 결산일 현재 현금과부족 계정의 원인을 발견하지 못하였다.(3점)

문제6 다음 사항을 조회하여 답안을 ┃이론문제 답안작성┃ 메뉴에 입력하시오.(9점)

[1] 제1기 부가가치세 예정신고기간(1월 ~ 3월)의 부가가치세 매입세액 중 공제받지 못
할 매입세액은 얼마인가?(3점)

[2] 1월부터 3월까지의 누적현금지급액은 얼마인가?(3점)

[3] 2020년 6월 현재 당좌자산은 2019년 말 당좌자산보다 얼마나 증감하였는가?(3점)

━━
이론과 실무문제의 답을 모두 입력한 후 「답안저장(USB로 저장)」을 클릭하여 저장하고, USB메모리를 제출하시기 바랍니다.
━━

87회 전산회계 1급 A형 답안

이론시험

1	③	2	①	3	①	4	④	5	③
6	②	7	③	8	④	9	④	10	①
11	②	12	④	13	③	14	②	15	④

01. 중요한 항목은 재무제표의 본문이나 주석에 그 내용을 가장 잘 나타낼 수 있도록 구분표시하며, 중요하지 않은 항목은 성격이나 기능이 유사한 항목과 통합하여 표시할 수 있다.

02. 제조기업의 재무제표 작성 시, 제조원가명세서에서 당기제품제조원가를 산출하여야 손익계산서의 매출원가를 구할 수 있다. 이에 따라 당기순손익이 결정되면 이익잉여금처분계산서상의 미처분이익잉여금이 결정되고, 최종적으로 재무상태표가 작성된다. (단, 이익잉여금처분계산서는 재무제표가 아니라 부속명세서이다. 본 문제는 실무문제에서 다루는 각종 제표에 대한 작성 순서를 묻는 출제자의 의도라고 보아야 할 것이다. 정확한 지문은 '다음 중 제조기업의 재무제표와 부속명세서를 작성하는 순서로 가장 올바른 것은?' 으로 했다면 하는 아쉬움?)

03. 후입선출법은 실제물량 흐름과 일치하지 않는 평가방법이다. 실제물량 흐름과 일치하는 방법은 선입선출법이다.

04. 1. (일반기업회계기준 제11장 무형자산 문단 11.19) … 보기 '가', '마' : 프로젝트의 연구단계에서는 미래경제적효익을 창출할 무형자산이 존재한다는 것을 입증할 수 없기 때문에 연구단계에서 발생한 지출은 무형자산으로 인식할 수 없고 발생한 기간의 비용으로 인식한다.

2. (일반기업회계기준 제11장 무형자산 문단 11.20) … 보기 '나', '라' : 개발단계에서 발생한 지출은 다음의 조건을 모두 충족하는 경우에만 무형자산으로 인식하고, 그 외의 경우에는 발생한 기간의 비용으로 인식한다.

   ⑴ 무형자산을 사용 또는 판매하기 위해 그 자산을 완성시킬 수 있는 기술적 실현가능성을 제시할 수 있다.

   ⑵ 무형자산을 완성해 그것을 사용하거나 판매하려는 기업의 의도가 있다.

   ⑶ 완성된 무형자산을 사용하거나 판매할 수 있는 기업의 능력을 제시할 수 있다.

   ⑷ 무형자산이 어떻게 미래경제적효익을 창출할 것인가를 보여줄 수 있다. 예를 들면, 무형자산의 산출물, 그 무형자산에 대한 시장의 존재 또는 무형자산이 내부적으로 사용될 것이라면 그 유용성을 제시하여야 한다.

(5) 무형자산의 개발을 완료하고 그것을 판매 또는 사용하는 데 필요한 기술적, 금전적 자원을 충분히 확보하고 있다는 사실을 제시할 수 있다.

(6) 개발단계에서 발생한 무형자산 관련 지출을 신뢰성 있게 구분하여 측정할 수 있다.

3. 보기 '다' … 기계장치의 취득원가는 여러 회계기간에 걸쳐 기대되는 경우 체계적이고 합리적인 배분절차에 따라 각 회계기간에 배분하는 과정을 거쳐 인식한다. 유형자산으로 분류한다.

4. 결론 : 보기 중 '가'와 '마'는 연구단계의 지출이므로 답안이 될 수 있음. 보기의 '나'와 '라' … 개발단계의 지출이지만 전부 무형자산이라고 단정을 하면 안 됨. 무형자산 문단 11.20에서 제시하고 있는 자산 인식 기준을 충족되어야만 답안이 될 수 있음. 즉, 문제 지문 끝에서 '개발단계의 지출은 전부 자산의 인식기준을 충족한다.'라고 제시를 해야만 된다는 것이다.

05. 기타포괄손익누계액은 매도가능증권을 공정가치로 평가할 때 발생하는 미실현손익(매도가능증권평가손익)의 성격을 가진 항목으로 손익계산서의 당기순이익에 반영되지 않고, 자본 항목으로 재무상태표에 반영된다.

06. 매도가능증권평가손익, 재평가잉여금, 해외사업환산손익, 현금흐름위험회피 파생상품평가손익 등의 잔액 등은 기타포괄손익누계액에 속한다.

07. 수익과 비용은 총액으로 기재함을 원칙으로 한다. 즉, 이자수익과 이자비용을 서로 상계하여 잔액(순액)을 표시해서는 안 된다는 것이다.

08. • 순매입액 = 총매입액 + 매입시 운반비 = 1,500,000원 + 50,000원 = 1,550,000원
  • 상품매출원가 = 기초상품재고액 + 순매입액 − 기말재고액
    = 30,000원 + 1,550,000원 − 10,000원 = 1,570,000원

09. 전기말 미지급급여에 대하여 임의의 금액 1,000원을 대입한다면 아래와 같이 당기발생액은 당기지급액보다 작아진다.

급		여(임의의 금액)	
당 기 지 급 액	5,000	전기말 미지급급여	1,000
당기말 미지급급여	800	당 기 발 생 액	(4,800)
	5,800		5,800

10. 당기총제조원가 = 당기 원재료비 + 당기 직접노무비 + 제조간접비
    = (2,500,000원−200,000원) + 1,200,000원 + 1,800,000원 = 5,300,000원

11. 종합원가계산은 연속대량생산형태이다. 보기 ①, ③, ④번은 개별원가계산에 대한 설명이다.

12. 보조부문 상호간의 용역수수를 완전히 고려하는 방법은 상호배부법이다.

13. 월합계세금계산서는 예외적으로 재화 또는 용역의 공급일이 속하는 달의 다음 달 10일까지 세금계산서를 발급할 수 있다.

14. 조기환급에 따른 환급세액은 그 해당 신고 기한 후 15일 이내로 환급해야 한다.

15. 대손이 확정된 날이 속하는 과세기간에 대손세액 공제를 받을 수 있다. 단 어음의 부도인 경우는 부도발생일(2020년 2월 10일)로부터 6월 이상 경과한 날이 속하는 과세기간인 2020년 2기 확정신고 기간의 매출세액에서 공제한다. 11,000,000 × 10/110 = 1,000,000원

실무시험

문제1

[1] 기초정보관리의 전기분재무상태표와 관련된 전기분 재무제표 수정

① 전기분 원가명세서 : 수선비 3,300,000원에서 2,850,000원으로 수정입력, 당기 제품 제조원가 변경 확인

② 전기분 손익계산서 : 수선비 3,200,000원에서 3,650,000원으로 수정입력, 당기 제품 제조원가 292,409,000원에서 291,959,000으로 수정 입력

③ 전기분 이익잉여금처분계산서 및 전기분 재무상태표는 변동 없음

[2] [기초정보등록]의 [거래처등록] 메뉴에서 거래처 [신용카드] 탭에 추가 등록

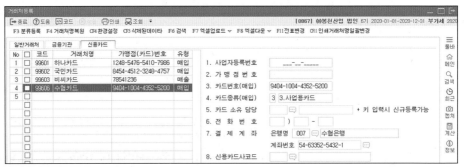

[3] [기초정보등록]의 [계정과목 및 적요등록] 메뉴에서

-. 506번 제수당의 대체적요에 '6.자격수당 지급'과 '7.직책수당 지급' 입력

문제2 ┃ 일반전표입력 메뉴에 추가 입력

[1] 7월 2일 일반전표 입력

| (차) 외상매입금[(주)마진상사] | 15,000,000 | (대) 지급어음[(주)마진상사] | 7,500,000 |
| | | 채무면제이익 | 7,500,000 |

[2] 10월 1일 일반전표 입력

(차) 이 월 이 익 잉 여 금　　　　80,000　　　　(대) 미 지 급 배 당 금　　　　80,000

　　※ 회계프로그램 계정과목에 이익잉여금 항목으로 이월이익잉여금 뿐 아니라 미처분 이익잉여금,
　　　중간배당금이 모두 등록되어 있으므로 차변의 계정과목에 이월이익잉여금, 미처분이익잉여금,
　　　중간배당금을 모두 정답으로 인정한다.

[3] 11월 12일 일반전표 입력

(차) 세 금 과 공 과 (판)　　　250,000　　　　(대) 현　　　　　　금　　　750,000
　　 기　　부　　금　　　500,000

　　※ 제조기업의 입장에서 법으로 정한 단체에 납부하는 협회비 : 세금과공과금(판매비와관리비)
　　※ 지로영수증에 의한 대한적십자회비 : 세금과공과금, 별도로 기부한 적십자회비는 기부금으로
　　　처리한다.

[4] 11월 28일 일반전표 입력

(차) 보　통　예　금　　21,400,000　　　　(대) 외 상 매 출 금　22,000,000
　　 외　환　차　손　　　600,000　　　　　　　 (미국 Ace Co.)

　　※ 외환차손 = $20,000×(1,070원/$ -1,100원/$) = -600,000원
　　※ 외화자산을 회수하거나 외화부채를 변제할 때 실지로 발생하는 차익 차손 : 외환차익 또는 외환
　　　차손
　　※ 기말에 화폐성 외화자산과 부채를 적절한 환율로 평가하였을 때 : 외화환산이익, 외화환산손실

[5] 12월 2일 일반전표 입력

(차) 여비교통비(판)　　　475,000　　　　(대) 가　지　급　금　　　500,000
　　 현　　　　금　　　　25,000　　　　　　　 (거래처 : 김부장)

　　※ 거래처를 입력하라고 단서를 주었기 때문에 입력해야 정답으로 인정 된다.

[6] 12월 8일 일반전표 입력

(차) 보　통　예　금　　12,000,000　　　　(대) 자　기　주　식　13,250,000
　　 자기주식처분이익　　250,000
　　 자기주식처분손실　1,000,000

　　※ 합계잔액시산표를 조회하면 자기주식처분이익 잔액이 남아 있으므로 상계 처리하고 남은 금액은
　　　자기주식처분손실로 처리한다.

문제3 **매입매출전표입력 메뉴에 추가 입력**

[1] 8월 17일 매입매출전표 입력
　　유형 : 11 과세, 공급가액 : 9,000,000원, 부가세 : 900,000원, 거래처 : (주)천마, 전자 : 여, 분개 : 혼합

(차) 현　　　　금	4,450,000	(대) 제 품 매 출	9,000,000
외 상 매 출 금	4,450,000	부가세예수금	900,000
선　수　금	1,000,000		

[2] 8월 20일　매입매출전표 입력

유형 : 51.과세, 공급가액 : 2,000,000원, 부가세 : 200,000원, 거래처 : (주)한국테크, 전자 : 여, 분개 : 혼합

(차) 원 재 료	2,000,000	(대) 지급어음[(주)한국테크]	1,500,000
부가세대급금	200,000	현　　　　금	700,000

[3] 9월 3일　매입매출전표 입력

유형 : 11.과세, 거래처 : 최지유, 전자 : 여, 분개 : 현금 또는 혼합

(차) 현　　　　금	330,000	(대) 제 품 매 출	300,000
		부가세예수금	30,000

[4] 10월 1일　매입매출전표 입력

유형 : 52.영세, 공급가액 : 30,000,000원, 부가세 : 0원, 거래처 : (주)봄날, 전자 : 여, 분개 : 혼합

(차) 원 재 료	30,000,000	(대) 받을어음[(주)운천]	13,000,000
		지급어음[(주)봄날]	17,000,000

※ 소지어음을 배서양도 : 어음상 채권을 상대에게 넘겨주는 것으로 대변에 받을어음으로 처리한다.
※ 약속어음은 발행인이 어음상 채무자고, 수취인이 어음상 채권자이다.
※ 당사 발행 약속어음(지급어음)으로 동(타)점 발행 약속어음은 받을어음으로 처리한다.

[5] 10월 9일　매입매출전표 입력

유형 : 62.현면, 공급가액 : 300,000원, 부가세 : 0원, 거래처 : (주)교보문고, 분개 : 현금

(차) 도서인쇄비(판)	300,000	(대) 현　　　　금	300,000

※ 도서를 구입하고 현금영수증을 받았기 때문에 : 도서인쇄비(판)로 처리
※ 직원 교육을 위해 도서를 구입하였다면 : 교육훈련비(판)로 처리
※ 도서인쇄비와 교육훈련비를 모두 정답으로 인정한다.

[6] 10월 20일　매입매출전표 입력

유형 : 11.과세, 공급가액 : -100,000원, 부가세 : -10,000원, 거래처 : (주)경원, 전자 : 여, 분개 : 혼합

(차) 외 상 매 출 금	-110,000	(대) 제 품 매 출	-100,000
		부가세예수금	-10,000

※ 분개선택 : 혼합 또는 외상을 선택
※ 당초 회계처리 시 외상매출금에는 부가가치세가 포함되어 회계처리한다.
※ 매출할인의 효과 반영방법 : 매출할인의 효과를 제품매출계정에서 직접 차감하도록 문제에서 제시하였다.
※ 입력시 공급가액란에 공급가액 -100,000원을 입력하면 하단에 자동으로 (-)분개'가 되어 나타남을 알 수가 있다.

문제4 입력된 내용 중 오류 확인 정정

[1] 8월 10일 매입매출전표 입력

    수정 전 : (차) 건   물   400,000   (대) 현   금   440,000
                    부가세대급금   40,000

    수정 후 : (차) 수 선 비(제)   400,000   (대) 현   금   440,000
                    부가세대급금   40,000

[2] 12월 30일 일반전표에 분개 추가

        (차) 원   재   료 20,000,000   (대) 외 상 매 입 금 20,000,000
        또는 미   착   품   (AmaZon)

    ※ 부가가치세법상 재화의 수입시기는 「관세법」에 따른 수입신고가 수리된 때이다.
    ※ 문제의 경우 수입 신고가 되지 않은, 그래서 당연히 수입세금계산서도 발행받지 못한 운송 중인 재화이므로 매입매출전표에 입력할 사항이 아니다. (부가가치세법 제18조)

문제5 해당 메뉴에 입력

    ＜수동결산＞ 12월 31일자로 일반전표에 직접 입력한다.

[1] (차) 장기차입금(국일은행) 25,000,000   (대) 유동성장기부채(국일은행) 25,000,000

[2] (차) 선 급 비 용 12,000,000   (대) 임 차 료(판) 12,000,000

    ※ 18,000,000원×4/12 = 6,000,000원 (당기분 임차료)
        당기분 임차료만 비용처리하고 나머지는 선급비용으로 자산처리하여야 한다.

[3] 재무상태표의 현금과부족 잔액 확인 : -370,000원

    (차) 현 금 과 부 족 370,000   (대) 잡 이 익 370,000

문제6 [이론문제 답안작성] 메뉴에 입력

[1] [부가가치세 신고서(1월~3월) 조회] : 800,000원

[2] [현금출납장에서 1월~3월 기간으로 조회하여 출금 / 누계액 조회] : 70,527,200원

[3] [결산/재무제표] 메뉴에서 재무상태표를 선택한 후 6월을 입력한 후 2020년 당좌자산(786,213,400원) − 2019년 당좌자산(446,000,000원) = 340,213,400원

02 제86회 기출문제

이 론 시 험

❷ 다음 문제를 보고 알맞은 것을 골라 이론문제 답안작성 메뉴화면에 입력하시오.
(※ 객관식 문항당 2점)

─────< 기 본 전 제 >─────
문제에서 한국채택국제회계기준을 적용하도록 하는 전제조건이 없는 경우, 일반기업회계기준을 적용한다.

01 다음은 이론상 회계순환과정의 일부이다. 순서가 가장 옳은 것은?

① 수정후시산표 → 기말수정분개 → 수익·비용계정 마감 → 집합손익계정 마감 →
자산·부채·자본계정 마감 → 재무제표 작성
② 수정후시산표 → 기말수정분개 → 자산·부채·자본계정 마감 → 수익·비용계정
마감 → 집합손익계정 마감 → 재무제표 작성
③ 기말수정분개 → 수정후시산표 → 수익·비용계정 마감 → 집합손익계정 마감 →
자산·부채·자본계정 마감 → 재무제표 작성
④ 기말수정분개 → 수정후시산표 → 자산·부채·자본계정 마감 → 집합손익계정 마
감 → 수익·비용계정 마감 → 재무제표 작성

02 다음 중 유가증권의 취득원가와 평가에 대한 설명으로 가장 옳지 않은 것은?

① 단기매매증권의 취득원가는 취득을 위하여 제공한 대가의 시장가격에 취득 시 발
생한 부대비용을 포함한 가액으로 측정한다.
② 매도가능증권평가손익은 기타포괄손익누계액으로 재무상태표에 반영된다.
③ 유가증권 처분 시 발생하는 증권거래 수수료 등의 부대비용은 처분가액에서 차감
하여 회계처리한다.
④ 만기보유증권은 기말에 상각후 원가법으로 평가한다.

03 다음 매출채권에 관한 설명 중 가장 잘못된 것은?

① 매출채권은 일반적인 상거래에서 발생한 외상매출금과 받을어음을 말한다.
② 매출채권과 관련된 대손충당금은 대손이 발생 전에 사전적으로 설정하여야 한다.
③ 매출채권은 재무상태표에 대손충당금을 표시하여 회수가능한 금액으로 표시할 수
있다.
④ 상거래에서 발생한 매출채권과 기타 채권에서 발생한 대손상각비 모두 판매비와
관리비로 처리한다.

04 다음은 회계상 거래의 결합관계를 표시한 것이다. 옳지 않은 것은?

거 래	거래의 결합관계
① 대형 가습기를 150만 원에 현금 구입하였다.	자산의 증가－자산의 감소
② 주식발행으로 2억 원을 현금 조달하였다.	자산의 증가－자본의 증가
③ 제품을 30만 원에 현금으로 매출하였다.	자산의 증가－비용의 감소
④ 관리부 직원의 출산축의금 10만 원을 현금지급하였다.	비용의 발생－자산의 감소

05 다음 중 사채에 대한 설명으로 틀린 것은?

① 유효이자율법 적용 시 사채할인발행차금 상각액은 매년 감소한다.
② 사채할인발행차금은 당해 사채의 액면가액에서 차감하는 형식으로 기재한다.
③ 인쇄비, 수수료 등 사채발행비용은 사채의 발행가액에서 차감한다.
④ 사채할인발행차금은 유효이자율법으로 상각하고 그 금액을 사채이자에 포함한다.

06 다음 중 부채로 분류할 수 없는 계정과목은?

① 당좌차월   ② 외상매입금
③ 대손충당금   ④ 미지급비용

07 자본금 10,000,000원인 회사가 현금배당(자본금의 10%)과 주식배당(자본금의 10%)을 각각 실시하는 경우, 이 회사가 적립해야 할 이익준비금의 최소 금액은 얼마인가? (현재 재무상태표상 이익준비금 잔액은 500,000원이다.)

① 50,000원   ② 100,000원
③ 150,000원   ④ 200,000원

08 다음 중 일반기업회계기준에 의한 수익인식기준으로 틀린 것은?

① 위탁판매 : 수탁자가 제3자에게 판매한 시점
② 반품조건부판매(시용판매) : 구매자가 인수를 수락한 시점 또는 반품기간의 종료 시점
③ 상품권판매 : 상품권을 판매한 날
④ 할부판매 : 재화가 인도되는 시점

09 다음 중 원가에 대한 설명으로 가장 옳은 것은?

① 직접노무비는 기초원가에 포함되지만 가공원가에 포함되지는 않는다.
② 직접재료비는 기초원가와 가공원가 모두 해당된다.
③ 매몰원가는 의사결정과정에 영향을 미치는 원가를 말한다.
④ 제조활동과 직접 관련없는 판매활동과 일반관리활동에서 발생하는 원가를 비제조원가라 한다.

10 다음 자료를 기초로 당기 제품제조원가를 계산하면?

• 기초제품재고액	250,000원	• 매 출 원 가	840,000원
• 기말제품재고액	120,000원		

① 370,000원　　　② 710,000원　　　③ 960,000원　　　④ 1,210,000원

11 다음 중 보조부문원가 배부방법에 대한 설명으로 옳지 않은 것은?

① 상호배부법은 단계배부법에 비해 순이익을 높게 계상하는 배부방법이다.
② 보조부문원가 배부방법 중 가장 정확성이 높은 방법은 상호배부법이다.
③ 보조부문원가 배부방법 중 배부순위를 고려하여 배부하는 것은 단계배부법이다.
④ 보조부문원가 배부방법 중 직접배부법이 가장 단순한 방법이며, 배부순위도 고려하지 않는다.

12 개별원가계산과 종합원가계산의 차이점을 설명한 것 중 틀린 것은?

① 종합원가계산은 동종제품을 연속적으로 대량 생산하는 업종에 적합한 방법이다.
② 개별원가계산은 종합원가계산에 비해 제품별 정확한 원가계산이 가능하다.
③ 개별원가계산은 직접비, 간접비의 구분과 제조간접비의 배부가 중요한 방식이다.
④ 종합원가계산은 작업원가표에 의해 원가를 배부한다.

13 다음 중 부가가치세법에 대한 설명으로 옳지 않은 것은?

① 부가가치세는 일반소비세이며 간접세에 해당한다.
② 현행 부가가치세는 전단계거래액공제법을 채택하고 있다.
③ 부가가치세의 역진성을 완화하기 위하여 면세제도를 두고 있다.
④ 소비지국과세원칙을 채택하여 수출재화 등에 영세율이 적용된다.

14 다음 중 부가가치세법상 재화의 간주공급에 해당되지 않는 것은?

① 사업상 증여   ② 현물출자

③ 폐업 시 잔존재화   ④ 개인적 공급

15 부가가치세법상 사업자가 행하는 다음의 거래 중 부가가치세가 과세되는 것은?

① 상가에 부수되는 토지의 임대

② 주택의 임대

③ 국민주택 규모 이하의 주택의 공급

④ 토지의 공급

실 무 시 험

◆ (주)나라전자(회사코드 : 0863)은 전자제품을 제조하여 판매하는 중소기업이며, 당기(제8기) 회계기간은 2020. 1. 1. ~ 2020. 12. 31. 이다. 전산세무회계 수험용 프로그램을 이용하여 다음 물음에 답하시오.

────────< 기 본 전 제 >────────

문제에서 한국채택국제회계기준을 적용하도록 하는 전제조건이 없는 경우, 일반기업회계기준을 적용한다.

문제1 다음은 기초정보관리와 전기분 재무제표에 대한 자료이다. 각각의 요구사항에 대하여 답하시오.(10점)

[1] 전기분 재무상태표에서 다음과 같은 오류를 확인하였다. 관련된 전기분 재무제표를 적절히 수정하시오.(4점)

• 원재료 재고액은 9,500,000원이나 7,000,000원으로 잘못 입력된 것을 확인하였다.

[2] 다음 전기분 거래처별 채권잔액을 참고하여 해당 메뉴에 수정 입력하시오.(3점)

계정과목	거 래 처	금 액	합 계
단기대여금	(주)세움상사	5,000,000원	9,800,000원
	(주)사랑상사	4,800,000원	
외상매입금	(주)미래엔상사	2,500,000원	6,800,000원
	(주)아이필	4,300,000원	

[3] 회사가 사용하는 다음의 법인카드를 [기초정보등록]의 [거래처등록] 메뉴에서 거래처(신용카드)에 입력하시오.(3점)

• 코드번호 : 99600
• 유형 : 매입
• 카드종류(매입) : 사업용카드
• 상호 : 해피카드
• 카드번호 : 4500-1101-0052-6668

문제2 다음 거래 자료를 일반전표입력 메뉴에 추가 입력하시오.(일반전표입력의 모든 거래는 부가가치세를 고려하지 말 것)(18점)

[1] 7월 14일 단기매매차익을 목적으로 상장회사인 (주)세무의 주식 100주를 주당 35,000원(액면가액 25,000원)에 구입하고 100주에 대한 매입수수료 5,000원을 포함하여 당사의 보통예금계좌에서 지급하였다.(매입수수료는 영업외비용으로 처리할 것.) (3점)

[2] 7월 31일 (주)금호전자의 부도로 외상매출금 잔액 2,700,000원이 회수불가능하여 대손처리하였다.(단, 대손처리하기 전 재무상태표상 대손충당금 잔액을 조회하여 회계처리 할 것.) (3점)

[3] 9월 11일 일본 홋카이상사로부터 ¥400,000을 2년 후 상환조건으로 차입하고, 대구은행의 보통예금 계좌에 예입하였다.(단, 9월 11일 현재 대고객매입율은 ¥100=1,100원이고 외화의 장기차입인 경우에도 장기차입금 계정을 사용하기로 한다.) (3점)

[4] 9월 25일 공장 신축용 토지를 취득하였으며, 취득대가로 당사의 주식 100주(주당 액면금액 5,000원)를 신규발행하여 교부하였다. 취득 당시 토지의 공정가치는 1,000,000원이다.(3점)

[5] 10월 2일 동아전자에 대한 외상매출금 15,000,000원에 대하여 다음의 약속어음을 배서양도 받고, 나머지 금액은 동점 발행 당좌수표로 받았다.(3점)

약 속 어 음

동아전자 귀하

금 ₩ 10,000,000원

위의 금액을 귀하 또는 귀하의 지시인에게 이 약속어음과 상환하여 지급하겠습니다.

지급기일 2020.11.02.	발행일 2020.09.02.
지급지 ************	발행지 ******************
지급장소 *************	주소 **********************
	발행인 (주)평화산업

---

[6] 11월 14일 영업직 직원에 대한 일본뇌염 예방접종을 세계로병원에서 실시하고, 접종 비용 2,500,000원을 법인카드인 신한카드로 결제하였다.(단, 미지급금으로 회계처리한다.) (3점)

문제3 다음 거래 자료를 매입매출전표입력 메뉴에 입력하시오.(18점)

─── < 입력시 유의사항 > ───

- 일반적인 적요의 입력은 생략하지만, 타계정 대체거래는 적요번호를 선택하여 입력한다.
- 별도의 요구가 없는 한 반드시 기 등록되어 있는 거래처코드를 선택하는 방법으로 거래처명을 입력한다.
- 제조경비는 500번대 계정코드를, 판매비와 관리비는 800번대 계정코드를 사용한다.
- 회계처리시 계정과목은 별도제시가 없는 한 등록되어 있는 계정과목 중 가장 적절한 과목으로 한다.
- 입력화면 하단의 분개까지 처리하고, 전자세금계산서 및 전자계산서는 전자입력으로 반영한다.

[1] 8월 1일 (주)진영상사에 당사의 제품을 판매한 것과 관련된 아래의 전자세금계산서를 보고 매입매출전표입력 메뉴에 입력하시오.(3점)

전 자 세 금 계 산 서

								승인번호		
공급자	사업자등록번호	104-81-51358	종사업장번호		공급받는자	사업자등록번호	217-81-16055	종사업장번호		
	상호(법인명)	(주)나라전자	성 명(대표자)	김나라		상호(법인명)	(주)진영상사	성 명(대표자)		홍진영
	사업장주소	서울특별시 강남구 강남대로 494				사업장주소	서울특별시 강남구 밤고개로1길 10			
	업 태	제조, 도소매	종 목	전자제품		업 태	도소매	종 목		컴퓨터
	이메일					이메일				

작성일자	공급가액	세액	수정사유
2020. 08. 01	15,000,000	1,500,000	
비고			

월	일	품 목	규 격	수 량	단 가	공급가액	세 액	비 고
08	01	마이크		300	50,000	15,000,000	1,500,000	

합 계 금 액	현 금	수 표	어 음	외상미수금	이 금액을 영수 함청구
16,500,000	2,200,000			14,300,000	

[2] 8월 20일 공장에서 사용할 1톤 화물차를 기현자동차로부터 구입하고 전자세금계산서를 교부받았으며, 대금은 1개월 후 지급하기로 하다.(3점)

전 자 세 금 계 산 서

								승인번호		
공급자	사업자등록번호	137-81-56538	종사업장번호		공급받는자	사업자등록번호	104-81-51358	종사업장번호		
	상호(법인명)	(주)기현자동차	성 명(대표자)	최현기		상호(법인명)	(주)나라전자	성 명(대표자)		김나라
	사업장주소	서울 영등포구 여의로길 23				사업장주소	서울특별시 강남구 강남대로 494			
	업 태	제조, 도소매	종 목	전자제품		업 태	제조, 도소매	종 목		전자제품
	이메일					이메일				

작성일자	공급가액	세액	수정사유
2020. 08. 20	19,000,000	1,900,000	
비고			

월	일	품 목	규 격	수 량	단 가	공급가액	세 액	비 고
08	20	화물차				19,000,000	1,900,000	

합 계 금 액	현 금	수 표	어 음	외상미수금	이 금액을 영수 함청구
20,900,000				20,900,000	

[3] 10월 10일 공장 신축을 위해 (주)방배로부터 건물이 있는 토지를 취득하였으며 토지가액은 10,000,000원, 건물가액은 1,000,000원이다.(부가세 별도) 건물 취득에 대하여 전자세금계산서를 수취하고 대금은 당좌수표를 발행하여 결제하였으며 동 건물은 철거예정이다.(단, 전자세금계산서 수취분에 대해서만 매입매출전표에 입력하고 분개할 것.)(3점)

[4] 10월 18일 영업부서에서 사용할 소모성 물품을 일반과세자인 (주)슬라임에서 현금으로 구입하고, 다음의 현금영수증(지출 증빙)을 수령하였다.(단, 자산으로 처리할 것.)(3점)

```
            ㈜ 슬 라 임
        208-81-56451          최서우
    서울 송파구 문정동 99-2 TEL:3489-8076
    홈페이지 http://www.kacpta.or.kr

            현금(지출증빙)

    구매 2020/10/18/14:06 거래번호 : 0029-0177
        상 품 명      수량         금액
        물 품 대      10        55,000원

                   과세물품가액    50,000원
                   부 가 세       5,000원
        합   계                 55,000원
        받은 금액               55,000원
```

[5] 11월 2일 (주)정연에 수출관련 구매확인서에 근거하여 제품(공급가액 : 22,000,000원)을 공급하고 영세율전자세금계산서를 발급하였다. 기 수령한 계약금 3,000,000원을 제외한 대금은 외상으로 하였다.(3점)

[6] 11월 28일 영업부에서 매출 거래처 접대목적으로 제공할 물품을 (주)동양마트에서 300,000원(부가가치세 별도, 전자세금계산서 교부받음)에 구입하고 대금은 현금으로 지급하였다.(3점)

전 자 세 금 계 산 서

						승인번호				
공급자	사업자등록번호	105-81-23608	종사업장번호		공급받는자	사업자등록번호	104-81-51358	종사업장번호		
	상호(법인명)	(주)동양마트	성명(대표자)	박동양		상호(법인명)	(주)나라전자	성명(대표자)	김나라	
	사업장주소	대구시 수성구 대흥동 21				사업장주소	서울특별시 강남구 강남대로 494			
	업태	도소매	종목	식품 등		업태	제조, 도소매업	종목	전자제품	
	이메일					이메일				

작성일자	공급가액	세액	수정사유
2020. 11. 28.	300,000	30,000	
비고			

월	일	품 목	규격	수량	단가	공급가액	세액	비고
11	28	음료 등				300,000	30,000	

합 계 금 액	현 금	수 표	어 음	외상미수금	이 금액을 (영수)/청구 함
330,000	330,000				

문제4 일반전표입력 및 매입매출전표입력 메뉴에 입력된 내용 중 다음과 같은 오류가 발견되었다. 입력된 내용을 확인하여 정정하시오.(6점)

[1] 11월 10일 업무에 사용 중인 공장화물차에 대해 (주)오일정유에서 주유하면서 330,000원(부가세 포함)을 법인카드(축협카드)로 결제하였다. 회계담당자는 매입매출전표입력에서 매입세액을 공제받지 못한 것으로 처리하였다.(3점)

[2] 11월 23일 회사는 확정급여형(DB형)퇴직연금에 가입하고, 11월 23일 처음으로 당월 분 퇴직연금 1,500,000원을 보통예금에서 지급하였다. 회사가 은행에 지급한 퇴직연금에 대해서 아래와 같이 회계처리하였다.(3점)

> (차) 퇴직급여(판매관리비) 1,500,000원   (대) 보 통 예 금 1,500,000원

문제5 결산정리사항은 다음과 같다. 해당메뉴에 입력하시오.(9점)

[1] 결산일 현재 당기에 계상 될 감가상각비는 다음과 같다.(3점)

> • 기계장치 감가상각비(생산부) : 2,000,000원
> • 비품 감가상각비 (영업부) : 450,000원
> • 개발비 상각비 : 300,000원

[2] 당기 법인세비용은 12,500,000원이다. 기중에 납부한 중간예납세액 및 원천징수세액이 6,000,000원이 있다.(3점)

[3] 매출채권(외상매출금, 받을어음) 잔액에 대하여 보충법을 사용하여 대손충당금을 설정한다.(단, 대손설정률은 1%이라고 가정한다.)(3점)

문제6 다음 사항을 조회하여 답안을 이론문제 답안작성 메뉴에 입력하시오.(9점)

[1] 1기 확정(4월 ~ 6월) 부가가치세 신고기간 중 카드로 매출된 공급대가는 얼마인가?(3점)

[2] 1기 확정(4월 ~ 6월) 부가가치세 신고기간 중 신용카드로 매입한 사업용고정자산의 금액은 얼마인가?(3점)

[3] 6월 말 차량운반구의 장부금액은 얼마인가?(3점)

86회 전산회계 1급 A형 답안

이론시험

1	③	2	①	3	④	4	③	5	①
6	③	7	②	8	③	9	④	10	②
11	①	12	④	13	②	14	②	15	①

01. 회계순환과정은 거래식별 → 분개 → 전기 → 수정전시산표 → 기말수정분개 → 수정후시산표 → 수익·비용 계정 마감 → 집합손익 계정의 마감 → 자산·부채·자본 계정 마감 → 재무제표 작성의 순서이다.

02. 단기매매증권의 취득 시 발생한 부대비용은 취득원가에 포함하지 않고 당기의 영업외비용으로 처리한다.

03. 일반적 상거래에서 발생한 매출채권에 대한 대손상각비는 판매비와관리비로 처리하고, 기타채권(단기대여금 등)에서 발생한 기타의 대손상각비는 영업외비용으로 처리한다.

04. 보기3번의 결합관계를 분석할 때 기초입문 단계에서는 (차) 자산(현금)의 증가 (대) 자산(제품)의 감소로 표현하지만 입문단계 이상인 경우는 (차) 자산(현금)의 증가 (대) 수익(제품매출)의 발생으로 표현한다.

05. 유효이자율법 적용 시 사채할인발행차금 상각액과 사채할증발행차금 상각액 모두 매년 증가한다.

06. 대손충당금은 수취채권에 대한 차감적 평가 계정이다.

07. • 이익준비금의 최소 적립액은 매기 지급되는 이익배당액(현금배당+현물배당, 주식배당 제외)의 1/10을 자본금의 1/2에 달할 때까지 적립해야 한다.(상법 개정 2012. 4.)
• 자본금 × 이익(현금)배당률 × 1/10 = 10,000,000×10%×1/10 = 100,000원

08. 상품권 매출수익은 상품권을 판매 시에는 상품권선수금 계정(부채)으로 처리한 후, 상품권을 회수할 때(물품 등을 제공하거나 판매한 때)를 수익인식시기로 한다.

09. • 보기1번 : 직접노무비는 가공원가에도 포함된다. (가공원가 = 직접노무비+제조간접비)
• 보기2번 : 직접재료비는 기초원가에 해당되고 가공원가에는 해당되지 않는다.
       (기초원가 = 직접재료비+직접노무비)
• 보기3번 : 매몰원가는 의사결정과정에 영향을 미치지 않는 원가를 말한다.

10.

제		품	
기 초 제 품	250,000	매 출 원 가	840,000
당기제품제조원가	(710,000)	기 말 제 품	120,000
	960,000		960,000

11. 보조부문원가의 배분방법을 달리 적용하면 각 제조부문비의 결과 값은 다르게 나타나지만 전체 부문비의 결과 값은 동일하므로 순이익도 동일하다.

12. 종합원가계산은 완성품환산량을 기준으로 원가를 완성품과 기말재공품에 배부하며, 개별 원가계산은 작업원가표에 의해 원가를 배부한다.

13. 현행 부가가치세는 전단계세액공제법을 채택하고 있다.

14. 사업상 증여, 폐업 시 잔존재화, 개인적 공급은 재화공급의 특례에 속하고, 현물출자는 재화 의 실실공급에 해당된다.

15. 상가에 부수되는 토지의 임대는 과세대상이고, 나머지 보기는 면세대상이다.

실 무 시 험

문제1

[1] 기초정보관리의 전기분재무상태표와 관련된 전기분 재무제표 수정
① 전기분재무상태표 : 원재료 7,000,000원 → 9,500,000원 수정 입력
② 전기분원가명세서 : 당기제품제조원가 확인(158,501,000)
③ 전기분손익계산서 : 당기제품매출원가의 당기제품제조원가 수정 입력(158,501,000)
④ 전기분잉여금처분계산서 : 당기순이익 수정 입력(47,874,000)
⑤ 전기분재무상태표 : 이월이익잉여금 수정 입력(49,074,000)

[2] 기초정보관리의 전기분 거래처별 초기이월 수정 입력
① 단기대여금 : (주)세움상사 500,000원에서 5,000,000원 으로 수정
　　　　　　　(주)사랑상사 4,800,000원 추가 입력
② 외상매입금 : (주)미래엔상사 4,300,000원에서 2,500,000원 으로 수정
　　　　　　　(주)아이필 2,500,000원에서 4,300,000원 으로 수정

[3] [기초정보등록]의 [거래처등록] 메뉴에서 거래처(신용카드)에 입력

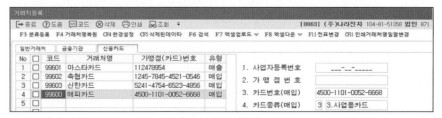

※ 카드번호에 하이픈을 표시하는 것과 표시하지 않은 것 모두 정답으로 인정하였다.

문제2 일반전표입력 메뉴에 추가 입력

[1] 7월 14일 일반전표입력

(차) 단 기 매 매 증 권   3,500,000   (대) 보 통 예 금   3,505,000
　　수수료비용(984)   5,000

　　※ 단기매매차익 목적으로 구입한 것이므로 단기매매증권으로 처리하며, 단기매매증권 취득 시 지급한 증권수수료는 (984)수수료비용(영업외비용)으로 처리한다.

[2] 7월 31일 일반전표입력

(차) 대손충당금(109)   2,700,000   (대) 외상매출금[(주)금호전자]   2,700,000

　　※ 외상매출금에 대한 대손충당금이 7월 31일 현재 6,400,000원 있으므로 위와 같이 회계처리하면 된다.

[3] 9월 11일 일반전표입력

(차) 보 통 예 금   4,400,000   (대) 장기차입금(홋가이상사)   4,400,000

　　※ 차입당시 환율 ¥400,000 × 1,100원 ÷ 100 = 4,400,000원

[4] 9월 25일 일반전표입력

(차) 토　　　　지   1,000,000   (대) 자 본 금   500,000
　　　　　　　　　　　　　　　　　　　　　　주식발행초과금   500,000

[5] 10월 2일 일반전표입력

(차) 받을어음[(주)평화산업]   10,000,000   (대) 외상매출금(동아전자)   15,000,000
　　현　　　　금   5,000,000

　　※ 동점 발행 당좌수표는 현금으로, 당점발행수표는 당좌예금으로 처리한다.

[6] 11월 14일 일반전표입력

(차) 복리후생비(판)   2,500,000   (대) 미지급금(신한카드)   2,500,000

문제3 매입매출전표입력 메뉴에 추가 입력

[1] 8월 1일 매입매출전표입력

　유형 : 11 과세, 공급가액 : 15,000,000원, 부가세 : 1,500,000원, 거래처 : (주)진영상사, 전자 : 여, 분개 : 혼합

(차) 현　　　　금   2,200,000   (대) 제 품 매 출   15,000,000
　　외 상 매 출 금   14,300,000   부가세예수금   1,500,000

[2] 8월 20일　매입매출전표입력

　유형 : 51 과세, 공급가액 : 19,000,000원, 부가세 : 1,900,000원, 거래처 : (주)기현자동차, 전자 : 여, 분개 : 혼합

　(차) 차 량 운 반 구　　19,000,000　　　　　(대) 미 지 급 금　　20,900,000
　　　부 가 세 대 급 금　　 1,900,000

[3] 10월 10일　매입매출전표입력

　유형 : 54 불공, (불공사유 : 6.토지의자본적지출 관련), 공급가액 : 1,000,000원, 부가세 : 100,000원, 거래처
　: (주)방배, 전자 : 여, 분개 : 혼합

　(차) 토　　　　　지　　　 1,100,000　　　　　(대) 당 좌 예 금　　　 1,100,000

　※ 문제의 지문에서 제공된 단서('공장 신축을 위해','건물은 철거예정')로 건물이 있는 토지의 취
　　득이 토지만을 사용할 목적임을 파악할 수 있다. 이 경우 건물 취득 비용은 토지의 자본적 지출
　　로 보아 토지의 취득원가로 회계처리해야 한다. 그리고 토지 관련 매입세액은 부가가치세법상
　　매입세액 불공제 처리된다.

[4] 10월 18일　매입매출전표입력

　유형 : 61.현과, 공급가액 : 50,000원, 부가세 : 5,000원, 거래처 : (주)슬라임, 분개 : 현금 또는 혼합

　(차) 소　　 모　　 품　　　 50,000　　　　　(대) 현　　　　　금　　　 55,000
　　　부 가 세 대 급 금　　　 5,000

　※ 문제에서 소모성 물품이라 표현하였고 또한 자산으로 처리할 것으로 제시되어 있으니 소모품
　　계정으로 하여야 한다.

[5] 11월 2일　매입매출전표입력

날짜	유형	공급가액	부가세	거래처	전자	분개
11월 2일	영세(12)	22,000,000	–	(주)정연	여	혼합
분개	(차) 선 수 금　　3,000,000 　　　외상매출금　19,000,000			(대) 제 품 매 출　22,000,000		

　※ 영세율 구분 : (3.내국신용장·구매확인서에 의하여 공급하는 재화)을 반드시 입력할 것
　※ 영세율 구분에서 16번을 선택하였을 경우 직접수출로써 틀린 답안이다.

[6] 11월 28일　매입매출전표입력

　유형 : 54.불공(사유4번), 공급가액 : 300,000, 부가세 : 30,000, 거래처 : (주)동양마트, 전자 : 여, 분개 : 혼합

　(차) 접 대 비(813)　　330,000　　　　　(대) 현　　　　　금　　　 330,000

문제4 입력된 내용 중 오류 확인 정정

[1] 11월 10일 매입매출전표 매입 [58:카면]을 매입 [57:카과]로 수정

    수정 전 : 유형:58 카면, 거래처: (주)오일정유 공급가액: 330,000원, 분개:카드

        (차) 차량유지비(제)   330,000   (대) 미지급금(축협카드)   330,000

    수정 후 : 유형:57 카과, 거래처: (주)오일정유 공급가액: 300,000원, 부가세:30,000, 분개:카드

        (차) 차량유지비(제)   300,000   (대) 미지급금(축협카드)   330,000
            부가세대급금   30,000

    ※ 수정 전 계정과목은 차량유지비(제)로 되어 있으며, 제조업의 공장화물차에 대한 주유는 과세 대상이고, 차량유지비로 처리해야 한다.

[2] 11월 23일 일반전표 수정

    수정 전 (차) 퇴직급여(판매관리비)   1,500,000   (대) 보 통 예 금   1,500,000
    수정 후 (차) 퇴직연금운용자산   1,500,000   (대) 보 통 예 금   1,500,000

    ※ 회계프로그램의 '계정과목 및 적요등록' 란에 '퇴직연금운용자산' 계정이 등록되어 있으며, 확정급여형(DB형)퇴직연금에 가입 시는 퇴직연금운용자산으로, 확정기여형(DC형)일 경우는 퇴직급여 계정으로 처리한다.

문제5 해당 메뉴에 입력

        (<수동결산> 12월 31일자로 일반전표에 직접 입력한다.)

[1] (차) 감가상각비(제)   2,000,000   (대) 감가상각누계(207)   2,000,000
        감가상각비(판)   450,000   감가상각누계(213)   450,000
        무형자산상각비   300,000   개 발 비   300,000

[2] (차) 법 인 세 등 12,500,000   (대) 선 납 세 금   6,000,000
                               미 지 급 세 금   6,500,000

[3] (차) 대손충당금(109)   394,000   (대) 대손충당금환입   394,000
        대손충당금(111)   120,000   대손충당금환입   120,000

    ※ 매출채권 × 대손설정률 − 기말 대손충당금 잔액 = 당기 설정 대손충당금(잔액이 (−)인 경우 대손충당금환입으로 처리한다.)

     • 외상매출금 : 3,306,000원 − 3,700,000원 = △394,000원
     • 받을어음 : 1,380,000원 − 1,500,000원 = △120,000원

```
┌─────────────── <자동결산> 결산자료입력란을 이용하여 자동결산을 할 경우 ───────────────┐
│                                                                                      │
│  1. 감가상각비계상                                                                   │
│       제품매출원가란의 감가상각비 기계장치 : 2,000,000원 입력                          │
│       판매비와관리비란의 감가상각비 비품 : 450,000원 입력                             │
│       무형자산상각비 개발비 : 300,000원 입력                                          │
│                                                                                      │
│  2. 법인세등 계상은 선납세금에 대한 분개를 일반전표에                                  │
│       (차) 법인세등 6,000,000원  (대) 선납세금 6,000,000원  을 먼저 입력한 후 잔액 6,500,000원을
│       9. 법인세등 2). 추가계상액에 입력을 한 후 반드시 결산자료입력 화면 왼쪽상단의 {[F3]전표추
│       가} 단추를 클릭하여 결산전표를 자동생성 시킨 후 [일반전표 입력]에서 12월 31일자로 결산자
│       동 분개를 확인한다.                                                             │
│                                                                                      │
│  3. 대손충당금환입이 발생할 경우 수동결산으로 일반전표에 직접 입력하도록 한다.         │
│                                                                                      │
└──────────────────────────────────────────────────────────────────────────────────┘
```

문제6 [이론문제 답안작성] 메뉴에 입력

[1] [장부관리 매입매출장 메뉴에서 1기확정(4월 1일 ~ 6월 30일) 입력한 후 구분 2.매출, 유형 17.카과를 선택] : 분기누계 매출의 공급대가 : 13,200,000원

[2] [부가세신고서 조회기간 : 04. 01 ~ 06. 30 → 14.그밖의공제매입세액 → 신용카드매출수령금액합계표 → 42.고정매입] : 2,400,000원

[3] [재무상태표(6월) 조회] : 85,000,000원(차량운반구 110,000,000원 − 감가상각누계액(차량운반구) 25,000,000원)

03 제85회 기출문제

이 론 시 험

➡ 다음 문제를 보고 알맞은 것을 골라 이론문제 답안작성 메뉴화면에 입력하시오.
(※ 객관식 문항당 2점)

―< 기 본 전 제 >―
문제에서 한국채택국제회계기준을 적용하도록 하는 전제조건이 없는 경우, 일반기업회계기준을 적용한다.

01 다음 중 집합손익계정에 대한 설명으로 틀린 것은?

① 수익계정의 잔액을 손익계정의 대변에 대체한다.
② 비용계정의 잔액을 손익계정의 차변에 대체한다.
③ 수익과 비용계정은 잔액을 손익계정에 대체한 후에는 잔액이 0(영)이 된다.
④ 손익계정의 잔액을 당기순이익(또는 당기순손실) 계정에 대체한다.

02 다음 중 유가증권에 대한 설명으로 옳은 것은?

① 단기매매증권이 시장성을 상실한 경우에는 매도가능증권으로 분류하여야 한다.
② 단기매매증권, 매도가능증권, 만기보유증권은 원칙적으로 공정가치로 평가한다.
③ 단기매매증권과 매도가능증권의 미실현보유이익은 당기순이익항목으로 처리한다.
④ 만기가 확정된 채무증권으로서 상환금액이 확정되었거나 확정이 가능한 채무증권을 만기까지 보유할 적극적인 의도와 능력이 있는 경우에는 매도가능증권으로 분류한다.

03 물가가 지속적으로 상승하는 경우에 기초재고수량과 기말재고수량이 동일하게 유지된다면 매출총이익을 가장 높게 평가하는 재고자산평가방법은 무엇인가?

① 선입선출법　　② 이동평균법　　③ 총평균법　　④ 후입선출법

04 다음 자료를 이용하여 매출원가를 계산하면 얼마인가?

· 상품 매입시 운반비 100,000원	· 매입할인액 100,000원
· 기초상품 재고액 500,000원	· 기말상품 재고액 400,000원
· 당기 총 매입액 1,500,000원	· 매입환출 및 에누리 100,000원

① 1,200,000원　　② 1,300,000원　　③ 1,400,000원　　④ 1,500,000원

05 다음 중 무형자산에 해당하는 계정과목은 몇 개인가?

• 상표권	• 기계장치	• 토지
• 저작권	• 개발비	• 광업권

① 3개   ② 4개   ③ 5개   ④ 6개

06 다음 자료를 바탕으로 자본잉여금의 금액을 계산하면 얼마인가?(단, 각 계정과목은 독립적이라고 가정한다.)

• 감자차익	300,000원	• 이익준비금	100,000원
• 사업확장적립금	300,000원	• 주식발행초과금	500,000원
• 자기주식처분이익	300,000원	• 감자차손	250,000원
• 자기주식처분손실	100,000원	• 주식할인발행차금	150,000원

① 800,000원   ② 900,000원   ③ 1,100,000원   ④ 1,300,000원

07 다음 사항을 적절히 반영한다면 수정 후 당기순이익은 얼마인가?(단, 다음 사항이 반영되기 전 당기순이익은 700,000원이라고 가정한다.)

• 선급보험료 100,000원 과소계상	• 선수임대료 100,000원 과대계상
• 미수이자 100,000원 과대계상	

① 600,000원   ② 700,000원   ③ 800,000원   ④ 900,000원

08 외상매출금 기말잔액 30,000,000원에 대하여 1%의 대손충당금을 설정하려 한다. 기초 대손충당금이 200,000원이 있었으며, 당기 중 150,000원을 대손처리하였다. 보충법에 의하여 기말 대손충당금 설정 분개로 올바른 것은?

① (차) 대손상각비   300,000원   (대) 대손충당금   300,000원
② (차) 대손상각비   250,000원   (대) 대손충당금   250,000원
③ (차) 대손상각비   150,000원   (대) 대손충당금   150,000원
④ (차) 대손상각비   50,000원   (대) 대손충당금   50,000원

09 다음 중 원가에 관한 설명으로 틀린 것은?

① 재료원가는 기초원재료재고액과 당기원재료매입액의 합계액에서 기말원재료재고액을 차감한 금액을 말한다.
② 당기총제조원가는 직접재료원가, 직접노무원가, 제조간접원가를 합한 금액을 말한다.
③ 직접노무원가와 제조간접원가의 합계액을 가공원가라고 한다.
④ 판매활동 이외의 제조활동과 관리활동에서 발생하는 원가를 비제조원가라 한다.

10 다음은 보조부문원가에 관한 자료이다. 보조부문의 제조간접비를 다른 보조부문에는 배부하지 않고 제조부문에만 직접 배부할 경우 수선부문에서 절삭부문으로 배부될 제조간접비는 얼마인가?

구 분		보조부문		제조부문	
		수선부문	포장부문	조립부문	절삭부문
제조간접비		80,000원	60,000원		
부문별배부율	수선부문		50%	30%	20%
	포장부문	20%		40%	40%

① 16,000원　　　　　　　　　② 18,000원
③ 24,000원　　　　　　　　　④ 32,000원

11 다음 중 정상개별원가 계산시 제조간접비를 예정배부하는 경우 예정배부계산식으로 옳은 것은?

① 배부기준의 실제발생액 × 예정배부율
② 배부기준의 실제발생액 × 실제배부율
③ 배부기준의 예정발생액 × 예정배부율
④ 배부기준의 예정발생액 × 실제배부율

12 다음 중 공손에 대한 설명으로 틀린 것은?

① 정상공손은 원가에 포함한다.
② 공손품은 일정수준에 미달하는 불합격품을 말한다.
③ 작업폐물은 공손품으로 분류한다.
④ 비정상공손은 영업외비용으로 처리한다.

13 다음의 항목 중 부가가치세법상 공제가능한 매입세액에 해당하는 것은?

① 사업자가 자기의 사업에 사용할 목적으로 수입하는 재화의 부가가치세액
② 접대비 및 이와 유사한 비용과 관련된 매입세액
③ 면세사업 등에 관련된 매입세액
④ 사업과 직접 관련이 없는 지출과 관련된 매입세액

14 다음 자료에 의한 일반과세자의 부가가치세 매출세액은 얼마인가?

• 총매출액	10,000,000원	• 매출에누리액	2,000,000원
• 판매장려금	500,000원		

① 750,000원　　　② 800,000원　　　③ 950,000원　　　④ 1,000,000원

15 다음 중 부가가치세의 특징에 해당하지 않는 것은?

① 부가가치세의 담세자는 최종소비자이며, 납세의무자는 부가가치세가 과세되는 재화 또는 용역을 공급하는 사업자이다.
② 각 납세자의 담세력을 고려하지 않는 물세이다.
③ 우리나라의 부가가치세법은 전단계거래액공제법을 채택하고 있다.
④ 우리나라의 부가가치세법은 소비지국 과세원칙을 채택하고 있다.

실 무 시 험

◆ (주)청주물산(회사코드 : 0853)은 전자제품을 제조하여 판매하는 중소기업이며, 당기(제9기) 회계기간은 2020. 1. 1. ~ 2020. 12. 31. 이다. 전산세무회계 수험용 프로그램을 이용하여 다음 물음에 답하시오.

─── < 기 본 전 제 > ───

문제에서 한국채택국제회계기준을 적용하도록 하는 전제조건이 없는 경우, 일반기업회계기준을 적용한다.

문제1 다음은 기초정보관리에 대한 자료이다. 각각의 요구사항에 대하여 답하시오.(10점)

[1] 영업부 휴게실에서 사용할 음료 등 구입이 빈번하여 복리후생비 계정의 적요기입을 하고자한다. 다음 내용의 적요를 각각 작성하시오.(3점)

• 현금 적요 9. 휴게실 음료 및 차 구입   • 대체 적요 3. 휴게실 음료구입 보통인출

[2] 거래처별 초기이월 채권과 채무잔액은 다음과 같다. 자료에 맞게 추가입력이나 정정 및 삭제하시오.(3점)

계정과목	거래처	올바른 잔액
외상매출금	초보상사	7,500,000원
	중급상사	3,200,000원
	고급상사	0원
외상매입금	하얀상사	10,000,000원
	백점상사	15,000,000원

[3] 전기분 재무제표에 다음과 같은 오류가 발견되었다. 이를 올바르게 수정하고 관련되는 재무제표를 모두 수정하시오.(4점)

• 영업부의 광고선전비 3,000,000원이 누락 되었다.

문제2 다음 거래 자료를 일반전표입력 메뉴에 추가 입력하시오.(일반전표입력의 모든 거래는 부가가치세를 고려하지 말 것)(18점)

- 일반적인 적요의 입력은 생략하지만, 타계정 대체거래는 적요번호를 선택하여 입력한다.
- 채권·채무와 관련된 거래는 별도의 요구가 없는 한 반드시 기 등록되어 있는 거래처코드를 선택하는 방법으로 거래처명을 입력한다.
- 제조경비는 500번대 계정코드를, 판매비와 관리비는 800번대 계정코드를 사용한다.
- 회계처리시 계정과목은 별도제시가 없는 한 등록되어 있는 계정과목 중 가장 적절한 과목으로 한다.

[1] 7월 7일 창고에서 화재가 발생하여 보관하고 있던 제품 32,500,000원(장부가액)이 소실되었다. 당사는 이와 관련한 보험에 가입되어 있지 않다.(3점)

[2] 7월 9일 회사는 임직원의 퇴직금에 대해 확정기여형(DC형) 퇴직연금에 가입하고 있으며, 7월분 퇴직연금 13,520,000원을 당사 보통예금계좌에서 이체하여 납부하였다.(단, 제조관련 부분 6,760,000원, 비제조관련 부분 6,760,000원이다.) (3점)

[3] 8월 1일 (주)형태의 외상매출금 13,000,000원 중 3,000,000원은 현금으로 받고 잔액은 6개월 만기의 어음으로 받았다.(단, 하나의 대체전표로 작성할 것.) (3점)

[4] 9월 20일 Champ에 수출(선적일자 9월 10일)한 제품에 대한 외상매출금을 회수하여 원화로 환전하여 당사 보통예금 계좌에 입금하였다.(3점)

- 외상매출금 : $30,000
- 9월 10일 환율 : 1,200원/$
- 9월 20일 환율 : 1,250원/$

[5] 10월 25일 (주)한국통상의 주식 50주(액면가 @1,000원)를 3,000,000원에 취득하고 대금은 보통예금으로 이체하였다.(시장성이 있고, 단기시세차익 목적임.) (3점)

[6] 11월 22일 사업 확장에 필요한 자금을 조달하기 위하여 새로운 보통주 주식 10,000주(1주당 액면금액 5,000원, 1주당 발행금액 10,000원)를 추가 발행하였으며, 발행대금은 보통예금 통장으로 입금되었다. 신주발행과 관련된 비용 1,000,000원은 당좌수표를 발행하여 지급하였다.(단, 하나의 전표로 입력할 것.) (3점)

문제3 다음 거래 자료를 매입매출전표입력 메뉴에 입력하시오.(18점)

< 입력시 유의사항 >

- 일반적인 적요의 입력은 생략하지만, 타계정 대체거래는 적요번호를 선택하여 입력한다.
- 별도의 요구가 없는 한 반드시 기 등록되어 있는 거래처코드를 선택하는 방법으로 거래처명을 입력한다.
- 제조경비는 500번대 계정코드를, 판매비와 관리비는 800번대 계정코드를 사용한다.
- 회계처리시 계정과목은 별도제시가 없는 한 등록되어 있는 계정과목 중 가장 적절한 과목으로 한다.
- 입력화면 하단의 분개까지 처리하고, 전자세금계산서 및 전자계산서는 전자입력으로 반영한다.

---

[1] 7월 20일 (주)미래전자로부터 원재료를 전액 보통예금으로 매입하고, 다음의 지출증빙용 현금영수증을 수령하였다.(3점)

현금영수증

가맹점명

(주)미래전자 133-81-26371　　　　차미래

서울 송파구 송파대로 234　TEL : 02-333-7788

홈페이지 http://www.mirae.co.kr

현금(지출증빙용)

구매 2020/07/20/14:20　　거래번호 : 1234-5678

상품명	수량	금액
원재료 A B C-123-789	1,000	33,000,000원
	과세공급가액	30,000,000원
	부가가치세	3,000,000원
	합계	33,000,000원

[2] 7월 21일 (주)코리아테크로부터 원재료(@5,000원, 10,000개, 부가가치세 별도)를 구입하고 전자세금계산서를 발급받았다. 계약금 5,000,000원을 제외한 잔액은 당좌수표를 발행하여 지급하였다.(3점)

[3] 9월 15일 비품으로 사용하던 복사기(취득가액 3,500,000원, 처분 시 감가상각누계액 2,150,000원)를 (주)중고유통에 1,100,000원(부가가치세 별도)에 처분하고 전자세금계산서를 발급하였다. 대금 중 600,000원은 현금으로 받고 잔액은 월말에 받기로 하다.(3점)

[4] 9월 23일 우송유통에 제품을 판매하고 다음과 같이 전자세금계산서를 발급하였다. 대금 중 5,000,000원은 비엘상사에서 발행한 어음으로 수취하고 나머지는 다음 달에 받기로 하였다.(3점)

전자세금계산서(공급자 보관용)						승인번호	20200923-15454645-58844486	
공급자	사업자 등록번호	214-86-08930	종사업장 번호		공급받는자	사업자 등록번호	122-31-93026	종사업장 번호	
	상호 (법인명)	(주)청주물산	성 명 (대표자)	박진수		상호 (법인명)	우송유통	성 명 (대표자)	문우송
	사업장 주소	충청북도 청주시 흥덕구 덕암로 6번길 15				사업장 주소	대전광역시 동구 동대전로 171		
	업 태	제조, 도소매	종 목	전자제품		업 태	도소매	종 목	전자제품
	이메일					이메일			

작성일자	공급가액	세액	수정사유		
2020. 09. 23	10,000,000원	1,000,000원			
비고					

월	일	품 목	규 격	수 량	단 가	공급가액	세액	비 고
09	23	전자제품				10,000,000원	1,000,000원	

합 계 금 액	현 금	수 표	어 음	외상미수금	이 금액을 영수 청구 함
11,000,000원			5,000,000원	6,000,000원	

[5] 10월 15일 제조공장에서 사용하는 화물용 차량인 포터의 접촉 사고로 (주)다고쳐 정비소에서 수리하고, 1,100,000원(부가가치세 포함)을 법인카드(현대카드)로 결제하였다. 지출비용은 차량유지비 계정을 사용한다.(3점)

[6] 11월 20일 (주)안성에 내국신용장(Local L/C)에 의하여 제품 11,000,000원을 외상으로 납품하고, 영세율전자세금계산서를 발급하였다.(3점)

문제4 일반전표입력 및 매입매출전표입력 메뉴에 입력된 내용 중 다음과 같은 오류가 발견
●●●●● 되었다. 입력된 내용을 확인하여 정정하시오.(6점)

[1] 7월 31일 매출처 (주)반도전자의 부도로 외상매출금 잔액 2,200,000원이 회수 불가능하여 대손처리하였는데, 확인결과 부도시점에 외상매출금에 대한 대손충당금 잔액이 950,000원이었던 것으로 확인되었다.(3점)

[2] 8월 22일 영업부에서 사용할 차량 취득세 500,000원을 현금으로 납부하고 세금과공과로 처리하였다.(3점)

문제5 결산정리사항은 다음과 같다. 해당메뉴에 입력하시오.(9점)

[1] 12월 31일 결산일 현재 영업부 건물의 화재보험료 상세 내역이다.(3점)

> • 보험기간 : 2020.07. 01. ~ 2021. 06. 30.
> • 보험료 납부일 : 2020. 07. 01.
> • 보험료 : 6,000,000원
> • 보험료(판) 계상액 : 6,000,000원   (※ 월할계산하시오.)

[2] 당사는 일반기업회계기준에 의하여 퇴직급여충당부채를 설정하고 있으며, 관련자료는 다음과 같다.(3점)

구분	기초금액	기중 감소(사용)금액	기말 금액(퇴직금 추계액)
생산부	20,000,000원	8,000,000원	22,000,000원
영업부	17,000,000원	7,000,000원	19,000,000원

[3] 결산일 현재 다음과 같이 제조원가에 반영할 감가상각비를 계상하고자 한다.(3점)

구 분	건 물	기계장치	차량운반구
감가상각비	8,500,000원	3,700,000원	1,200,000원

문제6 다음 사항을 조회하여 답안을 | 이론문제 답안작성 | 메뉴에 입력하시오.(9점)

[1] 2020년 상반기(1월 ~ 6월) 중 접대비(판)가 가장 많이 발생한 월은?(3점)

[2] 5월 한달 동안 우송유통에 외상매입금을 결제한(지급한) 금액은 얼마인가?(3점)

[3] 2020년 제1기 확정신고기간(4월 ~ 6월) 동안 (주)덕수상사로 발행한 매출세금계산서의 매수와 공급가액은 얼마인가?(3점)

85회 전산회계 1급 A형 답안

이론시험

1	④	2	①	3	①	4	④	5	②
6	모두정답	7	③	8	②	9	④	10	④
11	①	12	③	13	①	14	②	15	③

01. 손익 계정의 대변잔액은 당기순이익이므로 개인기업인 경우 자본금 계정 대변에 대체하며 법인기업인 경우 미처분이익잉여금 계정 대변에 대체한다. 손익 계정의 차변잔액은 당기순손실이므로 자본금 계정 차변에 대체하며 법인기업인 경우 미처리결손금 계정 차변에 대체한다.

02. 단기매매증권이 시장성을 상실하면 매도가능증권으로 분류해야 한다. 보기2번 : 단기매매증권, 매도가능증권은 원칙적으로 공정가치로 평가하고, 만기보유증권은 상각후원가로 평가한다. 3번 : 단기매매증권에 대한 미실현보유손익(평가손익)은 당기손익항목으로 처리하나, 매도가능증권에 대한 미실현보유이익(평가손익)은 기타포괄손익누계액으로 처리한다. 4번 : 만기가 확정된 채무증권으로서 상환금액이 확정되었거나 확정이 가능한 채무증권을 만기까지 보유할 적극적인 의도와 능력이 있는 경우에는 만기보유증권으로 분류한다.

03. 물가가 계속적으로 상승하는 경우 기말재고자산과 당기순이익의 크기는 선입선출법>이동평균법>총평균법>후입선출법의 순으로 나타난다. 매출원가의 크기는 반대로 나타난다.

04. • 순매입액 = 총매입액 − 매입환출 및 에누리 − 매입할인 + 부대비용(운반비)
     = 1,500,000원 − 100,000원 − 100,000원 + 100,000원 = 1,400,000원
   • 매출원가 = 기초상품 + 당기순매입액 − 기말상품
     = 500,000원 + 1,400,000원 − 400,000원 = 1,500,000원

05. 상표권, 저작권, 개발비, 광업권은 무형자산에 해당하고, 기계장치와 토지는 유형자산에 속한다.

06. 자본잉여금의 금액을 계산할 때 주식발행초과금에서 상계처리해야 할 주식할인발행차금(기준 문단 15.3), 자기주식처분이익에서 상계할 자기주식처분손실(기준 문단 15.9), 감자차익에서 상계할 감자차손(기준 문단 15.11) 등의 상계해야할 과목을 각각 독립적이라고 가정한다...라고 조건을 제시했지만 이건 명백한 일반기업회계기준을 위반한 가정이다. 따라서 회계기준으로 정답을 구하면 (감자차익−감자차손) + (주식발행초과금−주식할인발행차금) + (자기주식처분이익−자기주식처분손실)=600,000원이다.

07. 수정전 당기순이익 700,000원 + 선급보험료 100,000원 + 선수임대료 100,000원 − 미수이자 100,000원 = 수정후 당기순이익 800,000원(선급보험료를 과소계상한 것과 선수임대료를 과대계상한 것은 이익의 증가원인이고, 미수이자를 과대계산한 것은 이익의 감소원인이다.)

08. 대손충당금 설정액은 30,000,000 × 1% = 300,000원에서 결산 전 대손충당금 계정 잔액은 200,000원 − 150,000원 = 50,000원을 차감하면 설정분개는 250,000원이다.

09. 제조활동 이외의 판매활동과 관리활동에서 발생하는 원가를 비제조원가라 한다.

10. 80,000 × 20%/30% + 20% = 32,000원

11. 정상개별원가계산에 있어서 제조간접비는 '배부기준의 실제발생액 × 예정배부율'로 배부한다.

12. 작업폐물이란 투입된 원재료로부터 발생하는 원재료의 찌꺼기나 조각을 말하며, 판매가치가 상대적으로 작은 것을 말한다.

13. 접대비 및 이와 유사한 비용과 관련된 매입세액, 면세사업등에 관련된 매입세액, 사업과 직접 관련이 없는 지출과 관련된 매입세액은 공제하지 아니하는 매입세액에 해당한다.

14. • 매출에누리는 과세표준에서 차감항목이고, 판매장려금은 과세표준에서 공제하지 않는 항목이다.
　　• 과세표준 : 10,000,000원 − 2,000,000원 = 8,000,000원
　　• 매출세액 : 8,000,000원 × 10% = 800,000원

15. 우리나라의 부가가치세법은 전단계세액공제법을 채택하고 있다.

실 무 시 험

문제1

[1] 기초정보관리의 계정과목 및 적요등록에서 811. 복리후생비 현금적요, 대체적요 입력

[2] 기초정보관리의 [거래처별초기이월] 메뉴
　　① 108.외상매출금 계정의 중급상사 잔액을 5,200,000원에서 3,200,000원으로 수정
　　② 108.외상매출금 계정의 고급상사 잔액을 1,300,000원에서 0원으로 수정 또는 삭제
　　③ 251.외상매입금 계정의 하얀상사 잔액을 5,000,000원에서 10,000,000원으로 수정

[3] 기초정보관리의 전기분 재무제표 오류수정
　　① 전기분 손익계산서에서 광고선전비 계정 3,000,000원을 추가 입력한다.
　　② 당기순이익의 변동액 36,123,000원을 확인한다.

③ 전기분 이익잉여금처분계산서 좌측 상단 툴바의 [(F6)불러오기]를 클릭한 다음 당기순이익(36,123,000원)을 확인한다.

④ 미처분이익잉여금액 변동액 58,530,000원을 55,530,000원으로, 전기분 재무상태표의 이월이익잉여금으로 수정 입력한다.

문제2 일반전표입력 메뉴에 추가 입력

[1] 7월 7일 일반전표입력

(차) 재 해 손 실 32,500,000   (대) 제   품 32,500,000
                                    (적요 8.타계정으로 대체액 손익계산서 반영분)

※ 제품 계정에 적요번호 8번을 선택하여 입력한다. 이렇게 하는 이유는 매출액에 대한 매출원가와 구분하기 위한 것이다.

[2] 7월 9일 일반전표입력

(차) 퇴 직 급 여(판) 6,760,000   (대) 보 통 예 금 13,520,000
     퇴 직 급 여(제) 6,760,000

※ 제조관련 퇴직급여는 500번대 제조원가로 처리해야 한다.

[3] 8월 1일 일반전표입력

(차) 받을어음[(주)형태] 10,000,000   (대) 외상매출금[(주)형태] 13,000,000
     현   금 3,000,000

[4] 9월 20일 일반전표입력

(차) 보 통 예 금 37,500,000   (대) 외상매출금(Champ) 36,000,000
                                   외 환 차 익 1,500,000

※ 9월 10일에 외상매출이 발생하여 매출에 대한 회계 처리를 하였고, 9월 20일에 외상매출대금을 회수하여 원화로 환전하여 보통예금에 입금한 회계처리를 해야 한다. '외화환산이익'과 '외환차익'은 '평가이익'과 '실현된 이익'으로 엄격하게 구분하여 표기해야 한다.

※ 외화환산이익 : 결산 시 보유하고 있는 외화에 대하여 환률에 대해서 환산한 미실현이익이고,

※ 외환차익 : 실지로 환률변동으로 얻은 실현된 이익을 말한다.

[5] 10월 25일 일반전표입력

(차) 단 기 매 매 증 권 3,000,000   (대) 보 통 예 금 3,000,000

[6] 11월 22일 일반전표입력

(차) 보 통 예 금 100,000,000　　　　　(대) 자 　 본 　 금　 50,000,000
　　　　　　　　　　　　　　　　　　　　　　 당 　 좌 　 예 　 금　 1,000,000
　　　　　　　　　　　　　　　　　　　　　　 주식발행초과금　 49,000,000

※ 자본금 = 1주당 액면금액 × 발행주식수 = 5,000원 × 10,000주 = 50,000,000원
※ 주식발행초과금 = 액면금액과 발행금액의 차이를 처리하는 자본잉여금에 속한다.
　　　　　　　　(1주당 발행금액×발행주식수−주식발행비용) − 자본금
　　　　　　　　= (10,000원×10,000주−1,000,000원) − 50,000,000원 = 49,000,000원
※ 당좌수표를 발행하여 지급했으므로 대변에 당좌예금이 발생하고, 주식발행대금은 보통예금에
　입금되었다.
※ 신주발행비는 발행가액에서 차감하도록 일반기업회계기준에서 규정하고 있다.

문제3 매입매출전표입력 메뉴에 추가 입력

[1] 7월 20일 매입매출전표입력
　　유형 : 61.현과, 공급가액 : 30,000,000원, 부가세 : 3,000,000원, 거래처 : (주)미래전자, 분개 : 혼합

(차) 원 　 재 　 료　 30,000,000　　　　　(대) 보 통 예 금　　 33,000,000
　　부 가 세 대 급 금　 3,000,000

※ 문제에 '보통예금으로 매입'이란 표현은 공급자에게 당사의 보통예금계좌에서 이체 처리했다
　는 의미입니다. 원재료 대금을 현금및현금성자산의 성격을 가진 보통예금으로 이체지급했으므
　로 현금영수증을 수취할 수 있다.

[2] 7월 21일 매입매출전표입력
　　유형 : 51과세, 공급가액 : 50,000,000원, 부가세 : 5,000,000원, 거래처 : (주)코리아테크, 전자 : 여, 분개 : 혼합

(차) 원 　 재 　 료　 50,000,000　　　　　(대) 선급금[(주)코리아테크]　 5,000,000
　　부 가 세 대 급 금　 5,000,000　　　　　　당 　 좌 　 예 　 금　 50,000,000

[3] 9월 15일 매입매출전표입력
　　유형 : 11.과세, 공급가액 : 1,100,000원, 부가세 : 110,000원, 거래처 : (주)중고유통, 전자 : 여, 분개 : 혼합

(차) 감가상각누계액　 2,150,000　　　　　(대) 비 　 　 　 품　 3,500,000
　　현 　 　 　 금　　 600,000　　　　　　부 가 세 예 수 금　 110,000
　　미 　 수 　 금　　 610,000
　　유형자산처분손실　 250,000

※ 총 받을 금액은 1,210,000원(부가세포함)인데, 그 중 현금 600,000원을 받았으므로, 미수금은
　610,000원이 된다.

[4] 9월 23일 매입매출전표입력

　　유형 : 11.과세, 공급가액 : 10,000,000원, 부가세 : 1,000,000원, 거래처 : 우송유통, 전자 : 여, 분개 : 혼합

　　(차) 받 을 어 음(비엘상사)　　　5,000,000　　　　　(대) 제 품 매 출　　　10,000,000
　　　　외상매출금(우송유통)　　　6,000,000　　　　　　　 부가세예수금　　　 1,000,000

[5] 10월 15일 매입매출전표입력

　　유형 : 57.카과, 공급가액 : 1,000,000원, 부가세 : 100,000원, 거래처 : (주)다고쳐정비소, 분개 : 혼합 또는 카드

　　(차) 차 량 유 지 비(제)　　　 1,000,000　　　　　(대) 미 지 급 금(현대카드)　　　1,100,000
　　　　부 가 세 대 급 금　　　　 100,000　　　　　　　 또는 미지급비용(현대카드)

[6] 11월 20일 매입매출전표입력

　　유형 : 12.영세(구분:3), 공급가액 : 11,000,000원, 부가세 : 0, 거래처 : (주)안성, 전자 : 여, 분개 : 외상

　　(차) 외상매출금[(주)안성]　　 11,000,000　　　　(대) 제 품 매 출　　　11,000,000

　　※ 영세율전자세금계산서를 발급한 이유가 내국신용장이므로 구분:3으로 실시하는 것이 옳고, 분개
　　　 유형은 외상이나 혼합을 사용하여 회계처리를 하면 된다.

문제4 입력된 내용 중 오류 확인 정정

[1] 7월 31일 일반전표 입력수정

　　수정 전 (차) 대손충당금(109)　　 2,200,000　　　(대) 외상매출금[(주)반도전자]　　　2,200,000
　　수정 후 (차) 대손충당금(109)　　　 950,000　　　(대) 외상매출금[(주)반도전자]　　　2,200,000
　　　　　　　　대손상각비(판)　　　 1,250,000

　　※ 본 문제는 회계처리에 대한 내용으로 부가가치세법상의 부도처리 시점을 묻는 문제가 아니다. 회
　　　 계처리 시점에 외상매출금에 대한 대손충당금이 존재했는데 상계처리를 하지 않은 것에 대한 수
　　　 정분개를 요구하는 문제이다.

[2] 8월 22일 일반전표 수정

　　수정 전 (차) 세금과공과(판)　　　 500,000　　　(대) 현　　　 금　　　500,000
　　수정 후 (차) 차 량 운 반 구　　　 500,000　　　(대) 현　　　 금　　　500,000

　　※ 유형자산의 취득원가는 구입원가 또는 제작원가 및 경영진이 의도하는 방식으로 자산을 가동하
　　　 는 데 필요한 장소와 상태에 이르게 하는 데 직접 관련되는 원가인 관련된 지출 등으로 구성된
　　　 다. 취득세, 등록세 등 유형자산의 취득과 직접 관련된 제세공과금도 이에 포함되며 유형자산의
　　　 취득원가로 처리하여야 한다.

문제5 해당 메뉴에 입력

〈**수동결산**〉 12월 31일자로 일반전표에 직접 입력한다.

[1] (차) 선 급 비 용   3,000,000   (대) 보 험 료(판)   3,000,000

※ 6,000,000 × 6/12 = 3,000,000원

[2] (차) 퇴 직 급 여(제)   10,000,000   (대) 퇴직급여충당부채   19,000,000
　　　 퇴 직 급 여(판)   9,000,000

※ 퇴직급여충당부채는 보고기간말 현재 전종업원이 일시에 퇴직할 경우 지급하여야 할 퇴직금에
상당하는 금액으로 한다. (일반기업회계기준 21.8)
• 퇴직급여(제) : 22,000,000원 − (20,000,000원 − 8,000,000원) = 10,000,000원
• 퇴직급여(판) : 19,000,000원 − (17,000,000원 − 7,000,000원) = 9,000,000원

[3] (차) 감가상각비(제)   8,500,000   (대) 감가상각누계액(203)   8,500,000
　　　 감가상각비(제)   3,700,000   감가상각누계액(207)   3,700,000
　　　 감가상각비(제)   1,200,000   감가상각누계액(209)   1,200,000

〈**자동결산**〉 결산자료입력란을 이용하여 자동결산을 할 경우

[1] (차) 선급비용 3,000,000원   (대) 보험료(판) 3,000,000원은 수동입력

[2] 퇴직급여충당부채 설정
• 생산부 : 노무비−퇴직급여 10,000,000원 입력
• 영업부 : 판매비와관리비−퇴직급여 9,000,000원 입력

[3] 제품제조원가에 반영할 감가상각비 계상
• 제품매출원가란의 감가상각비 해당 칸에 각각
－. 건물 : 8,500,000원, 기계장치 : 3,700,000원, 차량운반구 : 1,200,000원을 입력한 후 반드시
결산자료입력 화면 왼쪽상단의 {[F3]전표추가} 단추를 클릭하여 결산전표를 자동생성 시킨
후 [일반전표 입력]에서 12월 31일자로 결산자동 분개를 확인한다.

문제6 [이론문제 답안작성] 메뉴에 입력

[1] [총계정원장 조회(월별 탭, 조회기간 : 1월 ~ 6월) − 접대비 조회] : 5월

[2] [거래처원장 메뉴(기간 : 5월 1일부터 5월 31일, 계정과목 : (251)외상매입금 조
회) 우송유통의 차변 금액 조회] : 18,753,000원

[3] [세금계산서합계표(4 ~ 6월) 조회한 후, 매출 탭 − 전체데이터 탭을 조회] : 8매,
34,000,000원

04 제84회 기출문제

이 론 시 험

➡ 다음 문제를 보고 알맞은 것을 골라 이론문제 답안작성 메뉴화면에 입력하시오.
(※ 객관식 문항당 2점)

─────< 기 본 전 제 >─────

문제에서 한국채택국제회계기준을 적용하도록 하는 전제조건이 없는 경우, 일반기업회계기준을 적용한다.

01 다음 중 재무상태표에 관한 설명으로 가장 적절한 것은?

① 일정 기간 동안 기업의 경영성과에 대한 정보를 제공하는 재무보고서이다.
② 일정 기간 동안 기업의 현금 유입과 현금 유출에 대한 정보를 제공하는 재무보고서이다.
③ 일정 시점 현재 기업이 보유하고 있는 자산과 부채, 그리고 자본에 대한 정보를 제공하는 재무보고서이다.
④ 기업 자본의 크기와 그 변동에 대한 정보를 제공하는 재무보고서이다.

02 다음은 유형자산의 감가상각과 관련한 설명이다. 가장 옳지 않은 것은?

① 정액법은 자산의 내용연수 동안 일정액의 감가상각액을 인식하는 방법이다.
② 감가상각의 주목적은 취득원가의 배분에 있다.
③ 감가상각비는 손익계산서의 당기 비용인 판매비와관리비로만 회계처리 한다.
④ 감가상각방법은 해당 자산으로부터 예상되는 미래 경제적효익의 소멸형태에 따라 선택하고, 소멸형태가 변하지 않는 한 매기 계속 적용한다.

03 일반기업회계기준에 의한 단기매매증권과 관련된 설명 중 옳지 않은 것은?

① 보유 중에 수취하는 배당금과 이자는 영업외수익으로 처리한다.
② 취득과 처분 과정에서 발생하는 수수료는 모두 영업외비용으로 처리한다.
③ 결산시점에 취득원가보다 공정가치가 하락한 경우에는 영업외비용으로 처리한다.
④ 취득 후 보유과정에서 시장성을 상실하는 경우에는 다른 계정과목으로 재분류하여야 한다.

04 다음 중 무형자산에 속하지 않는 것은?

① 영업권　　　　② 임차권리금　　　　③ 산업재산권　　　　④ 임차보증금

05 다음은 퇴직급여충당부채와 결산정리 사항이다. 2020년말 재무상태표에 계상할 퇴직급여충당부채와 손익계산서에 인식되는 퇴직급여는 얼마인가?

퇴 직 급 여 충 당 부 채			
7/15 현　　　금　1,000,000원		1/1 전 기 이 월　2,000,000원	

<결산정리 사항>
• 2020년 말 현재 전 종업원이 일시에 퇴직할 경우 지급하여야 할 퇴직금은 4,000,000원이다.

	퇴직급여충당부채	퇴 직 급 여
①	4,000,000원	3,000,000원
②	4,000,000원	2,000,000원
③	6,000,000원	3,000,000원
④	6,000,000원	2,000,000원

06 다음 중 일반기업회계기준에서 분류되는 계정과목 중 성격이 다른 것은?

① 단기매매증권처분이익　　　　　② 단기매매증권평가이익
③ 매도가능증권처분이익　　　　　④ 자기주식처분이익

07 다음 자료를 이용하여 매출총이익을 계산하면 얼마인가?

• 총매출액	500,000원	• 기말상품재고액	110,000원
• 매출에누리	5,000원	• 매출할인	20,000원
• 매입할인	5,000원	• 총매입액	200,000원
• 매입환출	5,000원	• 기초상품재고액	100,000원

① 300,000원　　　　　　　　　② 295,000원
③ 290,000원　　　　　　　　　④ 280,000원

08 다음 중 충당부채, 우발부채 및 우발자산에 관련된 내용으로 틀린 것은?

① 충당부채를 인식하기 위해서는 과거사건이나 거래의 결과로 현재의무가 존재하여야 한다.
② 충당부채를 인식하기 위해서는 당해 의무를 이행하기 위하여 자원이 유출될 가능성이 매우 높고, 그 의무의 이행에 소요되는 금액을 신뢰성 있게 추정할 수 있어야 한다.
③ 우발자산은 자산으로 인식하지 아니하고 자원의 유입가능성이 매우 높은 경우에만 주석에 기재한다.
④ 우발부채도 충당부채와 동일하게 재무상태표에 부채로 인식한다.

09 다음 중 제조원가명세서의 당기제품제조원가에 영향을 미치지 않는 거래는?

① 당기에 투입된 원재료를 과대계상 하였다.
② 공장 직원의 복리후생비를 과대계상 하였다.
③ 당기의 기말재공품을 과대계상 하였다.
④ 기초 제품을 과대계상 하였다.

10 원가계산의 일반원칙에 대한 설명으로 틀린 것은?

① 제조원가는 일정한 제품의 생산량과 관련시켜 집계하고 계산한다.
② 제조원가는 신뢰할 수 있는 객관적인 자료와 증거에 의하여 계산한다.
③ 제조원가는 직접원가와 판매비와관리비를 더한 것을 말한다.
④ 제조원가는 그 발생의 경제적 효익 또는 인과관계에 비례하여 관련제품 또는 원가부문에 직접부과하고, 직접부과가 곤란한 경우에는 합리적인 배부기준을 설정하여 배부한다.

11 다음 자료를 참고하여 당기총제조원가를 구하시오.

• 직접재료비	500,000원	• 직접노무비	400,000원
• 직접제조경비	100,000원	• 제조간접비	200,000원
• 광고선전비	300,000원		

① 1,000,000원
③ 1,500,000원
② 1,200,000원
④ 1,800,000원

12 다음 중 종합원가계산에 대한 설명으로 옳지 않은 것은?

① 동종 제품의 연속 대량생산에 적합한 원가계산방식이다.
② 선입선출법에 의한 원가계산은 평균법에 의한 원가계산보다 간단하여 정확성이 떨어진다.
③ 원가흐름 또는 물량흐름의 가정을 어떻게 하느냐에 따라 완성품환산량은 다르게 계산된다.
④ 기초재공품이 없는 경우 제조원가는 평균법과 선입선출법 중 어느 것을 적용해도 동일하다.

13 다음 자료에서 세금계산서의 필요적 기재사항이 아닌 것은?

① 공급연월일   ② 공급하는 사업자의 등록번호와 성명 또는 명칭
③ 작성연월일   ④ 공급가액과 부가가치세액

14 다음 중 재화의 공급시기로 옳지 않은 것은?

① 상품권 등을 현금으로 판매하고 그 후 그 상품권이 현물과 교환되는 경우 : 상품권을 판매 하는 때
② 현금판매, 외상판매의 경우 : 재화가 인도되거나 이용가능하게 되는 때
③ 재화의 공급으로 보는 가공의 경우 : 가공된 재화를 인도하는 때
④ 반환조건부 판매, 동의조건부 판매, 그밖의 조건부 판매의 경우 : 그 조건이 성취되거나 기한이 지나 판매가 확정되는 때

15 다음 중 부가가치세법상 과세표준에 포함되는 항목은 무엇인가?

① 공급받는 자에게 도달하기 전에 파손되거나 훼손되거나 멸실한 재화의 가액
② 환입된 재화의 가액
③ 재화 또는 용역의 공급과 직접 관련된 국고보조금과 공공보조금
④ 공급에 대한 대가를 약정기일 전에 받았다는 이유로 사업자가 당초의 공급가액에서 할인해 준 금액

실 무 시 험

◆ (주)구미산업(회사코드 : 0843)은 전자제품을 제조하여 판매하는 중소기업이며, 당기(제7기) 회계기간은 2020 1. 1. ~ 2020. 12. 31. 이다. 전산세무회계 수험용 프로그램을 이용하여 다음 물음에 답하시오.

─< 기 본 전 제 >─

문제에서 한국채택국제회계기준을 적용하도록 하는 전제조건이 없는 경우, 일반기업회계기준을 적용한다.

문제1 다음은 기초정보관리에 대한 자료이다. 각각의 요구사항에 대하여 답하시오.(10점)

[1] 전기 재무제표를 검토한 결과 다음과 같은 오류를 확인하였다. 관련된 재무제표를 적절히 수정하시오.(4점)

- 접대비(제조) 2,500,000원이 누락된 것으로 밝혀졌다.

[2] 거래처별 초기이월 자료를 검토하여 수정 또는 추가 입력하시오. (3점)

계정과목	거래처	금 액
외상매출금	(주)한빛실업	18,000,000원
	오진기업	12,000,000원
외상매입금	지유기업	7,000,000원
	시원기업	3,500,000원

[3] 다음 자료를 계정과목 및 적요등록에 반영하시오. (3점)

- 코드 : 855
- 성격 : 3. 경비
- 계정과목 : 프리랜서비
- 대체적요 1번 : 프리랜서 외주용역비 지급

문제2 다음 거래 자료를 일반전표입력 메뉴에 추가 입력하시오.(일반전표입력의 모든 거래는 부가가치세를 고려하지 말 것) (18점)

[1] 8월 9일 국민은행의 이자수익 중 원천징수세액 9,240원을 제외한 나머지 금액인 50,760원이 보통예금으로 입금되었음을 확인하였다.(단, 원천징수세액은 자산으로 처리할 것.) (3점)

[2] 9월 7일 영업부 직원의 업무역량 향상 교육을 위해 외부강사를 초청하여 교육하고 강사료 1,000,000원 중 원천징수세액 33,000원을 제외한 나머지 금액은 보통예금 계좌로 지급하였다.(3점)

[3] 10월 1일 기부목적으로 학교법인 세훈학원에 3,000,000원을 보통예금계좌에서 이체하였다.(3점)

[4] 10월 20일 수입한 원재료에 대해 관세 2,000,000원, 통관 수수료 300,000원을 현금으로 지출 하였다.(3점)

[5] 10월 31일 다음은 영업팀에서 거래처 임원과의 식사비용을 법인카드(비씨카드)로 결제하고 수취한 신용카드매출전표이다. 일반전표에 입력하시오.(3점)

단말기번호	11213692	전표번호	
카드종류		거래종류	결제방법
비씨카드		신용구매	일시불
회원번호(Card No)		취소 시 원거래 일자	
4140-0202-3245-9958			
유효기간	거래일시 2020. 10. 31.		품명
전표제출	금 액/AMOUNT		155,455
	부 가 세/VAT		15,545
전표매입사	봉 사 료/TIPS		
	합 계/TOTAL		171,000
거래번호	승인번호/(Approval No.) 98421147		
가맹점	맛나일식		
대표자	김성수	TEL	
가맹점번호		사업자번호	126-25-65948
주소	경기 성남시 수정구 고등동 525-5		
	서명(Signature)		
	Semusa		

[6] 11월 17일　(주)광주로부터 원재료 7,000,000원(100개, @70,000원)을 구입하기로 계약하고, 계약금 700,000원을 당좌수표를 발행하여 지급하였다.(3점)

문제3 다음 거래 자료를 매입매출전표입력 메뉴에 입력하시오.(18점)

─────── < 입력시 유의사항 > ───────

- 일반적인 적요의 입력은 생략하지만, 타계정 대체거래는 적요번호를 선택하여 입력한다.
- 별도의 요구가 없는 한 반드시 기 등록되어 있는 거래처코드를 선택하는 방법으로 거래처명을 입력한다.
- 제조경비는 500번대 계정코드를, 판매비와 관리비는 800번대 계정코드를 사용한다.
- 회계처리시 계정과목은 별도제시가 없는 한 등록되어 있는 계정과목 중 가장 적절한 과목으로 한다.
- 입력화면 하단의 분개까지 처리하고, 전자세금계산서 및 전자계산서는 전자입력으로 반영한다.

[1] 7월　29일　본사 영업직원이 업무에 사용할 개별소비세 과세대상 자동차 (2,000CC)를 (주)울산자동차에서 20,000,000원(부가가치세 별도)에 구입하고, 전자세금계산서를 수취하였으며 대금결제는 다음 달에 하기로 하였다.(3점)

[2] 8월　16일　본사 영업부서에서 사용할 책상을 (주)순옥가구에서 구입하고 대금 2,200,000원(부가가치세 포함)은 현금으로 지급함과 동시에 현금영수증(지출증빙용, 매입세액 공제요건을 충족함)을 수령하였다.(단, 책상은 비품으로 회계처리할 것)(3점)

[3] 9월　23일　비사업자인 황정숙에게 제품을 88,000원(부가가치세 포함)에 현금매출하고, 간이영수증을 발급하여 주었다.(3점)

[4] 10월 21일　해피상사에 제품을 판매하고 다음과 같이 전자세금계산서를 발급하였다.(3점)

전자세금계산서(공급자 보관용)					승인번호	20201021-21058052-11726645		
공급자	사업자등록번호	206-81-95706	종사업장번호		공급받는자	사업자등록번호	110-16-95028	종사업장번호	
	상호(법인명)	(주)구미산업	성명(대표자)	이수로		상호(법인명)	해피상사	성명(대표자)	김수은
	사업장주소	서울시 영등포구 경인로 702				사업장주소	서울시 마포구 상암동 331		
	업태	제조업, 도소매	종목	전자제품		업태	도매업	종목	컴퓨터
	이메일					이메일			
작성일자		공급가액		세액		수정사유			
2020. 10. 21		10,000,000원		1,000,000원					
비고									

월	일	품목	규격	수량	단가	공급가액	세액	비고
10	21	전자부품		200	50,000원	10,000,000원	1,000,000원	

합계금액	현금	수표	어음	외상미수금	이 금액을 영수 청구 함
11,000,000원				11,000,000원	

[5] 11월 9일 (주)천마에서 원재료 1,000개(공급가액 @25,000원, 부가가치세 별도)를 구입하고 전자세금계산서를 교부받았으며, 대금 중 10,000,000원은 제품을 판매하고 받아 보관 중인 (주)개포의 약속어음을 배서하여 지급하고 잔액은 30일 후 주기로 하였다.(3점)

[6] 11월 17일 미국 소재한 엘에이상사에 제품을 $4,000에 직수출하기로 하고, 제품을 선적 완료하였다. 수출대금은 차후에 받기로 하였으며, 선적일 시점 기준환율은 $1=1,150원이다.(3점)

문제4 일반전표입력 및 매입매출전표입력 메뉴에 입력된 내용 중 다음과 같은 오류가 발견되었다. 입력된 내용을 확인하여 정정하시오.(6점)

[1] 9월 25일 일반전표입력에 세금과공과로 처리한 것은 2020년 1기 확정 부가가치세를 가산세 25,000원 포함하여 보통예금으로 납부한 것이다.(단, 6월 30일자 부가가치세 회계처리를 확인하고, 가산세는 세금과공과(판)로 처리하시오.) (3점)

[2] 10월 5일 거래처 직원의 결혼축하금 100,000원을 현금으로 지급한 것으로 회계처리가 되었으나, 해당 내용은 당사 생산부 직원의 결혼축하금으로 확인되었다.(3점)

문제5 결산정리사항은 다음과 같다. 해당메뉴에 입력하시오.(9점)

[1] 기말 현재 우리은행 차입금(3년 만기) 중 3,000,000원의 상환기간이 1년 이내로 도래하였다.(단, 유동성대체를 위한 요건은 모두 충족되었다고 가정한다.) (3점)

[2] 결산일 현재 영업부서가 보유하고 있는 유형자산은 다음과 같다.(3점)

취득일	유형자산	취득원가	잔존가치	내용연수	상각방법
2019.01.01	건물	50,000,000원	0	50년	정액법

[3] 매출채권(외상매출금, 받을어음) 잔액에 대하여 1%의 대손충당금을 보충법으로 설정하시오.(3점)

문제6 다음 사항을 조회하여 답안을 이론문제 답안작성 메뉴에 입력하시오.(9점)

[1] 1기 확정(4월 ~ 6월) 부가가치세 신고기간 중 과세표준과 납부세액은 각각 얼마인가?(3점)

[2] 5월 중 현금으로 지급한 판매비 및 관리비로 분류되는 소모품비의 금액은 얼마인가?(3점)

[3] 3월 31일 현재 유동자산에서 유동부채를 차감한 차이금액은 얼마인가?(3점)

이론과 실무문제의 답을 모두 입력한 후 「답안저장(USB로 저장)」을 클릭하여 저장하고, USB메모리를 제출하시기 바랍니다.

84회 전산회계 1급 A형 답안

이론시험

1	③	2	③	3	②	4	④	5	①
6	④	7	②	8	④	9	④	10	③
11	②	12	②	13	①	14	①	15	③

01. 보기 1번은 손익계산서에 대한 설명이고, 2번은 현금흐름표, 4번은 자본변동표에 대한 설명이다.

02. 감가상각비는 다른 자산의 제조와 관련된 경우 관련 자산의 제조원가로 계상한다.

03. 단기매매증권을 취득할 때 발생한 수수료는 수수료비용(영업외비용)으로 처리되며, 처분할 때 발생한 수수료는 처분손익에 반영된다.

04. 임차보증금은 기타비유동자산에 속한다.

05. • 재무상태표에 계상될 퇴직급여 충당부채는 2020년 말 전 종업원이 일시에 퇴직할 경우 지급하여야 할 퇴직급여 추계액 4,000,000원이다.
   • 퇴직급여 당기 설정액 = 퇴직금 일시지급액 − 퇴직급여충당부채 계정 잔액
   = 4,000,000−(2,000,000−1,000,000) = 3,000,000원

06. 자기주식처분이익은 자본잉여금에 속하고 나머지 보기는 전부 영업외수익이다.

07.

상		품	
기초상품재고액	100,000	총 매 출 액	500,000
총 매 입 액	200,000	매 입 환 출	5,000
매 출 에 누 리	5,000	매 입 할 인	5,000
매 출 할 인	20,000	기말상품재고액	110,000
매 출 총 이 익	(295,000)		
	620,000		620,000

08. 우발부채는 재무상태표에 부채로 인식하지 아니한다. 의무를 이행하기 위해 자원이 유출될 가능성이 아주 낮지 않는 한, 우발부채를 주석에 기재한다.

09. 기초 제품의 계상 오류는 당기제품제조원가에 영향을 미치치 않고, 당기제품 매출원가에 영향을 미친다.

10. 제조원가는 직접원가와 제조간접비를 더한 것을 말한다.

11. 당기총제조원가 : 직접재료비 + 직접노무비 + 직접제조경비 + 제조간접비
= 500,000원 + 400,000원 + 100,000원 + 200,000원 = 1,200,000원

12. 평균법에 의한 원가계산과 다르게 선입선출법에 의한 원가계산은 당기완성품을 전기착수분과 당기착수분을 구분하여 계산하기 때문에 복잡하지만 당기투입원가에 대한 당기완성품환산량으로 나누어 단위당 원가를 계산하기 때문에 평균법에 비해 정확하다.

13. 공급연월일은 임의적 기재사항이다.

14. 상품권 등을 현금으로 판매하고 그 후 그 상품권이 현물과 교환되는 경우의 공급시기는 재화가 실제로 인도되는 때이다.

15. 보기 1번, 2번, 4번은 과세표준(공급가액)에 포함되지 않는 것이고, 재화 또는 용역의 공급과 직접 관련되지 아니하는 국고보조금과 공공보조금인 경우는 과세표준(공급가액)에 포함되지 않지만 재화 또는 용역의 공급과 직접 관련되는 국고보조금과 공공보조금인 경우는 과세표준에 포함된다.

실 무 시 험

문제1

[1] ① 전기분원가명세서 : 접대비 2,500,000원 추가입력, 당기제품제조원가 122,030,000원 확인
② 전기분손익계산서 : 당기제품매출원가의 당기제품제조원가 수정 입력확인
당기순이익 33,320,000원 확인
③ 전기분잉여금처분계산서 : 당기순이익 불러오기 수정
④ 전기분재무상태표 : 이월이익잉여금 48,320,000원 입력(대차차액이 0원인 것을 확인)

[2] ① 외상매출금 (주)한빛실업 13,500,000원을 18,000,000원으로 수정
오진기업 2,000,000원을 12,000,000원으로 수정
② 외상매입금 지유기업 3,500,000원을 7,000,000원으로 수정
시원기업 7,000,000원을 3,500,000원으로 수정

[3] 기초정보관리의 계정과목및적요등록 메뉴에 주어진 정보 입력

문제2 일반전표입력 메뉴에 추가 입력

[1] 8월 9일 일반전표입력

| (차) 보 통 예 금 | 50,760 | (대) 이 자 수 익 | 60,000 |
| 선 납 세 금 | 9,240 | | |

※ 이자수익 계정의 거래처를 국민은행으로 입력하더라도 정답으로 처리된다. 입력 시 유의사항에서도 알 수 있듯이, 채권·채무와 관련된 거래인 경우에는 거래처를 입력하여야 하고, 채권·채무에 해당하지 않는 경우에는 거래처를 입력하지 않거나 거래처를 입력한 답안 모두 정답으로 인정한다.

[2] 9월 7일 일반전표입력

(차) 교육훈련비(판)   1,000,000   (대) 예 수 금   33,000
                                          보 통 예 금   967,000

※ 영업부 교육훈련을 목적으로 지출한 것은 교육훈련비(판매관리비)계정으로 회계처리한다.

[3] 10월 1일 일반전표입력

(차) 기 부 금   3,000,000   (대) 보 통 예 금   3,000,000

[4] 10월 20일 일반전표입력

(차) 원재료(미착품)   2,300,000   (대) 현   금   2,300,000

※ 수입관련 부대비용은 원재료(미착품)에 가산하여 회계 처리한다.

[5] 10월 31일 일반전표입력

(차) 접 대 비(판)   171,000   (대) 미지급금(비씨카드)   171,000
                                      또는 미지급비용(비씨카드)

※ 접대비에 관련한 부가가치세는 공제받지 못하나 비용으로는 인정받을 수가 있음으로 접대비에 가산하여 회계처리한다.

[6] 11월 17일 일반전표입력

(차) 선급금[(주)광주]   700,000   (대) 당 좌 예 금   700,000

※ 상품매입 시 대금의 일부를 선 지급한 계약금은 선급금 계정으로, 상품매출 시 먼저 받은 계약금은 선수금 계정으로 회계 처리한다.

문제3 매입매출전표입력 메뉴에 추가 입력

[1] 7월 29일 매입매출전표입력
유형 : 54.불공(사유3), 공급가액 : 20,000,000원, 부가세 : 2,000,000원, 거래처 : (주)울산자동차, 전자 : 여, 분개 : 혼합

(차) 차 량 운 반 구   22,000,000   (대) 미 지 급 금   22,000,000

※ (주)구미산업은 '전자제품을 제조하여 판매하는 중소기업'으로 제시되어 있음으로, 문제에서 '자동차를 구입' 하였다는 것은 자동차를 사용의 목적으로 구입한 것임을 알 수 있다. 1,000cc 이상이므로 부가세를 취득원가에 포함하여 차량운반구 계정으로 회계처리 하여야 한다.

[2] 8월 16일 매입매출전표입력

날짜	유형	공급가액	부가세	거래처	전자	분개
8월 16일	현과(61)	2,000,000	200,000	(주)순옥가구	–	현금
분개	(차) 비 품 2,000,000 부가세대급금 200,000			(대) 현 금 2,200,000		

※ 분개유형을 현금으로 하지 않고 혼합으로 하여도 회계처리가 맞으면 정답으로 인정한다.

[3] 9월 23일 매입매출전표입력

유형 : 14.건별, 공급가액 : 80,000원, 부가세 : 8,000원, 거래처 : 황정숙, 분개 : 현금 또는 혼합

(차) 현 금 88,000   (대) 제 품 매 출 80,000
                                         부가세예수금 8,000

※ 부가세유형에서 [15.간이]는 간이과세사업자의 경우 매출입력 시 사용하는 메뉴이며, 또한, 일반
과세사업자(법인)가 과세재화를 매출하고 간이영수증을 발행한 것은 적격증빙(세금계산서(11.과
세), 현금영수증(22.현과), 신용카드매출전표(17.카과))을 발행한 것이 아니다. 따라서, [14.건별]
로 입력해야 한다. 또한, 매출거래처 등록은 반드시 하여야 한다.

※ 〈신용카드, 현금영수증, 14번 건별로 입력 시는 공급가액란에 공급대가(공급가액+부가가치세))
를 입력하면 자동으로 공급가액과 부가세란에 분리되어 나타난다.

[4] 10월 21일 매입매출전표입력

유형 : 11과세, 공급가액 : 10,000,000원, 부가세 : 1,000,000원, 거래처 : 해피상사, 전자 : 여, 분개 : 혼합, 외상

(차) 외상매출금(해피상사) 11,000,000   (대) 제 품 매 출 10,000,000
                                         부가세예수금 1,000,000

[5] 11월 9일 매입매출전표입력

유형 : 51 과세, 공급가액 : 25,000,000원, 부가세 : 2,500,000원, 거래처 : (주)천마, 전자 : 여, 분개 : 혼합

(차) 원 재 료 25,000,000   (대) 받을어음[거래처변경(주)개피] 10,000,000
    부 가 세 대 급 금 2,500,000   외상매입금[(주)천마] 17,500,000

※ 소지하고 있던 어음을 배서양도한 경우 받을어음 계정 대변에, 배서양수한 경우는 받을어음 계정
차변에 회계처리한다.

[6] 11월 17일 매입매출전표입력

유형 : 16수출(구분:1. 직수출), 공급가액 : 4,600,000원, 부가세 : 0원, 거래처 : 엘에이상사, 분개 : 외상, 혼합

(차) 외 상 매 출 금 4,600,000   (대) 제 품 매 출 4,600,000

※ 내국신용장 구매승인서에 의한 영세율전자세금계산서 발급한 경우는 과세유형을 12번 영세로,
직수출인 경우는 16번 수출을 선택하면 된다.

| 문제4 | 입력된 내용 중 오류 확인 정정 |

[1] 9월 25일 일반전표 입력수정

수정 전 (차) 세금과공과(판)　　9,749,000　　(대) 보 통 예 금　9,749,000

수정 후 (차) 미 지 급 세 금　　9,724,000　　(대) 보 통 예 금　9,749,000
　　　　　세금과공과(판)　　　25,000

※ 반드시 6월 30일자 전표를 조회하여 부가가치세 9,724,000원을 미지급세금으로 수정한 후 가산세 25,000원은 세금과공과로 회계처리한다.

[2] 10월 5일 일반전표 수정

수정 전 (차) 접 대 비(판)　　100,000　　(대) 현　　　　금　　100,000

수정 후 (차) 복리후생비(제)　　100,000　　(대) 현　　　　금　　100,000

※ 잘못 회계처리된 분개를 삭제하고 새로 회계처리를 해도 정답과 동일하게 회계처리한 경우 정답으로 인정한다.

| 문제5 | 해당 메뉴에 입력 |

〈수동결산〉 12월 31일자로 일반전표에 직접 입력한다.

[1] (차) 장기차입금(우리은행)　　3,000,000　　(대) 유동성장기부채(우리은행)　3,000,000

[2] (차) 감가상각비(판)　　1,000,000　　(대) 감가상각누계액(203)　1,000,000

[3] (차) 대손상각비(판)　　1,524,900　　(대) 대손충당금(109)　1,291,200
　　　　　　　　　　　　　　　　　　대손충당금(111)　　233,700

※ 합계잔액시산표상 매출채권 차변잔액 × 대손설정률 − 기말 대손충당금 잔액
　= 당기 설정 대손충당금 (잔액이 (−)인 경우 대손충당금환입으로 처리한다.)

• 외상매출금 : 589,120,000원 × 1% − 4,600,000원 : 1,291,200원
• 받을어음 : 75,370,000원 × 1% − 520,000원 : 233,700원

※ 매출채권 잔액의 기준은 응시자 본인의 입력결과를 기준으로 대손충당금을 판단하여 채점한다.

문제6 [이론문제 답안작성] 메뉴에 입력

[1] [부가가치세신고서 메뉴에서 4월 1일과 6월 30일 입력한 후]
⇒ 과세표준 : 345,000,000원, 납부세액 : 20,095,000원

[2] [일계표 및 월계표에서 5월 한 달 기간으로 조회] : 850,000원

[3] [재무상태표 조회, 조회기간(3월 31일), 유동자산과 유동부채 합계금액 조회]
⇒ 유동자산 982,776,347원 − 유동부채 425,845,347원 = 556,931,000원

05 제83회 기출문제

이 론 시 험

❍ 다음 문제를 보고 알맞은 것을 골라 이론문제 답안작성 메뉴화면에 입력하시오.
(※ 객관식 문항당 2점)

─── < 기 본 전 제 > ───
문제에서 한국채택국제회계기준을 적용하도록 하는 전제조건이 없는 경우, 일반기업회계기준을 적용한다.

01 다음 중 재무상태표의 명칭과 함께 기재해야하는 사항이 아닌 것은?

① 기업명　　　　② 보고기간종료일　③ 금액단위　　　④ 회계기간

02 다음 중 현금및현금성자산으로 분류되는 금액은?

• 수입인지 : 50,000원	• 우표 : 50,000원
• 배당금지급통지표 : 50,000원	• 만기 120일 양도성예금증서 : 200,000원
• 선일자수표 : 100,000원	• 타인발행 자기앞수표 : 100,000원

① 100,000원　　② 150,000원　　③ 200,000원　　④ 250,000원

03 다음 중 자본조정 항목이 아닌 것은?

① 자기주식처분손실　　　　　② 감자차손
③ 주식발행초과금　　　　　　④ 자기주식

04 다음 중 무형자산에 대한 설명으로 옳지 않은 것은?

① 무형자산을 최초로 인식할 때에는 원가로 측정한다.
② 내부적으로 창출한 무형자산의 창출과정은 연구단계와 개발단계로 구분한다.
③ 무형자산의 상각기간은 독점적, 배타적인 권리를 부여하고 있는 관계 법령이나 계약에 정해진 경우를 제외하고는 20년을 초과할 수 없다.
④ 무형자산을 창출하기 위한 과정을 연구단계와 개발단계로 구분할 수 없는 경우에는 모두 개발단계에서 발생한 것으로 본다.

05 다음 자료를 이용하여 외상매입금의 기초잔액을 계산하면 얼마인가?

• 외상매입금 지급액　5,000,000원	• 기말 외상매입금　1,400,000원
• 외상매입금 순매입액　4,000,000원	• 외상매입금 총매입액　4,200,000원

① 1,200,000원　　② 1,400,000원　　③ 1,500,000원　　④ 2,400,000원

06 다음 거래를 분개할 때 사용되지 않은 계정과목은?

　　비업무용 토지를 7,000,000원에 구입하였다. 먼저 지급한 계약금 700,000원을 차감한 잔액 중 50%는 타사가 발행한 당좌수표로, 나머지는 약속어음을 발행하여 지급하다.

① 선급금　　　　② 지급어음　　　　③ 미지급금　　　　④ 현금

07 다음의 회계거래 중에서 자본총액에 변동이 없는 것은?

① 유상증자를 실시하다.
② 현금배당을 주주총회에서 결의하다.
③ 발행주식 중 일부를 유상으로 소각하다.
④ 결의했던 현금배당을 지급하다.

08 다음은 (주)한국이 당기(1기)에 구입하여 보유하고 있는 단기매매증권이다. 당기(1기) 말에 단기매매증권 평가가 당기손익에 미치는 영향은 얼마인가?

종류	액면가액	취득가액	공정가치
(주)한강	100,000원	200,000원	150,000원
(주)금강	200,000원	150,000원	200,000원

① 없음　　　　　　　　　　　② 이익　50,000원
③ 손실 50,000원　　　　　　　④ 이익　100,000원

09 다음에서 설명하고 있는 원가행태는 무엇인가?

　　특정범위의 조업도 수준(관련범위)에서는 일정한 금액이 발생하지만, 관련범위를 벗어나면 원가총액이 일정액만큼 증가 또는 감소하는 원가를 말한다.

① 준변동비(준변동원가)　　　　② 변동비(변동원가)
③ 고정비(고정원가)　　　　　　④ 준고정비(준고정원가)

10 다음은 보조부문원가를 제조부문에 배부하는 내용이다. 무엇에 대한 설명인가?

> 보조부문원가를 보조부문의 배부순서를 정하여 한 번만 다른 보조부문과 제조부문에 배부한다.

① 직접배부법   ② 단계배부법
③ 상호배분법   ④ 개별배부법

11 종합원가계산방법과 개별원가계산방법에 대한 내용으로 가장 올바르지 않은 것은?

구분	종합원가계산방법	개별원가계산방법
① 핵심과제	완성품환산량 계산	제조간접비 배분
② 업 종	식품 제조업 등	조선업 등
③ 원가집계	개별작업별 집계	공정 및 부문별 집계
④ 장 점	경제성 및 편리함	정확한 원가계산

12 다음 자료를 활용하여 평균법에 의한 재료비와 가공비의 완성품환산량을 계산하면 얼마인가?

> • 기초재공품 : 700개(완성도 30%)   • 당기착수량 : 1,500개
> • 당기완성품 : 1,700개   • 기말재공품 : 500개(완성도 50%)
> • 재료는 공정초에 전량 투입되고, 가공비는 공정전반에 걸쳐 균등하게 투입된다.

① 재료비 2,200개, 가공비 1,950개
② 재료비 2,200개, 가공비 1,990개
③ 재료비 1,740개, 가공비 1,950개
④ 재료비 1,740개, 가공비 1,990개

13 다음 중 부가가치세법상 재화 공급의 특례에 해당하는 간주공급으로 볼 수 없는 것은?

① 폐업 시 잔존재화
② 사업을 위한 거래처에 대한 증여
③ 사업용 기계장치의 양도
④ 과세사업과 관련하여 취득한 재화를 면세사업에 전용하는 재화

14 다음 중 부가가치세 면세대상이 아닌 것은?

① 항공법에 따른 항공기에 의한 여객운송 용역의 공급
② 수돗물의 공급
③ 토지의 공급
④ 연탄의 공급

15 다음 중 부가가치세법상 세금계산서에 대한 설명으로 가장 옳지 않은 것은?

① 법인사업자 및 개인사업자는 반드시 전자세금계산서를 발급하여야 한다.
② 전자세금계산서의 발급기한은 다음달 10일까지 가능하다.
③ 전자세금계산서는 발급일의 다음 날까지 전자세금계산서 발급명세를 국세청장에게 전송하여야 한다.
④ 수입세금계산서는 세관장이 수입자에게 발급한다.

실 무 시 험

○ (주)용인전자(회사코드 : 0833)은 전자제품을 제조하여 판매하는 중소기업이며, 당기(제8기) 회계기간은 2020. 1. 1. ~ 2020. 12. 31. 이다. 전산세무회계 수험용 프로그램을 이용하여 다음 물음에 답하시오.

─── < 기 본 전 제 > ───
문제에서 한국채택국제회계기준을 적용하도록 하는 전제조건이 없는 경우, 일반기업회계기준을 적용한다.

문제1 다음은 기초정보관리에 대한 자료이다. 각각의 요구사항에 대하여 답하시오.(10점)

[1] 다음 자료를 보고 거래처등록 메뉴에서 등록하시오.(3점)

- 거래처명 : (주)한국식품 (거래처코드 : 03022)
- 대표자 : 김한국
- 사업자등록번호 : 610-85-20213
- 종목 : 라면류
- 유형 : 동시
- 업태 : 제조
- 사업장주소 : 서울특별시 서초구 명달로 105

※ 주소 입력 시 우편번호 입력은 생략해도 무방함.

[2] 거래처별 초기이월 채권과 채무 잔액에 있어서 다음과 같은 차액이 발생하였다. 적절하게 수정하시오.(3점)

계정과목	거래처	수정 전 잔액	수정 후 잔액
단기대여금	(주)대구	4,540,000원	5,450,000원
선급금	(주)천안	8,500,000원	5,800,000원
단기차입금	(주)부안	13,500,000원	15,300,000원

[3] 전기분 결산사항을 검토한 결과 다음과 같은 입력누락이 발견되었다. 전기분손익계산서, 전기분잉여금처분계산서, 전기분재무상태표 중 관련된 부분을 수정하시오.(4점)

차 변		대 변	
계정과목	금액	계정과목	금액
선급비용	1,100,000원	보험료(판)	1,100,000원

문제2 다음 거래 자료를 일반전표입력 메뉴에 추가 입력하시오.(일반전표입력의 모든 거래
●●●●● 는 부가가치세를 고려하지 말 것)(18점)

┌─────────────── < 입력시 유의사항 > ───────────────┐

• 일반적인 적요의 입력은 생략하지만, 타계정 대체거래는 적요번호를 선택하여 입력한다.
• 채권·채무와 관련된 거래는 별도의 요구가 없는 한 반드시 기 등록되어 있는 거래처코드를 선
  택하는 방법으로 거래처명을 입력한다.
• 제조경비는 500번대 계정코드를, 판매비와 관리비는 800번대 계정코드를 사용한다.
• 회계처리시 계정과목은 별도제시가 없는 한 등록되어 있는 계정과목 중 가장 적절한 과목으로
  한다.

└──┘

[1] 7월 19일 매출거래처 (주)대도상사의 외상매출금 22,000,000원이 당사의 보통
예금계좌에 입금되었다.(3점)

[2] 8월 10일 영업관리직 사원에 대한 확정급여형(DB형) 퇴직연금에 가입하고, 8월
분 퇴직연금 9,800,000원을 당사 보통예금에서 이체하여 납부하였
다.(3점)

[3] 9월 25일 (주)참길무역에서 발행한 채권(만기는 2022년 5월 31일이고, 시장성은
없다)을 만기까지 보유할 목적으로 당좌수표를 발행하여 20,000,000원
에 취득하였다. 또한, 채권을 취득 하는 과정에서 발생한 수수료 100,000
원은 보통예금에서 지급하였다.(단, 하나의 전표로 입력할 것.) (3점)

[4] 10월 5일 지난 달 급여 지급시 원천징수했던 소득세 153,870원을 보통예금에서
이체 납부하였다.(3점)

[5] 11월 12일 제품을 판매하고 (주)대전으로부터 받은 약속어음 5,000,000원을 만
기 전에 광주은행에 할인하고 할인료 50,000원을 차감한 후 보통예금
계좌로 이체 받았다.(단, 매각거래로 처리한다.) (3점)

[6] 11월 15일 창고에 보관 중인 제품 1대(원가 1,000,000원)를 판매직 직원의 복리
후생 목적으로 무상 제공하다.(3점)

문제3 다음 거래 자료를 매입매출전표입력 메뉴에 입력하시오.(18점)
●●●●●

[1] 7월 15일 상원상사에 제품을 판매하고 다음과 같이 전자세금계산서를 발급하였다.(단, 상원상사가 발행한 어음의 만기일은 3개월내이다) (3점)

전자세금계산서(공급자 보관용)						승인번호		20200715-51050067-62367242	
공급자	사업자 등록번호	141-81-08831	종사업장 번호		공급받는자	사업자 등록번호	203-01-23142	종사업장 번호	
	상호 (법인명)	(주)용인전자	성 명 (대표자)	이현지		상호 (법인명)	상원상사	성 명 (대표자)	김서니
	사업장 주소	서울시 송파구 법원로 11길 11				사업장 주소	서울시 영등포구 양평로 5, 성원빌딩		
	업 태	제조, 도소매	종 목	전자제품		업 태	도매업	종 목	컴퓨터
	이메일					이메일			

작성일자	공급가액	세액	수정사유		
2020. 7. 15	12,000,000	1,200,000			
비고					

월	일	품 목	규 격	수 량	단 가	공급가액	세 액	비 고
7	15	전자부품				12,000,000	1,200,000	

합 계 금 액	현 금	수 표	어 음	외상미수금	이 금액을 (영수/청구) 함
13,200,000	1,200,000		12,000,000		

[2] 7월 25일 중국 라이라이 회사에 제품 1,000개(단가 $100)를 직접 수출하고 대금은 외상으로 하였다.(단, 선적일인 7월 25일의 적용환율은 1,200원/$이다.) (3점)

[3] 8월 25일 당사가 소유한 토지의 형질변경을 위해 은희건축사사무소에 1,500,000원(부가가치세 별도)의 수수료를 전액 보통예금으로 지급하고 전자세금계산서를 발급받았다.(3점)

[4] 9월 5일 영업부에서 사용하는 업무용 승용차(998cc)의 주유비 110,000원(부가가치세 포함)을 알뜰주유소에서 현금결제하고 현금영수증(지출증빙용)을 발급받았다.(알뜰주유소는 일반과세사업자이다.) (3점)

[5] 10월 2일 약수나라에 제품을 비씨카드로 판매하고 다음과 같이 신용카드매출전표를 발행하였다.(3점)

카드종류 **비씨카드**	거래종류 결제방법 신용구매 일시불	
회원번호(Card No) 6250-0304-4156-5955	취소시 원거래 일자	
유효기간 **/**	거래일시 2020.10.2. 12:33	품명
전표제출	금　액 부 가 세	1,500,000원 150,000원
전표매입사　비씨카드	봉 사 료 합　계	 **1,650,000원**
거래번호	승인번호/(Approval No.) 30017218	
가맹점　　(주)용인전자 대표자　　이 현 지　　TEL　02-3456-7890 가맹점번호　234567　　사업자번호　141-81-08831 주소　　　서울시 송파구 법원로 11길 11		
	서명(Signature) 약수	

[6] 11월 22일　수출용 제품생산에 필요한 원재료(공급가액 23,000,000원)를 (주)부
　　　　　　　산으로부터 내국신용장에 의하여 외상 매입하고 영세율전자세금계산
　　　　　　　서를 발급받았다. (3점)

문제4　일반전표입력 및 매입매출전표입력 메뉴에 입력된 내용 중 다음과 같은 오류가 발견
●●●●●　되었다. 입력된 내용을 확인하여 정정하시오. (6점)

[1] 10월 24일　영업부서에서 사용할 마우스 등을 해신컴퓨터에서 현금 55,000원(부
　　　　　　　가가치세 포함)에 구입하고 일반전표에 입력하였으나, 지출증빙용 현
　　　　　　　금영수증을 발급받았음이 확인되었다. (단, 계정과목은 소모품으로 할
　　　　　　　것.) (3점)

[2] 11월 29일　이자수익 1,000,000원 중 원천징수세액(원천징수세율은 15.4%로 가
　　　　　　　정)을 제외한 나머지 금액이 보통예금으로 입금되어 입금된 금액에
　　　　　　　대해서만 회계처리 하였다. (단, 기업에서는 원천징수세액을 자산으로
　　　　　　　처리하고 있다.) (3점)

문제5　결산정리사항은 다음과 같다. 해당메뉴에 입력하시오. (9점)
●●●●●

[1] 12월 31일 현재 임대료(영업외 수익) 관련 기간 경과분이 있다. 5월 1일 (주)전주로
　　　　　부터 1년분(2020. 5. 1. ~ 2021. 4. 30.) 임대료 7,200,000원을 수취하면서 전부 부
　　　　　채로 처리하였으며, 월할 계산하시오. (3점)

[2] 기말 외상매출금 중에는 영국 브리티시 기업의 외화로 계상된 외상매출금 130,000,000원($100,000)이 포함되어 있다.(결산일 현재 적용환율 : 1,280원/$) (3점)

[3] 결산일 현재 다음과 같이 판매비와관리비에 반영할 감가상각비를 각각 계상하고자 한다.(3점)

> • 건물 : 3,500,000원   • 차량운반구 : 12,000,000원   • 비품 : 3,300,000원

문제6 다음 사항을 조회하여 답안을 │이론문제 답안작성│ 메뉴에 입력하시오.(9점)

[1] (주)문정유통에 대한 외상매출금 중 상반기(1월 ~ 6월)에 회수한 금액의 합계액은 얼마인가?(3점)

[2] 1월에서 6월 중 수수료비용(판)이 가장 크게 발생한 월과 금액은 얼마인가?(3점)

[3] 2020년 1기 확정 부가가치세 신고기간(4월~6월) 매출 중 영세율세금계산서 공급가액의 합계액은 얼마인가?(3점)

이론과 실무문제의 답을 모두 입력한 후 「답안저장(USB로 저장)」을 클릭하여 저장하고, USB메모리를 제출하시기 바랍니다.

83회 전산회계 1급 A형 답안

이론 시험

1	④	2	②	3	③	4	④	5	④
6	②	7	④	8	①	9	④	10	②
11	③	12	①	13	③	14	①	15	①

01. 다음의 사항을 각 재무제표의 명칭과 함께 기재한다.
(1) 기업명 (2) 재무상태표는 보고기간종료일, 손익계산서는 회계기간 (3) 보고통화 및 금액 단위

02. 배당금지급통지표 + 타인발행 자기앞수표 = 150,000원, 수입인지는 세금과공과(또는 잡비), 우표는 통신비, 만기 120일 양도성예금증서는 단기금융상품, 선일자수표는 받을어음 (또는 미수금)으로 회계처리한다.

03. 주식발행초과금은 자본잉여금이다.

04. 무형자산을 창출하기 위한 내부 프로젝트를 연구단계와 개발단계로 구분할 수 없는 경우에는 그 프로젝트에서 발생한 지출은 모두 연구단계에서 발생한 것으로 본다.

05.
외 상 매 입 금

지 급 액	5,000,000	기 초 잔 액	(2,400,000)
기 말 잔 액	1,400,000	순 매 입 액	4,000,000
	6,400,000		6,400,000

06. 박스 안의 거래를 분개하면
(차) 투자부동산 7,000,000
(대) 건설중인자산 700,000, 현금 3,150,000, 미지급금 3,150,000

– 흔히 자산 취득을 위해 계약금을 지급하면 선급금 계정으로 처리하기 쉬운데 비유동자산의 취득과 건설을 위한 계약금의 지급 시에는 건설중인자산으로 처리해야 한다. 또한 타사발행의 당좌수표는 현금, 재고자산 외의 자산을 취득하면서 약속어음을 발행하는 경우, 비매입채무에 해당되므로 지급어음 대신 미지급금으로 처리해야 한다.

07. 유상증자 : (차) 현금 (대) 보통주자본금, 현금배당을 결의하면 : (차) 미처분이익잉여금 (대) 미지급배당금, 발행주식의 유상소각 : (차) 보통주자본금 (대) 현금... 으로 전부 자본총액에 변동이 있다. 단, 결의했던 현금배당을 지급하면 (차) 미지급배당금 (대) 현금 이므로 자본총액에 변동이 없다.

08. (주)한강 : 당기 취득가액(200,000) − 공정가치(150,000) = 평가손실 50,000원 발생
　　(주)금강 : 당기 취득가액(150,000) − 공정가치(200,000) = 평가이익 50,000원 발생
　　따라서 평가이익 50,000원 − 평가손실 50,000원 = 0원

09. 준고정비(계단원가)에 대한 설명이다. 그래프로 표현하면 다음과 같다.

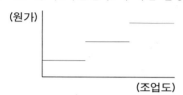

10. 배부순서를 정하는 방법은 단계배부법이다.

11. 원가집계 : 종합원가계산은 공정 및 부문별집계이고, 개별원가계산은 개별작업별 집계이다.

12. • 재료비 완성품환산량 : 1,700개 + (500개 × 100%) = 2,200개
　　• 가공비 완성품환산량 : 1,700개 + (500개 × 50%) = 1,950개

13. 재화의 간주공급은 면세사업에 전용하는 재화, 영업 외의 용도로 사용하는 개별소비세 과세 대상 차량과 그 유지를 위한 재화, 판매 목적으로 다른 사업장에 반출하는 재화, 개인적 공급, 사업을 위한 증여, 폐업 시 남아있는 재화이다.

14. 항공법에 따른 항공기에 의한 여객운송 용역은 과세대상이다.

15. 법인사업자 및 일정규모 이상의 개인사업자(직전 연도의 사업장별 공급가액의 합계액이 3억 원 이상인 자)는 전자세금계산서를 발급하여야 한다.

실 무 시 험

문제1

　　[1] 기초정보관리의 거래처등록 메뉴에서 주어진 정보 등록

　　[2] [거래처별 초기이월]
　　　　① 단기대여금 (주)대구 잔액을 4,540,000원에서 5,450,000원으로 수정
　　　　② 선급금 (주)천안 잔액을 8,500,000원에서 5,800,000원으로 수정
　　　　③ 단기차입금 (주)부안 잔액을 13,500,000원에서 15,300,000원으로 수정

　　[3] 전기분 결산사항 입력누락분 입력 후 관련된 재무제표를 다음 순서대로 수정
　　　　① 전기분손익계산서 : 보험료(판) 5,600,000원을 4,500,000원으로 수정입력, 당기 순이익 확인

② 전기분잉여금처분계산서 : 당기순이익 56,300,000원이 57,400,000원으로 상단
　　F6(불러오기)하여 반영한다. 미처분이익잉여금 합계 확인
③ 전기분재무상태표 : 선급비용 540,000원을 1,640,000원으로 수정 입력,
④ 이월이익잉여금 132,500,000원을 133,600,000원으로 수정 입력

문제2 일반전표입력 메뉴에 추가 입력

[1] 7월 19일 일반전표입력

　　(차) 보 통 예 금　22,000,000　　　　(대) 외상매출금[(주)대도상사]　22,000,000

[2] 8월 10일 일반전표입력

　　(차) 퇴직연금운용자산　9,800,000　　　　(대) 보 통 예 금　9,800,000

[3] 7월 9일 일반전표입력

　　(차) 만기보유증권(투자자산)　20,100,000　　　　(대) 당 좌 예 금　20,000,000
　　　　　　　　　　　　　　　　　　　　　　　　　　　보 통 예 금　　　100,000

※ 지문에 만기(2022년 05월 31일)가 표시되어 있으므로, 투자자산으로 회계처리한다.

[4] 10월 5일 일반전표입력

　　(차) 예 수 금　153,870　　　　(대) 보 통 예 금　153,870

[5] 11월 12일 일반전표입력

　　(차) 보 통 예 금　4,950,000　　　　(대) 받을어음[(주)대전]　5,000,000
　　　　매출채권처분손실　　50,000

[6] 11월 15일 일반전표입력

　　(차) 복리후생비(판)　1,000,000　　　　(대) 제 품　1,000,000
　　　　　　　　　　　　　　　　　　　　　　(적요 8. 타계정으로 대체액 손익계산서 반영)

※ 재고자산을 직원에게 제공하는 경우 복리후생비로 처리하고, 적요등록 8번을 선택한다.

문제3 매입매출전표입력 메뉴에 추가 입력

[1] 7월 15일 매입매출전표입력
　　유형 : 11과세, 공급가액 : 12,000,000원, 부가세 : 1,200,000원, 거래처 : 상원상사, 전자 : 여, 분개 : 혼합

(차) 현　　　　금	1,200,000			(대) 제 품 매 출	12,000,000	
받 을 어 음	12,000,000			부가세예수금	1,200,000	

[2] 7월 25일 매입매출전표입력

유형 : 16.수출(영세율구분1), 공급가액 : 120,000,000원, 부가세 : 0원, 거래처 : 중국 라이라이, 분개 : 외상

(차) 외 상 매 출 금	120,000,000		(대) 제 품 매 출	120,000,000

[3] 8월 25일 매입매출전표입력

날짜	유형	공급가액	부가세	거래처	전자	분개
8월 25일	불공(54) (사유:6.토지의 자본적 지출 관련)	1,500,000	150,000	은희건축사사무소	여	혼합
분개	(차) 토　　　지 1,650,000			(대) 보 통 예 금 1,650,000		

※ 부가가치세법 제39조[공제하지 않는 매입세액] 7항 토지에 관련된 매입세액은 매출세액에서 공제하지 않으며 부가가치세법시행령 제80조[토지에 관련된 매입세액] 1항 규정을 보면 '토지의 취득 및 형질변경, 공장부지 및 택지의 조성 등에 관련된 매입세액'은 토지의 조성 등을 위한 자본적 지출에 관련된 매입세액이라 명시되어 있다. 문제에서 토지의 형질변경을 위한다고 명시하였으므로 이는 토지에 관련된 매입세액으로 유추하여야 하며, 자본적지출이라는 표현이 굳이 문제상 명시될 필요가 없다. 또한 문제에서 수수료를 지급하였다고 하지만 이는 수수료비용을 명시한 것이 아니라 토지와 관련된 비용을 지칭한다.

[4] 9월 5일 매입매출전표입력

유형 : 61.현과, 공급가액 : 100,000, 부가세 : 10,000, 거래처 : 알뜰주유소, 분개 : 현금 또는 혼합

(차) 차량유지비(판)	100,000		(대) 현　　　　금	110,000
부 가 세 대 급 금	10,000			

[5] 10월 2일 매입매출전표입력

유형 : 17.카과, 공급가액 : 1,500,000원, 부가세 : 150,000원, 거래처 : 약수나라, 분개 : 혼합 또는 카드

(차) 외상매출금(비씨카드)	1,650,000		(대) 제 품 매 출	1,500,000
또는 미　　수　　금			부가세예수금	150,000

[6] 11월 22일 매입매출전표입력

유형 : 52.영세, 공급가액 : 23,000,000원, 부가세 : 0원, 거래처 : (주)부산, 전자 : 여, 분개 : 외상 또는 혼합

(차) 원 　재 　료	23,000,000		(대) 외 상 매 입 금	23,000,000

문제4 입력된 내용 중 오류 확인 정정

[1] 10월 24일 일반전표 삭제 후, 10월 24일 매입매출전표 입력

   수정 전 : 10월 24일 일반전표 삭제

      (차) 소 모 품   55,000   (대) 현   금   55,000

   수정 후 : 10월 24일 매입매출전표 입력

      유형 : 61.현과, 공급가액 : 50,000원, 세액 : 5,000원 거래처 : 해신컴퓨터, 분개 : 혼합 또는 현금

      (차) 소 모 품   50,000   (대) 현   금   55,000

      부 가 세 대 급 금   5,000

[2] 11월 29일 일반전표 수정(원천징수세액에 대해 '선납세금'으로 처리)

   수정 전 (차) 보 통 예 금   846,000   (대) 이 자 수 익   846,000

   수정 후 (차) 보 통 예 금   846,000   (대) 이 자 수 익   1,000,000

          선 납 세 금   154,000

   ※ 대체전표로 (차) 선납세금 154,000원 (대) 이자수익 154,000원을 추가로 입력하는 것도 정답으로 인정된다.

문제5 해당 메뉴에 입력

   ＜수동결산＞ 12월 31일자로 일반전표에 직접 입력한다.

[1] (차) 선수수익[(주)전주]   4,800,000   (대) 임 대 료(904)   4,800,000

   ※ 수익은 기간경과분에 대해 월할로 구분하여 인식한다.

   ※ 임대료 = 7,200,000원 × (8개월 ÷ 12개월) = 4,800,000원

   ※ 지문에 당초에 부채로 처리했다고 제시 되어 있으며, 5월 1일자 일반전표 입력부분 확인하여 보면 다음과 같이 입력되어 있다.

      (차) 현   금 7,200,000원   (대) 선수수익(01106) 7,200,000원

   • 기중에 부채로 처리하였으므로 기말에 당기에 해당하는 기간경과분 4,800,000원을 당기수익으로 인식하는 회계처리를 한다.

   • 선수수익 계정은 이미 수령하였지만 경과되지 않는 기간에 대한 금액을 처리하는 계정과목으로 보고기간종료일을 기준으로 보면 수익의 이연(차감)이기 때문에 부채 계정을 사용한다.

[2] (차) 외 환 환 산 손 실   2,000,000   (대) 외상매출금(영국 브리티셔)   2,000,000

[3] (차) 감가상각비(판)   3,500,000   (대) 감가상각누계액(203)   3,500,000

      감가상각비(판)   12,000,000   감가상각누계액(209)   12,000,000

      감가상각비(판)   3,300,000   감가상각누계액(213)   3,300,000

<자동결산> 결산자료입력란을 이용하여 자동결산을 할 경우

※ 12월 31일자 일반전표
  [1] (차) 선수수익[(주)전주] 4,800,000원   (대) 임대료(904)   4,800,000원
  [2] (차) 외환환산손실 2,000,000원   (대) 외상매출금(영국 브리티시) 2,000,000원
  입력 후 자동결산을 하도록 한다.

2. 감가상각비 계상
  결산자료입력 메뉴 > 4. 판매비와 일반관리비 > 4).감가상각비란에 건물 : 3,500,000원, 차량운반구 : 12,000,000원, 비품 : 3,300,000원을 입력한 후 왼쪽상단 "F3전표추가"를 하여 결산전표를 자동생성시킨 후 [일반전표]에서 12월 31일자로 결산자동 분개를 확인한다.

문제6 [이론문제 답안작성] 메뉴에 입력

[1] [거래처원장에서 외상매출금 과목으로 조회] : 21,000,000원

[2] [총계정원장에서 월별 탭, 조회기간 1월~6월로 조회 또는 월계표 월별 조회] : 3월, 금액 : 9,700,000원

[3] [부가가치세 신고서 메뉴, 기간 4월 1일 ~ 6월 30일 조회] : 매출영세율세금계산서 발급분 5번란 : 공급가액 87,000,000원

06 제82회 기출문제

이 론 시 험

◎ 다음 문제를 보고 알맞은 것을 골라 이론문제 답안작성 메뉴화면에 입력하시오.
(※ 객관식 문항당 2점)

───< 기 본 전 제 >───

문제에서 한국채택국제회계기준을 적용하도록 하는 전제조건이 없는 경우, 일반기업회계기준을 적용한다.

01 다음 거래 내용을 보고 12월 31일 결산 수정분개 시 차변계정과목과 차변금액으로 적절한 것은?

• 2020년 8월 1일 소모품 600,000원을 현금으로 구입하고 자산으로 처리하였다.
• 2020년 12월 31일 결산 시 소모품 미사용액은 250,000원이다.

① 소모품 250,000원   ② 소모품 350,000원
③ 소모품비 250,000원   ④ 소모품비 350,000원

02 다음 중 현금및현금성자산으로 구분할 수 없는 것은?

① 보통예금   ② 우편환증서   ③ 자기앞수표   ④ 정기적금

03 현행 일반기업회계기준서상 유가증권에 대한 설명 중 틀린 것은?

① 채무증권은 취득할 경우 만기보유증권, 단기매매증권 및 매도가능증권으로 분류한다.
② 단기매매증권 및 만기보유증권은 원칙적으로 공정가치로 평가한다.
③ 단기매매증권이 시장성을 상실한 경우에는 매도가능증권으로 분류하여야 한다.
④ 채무증권을 만기까지 보유할 적극적인 의도와 능력이 있는 경우에는 만기보유증권으로 분류한다.

04 재고자산의 수량을 파악하는 방법으로만 짝지어진 것은?

| ㉮ 개별법 ㉯ 선입선출법 ㉰ 계속기록법 ㉱ 후입선출법 ㉲ 실지재고조사법 |

① ㉮, ㉰   ② ㉯, ㉱   ③ ㉰, ㉲   ④ ㉮, ㉯, ㉱

05 다음 자료에 의한 당기 말 재무제표에 표시할 유동부채 금액은 얼마인가?

• 매입채무	1,300,000원	• 예수금	240,000원
• 단기차입금	6,000,000원	• 장기미지급금	1,200,000원

① 6,240,000원   ② 7,300,000원

③ 7,540,000원   ④ 8,740,000원

06 다음 내역이 손익계산서에 미치는 영향으로 옳지 않은 것은?

> ㉠ 영업사원 핸드폰요금 : 600,000원
> ㉡ 영업부 사무실 감가상각비 : 700,000원
> ㉢ 장애인단체 기부금 : 300,000원

① 영업이익에 영향을 주지 않는 ㉢은 당기순이익에만 영향을 준다.

② 영업외비용은 ㉡과 ㉢의 합계액인 1,000,000원이다.

③ ㉠과 ㉡의 합계액인 1,300,000원은 판매비와관리비로 계상된다.

④ ㉠과 ㉡의 합계액은 영업이익과 당기순이익에 모두 영향을 준다.

07 다음 유형자산 중 감가상각 회계처리 대상에 해당하지 않는 것은?

① 업무에 사용하고 있는 토지

② 관리사무실에서 사용하고 있는 세단기

③ 업무관련 회사소유 주차장 건물

④ 생산직원 전용휴게실에 비치되어 있는 안마기

08 자본에 대한 설명 중 잘못된 것은?

① 자본금은 우선주자본금과 보통주자본금으로 구분하며, 발행주식수×주당 발행가 액으로 표시된다.

② 잉여금은 자본잉여금과 이익잉여금으로 구분 표시한다.

③ 주식의 발행은 할증발행, 액면발행 및 할인발행이 있으며, 어떠한 발행을 하여도 자본금은 동일하다.

④ 자본은 자본금·자본잉여금·이익잉여금·자본조정 및 기타포괄손익누계액으로 구분 표시한다.

09 원가에 대한 다음의 설명 중 틀린 것은?

① 원가의 추적가능성에 따라 통제가능원가와 통제불능원가로 분류된다.
② 조업도(제품생산량)가 증가함에 따라 단위당 변동비는 일정하고 단위당 고정비는 감소한다.
③ 직접노무비, 제조간접비는 모두 가공원가에 해당한다.
④ 매몰원가는 이미 발생한 원가로 현재의 의사결정에 아무런 영향을 미치지 못하는 원가이다.

10 직접 노무비의 70%를 제조간접비로 배부하는 경우, 만일 특정 작업에 배부된 제조 간접비가 35,000원이라면 그 작업에 소요된 직접노무비는 얼마인가?

① 40,000원   ② 45,000원
③ 50,000원   ④ 55,000원

11 다음 중 제조원가계산을 위한 재공품 계정에 표시될 수 없는 것은?

① 당기 총제조원가   ② 기초 재공품 재고액
③ 당기 제품제조원가   ④ 기말 원재료 재고액

12 다음 중 보조부문원가를 제조부문에 배부하는 방법에 속하지 않는 것은?

① 단계배부법   ② 직접배부법
③ 간접배부법   ④ 상호배부법

13 다음 자료에서 세금계산서의 필요적 기재사항이 아닌 것은?

① 공급하는 사업자의 등록번호   ② 공급연월일
③ 공급받는자의 등록번호   ④ 공급가액과 부가가치세액

14 다음 중 부가가치세 영세율과 관련된 설명 중 틀린 것은?

① 영세율은 수출하는 재화에 적용된다.
② 영세율은 완전면세에 해당한다.
③ 직수출하는 재화의 경우에도 세금계산서를 발행, 교부하여야 한다.
④ 영세율은 소비지국 과세원칙을 구현하기 위한 제도이다.

15 (주)성실은 2020년 3월 5일 폐업하였다. 폐업시 자산 보유내역은 다음과 같다. 부가가치세 신고 시의 과세표준은 얼마인가?

• 재고자산 : 원가 7,000,000원(시가 8,000,000원)

① 0원   ② 1,000,000원
③ 7,000,000원   ④ 8,000,000원

실 무 시 험

○ (주)한강 (코드번호 : 0823)는 스포츠용품을 판매하는 법인기업이다. 당기(제5기) 회계기간은 2020. 1. 1. ~ 2020. 12. 31. 이다. 전산세무회계 수험용 프로그램을 이용하여 다음 물음에 답하시오.

─────── < 기 본 전 제 > ───────

문제에서 한국채택국제회계기준을 적용하도록 하는 전제조건이 없는 경우, 일반기업회계기준을 적용한다.

문제1 다음은 기초정보관리에 대한 자료이다. 각각의 요구사항에 대하여 답하시오.(10점)

[1] 전자제품 매출을 위해 한국카드와 신용카드가맹점 계약을 하였다. 다음의 내용을 거래처등록메뉴에 등록하시오.(3점)

• 코드 : 99902	• 거래처명 : 한국카드
• 가맹점번호 : 5640023147	• 유형 : 매출

[2] 전기말 거래처별 채권 · 채무에 대하여 거래처누락이 발생하였다. 이를 추가입력하시오.(3점)

채권 · 채무	구분	거래처	금액
외상매출금	누 락	(주)진도	15,000,000원
단기차입금	누 락	(주)완도	20,000,000원

[3] 다음은 전기분 원재료, 재공품, 제품의 기말재고액이다. 주어진 자료로 추가 수정 입력하여 관련 전기분재무제표를 수정하시오.(4점)

• 원재료 : 5,000,000원	• 재공품 : 9,000,000원	• 제품 : 15,000,000원

문제2 다음 거래 자료를 일반전표입력 메뉴에 추가 입력하시오.(일반전표입력의 모든 거래 는 부가가치세를 고려하지 말 것)(18점)

[1] 7월 10일 국민은행에서 장기 차입한 운전자금 20,000,000원이 만기도래되어 이자 120,000원과 원금을 당좌수표를 발행하여 상환하였다.(3점)

[2] 8월 10일 매출처인 (주)똑똑상사로부터 받아 보관 중인 약속어음 3,500,000원을 만기 이전에 거래은행인 국민은행에 할인하고 할인료 150,000원을 제외한 금액은 보통예금 통장에 입금되었다.(매각거래로 처리할 것) (3점)

[3] 9월 9일 한부자씨로부터 공장용 토지를 200,000,000원에 취득하면서 토지대금은 전액 미지급하였다. 취득세 등 공과금 9,530,000원은 현금으로 지출하였다.(3점)

[4] 9월 10일 다음과 같이 8월분 국민연금보험료를 보통예금으로 납부하였다.(3점)

• 회사 부담분 : 400,000원(영업부 직원), 600,000원(생산부 직원)
• 종업원 부담분 : 1,000,000원(급여지급 시 이 금액을 차감하고 지급함)
• 회사 부담분 국민연금보험료는 세금과공과로 회계 처리한다.

[5] 9월 20일 2019년도에 대손이 확정되어 대손충당금과 상계 처리한 외상매출금 400,000원이 당사의 보통예금에 입금되었다.(단, 부가가치세법상 대손세액은 고려하지 말 것) (3점)

[6] 11월 12일 당사에서 생산한 제품(개당 원가 2,000원) 1,000개를 실버복지재단에 현물기부 하였다.(3점)

문제3 다음 거래 자료를 매입매출전표입력 메뉴에 입력하시오.(18점)

< 입력시 유의사항 >

- 일반적인 적요의 입력은 생략하지만, 타계정 대체거래는 적요번호를 선택하여 입력한다.
- 별도의 요구가 없는 한 반드시 기 등록되어 있는 거래처코드를 선택하는 방법으로 거래처명을 입력한다.
- 제조경비는 500번대 계정코드를, 판매비와 관리비는 800번대 계정코드를 사용한다.
- 회계처리시 계정과목은 별도제시가 없는 한 등록되어 있는 계정과목 중 가장 적절한 과목으로 한다.
- 입력화면 하단의 분개까지 처리하고, 전자세금계산서 및 전자계산서는 전자입력으로 반영한다.

---

[1] 8월 3일   미국 미토리 Co.에 제품 500개(제품개당 $400)를 직수출(선적일 8월 3일)하고 대금은 외상으로 하였다. 선적일의 적용환율은 1,100원/$ 이다.(3점)

[2] 9월 10일   다음은 판매한 제품이 하자가 있어 반품되어 발급한 수정전자세금계산서이다. 수정전자세금계산서 발급과 동시에 외상매출금과 상계처리하였다.(3점)

수정전자세금계산서(공급자 보관용)						승인번호		20200910-15454645-58844486	
공급자	사업자 등록번호	880-86-00128	종사업장 번호		**공급받는자**	사업자 등록번호	137-81-30988	종사업장 번호	
	상호 (법인명)	(주)한강	성명 (대표자)	유상수		상호 (법인명)	(주)서울	성명 (대표자)	문만용
	사업장 주소	경기도 수원시 권선구 오목천로 152번길 68				사업장 주소	서울시 영등포구 국회대로 120		
	업태	제조, 도소매	종목	스포츠용품		업태	도소매	종목	컴퓨터
	이메일					이메일			
작성일자		공급가액		세액		수정사유			
2020. 9. 10		-1,000,000		-100,000					
비고									
월	일	품목	규격	수량	단가	공급가액		세액	비고
9	10	스포츠용품		-50	20,000	-1,000,000		-100,000	
합계금액		현금		수표		어음	외상미수금	이 금액을	영수 청구 함
-1,100,000							-1,100,000		

[3] 9월 23일   생일을 맞이한 공장 직원에게 지급할 선물세트를 1,100,000원(부가가치세포함)에 다모아백화점에서 구입하고 전자세금계산서를 수취하고 대금은 당좌수표를 발행하여 지급하다.(3점)

[4] 10월 17일   대표이사의 자택에서 사용할 목적으로 (주)전자마트에서 냉난방기를 3,300,000원(부가가치세 별도)에 구입하고, 당사 명의로 전자세금계산서를 발급 받았다. 대금은 당사 발행 당좌수표로 지급하였으며, 대표이사의 가지급금으로 처리한다.(3점)

[5] 10월 27일　비사업자인 개인 이슬비씨에게 제품을 판매하고 대금은 전액 현금으로 수취하고 다음과 같이 현금영수증을 발행하였다.(3점)

(주)한 강

880-86-00128　　　　　　유 상 수

경기도 수원시 권선구 오목천로 152번길 68　TEL:3289-8085

홈페이지 http://www.kacpta.or.kr

현금(소득공제)

구매 2020/10/27/12:06　거래번호 : 0027-0101

상품명	수량	금액
제품		220,000원
	-생략-	
공급가액		200,000원
부가가치세		20,000원
받은 금액		220,000원

[6] 12월 10일　(주)서울컨설팅으로부터 공장 제조설비의 안전대책을 위한 경영컨설팅을 받고 경영컨설팅 수수료 500,000원(부가가치세 별도)에 대한 전자세금계산서를 발급받았다. 경영컨설팅 수수료는 12월 1일에 지급한 계약금 100,000원을 제외한 나머지 금액은 현금으로 지급하였다.(단, 계약금은 선급금 계정으로 이미 회계처리 하였음) (3점)

문제4　일반전표입력 및 매입매출전표입력 메뉴에 입력된 내용 중 다음과 같은 오류가 발견되었다. 입력된 내용을 확인하여 정정하시오.(6점)

[1] 8월　15일　영업부사원 김기덕의 지방출장비에 대한 분개가 누락된 것이 발견되었다. 출장비 사용내용은 다음과 같으며, 비용은 보통예금계좌에서 개인계좌로 이체하여 지급하였다.(3점)

<출장비 사용내역 >	
－ KTX 기차요금	120,000원
－ 숙박비	100,000원
－ 기타 제비용	80,000원
지출합계	300,000원

[2] 9월　15일　비품을 현금 3,300,000원(부가가치세 포함)을 받고 전자세금계산서를 발급하여 (주)여수에 처분하면서 감가상각누계액을 고려하지 않고 회계처리하였다. 비품 취득가액은 6,000,000원이고 감가상각누계액은 3,500,000원이다.(3점)

문제5 결산정리사항은 다음과 같다. 해당메뉴에 입력하시오.(9점)

[1] 기말 외상매입금 계정 중에는 미국 코메리사의 외상매입금 6,000,000원(미화 $5,000)이 포함되어 있다.(결산일 현재 적용환율 : 1,100원/$) (3점)

[2] 2020년 9월 1일 보험료 1년분(2020년 9월 1일 ~ 2021년 8월 31일) 2,400,000원 (제조부문 : 1,800,000원, 본사관리부문 : 600,000원)을 현금으로 납부하면서 모두 자산으로 회계처리 하였다.(단, 보험료는 월할계산 함.) (3점)

[3] 12월 31일 결산 시 총무부 직원에 대해 15,000,000원, 생산부 직원에 대해 10,800,000원의 퇴직급여충당부채를 설정한다. 단, 결산자료입력을 통해 처리한다.(3점)

문제6 다음 사항을 조회하여 답안을 이론문제 답안작성 메뉴에 입력하시오.(9점)

[1] 4월 말 현재 외상매출금 잔액이 가장 큰 거래처명과 그 금액은 얼마인가?(3점)

[2] 상반기에 발생한 보험료 중 제조경비에 해당되는 금액은 얼마인가?(3점)

[3] 제1기 확정신고기간(4월 ~ 6월)의 매출액 중 세금계산서 발급분의 공급가액은 모두 얼마인가?(3점)

 이론과 실무문제의 답을 모두 입력한 후 「답안저장(USB로 저장)」을 클릭하여 저장하고, USB메모리를 제출하시기 바랍니다.

82회 전산회계 1급 A형 답안

이론시험

1	④	2	④	3	②	4	③	5	③
6	②	7	①	8	①	9	①	10	③
11	④	12	③	13	②	14	③	15	④

01. 소모품의 구입 시 자산처리를 한 경우에는 결산 시 사용액 분개를 한다. 사용액 : 600,000−250,000 = 350,000원, 분개 : (차) 소모품비 350,000 (대) 소모품 350,000이고, 만약 구입 시 비용처리를 한 경우에는 결산 시 미사용액 분개 (차) 소모품 250,000 (대) 소모품비 250,000을 한다.

02. 정기적금, 정기예금은 단기금융상품 또는 장기금융상품으로 구분할 수 있다. 현금및현금성자산은 통화 및 통화대용증권(우편환증서, 자기앞수표, 타인발행수표, 공사채 만기이자표 등)과 당좌예금, 보통예금 등의 요구불예금을 포함하며, 유동성이 매우 높은 단기투자자산으로 확정된 금액의 현금으로 전환이 용이하고 가치변동의 위험이 경미한 자산으로 취득 당시 만기가 3개월 이내에 도래하는 것을 말한다.

03. 단기매매증권과 매도가능증권은 공정가치로 평가하고, 만기보유증권은 상각후원가로 평가한다.

04. 개별법, 선입선출법, 후입선출법은 재고자산 가격결정방법이다.

05. 매입채무 1,300,000원 + 예수금 240,000원 + 단기차입금 6,000,000원 = 7,540,000원

06. 영업사원의 핸드폰요금은 통신비로서 감가상각비와 함께 판매비와관리비에 속하고 장애인단체 기부금은 영업외비용에 속한다.

07. 유형자산 중 토지와 건설중인자산은 감가상각을 하지 않는다.

08. 자본금은 발행주식 수 × 1주당 액면금액으로 계산된다.

09. 원가의 추적가능성에 따라 직접원가와 간접원가로 분류된다.

10. 직접노무비×70% = 35,000원 , 직접노무비 = 35,000원÷70% = 50,000원

11. 기말 원재료 재고액은 원재료 계정에 표시된다.

12. 간접배부법은 보조부문의 배부방법에 속하지 않는다.

13. 세금계산서의 필수적 기재사항은 공급연월일 아니라 작성연월일이다.

14. 직수출하는 재화의 경우에는 세금계산서 교부의무가 면제된다.

15. 재고자산은 시가를 과세표준으로 한다.

실 무 시 험

문제1

[1] 기초정보관리의 [거래처등록] → [신용카드]
코드 : 99902, 거래처명 : 한국카드, 가맹점번호 : 5640023147, 유형 : 매출

[2] 기초정보관리의 거래처별 초기이월 메뉴에서 수정
거래처별 초기이월 메뉴 : 외상매출금 (주)진도 15,000,000원 추가 입력
단기차입금 (주)완도 20,000,000원 추가 입력

[3] 주어진 자료로 추가 수정 입력하여 관련 전기분재무제표를 수정

① 전기분재무상태표 : 원재료 5,500,000원 → 5,000,000원으로 수정 입력
재공품 8,000,000원 → 9,000,000원으로 수정 입력
제품 15,500,000원 → 15,000,000원으로 수정 입력
② 전기분원가명세서 : 조회, 기말원재료재고액, 기말재공품재고액 및 당기제품제조원가 확인
③ 전기분손익계산서 : 조회(기말제품재고액 반영 확인), 당기제품제조원가 확인 수정 입력

문제2 일반전표입력 메뉴에 추가 입력

[1] 7월 10일 일반전표입력

| (차) 장기차입금(국민은행) | 20,000,000 | (대) 당 좌 예 금 | 20,120,000 |
| 이 자 비 용 | 120,000 | | |

※ 문제에 '만기도래'라는 문구가 있으며 장기차입금을 인식하는 문제이다. 전년도 12월 말과 관련하여 연계하는 문제가 아니다.

```
** 장기차입금의 만기가 결산일로부터 1년 이내 도래하면 [유동성장기부채] 처리 **
   1. (차) 장기차입금(국민은행)  20,000,000원    (대) 유동성장기부채(국민은행)  20,000,000원
   2. 만기상환 시
      (차) 유동성장기부채(국민은행)  20,000,000원    (대) 당 좌 예 금        20,120,000원
          이 자 비 용          120,000원
** 기초데이터상 유동성장기부채 계정이 없기 때문에 아래와 같이 회계처리하면 된다.
      (차) 장기차입금(국민은행)  20,000,000원    (대) 당 좌 예 금        20,120,000원
          이 자 비 용          120,000원
```

[2] 8월 10일 일반전표입력

(차) 보 통 예 금   3,350,000   (대) 받을어음[(주)똑똑상사] 3,500,000
    매출채권처분손실   150,000
    (영 업 외 비 용)

※ 소지하고 있던 어음을 만기이전에 미리자금을 융통하고자 거래은행에 지급한 할인료는 [매출채권처분손실]로 회계처리하면 된다.

[3] 9월 9일 일반전표입력

(차) 토   지 209,530,000   (대) 미지급금(한부자) 200,000,000
                                   현   금   9,530,000

※ 토지취득 시 공과금이란 등기료, 취득세를 말하며, 토지취득원가에 가산하여 회계처리 한다.

[4] 9월 10일 일반전표입력

(차) 세금과공과(판)   400,000   (대) 보 통 예 금 2,000,000
    세금과공과(제)   600,000
    예 수 금   1,000,000

※ '회사보험분 국민연금보험료는 세금과공과로 회계처리한다.' 라는 단서조항을 문제 내에서 제시하고 있으므로 단서조항대로 처리하여야만 정답으로 인정된다.

[5] 9월 20일 일반전표입력

(차) 보 통 예 금   400,000   (대) 대손충당금(109)   400,000

※ 당기에 대손이 확정되어 대손 처리된 채권이 다시 회수하게 된 경우는 대손처리 당시 분개를 확인하여 차변에 회계처리된 계정과목을 대변에 소멸 또는 회복시키는 분개를 하여야 한다.

※ 전기에 대손이 확정되어 대손처리된 채권이 다시 회수하게 된 경우는 대손처리 당시 분개와는 상관없이 (대변)에 대손충당금으로 처리하면 된다.

[6] 11월 12일 일반전표입력

(차) 기　부　금　2,000,000　　　　(대) 제　　　　품　2,000,000
　　　　　　　　　　　　　　　　　　　　(적요 8.타계정으로 대체액)

※ 제품을 매출하지 않고 타 용도로 사용할 경우, 반드시 [적요등록 : 8.타계정으로 대체액]을 선택하여야 정답으로 인정된다.

문제3 **매입매출전표입력 메뉴에 추가 입력**

[1] 8월 3일 매입매출전표입력

유형 : 16.수출(영세율구분1), 공급가액 : 220,000,000원, 부가세 : 0원, 거래처 : 미토리 Co, 분개 : 외상(혼합)

(차) 외 상 매 출 금　220,000,000　　　(대) 제 품 매 출　220,000,000

※ 12.영세(영세율) : 내국신용장, 구매승인서에 의한 영세율세금계산서 발행에 의한 매출일 경우 선택
※ 16.수출(수출) : 외국환증명서, 수출면장 등에 의한 외국에 직접수출한 매출일 경우 선택
※ 52.영세(영세율) : 내국신용장, 구매승인서에 의한 영세율세금계산서 수취에 의한 매입일 경우 선택
※ 과세유형 선택은 정확하여야 하지만 분개유형 선택은 [3.혼합][2.외상]으로 선택하여도 분개만 정확하다면 정답으로 인정된다.

[2] 9월 10일 매입매출전표입력

유형 : 11(매출-과세), 공급가액 : -1,000,000원, 부가세 : -100,000원, 거래처 : (주)서울, 전자세금 : 여, 분개 : 혼합(외상)

(차) 외상매출금[(주)서울]　-1,100,000　　(대) 제 품 매 출　-1,000,000
　　　　　　　　　　　　　　　　　　　　부가세예수금　-100,000

[3] 9월 23일 매입매출전표입력

유형 : 51.매입과세, 공급가액 : 1,000,000원, 부가세 : 100,000원, 거래처 : 다모아백화점, 분개 : 혼합, 전자 : 여

(차) 복리후생비(제)　1,000,000　　　(대) 당 좌 예 금　1,100,000
　　부 가 세 대 급 금　100,000

※ 직원들에게 지급할 선물세트는 매입세액 공제를 받을 수가 있으므로 과세유형을 51.과세로 선택한다. 선물세트라하여 54.불공을 선택하면 안된다.

[4] 10월 17일 매입매출전표입력

유형 : 54(불공②), 공급가액 : 3,300,000, 부가세 : 330,000, 전자세금 : 여, 분개 : 혼합

(차) 가 지 급 금　3,630,000　　　(대) 당 좌 예 금　3,630,000

※ 대표이사가 업무와 무관하게 사용 지출한 것은 [가지급금]으로 처리한다.

[5] 10월 27일 매입매출전표입력

유형 : 22.현과, 공급가액 : 200,000원, 부가세 : 20,000원, 거래처 : 이슬비, 분개 : 현금(또는 혼합)

(차) 현	금	220,000	(대) 제 품 매 출	200,000
			부가세예수금	20,000

[6] 12월 10일 매입매출전표입력

유형 : 51(매입-과세), 공급가액 : 500,000원, 부가세 : 50,000원, 거래처 : (주)서울컨설팅, 전자세금 : 여, 분개 : 혼합

(차) 수수료비용(제)	500,000	(대) 선급금[(주)서울컨설팅]	100,000
부 가 세 대 급 금	50,000	현 금	450,000

※ 수수료비용(판매비와관리비) : 각종 용역 제공에 대한 대가로서 정기적으로 지급하는 수수료와 건당 지불하는 수수료가 있다.⑩ 송금수수료, 수표발행수수료, 신용카드 연회비, 변호사 자문료, 세무조정수수료, 세무기장수수료, 컨설팅수수료, 각종 민원서류 발급비용, 검사비, 청소용역비, 컴퓨터 유지보수비, 케이블설치수수료, 각종 비품의 유지보수료, 의료폐기물 수거 비용, 정수기 관리비, 부동산 중개수수료 등 외주용역에 대한 비용을 말한다.

※ 신용카드 결제수수료 : 매출채권처분손실

※ 단기매매증권에 대한 수수료는 영업외비용으로 분류한다.

문제4 입력된 내용 중 오류 확인 정정

[1] 8월 15일 일반전표 수정

수정 전 (차) 여비교통비(판)　　300,000　　(대) 보 통 예 금　　300,000

※ 사회통념상 출장여비라 함은 [교통비, 숙박비, 기업이 인정한 범위내의 기타 제비용]까지의 금액을 합산하여 [여비교통비]로 처리하고, 거래처 접대관련 비용은 별도로 [접대비]로 처리하면 된다.

[2] 9월 15일 매입매출전표 수정

유형 : 11(매출과세), 거래처 : (주)여수, 전자세금 : 여, 분개 : 혼합

수정 전 (차) 현	금	3,300,000	(대) 비	품	6,000,000
유형자산처분손실		3,000,000	부 가 세 예 수 금		300,000

수정 후 (차) 현	금	3,300,000	(대) 비	품	6,000,000
감가상각누계액(213)		3,500,000	부 가 세 예 수 금		300,000
			유형자산처분이익		500,000

문제5 해당 메뉴에 입력

┌───┐
│ **<수동결산>** 12월 31일자로 일반전표에 직접 입력한다. │
└───┘

[1] (차) 외상매입금(코메리사)   500,000   (대) 외화환산이익   500,000

　　※ 6,000,000 ÷ $5,000 = 1,200 − 1,100 = 100 × $5,000 = 500,000원

[2] (차) 보 험 료(제)   600,000   (대) 선 급 비 용   800,000
　　　　 보 험 료(판)   200,000

　　※ 1,800,000원 × 4/12 = 600,000원(제조경비)

　　※ 600,000원 × 4/12 = 200,000원(판매비와관리비)

　　※ 2020년 9월 1일 보험료를 납부하면서 "자산"으로 처리하였으므로 12월 31일 결산분개에서는
　　　 2020년도 4개월(9월 ~ 12월)에 대해서는 경과하였으므로 비용처리하고 그 만큼 자산에서 차감
　　　 해야 한다.

[3] (차) 508 퇴직급여(제)   10,800,000   (대) 퇴직급여충당부채   10,800,000
　　　　 806 퇴직급여(판)   15,000,000   퇴직급여충당부채   15,000,000

┌───┐
│ **<자동결산>** 결산자료입력란을 이용하여 자동결산을 할 경우   │
│   │
│ ※ **퇴직급여충당부채 설정**   │
│ 　2. 제품매출원가 > 3)노무비 > 2).퇴직급여(전입액) > 결산반영란 : 10,800,000원 입력 │
│ 　4. 판매비와 일반관리비 > 3.퇴직급여(전입액) > 결산반영란 : 15,000,000원 입력 후 반드시 결산 │
│ 　　자료입력 화면 왼쪽상단의 {[F3]전표추가} 단추를 클릭하여 결산전표를 자동생성 시킨 후 [일 │
│ 　　반전표 입력]에서 12월 31일자로 결산자동 분개를 확인한다.   │
└───┘

문제6 [이론문제 답안작성] 메뉴에 입력

[1] [거래처원장 > 잔액 > 기간(2020. 04. 01. ~ 2020. 04. 30.) 계정과목에서 외상매출
　　 금 과목으로 조회] : (1009)미림상사, 19,000,000원

[2] [월계표(1월 ~ 6월) 조회하여 제조경비의 보험료 금액 확인] : 2,240,000원

[3] [부가가치세신고서 조회, 조회 기간 : 2020년 4월 1일 ~ 2020년 6월 30일]
　　 : 135,000,000원(일반과세 세금계산서발급분(100,000,000원) + 영세율 세금계산서
　　　 발급분의 합계(35,000,000원)

　　　 ※ 문제에서 "세금계산서 발급분의 공급가액"에 대한 질문이므로 부가가치세신고서 조회 또는
　　　　 세금계산서합계표를 조회하더라도 답은 동일하다.

07 제81회 기출문제

이론시험

○ 다음 문제를 보고 알맞은 것을 골라 이론문제 답안작성 메뉴화면에 입력하시오.
(※ 객관식 문항당 2점)

─────< 기 본 전 제 >─────
문제에서 한국채택국제회계기준을 적용하도록 하는 전제조건이 없는 경우, 일반기업회계기준을 적용한다.

01 다음 내용과 같은 기준으로 분류되는 계정과목은 무엇인가?

> 자본거래에서 발생하며, 자본금이나 자본잉여금으로 분류할 수 없는 항목으로 감자차손, 자기주식, 자기주식처분손실 등이 여기에 해당한다.

① 주식할인발행차금　　　　　　　　② 임의적립금
③ 주식발행초과금　　　　　　　　　④ 이익준비금

02 (주)한세의 기말 재무상태표 일부이다. 당기 손익계산서에 기록될 대손상각비는 얼마인가?

> • 2019년 기초 대손충당금 73,000원, 기중 대손발생액 30,000원이다.
> • 2019년 기말 재무상태표 매출채권은 5,000,000원, 대손충당금은 110,000원이다.

① 30,000원　　　　② 43,000원　　　　③ 67,000원　　　　④ 80,000원

03 다음 중 주주총회에서 현금배당이 결의된 이후 실제 현금으로 현금배당이 지급된 시점의 거래요소 결합관계로 옳은 것은?

차 변	대 변		차 변	대 변
① 자본의 감소	자본의 증가		② 부채의 감소	자산의 감소
③ 자산의 증가	수익의 발생		④ 자본의 감소	자산의 감소

04 다음 중 일반기업회계기준에서 현금및현금성자산은 얼마인가?

• 통화대용증권	200,000원	• 우표 및 수입인지	100,000원
• 보통예금	300,000원	• 정기예금	400,000원
• 취득당시에 만기가 100일 남아있는 단기금융상품 500,000원			

① 500,000원　　　② 600,000원　　　③ 900,000원　　　④ 1,000,000원

05 다음 중 회계상 거래가 아닌 것은?

① 은행에 현금 600,000원을 예입하다.
② 자동차 종합보험료 700,000원을 현금으로 지급하다.
③ 은행에서 현금 1,000,000원을 차입하기로 결정하다.
④ 회계기말 현재 보유 중인 상장 주식의 가격이 150,000원만큼 하락하다.

06 회사의 자산과 부채가 다음과 같을 때 회사의 자본(순자산)은 얼마인가?

• 상 품	100,000원	• 대여금	40,000원	• 매입채무 70,000원
• 현 금	10,000원	• 비 품	80,000원	• 미지급금 20,000원

① 110,000원　　　② 120,000원　　　③ 130,000원　　　④ 140,000원

07 (주)파랑상사의 총평균법에 의한 기말 상품재고액은 얼마인가?

• 기초상품 : 100개 (@2,000원)	• 당기상품매입 : 900개 (@3,000원)
• 당기상품판매 : 800개 (@4,000원)	

① 300,000원　　　② 460,000원　　　③ 580,000원　　　④ 600,000원

08 "주주나 제3자 등으로부터 현금이나 기타 재산을 무상으로 증여받을 경우 생기는 이익"이 설명하고 있는 계정과목은?

① 자산수증이익　　② 이익잉여금　　③ 채무면제이익　　④ 임차보증금

09 다음 자료를 보고 노무비의 당월 발생액을 계산하면 얼마인가?

> • 노무비 전월선급액 : 100,000원   • 노무비 당월지급액(현금) : 400,000원

① 220,000원   ② 300,000원
③ 400,000원   ④ 500,000원

10 다음 중 제조원가명세서를 작성하기 위하여 필요하지 않은 것은?

① 당기 직접노무원가 발생액   ② 당기 기말제품 재고액
③ 당기 직접재료 구입액   ④ 당기 직접재료 사용액

11 다음의 자료에서 당기총제조원가를 계산하면 얼마인가?

> ㉠ 당기에 직접재료를 5,000,000원에 구입하였다.
> ㉡ 당기에 발생한 직접노무원가는 3,500,000원이다.
> ㉢ 제조간접원가는 2,000,000원이 발생하였다.
> ㉣ 기초원재료재고는 500,000원이고 기말원재료재고는 2,000,000원이다.

① 7,000,000원   ② 9,000,000원
③ 10,500,000원   ④ 12,000,000원

12 재료비는 공정 초기에 모두 발생되고 가공비는 공정이 진행됨에 따라 균등하게 발생할 경우, 다음 자료에 의한 재료비의 완성품 환산량은?

> • 기초 재공품 : 2,000개 (완성도 : 30%)
> • 기말 재공품 : 1,000개 (완성도 : 40%)
> • 당기 완성품 수량 : 4,000개
> • 회사는 평균법을 적용하여 기말 재공품을 평가한다.

① 3,600개   ② 4,200개
③ 5,000개   ④ 6,000개

13 다음 자료를 이용하여 부가가치세 과세표준을 계산하면 얼마인가?

| • 매출액 | 70,000,000원 | • 대손금액 | 1,100,000원 |
| • 매출에누리 | 5,000,000원 | • 매입에누리 | 5,000,000원 |

① 60,000,000원   ② 65,000,000원
③ 68,900,000원   ④ 70,000,000원

14 다음 중 부가가치세 신고 시 제출하는 서류가 아닌 것은?

① 부가가치세 신고서와 건물 등 감가상각자산취득명세서
② 매출처별 세금계산서 합계표와 매입처별 세금계산서 합계표
③ 공제받지 못할 매입세액명세서와 대손세액공제신고서
④ 총수입금액조정명세서와 조정후 총수입금액명세서

15 다음 중 현행 부가가치세법의 특징에 대한 설명으로 옳은 것은?

① 전단계거래액공제법이다.
② 비례세율로 역진성이 발생한다.
③ 개별소비세이다.
④ 지방세이다.

실 무 시 험

⭕ (주)동강(코드번호 : 0813)은 스포츠용품을 판매하는 법인기업이다. 당기(제5기) 회계기간은 2020. 1. 1. ~ 2020. 12. 31. 이다. 전산세무회계 수험용 프로그램을 이용하여 다음 물음에 답하시오.

─────< 기 본 전 제 >─────

문제에서 한국채택국제회계기준을 적용하도록 하는 전제조건이 없는 경우, 일반기업회계기준을 적용한다.

문제1 다음은 기초정보관리에 대한 자료이다. 각각의 요구사항에 대하여 답하시오.(10점)

[1] 소미은행은 신규 거래처이다. 거래처등록메뉴에 추가 등록하시오.(3점)

- 거래처코드 : 98004
- 계좌번호 : 9-71718989-52
- 거래처명 : 소미은행
- 유형 : 보통예금

[2] 거래처별 초기이월 채권과 채무잔액은 다음과 같다. 자료에 맞게 추가입력이나 정정 및 삭제하시오.(4점)

계정과목	거래처	잔 액	합 계
외상매출금	그림전자	7,500,000원	9,800,000원
	(주)하늘상사	2,300,000원	
선급금	연못상회	5,200,000원	5,200,000원
미지급금	누림전자	3,500,000원	5,750,000원
	(주)나눌상사	2,250,000원	

[3] 전기분 손익계산서의 복리후생비 3,000,000원은 제조공장 종업원의 회식비로 판명되었다. 전기분원가명세서 및 전기분손익계산서를 수정하시오.(3점)

문제2 다음 거래 자료를 일반전표입력 메뉴에 추가 입력하시오.(일반전표입력의 모든 거래는 부가가치세를 고려하지 말 것)(18점)

[1] 8월 30일 창립기념일 사내 행사로 영업부 대회의실을 청소한 빌딩청소원 김갑수에게 청소비 100,000원을 현금으로 지급하였다. 원천징수세액은 무시하며 일용직 소득자료원천징수 신고를 다음 달 9월 10일에 하기로 한다.(3섬)

[2] 9월 30일 제2기 예정 부가가치세 신고를 부가세 예수금 13,450,000원, 부가세 대급금 17,640,000원 으로 확정하고 환급받을 부가가치세 4,190,000원에 대하여는 미수금계정으로 회계처리하였다.(단, 기존 입력된 자료는 무시한다.) (3점)

[3] 11월 15일 신제품을 개발하고 특허권을 취득하기 위한 수수료 2,200,000원을 보통예금으로 지급하였다.(무형자산으로 처리할 것.) (3점)

[4] 11월 24일 제품 매출처인 수미마트의 외상매출금 15,000,000원이 조기 회수되어 매출대금의 2%를 할인해 주고 나머지는 보통예금으로 송금 받았다.(3점)

[5] 12월 24일 당사는 전 임직원의 퇴직금에 대해 확정기여형(DC형) 퇴직연금에 가입하고 있으며, 10월분 퇴직연금 14,000,000원(영업부 직원 6,000,000원, 제조부 직원 8,000,000원)을 당사 보통예금에서 이체하여 납부하였다.(3점)

[6] 12월 30일 국민은행에 받을어음의 추심을 의뢰하고 수수료비용 4,500원을 현금으로 지급하다.(3점)

문제3 다음 거래 자료를 매입매출전표입력 메뉴에 입력하시오.(18점)

─── < 입력시 유의사항 > ───

- 일반적인 적요의 입력은 생략하지만, 타계정 대체거래는 적요번호를 선택하여 입력한다.
- 별도의 요구가 없는 한 반드시 기 등록되어 있는 거래처코드를 선택하는 방법으로 거래처명을 입력한다.
- 제조경비는 500번대 계정코드를, 판매비와 관리비는 800번대 계정코드를 사용한다.
- 회계처리시 계정과목은 별도제시가 없는 한 등록되어 있는 계정과목 중 가장 적절한 과목으로 한다.
- 입력화면 하단의 분개까지 처리하고, 전자세금계산서는 전자입력으로 반영한다.

[1] 7월 13일 (주)핀인터내셔널에 내국신용장(Local L/C)에 의하여 제품 13,000,000원을 납품하고 영세율 전자세금계산서를 발급하였다. 대금은 내국신용장 개설은행에 곧 청구할 예정이다.(3점)

[2] 7월 15일 알리다광고에 회사 건물에 부착할 간판제작대금 4,400,000원(부가세 포함)을 당사의 약속어음을 발행하여 지급하고 전자세금계산서를 수취하였다.(자산 계정으로 회계처리함.)(3점)

[3] 10월 11일 다음 거래 내역을 보고 적절한 회계처리를 하시오.(단, 차량운반구의 취득원가 5,000,000원, 감가상각누계액 3,200,000원이며, 매각년도의 감가상각비계산은 생략한다.)(3점)

전자세금계산서(공급자 보관용)						승인번호		20201011-15454645-58844486		
공급자	사업자 등록번호	315-81-04019	종사업장 번호		공급받는자	사업자 등록번호	137-81-30988	종사업장 번호		
	상호 (법인명)	(주)동강	성 명 (대표자)	김국진		상호 (법인명)	K오토스중고차상사	성 명 (대표자)		문상사
	사업장 주소	충청북도 청주시 흥덕구 덕암로 6번길 15				사업장 주소	서울시 영등포구 국회대로 50길 9			
	업 태	제조, 판매	종 목	스포츠용품		업 태	도소매	종 목		차량
	이메일					이메일				
작성일자		공급가액		세액		수정사유				
2020. 10. 11		1,000,000		100,000						
비고										
월	일	품 목	규 격	수 량	단 가	공급가액		세액		비 고
10	11	차량 매각대금				1,000,000		100,000		
합 계 금 액		현 금		수 표		어 음		외상미수금	이 금액을 (청구) 함	
1,100,000								1,100,000		

[4] 11월 8일 공장 신축용 토지를 취득하고 (주)부동산컨설팅에게 중개수수료 15,000,000원(부가가치세 별도)을 당사 당좌수표를 발행하여 지급하고 전자세금계산서를 발급 받았다.(3점)

[5] 11월 12일　(주)부산에 제품을 판매하고 신용카드(비씨카드)로 결제를 받았다. 매출전표는 다음과 같다.(3점)

카드종류		거래종류	결제방법
비씨카드		신용구매	일시불
회원번호(Card No)		취소시 원거래일자	
6250-0304-4156-5955			
유효기간	거래일시		품명
/	2020.11.12. 11:33		
전표제출	금　액		1,500,000
	부 가 세		150,000
전표매입사　비씨카드	봉 사 료		
	합　계		**1,650,000**
거래번호	승인번호/(Approval No.)		
	30017218		
가맹점	㈜동강		
대표자	김국신	TEL	043-276-1234
가맹점번호	123345678	사업자번호	315-81-04019
주소	충청북도 청주시 흥덕구 덕암로 6번길 15		
	서명(Signature) (주)부산		

[6] 12월　5일　생산부문 공장직원들에게 사내 식당에서 제공하는 식사에 필요한 잡곡을 직접 구입하면서 전자계산서를 수취하고 대금은 다음 달에 지급하기로 하였다.(단, 비용으로 회계처리 하기로 한다.)(3점)

전자계산서(공급받는자 보관용)

				승인번호	20201205-21058052-11726691				
공급자	사업자 등록번호	107-81-54150	종사업장 번호		공급받는자	사업자 등록번호	315-81-04019	종사업장 번호	
	상호 (법인명)	(주)콩콩세상	성 명 (대표자)	김완두		상호 (법인명)	(주)동강	성 명 (대표자)	김국진
	사업장 주소	서울 서초구 동광로 144				사업장 주소	충청북도 청주시 흥덕구 덕암로 6번길 15		
	업 태	도소매	종 목	농산물		업 태		종 목	
	이메일					이메일			

작성일자	공급가액	수정사유
2020. 12. 05.	350,000	

비고

월	일	품　　목	규 격	수 량	단 가	공급가액	비 고
12	5	쥐눈이콩				350,000	

합 계 금 액	현　금	수　표	어　음	외상미수금	이 금액을 영수／청구 함
350,000				350,000	

문제4 일반전표입력 및 매입매출전표입력 메뉴에 입력된 내용 중 다음과 같은 오류가 발견되었다. 입력된 내용을 확인하여 정정하시오.(6점)

[1] 8월　9일　(주)진주에서 보통예금계좌로 입금된 4,500,000원을 외상매출금 회수로 회계처리하였으나, 실제내용은 제품매출에 따른 계약금으로 밝혀졌다.(3점)

[2] 9월 10일 국민건강보험공단에 생산직사원에 대한 건강보험료 540,000원을 보통
예금으로 이체하고 회사부담분과 종업원부담분(급여지급시 원천징수
함) 전액을 복리후생비(제)로 회계처리하였는데, 회사부담분과 종업원
부담분의 비율은 50:50이다.(3점)

문제5 결산정리사항은 다음과 같다. 해당메뉴에 입력하시오.(9점)

[1] 기말재고조사 결과 제품 3,000,000원이 부족하여 확인한 결과 대한적십자사에 불우
이웃돕기 물품으로 기부한 것으로 확인되었다.(결산일자로 회계처리 하시오.) (3점)

[2] 외상매입금 계정에는 중국 거래처 헤이바오에 대한 외화외상매입금 2,970,000원
(위안화 1CNY 165원)이 계상되어 있다.(회계기간 종료일 현재 적용환율 : 위안화
1CNY당 170원) (3점)

[3] 결산일 현재 당기에 계상 될 유형자산별 감가상각비는 다음과 같다.(3점)

> • 기계장치 : 4,500,000원   • 차량운반구(영업부) : 3,750,000원
> • 비품(영업부) : 960,000원

문제6 다음 사항을 조회하여 답안을 [이론문제 답안작성] 메뉴에 입력하시오.(9점)

[1] 1월부터 6월까지 판매비와관리비로 지출한 소모품비는 얼마인가?(3점)

[2] 3월 말 현재 유동자산은 전기말 유동자산보다 얼마나 더 증가하였는가?(3점)

[3] 제1기 부가가치세 확정신고기간(4월~6월)의 과세표준 금액은 얼마인가?(3점)

이론과 실무문제의 답을 모두 입력한 후 「답안저장(USB로 저장)」을 클릭하여 저장하고, USB메모리를 제출하시기 바랍니다.

81회 전산회계 1급 A형 답안

이론시험

1	①	2	③	3	②	4	①	5	③
6	④	7	③	8	①	9	④	10	②
11	②	12	③	13	②	14	④	15	②

01. 박스 안의 내용은 자본조정에 대한 설명이며, 자기주식, 주식할인발행차금, 감자차손, 자기주식처분손실 등이 있다. 임의적립금 : 이익잉여금, 주식발행초과금 : 자본잉여금, 이익준비금 : 이익잉여금이다.

02. 기초 대손충당금 73,000원 - 기중 대손발생액 30,000원 = 대손충당금 잔액 43,000원
이때 기말 대손충당금을 110,000원으로 한다면, 결산수정분개로 67,000원을 추가로 설정하여야 한다.   (차) 대손상각비 67,000원   (대) 대손충당금 67,000원

대손충당금

기 중 30,000원	기 초 73,000원
기 말 110,000원	**대손상각비 67,000원**

03. • 현금배당이 결의된 시점 : (차) 이익잉여금 ×××   (대) 미지급배당금 ×××
   • 현금배당이 지급된 시점 : (차) 미지급배당금 ×××   (대) 현   금 ×××

04. 통화대용증권(200,000원) + 보통예금(300,000원) = 500,000원이다. 정기예금과 만기 100일 남아있는 단기금융상품은 단기금융상품에 속한다. 현금성자산은 취득 시 만기가 3개월 이내인 단기금융상품을 말한다.

05. 회계상의 거래는 기업의 재무상태와 영업성과에 영향을 주어야 하며, 화폐단위로 측정할 수 있어야 한다. 따라서 은행과의 대출 결정이나 종업원의 채용, 부동산임대차계약, 상품의 주문 등은 회계상의 거래가 아니다.

06. (상품 + 대여금 + 현금 + 비품) - (매입채무 + 미지급금) = 140,000원(자본, 순자산)

07. • 기초상품+당기상품매입-당기상품판매 = 기말상품재고수량은 200개이다.
   • 총평균법의 상품원가는 단위당 2,900원 = {(100개×@2,000원 + 900개×@3,000원) ÷1,000개} 이므로 기말상품재고액은 580,000원(200개×@2,900원)이다.

08. 주주나 제3자 등으로부터 현금이나 기타 재산(부동산 등)을 무상으로 증여받을 경우 생기는 이익은 자산수증이익으로 처리한다.

09. 전월선급액 + 당월지급액 = 500,000원

10. 당기 기말제품재고액은 손익계산서에서 매출원가를 산출하는데 필요한 자료이므로 제조원가명세서와는 상관없는 자료이다.

11. • 직접재료비 = 기초원재료재고 + 당기매입원재료 − 기말원재료재고 = 3,500,000원
　　• 당기총제조원가 = 직접재료원가 + 직접노무원가 + 제조간접원가
　　　　　　　　　　　3,500,000원 + 3,500,000원 + 2,000,000원 = 9,000,000원

12. 당기 완성품 수량 4,000개 + 기말 재공품 수량 1,000개 × 100% = 5,000개

13. • 매출액 70,000,000원 − 매출에누리 5,000,000원 = 과세표준 65,000,000원
　　• 매출에누리, 매출환입, 매출할인은 과세표준에서 차감항목이며, 대손금, 판매장려금은 과세표준에서 공제되지 않는 항목이다.

14. 총수입금액조정명세서는 소득세신고 서류이다.

15. 우리나라의 부가가치세는 거래물품에 비례하여 과세되는 것으로 역진성이 발생한다. 반면 면세품으로 역진성 완화가 되고 있으며, 전단계세액공제법, 일반소비세, 국세의 특징이 있다.

실 무 시 험

문제1

[1] 거래처등록 메뉴의 금융기관 탭에 제시된 자료 추가 입력

[2] ① 거래처별초기이월 메뉴 108.외상매출금의 (주)하늘상사 잔액을 3,200,000원에서 2,300,000원으로 수정
　　② 108.외상매출금 계정으로 잘못 이월된 연못상회 5,200,000원을 삭제하고 131.선급금으로 연못상회 입력
　　③ 253.미지급금 계정에 누림전자 3,500,000원을 추가 입력

〈 ②번의 해설 〉
• 외상매출금으로 잘못 이월된 연못상회 5,200,000원을 선급금(연못상회) 5,200,000원으로 수정하는 문제이다. 외상매출금(연못상회)은 0원으로 하면 삭제와 같은 효과가 있으나 선급금(연못상회) 5,200,000원을 추가로 입력하여야 정답으로 인정된다.
• 잘못 표시된 계정과 거래처를 맞는 계정과 거래처로 표시하여야 하므로 잘못된 계정의 거래금액을 0원으로 표시하였더라도 맞는 계정과목과 거래처를 별도로 입력하여야 한다.

[3] • 전기분 제조원가명세서의 제조경비에서 복리후생비 3,000,000원 추가입력한 후 당기제품제조원가 188,000,000원을 확인한다.
　　• 전기분손익계산서의 당기제품매출원가에서 당기제품매출원가 185,000,000원을 → 188,000,000원으로 수정 입력한 후 복리후생비 3,000,000원을 삭제한다.

일반전표입력 메뉴에 추가 입력

[1] 8월 30일 일반전표입력

(차) 잡　　　급(판)　　　100,000　　　　(대) 현　　　　　금　　100,000
　　　　　　　　　　　　　　　　　　　　　또는 (출금전표) 잡급(판)

※ 일용직 근로자의 소득을 지급 시 '잡급(판)'으로 처리한다.
※ 일용직 소득자료 원천징수신고를 하는 것으로 정확하게 문제출제의도를 제시하고 있다.

[2] 9월 30일 일반전표입력

(차) 부 가 세 예 수 금　13,450,000　　　(대) 부 가 세 대 급 금　17,640,000
　　　미　　수　　금　 4,190,000

※ '난, 기손 입력된 자료는 무시한다.' 라고 조건을 제시하였으므로 기존에 부가세예수금과 부
　가세대급금 계정의 금액을 조회해서 입력하지 말라는 의미였으며, 문제에서 차액을 [미수금]
　계정으로 회계처리하는 것을 정확하게 언급하였다.
※ 부가세예수금이 부가세대급금금액보다 클 경우는 납부할 세액이 발생하므로 '미지급세금'으
　로 처리하며, 부가세대급금이 부가세예수금보다 클 경우는 환급세액이 발생하므로 '미수금'
　계정으로 처리하면 된다.

[3] 11월 15일 일반전표입력

(차) 특　　허　　권　　2,200,000　　　(대) 보　통　예　금　2,200,000

※ 개발 활동이란 상업적인 생산 또는 사용 전에 연구결과나 관련 지식을 새롭거나 현저히 개량
　된 재료, 장치, 제품, 공정, 시스템 및 용역의 생산을 위한 계획이나 설계에 적용하는 활동을
　말한다. 문제에서 '신제품을 개발하고 특허권을 취득하기 위하여 지출한 수수료'는 개발 활동
　이후 별도의 권리를 취득하기 위한 행위에서 발생된 거래금액의 회계처리문제이므로 개발활
　동과는 상관이 없으며 '특허권'으로 처리하는 것이 타당하다.

[4] 11월 24일 일반전표입력

(차) 보　통　예　금　14,700,000　　　(대) 외상매출금(수미마트)　15,000,000
　　　매출할인(제품)　　 300,000

※ 매출할인은 약정기일 전에 회수함으로써 회수일로부터 그 기일까지의 일수에 따라 일정한 금
　액을 할인해 주는 것이고, 매출에누리는 물품의 판매에 있어서 그 품질·수량 및 인도·판매
　대금 기타 거래조건에 따라 그 물품의 판매 당시에 통상의 매출가액에서 일정액을 직접 공제
　하는 금액과 매출한 상품 또는 제품에 대한 부분적인 감량·변질·파손 등에 의하여 매출가액
　에서 직접 공제하는 금액을 말한다.

[5] 12월 24일 일반전표입력

(차) 806 퇴직급여(판)　　6,000,000　　　(대) 보　통　예　금　14,000,000
　　　508 퇴직급여(제)　　8,000,000

※ 확정기여형에서는 모두 비용 처리하므로 영업부 직원에 대한 것은 '0806 퇴직급여(판)'으로,
　제조부 직원에 대한 것은 '0508 퇴직급여(제)'로 처리한다.

[6] 12월 30일 일반전표입력

(차) 수수료비용(판)　　　4,500　　　　(대) 현　　　　　금　　4,500
　　　　　　　　　　　　　　　　　　　　　또는 (출금전표) 수수료비용(판)

문제3 매입매출전표입력 메뉴에 추가 입력

[1] 7월 13일 매입매출전표입력

유형 : 12영세(구분:3), 거래처 : (주)핀인터내셔널, 공급가액 : 13,000,000, 부가세 : 0, 전자 : 여, 분개 : 외상

(차) 외 상 매 출 금　　　13,000,000　　　　　　(대) 제 품 매 출　　　13,000,000

※ 분개유형은 외상 또는 혼합이라도 상관없다. 다만 분개의 결과는 정답과 일치하여야 한다.
※ 본 문제는 거래처로부터 매출채권을 직접 회수하는 거래이므로 외상매출금 계정을 사용한다.

[2] 7월 15일 매입매출전표입력

유형 : 51.과세매입, 공급가액 : 4,000,000, 부가세 : 400,000, 거래처 : 알리다광고, 분개 : 혼합, 전자 : 여

(차) 비　　　　　품　　　4,000,000　　　　　　(대) 미 지 급 금　　　4,400,000
　　부 가 세 대 급 금　　　400,000

※ 간판이 건물의 가치를 상승시키거나 내용연수를 연장시키는 효과를 가져오는 것이 아니므로
　건물의 자본적 지출이 아니라, 비품으로 회계처리한다. 통상적으로 건물을 양도하는 경우에,
　특정 기업의 광고에 해당하는 간판은 양수자에게 필요한 사항이 아니므로 철거해야 할 비품에
　해당한다. 또한, 간판은 그 내용연수가 건물의 내용연수와는 다르고 구분하여 관리할 자산이
　므로 기업실무에서 건물의 일부로 분류하지 아니한다.

※ 자산으로 처리하라는 제시가 있으므로, 광고선전비가 아니라 비품으로 처리한다.

** **광고선전비** : 상품이나 제품 등의 재화 또는 용역의 판매촉진이나 기업의 이미지 개선 등의 선
　전효과를 위하여 불특정 다수인을 대상으로 지출하는 비용을 처리하는 계정이다.

** 【 광고선전비로 처리할 수 있는 사례들 】

　신문, 잡지 광고게제비, 광고물구입비, 간판제작비, 간판부착비용, 라디오 및 TV 방송광고료,
　광고물 배포비, 시음회 비용, 전시회 비용, 시제품 출품비용, 다이어리 제작비, 수첩제작비용,
　켈린더 제작비용, 포스터 비용, 법인결산 공고비, 주주명의개서 정지공고비, DM비용, TM비
　용, 견본품비, 지하출 부착 광고비, 광고사진촬영비 등

[3] 10월 11일 매입매출전표입력

유형 : 11.과세, 공급가액 : 1,000,000, 부가세 : 100,000, 거래처 : K오토스중고차상사, 전자 : 여, 분개 : 혼합

(차) 미수금(K오토스중고차상사)　　1,100,000　　　(대) 차 량 운 반 구　　5,000,000
　　209 감가상각누계액(차량)　　　3,200,000　　　　　부 가 세 예 수 금　　　100,000
　　유형자산처분손실　　　　　　　800,000

[4] 11월 8일 매입매출전표입력

유형 : 54(매입-불공) -⑥(토지의 자본적 지출관련), 공급가액 : 15,000,000, 부가세 : 1,500,000,
거래처 : (주)부동산컨설팅, 전자 : 여, 분개 : 혼합

(차) 토　　　　　지　　　16,500,000　　　　　(대) 당 좌 예 금　　16,500,000

※ 토지는 과세가 아니라 면세이기 때문에 토지 취득과 관련한 중개수수료는 비용으로 처리하지
　않고 토지의 취득원가에 포함되므로 불공으로 처리하여야 한다.

[5] **11월 12일** 매입매출전표입력

유형 : 17(매출-카과), 공급가액 : 1,500,000, 부가세 : 150,000, 거래처 : (주)부산, 신용카드사 : 비씨카드, 분개 : 혼합

| (차) 외 상 매 출 금 | 1,650,000 | (대) 제 품 매 출 | 1,500,000 |

또는 미수금(비씨카드)   부 가 세 예 수 금   150,000

※ 분개 유형을 혼합, 외상, 카드로 하여도 분개가 맞는 경우, 정답으로 인정된다.

[6] **12월 5일** 매입매출전표입력

유형 : 53.면세, 공급가액 : 350,000, 거래처 : (주)콩콩세상, 전자 : 여, 분개 : 혼합

(차) 복 리 후 생 비 (제)   350,000   (대) 미 지 급 금   350,000

※ 미가공식품은 면세대상이며, 해당채무는 확정된 채무로서 결산일 기준 발생 및 이연항목의 조징이 아니므로 미지급비용이 아니라 미지급금으로 회계처리한다.

문제4 ┃ 입력된 내용 중 오류 확인 정정

[1] **8월 9일** 일반전표 수정(계정과목 수정)

수정 전 (차) 보 통 예 금   4,500,000   (대) 외상매출금[(주)진주]   4,500,000
수정 후 (차) 보 통 예 금   4,500,000   (대) 선 수 금[(주)진주]   4,500,000

[2] **9월 10일** 일반전표 수정

수정 전 (차) 복리후생비(제)   540,000   (대) 현   금   540,000
수정 후 (차) 복리후생비(제)   270,000   (대) 보 통 예 금   540,000
　　　　　　　예 수 금   270,000

※ 건강보험료 중 회사부담분은 복리후생비로 처리하고, 종업원부담분은 급여지급 시 원천징수하므로 예수금 계정 대변에 기록하였다가 건강보험료 납부 시 차변에 소멸시킨다.

문제5 ┃ 해당 메뉴에 입력

> **<수동결산> 12월 31일자로 일반전표에 직접 입력한다.**

[1] (차) 기 부 금   3,000,000   (대) 제   품   3,000,000
　　　　　　　　　　　　　　　　　(적요 : 8번 타계정으로 대체)

※ 입력 시 유의사항에 타계정관련 계정은 적요선택하여 입력하라고 정확히 명시되어 있으므로 적요등록(8번 타계정으로 대체)를 선택하여 입력하여야 정답으로 인정한다.

[2] (차) 외 화 환 산 손 실   90,000   (대) 외상매입금(헤이바오)   90,000

※ 2,970,000원 ÷ 165원 = 18,000위안
※ 외화환산손실 = 18,000위안 × (165원 − 170원) = − 90,000원

[3] (차) 감가상각비(제)　　4,500,000　　　(대) 207 감가상각누계액(기계)　4,500,000
　　　감가상각비(판)　　3,750,000　　　　　209 감가상각누계액(차량)　3,750,000
　　　감가상각비(판)　　　960,000　　　　　213 감가상각누계액(비품)　　960,000

　※〈자동결산을 할 경우〉결산자료 입력란에서 아래 자료 입력 후 [전표추가]

> ‒ 기계장치(제조부)　　4,500,000원
> ‒ 차량운반구(영업부)　3,750,000원
> ‒ 비품(영업부)　　　　960,000원

┌─────────────〈자동결산〉결산자료입력란을 이용하여 자동결산을 할 경우─────────────┐

1. 재고자산 : 원재료, 재공품, 제품　　2. 대손충당금 설정　　　　3. 감가상각비 계상
4. 퇴직급여충당부채 설정　　　　　　　5. 무형자산의 상각
6. 법인세등 계상은 해당란에 계산된 금액을 입력을 한 후 반드시 결산자료입력 화면 상단의 ([F3]
　 전표추가) 단추를 클릭하여 결산전표를 자동생성 시킨 후 [일반전표 입력]에서 12월 31일자로
　 결산자동 분개를 확인한다.

└──┘

문제6 [이론문제 답안작성] 메뉴에 입력

　[1] [일계표(월계표) 조회기간 : 1월~6월 조회] : 425,000원

　[2] [당기 재무상태표 조회(3월 말 현재 유동자산 507,368,450원 − 전기말 유동자산
　　　 313,208,450원 = 차액 194,160,000원)] : 194,160,000원

　[3] [부가가치세 신고서(4월~6월) 조회] : 125,526,000원

08 제80회 기출문제

❂ 다음 문제를 보고 알맞은 것을 골라 이론문제 답안작성 메뉴화면에 입력하시오.
(※ 객관식 문항당 2점)

─────< 기 본 전 제 >─────

문제에서 한국채택국제회계기준을 적용하도록 하는 전제조건이 없는 경우, 일반기업회계기준을 적용한다.

01 다음 내용을 보고 결산시점 수정분개로 적절한 것은?

- 9월 1일 본사 건물에 대한 화재보험료 1,500,000원을 보통예금계좌에서 이체하였다.
- 경리부에서는 이를 전액 비용처리 하였다.
- 12월 31일 결산 시점에 화재보험료 미경과분은 1,000,000원이다.

	차　변		대　변	
①	보험료	500,000원	미지급비용	500,000원
②	보험료	1,000,000원	선급비용	1,000,000원
③	미지급비용	500,000원	보험료	500,000원
④	선급비용	1,000,000원	보험료	1,000,000원

02 다음 거래를 분개할 때 거래의 8요소 중 잘못된 것은?

(주)한세는 기계장치 17,000,000원을 (주)서울에서 구입하고, 먼저 지급하였던 계약금 1,700,000원을 차감한 나머지는 1개월 후에 지급하기로 하였다.

① 자산의 증가　　② 자산의 감소　　③ 부채의 증가　　④ 부채의 감소

03 다음은 재무회계개념체계에 대한 설명이다. 회계정보의 질적 특성인 목적적합성과 신뢰성 중 목적적합성을 갖기 위해서 필요한 요건이 아닌 것은?

① 예측가치　　② 피드백가치　　③ 적시성　　④ 중립성

04 다음 중 계정의 성격이 올바르게 설명되지 않은 것은?

	계정명	분개 방식	결산시 계정잔액
①	급여 계정	증가시 차변에 기록	차변
②	소모품 계정	감소시 대변에 기록	대변
③	매입채무 계정	증가시 대변에 기록	대변
④	매출채권 계정	감소시 대변에 기록	차변

05 (주)미래는 8월에 영업을 개시하여 다음과 같이 거래를 하였다. 8월말 현재 회수할 수 있는 매출채권 잔액은 얼마인가?

> <거래 내역>
> • 8/ 2 (주)우리에게 제품 5,000,000원을 외상으로 납품하다.
> • 8/ 4 납품한 제품 중 하자가 발견되어 100,000원이 반품되다.
> • 8/20 (주)우리의 외상대금 중 3,000,000원을 회수 시 조기 자금 결제로 인하
>   여 약정대로 50,000원을 할인한 후 잔액을 현금으로 받다.

① 2,000,000원 ② 1,900,000원 ③ 1,950,000원 ④ 2,050,000원

06 무형자산과 관련된 다음의 설명 중 옳지 않은 것은?

① 개발비는 개발단계에서 발생하여 미래 경제적 효익을 창출할 것이 기대되는 자산이다.

② 무형자산의 취득원가는 매입금액에 직접부대비용을 가산한다.

③ 무형자산을 직접 차감하여 상각하는 경우 무형자산상각비 계정을 사용한다.

④ 영업활동에 사용할 목적으로 보유하는 자산으로 물리적 실체가 있는 경우 무형자산으로 분류된다.

07 다음 자료를 기초로 매출총이익을 계산하면 얼마인가?

• 매출액	2,600,000원	• 당기 총 매입액	1,200,000원
• 기초상품재고액	700,000원	• 기말상품재고액	400,000원
• 상품 매입시 운반비	20,000원	• 매입환출 및 에누리	150,000원

① 1,230,000원 ② 1,370,000원 ③ 2,450,000원 ④ 2,600,000원

08 다음 중 일반기업회계기준에서 자본잉여금으로 분류되는 계정과목은?

① 자기주식
② 감자차익
③ 단기매매증권평가이익
④ 매도가능증권평가이익

09 다음 중 보조부문의 원가를 배부하는 방법과 관련된 내용으로 틀린 것은?

① 직접배부법은 보조부문 상호간의 용역제공 관계를 무시하므로 계산이 가장 복잡한 방법이다.
② 단계배부법과 상호배부법은 보조부문 상호간의 용역제공 관계를 고려한다.
③ 이떤 방법을 사용하더라도 보조부문비 총액은 모두 제조부문에 배부된다.
④ 보조부문 배부방법에 따라 제품별 이익이 달라지나, 회사 총이익은 같다.

10 다음 중 개별원가계산을 주로 사용하는 업종이 아닌 것은?

① 항공기제조업
② 건설업
③ 화학공업
④ 조선업

11 다음 자료를 이용하여 매출원가를 계산하면 얼마인가?

• 기초재공품재고액	450,000원	• 기말재공품재고액	600,000원
• 기초제품재고액	300,000원	• 기말제품재고액	550,000원
• 당기총제조원가	800,000원		

① 400,000원
② 450,000원
③ 650,000원
④ 800,000원

12 다음 원가에 관한 설명 중 틀린 것은?

① 제조원가는 직접재료원가, 직접노무원가, 제조간접원가를 말한다.
② 직접재료원가는 기초원재료재고액과 당기원재료매입액의 합계액에서 기말원재료 재고액을 차감한 금액을 말한다.
③ 직접노무원가와 제조간접원가의 합계액을 기본원가라고 한다.
④ 제조활동 이외의 판매활동과 관리활동에서 발생하는 원가를 비제조원가라 한다.

13 다음 자료를 보고 2020년 제2기 부가가치세 확정신고기한으로 옳은 것은?

> - 2020년 4월 25일 1기 부가가치세 예정신고 및 납부함.
> - 2020년 7월 25일 1기 부가가치세 확정신고 및 납부함.
> - 2020년 8월 20일 자금상황의 악화로 폐업함.

① 2020년 7월 25일   ② 2020년 8월 31일
③ 2020년 9월 25일   ④ 2021년 1월 25일

14 다음의 부가가치세 과세표준에 관한 설명 중 옳지 않은 것은?

① 일반과세자의 과세표준은 공급대가의 금액으로 한다.
② 대손금은 과세표준에 포함하였다가 대손세액으로 공제한다.
③ 매출에누리와 환입은 과세표준에 포함되지 않는다.
④ 공급받는 자에게 도달하기 전에 파손, 멸실된 재화의 가액은 과세표준에 포함되지
    않는다.

15 다음 중 부가가치세법상 면세대상 거래에 해당하는 것은?

① 운전면허학원의 시내연수
② 프리미엄고속버스 운행
③ 일반의약품에 해당하는 종합비타민 판매
④ 예술 및 문화행사

실무시험

◆ (주)남한강 (코드번호 : 0803)는 전자제품을 판매하는 법인기업이다. 당기(제6기) 회계기간은 2020. 1. 1. ~ 2020. 12. 31. 이다. 전산세무회계 수험용 프로그램을 이용하여 다음 물음에 답하시오.

───────< 기 본 전 제 >───────

문제에서 한국채택국제회계기준을 적용하도록 하는 전제조건이 없는 경우, 일반기업회계기준을 적용한다.

문제1 다음은 기초정보관리에 대한 자료이다. 각각의 요구사항에 대하여 답하시오.(10점)

[1] 전기분 손익계산서 금액을 검토한 결과 다음과 같은 오류가 발견되었다. 전기분손익계산서, 전기분이익잉여금처분계산서, 전기분재무상태표와 관련된 부분을 수정하시오.(4점)

• 제품매출원가의 기말제품 재고액 17,000,000원이 반영되지 않았다.
• 복리후생비 계정(판관비) 금액이 5,500,000원인데 500,000원으로 입력된 것을 확인하였다.

[2] 다음 거래처를 거래처등록 메뉴에 추가로 입력하시오.(3점)

코드	상호	사업자등록번호	유형	대표자	업태	종목	사업장소재지
4200	(주)진주전자	513-81-53773	동시	김진주	도소매	컴퓨터	경남 진주시 평거로 115번길 5(신안동)

[3] 미수금과 미지급금의 초기이월은 다음과 같다. 거래처별 초기이월 메뉴에서 수정 또는 추가 입력하시오.(3점)

계정과목	거래처	금 액(원)
미 수 금	(주)경기	1,500,000
	(주)강원	3,000,000
	(주)충청	1,200,000
미 지 급 금	(주)전라	1,600,000
	(주)제주	2,100,000
	(주)경상	1,200,000

문제2 다음 거래 자료를 일반전표입력 메뉴에 추가 입력하시오.(일반전표입력의 모든 거래는 부가가치세를 고려하지 말 것)(18점)

```
┌──────────────────────< 입력시 유의사항 >──────────────────────┐
│                                                                    │
│ • 일반적인 적요의 입력은 생략하지만, 타계정 대체거래는 적요번호를 선택하여 입력한다. │
│ • 채권·채무와 관련된 거래는 별도의 요구가 없는 한 반드시 기 등록되어 있는 거래처코드를 선 │
│   택하는 방법으로 거래처명을 입력한다.                               │
│ • 제조경비는 500번대 계정코드를, 판매비와 관리비는 800번대 계정코드를 사용한다. │
│ • 회계처리시 계정과목은 별도제시가 없는 한 등록되어 있는 계정과목 중 가장 적절한 과목으로 │
│   한다.                                                            │
│                                                                    │
└────────────────────────────────────────────────────────────────┘
```

[1] 7월 18일 기계장치를 추가 설치하기 위하여 보통주 5,000주를 주당 15,000원 (주당 액면가 10,000원)에 신주발행하여 보통예금 통장으로 75,000,000원이 입금되었음을 확인하였다.(3점)

[2] 7월 20일 직원의 여름휴가를 위하여 상여금을 다음과 같이 지급하고, 보통예금 계좌에서 개인급여계좌로 이체하였다.(상여금 계정 사용)(3점)

2020년 7월 상여금대장

성명	부서	상여금(원)	공제액(원)			차인지급액(원)
			근로소득세	지방소득세	공제계	
이미자	생산부	1,500,000	150,000	15,000	165,000	1,335,000
박철순	영업부	3,000,000	300,000	30,000	330,000	2,670,000
계		4,500,000	450,000	45,000	495,000	4,005,000

[3] 8월 1일 (주)청주에 제품 A를 7,500,000원(10개, @750,000원)에 판매하기로 계약하고, 판매대금 중 10%를 당좌예금계좌로 받았다.(3점)

[4] 8월 30일 공장을 신축하기 위하여 소요될 총금액 400,000,000원 중 50,000,000원의 지출이 발생되어 보통예금에서 이체하였다.(3점)

[5] 9월 12일 (주)국제자동차로부터 업무용 승용차를 구입하는 과정에서 관련법령에 따라 공채(액면가 650,000원)를 650,000원에 구입하고 현금으로 지급하였다. 기업회계기준에 의해 평가한 공채의 현재가치는 550,000원이며, 단기매매증권으로 회계처리 한다.(3점)

[6] 9월 25일 이자수익 600,000원에 대하여 원천징수세액을 제외한 나머지 금액이 보통예금으로 입금되었으며, 원천징수세액은 자산으로 처리한다.(원천징수세율은 15.4%로 가정)(3점)

문제3 다음 거래 자료를 매입매출전표입력 메뉴에 입력하시오.(18점)

─── < 입력시 유의사항 > ───

- 일반적인 적요의 입력은 생략하지만, 타계정 대체거래는 적요번호를 선택하여 입력한다.
- 별도의 요구가 없는 한 반드시 기 등록되어 있는 거래처코드를 선택하는 방법으로 거래처명을 입력한다.
- 제조경비는 500번대 계정코드를, 판매비와 관리비는 800번대 계정코드를 사용한다.
- 회계처리시 계정과목은 별도제시가 없는 한 등록되어 있는 계정과목 중 가장 적절한 과목으로 한다.
- 입력화면 하단의 분개까지 처리하고, 전자세금계산서는 전자입력으로 반영한다.

[1] 8월 20일 공장에서 운영하고 있는 직원 식당에서 사용할 쌀을 하나로마트에서 200,000원에 구입하고 전자계산서를 발급받고 현금으로 지급하였다.(3점)

[2] 9월 17일 호주에서 원재료를 공급가액 70,000,000원(부가가치세 별도)에 수입하고 수입전자세금계산서를 부산세관장으로부터 발급받았으며, 부가가치세를 보통예금계좌에서 이체 납부하였다.(부가가치세액에 대한 회계처리만 할 것) (3점)

수 입 전 자 세 금 계 산 서

						승인번호		20200917-111254645-557786	
세관명	등록번호	601-83-00048	종사업장번호		공급받는자	사업자등록번호	214-81-29167	종사업장번호	
	세 관 명	부산세관	성 명	부산세관장		상호(법인명)	(주)남한강	성 명	김용범
	세관주소	부산 중구 충 장대 로 20				사업장주소	서울시 강남구 압구정로 28길 11		
	수입신고번호 또는 일괄발급기간(총건)	1325874487				업 태	제조	종 목	전자제품

작성일자	과세표준	세액	수정사유		
2020. 9. 17	70,000,000	7,000,000	해당 없음		

월	일	품 목	규 격	수 량	단 가	과세표준	세 액	비 고
9	17	1325874487				70,000,000	7,000,000	

합 계 금 액	77,000,000원

[3] 10월 8일 (주)인별전자로부터 영업부서에서 사용할 컴퓨터를 구입하고, 대금 1,760,000원(부가가치세 포함)을 하나카드로 결제하였다.(단, 컴퓨터는 유형자산 계정으로 처리할 것.) (3점)

[4] 10월 27일 영업부에서 사용할 업무용승용차(2,000cc)를 (주)달리는자동차로부터 30,000,000원(부가가치세 별도)에 구입하고 전자세금계산서를 발급받았다. 대금 중 25,000,000원은 보통예금으로 지급하였고, 나머지는 이달 말에 지급하기로 하였다.(3점)

[5] 11월 22일 빠른유통상사에게 다음과 같은 제품을 판매하고 전자세금계산서를 발급하였다. (3점)

전자세금계산서(공급자 보관용)							승인번호		20201122-51050067-62367242	
공급자	사업자 등록번호	214-81-29167	종사업장 번호			공급 받는 자	사업자 등록번호	113-01-86067	종사업장 번호	
	상호 (법인명)	(주)남한강	성 명 (대표자)	김용범			상호 (법인명)	빠른유통상사	성 명	장차닉
	사업장 주소	서울시 강남구 압구정로 28길 11					사업장 주소	경기도 오산시 경기동로 8번길		
	업 태	제조, 도소매	종 목	전자제품			업 태	도매	종 목	자동차용품
	이메일						이메일			

작성일자	공급가액	세액	수정사유		
2020. 11. 22.	6,800,000	680,000			
비고					

월	일	품 목	규 격	수 량	단 가	공 급 가 액	세 액	비 고
11	22	전자제품				6,800,000	680,000	

합 계 금 액	현 금	수 표	어 음	외 상 미 수 금	이 금액을 영수 함
7,480,000	7,480,000				

[6] 12월 10일 미국의 뉴욕사에 제품을 $50,000에 직수출하면서 제품의 선적은 12월 10일에 이루어 졌다. 대금은 다음과 같이 나누어 받기로 하였는데, 12월 10일 $30,000은 원화로 환전되어 당사 보통예금 계좌에 입금되었다. 기업회계기준에 따라 12월 10일의 제품매출 인식에 대한 회계처리를 하시오. (3점)

판매대금	대금수령일	결제방법	비 고
$ 30,000	12월 10일	외화통장으로 입금	선적일
$ 20,000	12월 15일	외화통장으로 입금	잔금청산일

단, 이와 관련하여 적용된 환율은 다음과 같다. (기준환율과 원화로 환전된 환율은 같다고 가정한다.)
· 12월 10일 : 1$당 1,080원

문제4 일반전표입력 및 매입매출전표입력 메뉴에 입력된 내용 중 다음과 같은 오류가 발견되었다. 입력된 내용을 확인하여 정정하시오. (6점)

[1] 7월 25일 2020년 제1기 확정신고기간에 대한 부가가치세를 보통예금 계좌에서 이체하여 납부하였다. (6월 30일자에 부가가치세 예수금과 부가가치세 대급금을 정리하는 회계처리는 이미 이루어졌다.) (3점)

[2] 9월 20일 영업부 직원들에 대해 확정기여형 퇴직연금에 가입하고 8,000,000원을 보통예금계좌에서 이체하여 납부하였으나 확정급여형 퇴직연금으로 잘못 회계처리하였다. (3점)

문제5 결산정리사항은 다음과 같다. 해당메뉴에 입력하시오.(9점)

[1] 기말 현재 당사가 단기매매차익을 목적으로 보유하고 있는 (주)광주 주식의 취득원가, 전년도 말 및 당해연도 말 공정가치는 다음과 같다.(3점)

주식명	취득원가	2019.12.31 공정가치	2020.12.31 공정가치
(주)광주 보통주	10,000,000원	12,000,000원	11,600,000원

[2] 12월 31일 결산일 현재 재고자산의 기말재고액은 다음과 같다.(3점)

- 원재료 : 3,500,000원　　　· 재공품 : 9,000,000원　　　· 제품 : 22,000,000원

[3] 매출채권(외상매출금, 받을어음) 잔액에 대하여 1%의 대손충당금을 보충법으로 설정하다.(3점)

문제6 다음 사항을 조회하여 답안을 이론문제 답안작성 메뉴에 입력하시오.(9점)

[1] 1기 확정 부가가치세 신고기간 중에 발행된 영세율 매출 세금계산서상 공급가액 합계액은 얼마인가?(3점)

[2] 5월 31일 현재 투자자산은 전기 말 대비 얼마가 증가되었는가?(3점)

[3] 2020년 상반기 중 세금과공과(판)이 가장 적게 발생한 월은?(3점)

이론과 실무문제의 답을 모두 입력한 후 「답안저장(USB로 저장)」을 클릭하여 저장하고, USB메모리를 제출하시기 바랍니다.

80회 전산회계 1급 A형 답안

이론시험

1	④	2	④	3	④	4	②	5	②
6	④	7	①	8	②	9	①	10	③
11	①	12	③	13	③	14	①	15	④

01. 결산 시 화재보험료 미경과분의 분개는 (차) 선급비용 1,000,000 (대) 보험료 1,000,000 이다.

02. 분개와 결합관계는 (차) 기계장치(자산의 증가) 17,000,000 (대) 건설중인자산(자산의 감소) 1,700,000, 미지급금(부채의 증가) 15,300,000이다. 단, 유형자산을 취득하기 위해 지급한 계약금은 선급금 계정이 아닌 건설중인 자산 계정으로 처리하여야 한다.

03. • 목적적합성의 하부개념 : 예측가치, 피드백가치, 적시성
　　• 신뢰성의 하부개념 : 중립성, 표현의 충실성, 검증가능성

04. 소모품은 증가 시 차변에 기록하고, 감소 시 대변에 기록하며 결산 시 잔액은 차변에 남는다.

05.
<table>
<tr><td colspan="2" align="center">매 출 채 권</td></tr>
<tr><td>8/ 2 상품매출　5,000,000</td><td>8/ 4 반　품　　100,000
　　20 회　수　3,000,000
　　31 잔　액 (1,900,000)</td></tr>
</table>

06. 무형자산은 물리적 실체가 없는 자산이다.

07.
<table>
<tr><td colspan="2" align="center">상　　품</td></tr>
<tr><td>기초상품재고액　　700,000
당기총매입액　1,200,000
매입시운반비　　　20,000
매 출 총 이 익 (1,230,000)
　　　　　　　　3,150,000</td><td>매　출　액　2,600,000
매입환출및에누리　150,000
기말상품재고액　400,000

　　　　　　　3,150,000</td></tr>
</table>

08. 보기1번 : 자본조정, 2번 : 자본잉여금, 3번 : 영업외수익, 4번 : 기타포괄손익누계액

09. 직접배부법은 보조부문 상호간의 용역제공관계를 무시하므로 계산이 가장 간단한 방법이다.

10. 화학공업은 대량생산방식이므로 종합원가계산을 주로 사용한다.

11.

재 공 품 계 정		제 품 계 정	
기초재공품 450,000	완성품원가 650,000	기초제품 300,000	**매출원가 400,000**
당기총제조원가 800,000	기말재공품 600,000	완성품원가 650,000	기말제품 550,000

12. 기본원가는 직접원가라고도 하며 직접재료비+직접노무비+직접제조경비이고, 직접노무원가와 제조간접원가의 합계액은 가공원가라고 한다.

13. 폐업한 사업자의 부가가치세 확정신고기한은 폐업한 날이 속하는 달의 다음 달 25일까지이다.

14. 부가세의 과세표준은 해당 과세기간에 공급한 재화와 용역의 공급가액을 합한 금액으로 부가세가 포함되지 않은 금액이다. 공급대가는 공급가액에 부가세가 포함된 금액이다.

15. 예술 및 문화행사는 부가가치세법상 면세대상 거래에 해당된다.

실 무 시 험

문제1

[1] ① 제품매출원가의 기말제품은 재무상태표에서 17,000,000원을 입력한다.
② 복리후생비 계정금액을 5,500,000원으로 수정입력한다.
③ 손익계산서의 당기순이익 65,565,000원을 확인한 후, 이익잉여금처분계산서에서 불러오기로 6.당기순이익 65,565,000원을 반영한다.
④ 재무상태표의 이월이익잉여금 89,300,000원을 입력한다.

※ 이익잉여금의 처분은 전기로부터 이월된 미처분이익잉여금과 당기순이익을 가산한 당기말 미처분이익잉여금을 주주총회에서 처분하는 절차를 말한다. 전기분재무제표의 잉여금처분내용은 처분예산안으로써 주주총회에서 예산안이 통과되었을 때 처분확정하는 회계처리를 하며 사내에 유보되어 있는 것이 사외로 유출되는 것이다.

[2] 기초정보관리-거래처등록 메뉴에 "4200 (주)진주전자" 추가 등록

[3] [거래처별 초기이월]
• 미 수 금 : (주)경기 2,700,000원 → 1,500,000원 수정입력, (주)충청 1,200,000원 추가입력
• 미지급금 : (주)제주 1,200,000원 → 2,100,000원 수정입력, (주)경상 1,200,000원 추가입력

문제2 일반전표입력 메뉴에 추가 입력

[1] 7월 18일 일반전표입력

(차) 보 통 예 금 75,000,000   (대) 자 본 금 50,000,000
                                           주식발행초과금 25,000,000

[2] 7월 20일 일반전표입력

(차) 상 여 금(제) 1,500,000   (대) 예 수 금 495,000
     상 여 금(판) 3,000,000   보 통 예 금 4,005,000

※ 생산부와 영업부의 상여지급에 관한 회계처리를 분리하여 회계처리해도 정답으로 인정한다.

[3] 8월 1일 일반전표입력

(차) 당 좌 예 금 750,000   (대) 선수금 [(주)청주] 750,000

※ 제품매출이 실행되지 않은 상태에서 계약금만 수령한 상태이기 때문에 계약금에 대한 분개만 이뤄져야 한다.

[4] 8월 30일 일반전표입력

(차) 건 설 중 인 자 산 50,000,000   (대) 보 통 예 금 50,000,000

※ 공장을 신축하기 위한 대금의 지출은 자산 계정에 해당되며 **신축 중인 공장은 '건물'이라는 자산 계정이 아니라 '건설중인자산'이라는 자산 계정을 사용한다.** 문제에서 공장을 신축하기 위하여 소요될 총금액 4억 원 중 5천만 원이 지출되었으므로 공장신축이 진행 중에 있는 것이기 때문에 완성된 건물이 아니라 건설중인자산으로 처리하는 것이다. 또한 문제의 조건에서 부가가치세를 고려하지 않으므로 세금계산서 수취여부는 고려할 필요가 없다. 고정자산인 건물의 취득을 위해 지급한 계약금 혹은 신축 중에 있는 자산을 위한 지출액은 '건설중인자산'이라는 계정이 가장 적합한 계정이므로 문제의 조건에 따라 선급금 등의 계정은 사용될 수 없다.

[5] 9월 12일 일반전표입력

(차) 단 기 매 매 증 권 550,000   (대) 현 금 650,000
     차 량 운 반 구 100,000

※ 일반기업회계기준 제10조 8항의 유형자산 취득원가 (5)에서 "유형자산의 취득과 관련하여 국·공채 등을 불가피하게 매입하는 경우 당해 채권의 매입금액과 일반기업회계기준에 따라 평가한 현재가치와의 차액"은 유형자산의 취득원가에 포함하도록 한다.

[6] 9월 25일 일반전표입력

(차) 선 납 세 금 92,400   (대) 이 자 수 익 600,000
     보 통 예 금 507,600

문제3 | **매입매출전표입력 메뉴에 추가 입력**

[1] 8월 20일 매입매출전표입력

　유형 : 53.매입면세, 공급가액 200,000원, 거래처 : 하나로마트, 전자 : 여, 분개 : 현금 또는 혼합

　(차) 복리후생비(제)　　　　200,000　　　　(대) 현　　　　금　　　　200,000

　※ 원재료는 제품의 생산에 직접 투입되는 물품으로서 원가계산시기에 대부분 직접비(원재료비)로 집계된다. 직원의 식당에서 발생하는 복리후생비(식자재 구입비 등) 등은 해당 비용을 특정의 제품에 직접 배분할 수 없으므로 제조간접비로 집계할 사항이다.

　※ 직접재료비에 해당하는 부분과 제조간접비에 해당하는 부분은 구분하여 집계하여야 원가계산이 적절하게 이루어지기 때문에 (0511) 복리후생비(제)를 선택하여 입력한다. 기업회계실무에서는 당연히 구분하여 회계처리를 하고 있다.

[2] 9월 17일 매입매출전표입력

　유형 : 55.수입, 공급가액 : 70,000,000, 부가세 : 7,000,000, 거래처 : 부산세관, 전자 : 여, 분개 : 혼합

　(차) 부 가 세 대 급 금　　　7,000,000　　　　(대) 보 통 예 금　　　7,000,000

　※ 문제 중 "~부가가치세를 보통예금계좌에서 이체 납부하였다.(부가가치세액에 대한 회계처리만 할 것)."이라고 명시되어 있다. 본 문제는 단순하게 부가가치세 납부에 대한 분개만 진행하는 문제이므로 원재료와는 상관이 없다.

[3] 10월 8일 매입매출전표입력

　유형 : 57.카과, 공급가액 : 1,600,000원, 세액 : 160,000원, 거래처 : (주)인별전자, 신용카드사 : 하나카드, 분개 : 카드 또는 혼합

　(차) 비　　　　품　　　1,600,000　　　　(대) 미지급금(하나카드)　　1,760,000
　　　　부 가 세 대 급 금　　　160,000

[4] 10월 27일

　유형 : 54.불공(사유 ③) 공급가액 : 30,000,000원 부가세 : 3,000,000원 거래처 : (주)달리는자동차 전자 : 여 분개 : 혼합

　(차) 차 량 운 반 구　　33,000,000　　　　(대) 보 통 예 금　　25,000,000
　　　　　　　　　　　　　　　　　　　　　　　　미 지 급 금　　　8,000,000
　　　　　　　　　　　　　　　　　　　　　　　　[(주)달리는자동차]

　※ 배기량 1,000cc 이하의 경차는 매입세액공제 대상이지만, 1,000cc 이상의 승용차는 매입세액불공제 대상이므로 부가가치세는 차량운반구의 취득원가에 포함한다.

[5] 11월 22일 매입매출전표입력

　유형 : 11.과세, 공급가액 6,800,000원, 부가가치세 680,000원, 거래처 : 빠른유통상사, 전자 : 여, 분개 : 현금 또는 혼합

　(차) 보 통 예 금　　7,480,000　　　　(대) 제 품 매 출　　6,800,000
　　　　　　　　　　　　　　　　　　　　　　　부 가 세 예 수 금　　　680,000

[6] **12월 10일** 매입매출전표입력

유형: 16, 공급가액: 54,000,000, 부가세: 0, 거래처: 뉴욕사, 영세율구분 1, 분개: 혼합

(차) 보 통 예 금 32,400,000   (대) 제 품 매 출 54,000,000
외 상 매 출 금 21,600,000

※ 제품을 수출할 경우 수익의 인식시점은 수출한 제품의 선적시점이므로 선적시점(12월 10일 기준환율을 적용하여 환전하여야 한다.

※ 매출액 : $50,000×1,080 = 54,000,000, 보통예금 : $30,000×1,080 = 32,400,000

문제4 입력된 내용 중 오류 확인 정정

[1] **7월 25일** 일반전표 수정

수정 전 (차) 세금과공과(판) 9,274,100   (대) 현   금 9,274,100
수정 후 (차) 미 지 급 세 금 9,274,100   (대) 보 통 예 금 9,274,100

[2] **9월 20일** 일반전표 수정

수정 전 (차) 퇴직연금운용자산 8,000,000   (대) 보 통 예 금 8,000,000
수정 후 (차) 퇴 직 급 여 (판) 8,000,000   (대) 보 통 예 금 8,000,000

문제5 해당 메뉴에 입력

┌───┐
│ 수동결산 관련 결산정리사항을 12/31자로 입력후 자동결산을 하도록 한다. │
└───┘

[1] **수동결산** : 12월 31일 일반전표입력

(차) 단기매매증권평가손실 400,000   (대) 단 기 매 매 증 권 400,000

※ 400,000(평가손실)=12,000,000(2018.12.31.공정가치)−11,600,000(2019.12.31.공정가치)

※ 일반기업회계기준 6조 30항에서 "단기매매증권과 매도가능증권은 공정가치로 평가한다." 전년도 말의 공정가치와 당해 년도 말의 공정가치와의 차액으로 평가하는 것이다.

[2] **자동결산** : 결산자료 입력란에서 아래자료 입력 후 전표추가

· 원재료 : 3,500,000원   · 재공품 : 9,000,000원   · 제품 : 22,000,000원

[3] **수동결산** : 12월 31일 일반전표입력

(차) 대손상각비(판) 2,842,900   (대) 109 대손충당금(외상) 2,395,400
111 대손충당금(받을) 447,500

※ 외상매출금: 299,540,000원 × 1% − 600,000원 : 2,395,400원

※ 받을어음: 62,750,000원 × 1% − 180,000원 : 447,500원

※ 앞의 일반전표 문제 중 매출채권에 대한 입력사항이 잘못 되었다 해도 응시자 본인의 매출채권 잔액으로 대손충당금 설정액의 계산 절차가 정확한 경우 정답으로 인정한다.

<자동결산을 할 경우> 결산자료 입력란에서 아래 자료 입력 후 [전표추가]

• 외상매출금 2,395,400원 • 받을어음 447,500원

<자동결산> 결산자료입력란을 이용하여 자동결산을 할 경우

1. 재고자산 : 원재료, 재공품, 제품   2. 대손충당금 설정   3. 감가상각비 계상
4. 퇴식급여충당부채 설정   5. 무형자산의 상각
6. 법인세등 계상은 해당란에 계산된 금액을 입력을 한 후 반드시 결산자료입력 화면 상단의 ([F3] 전표추가) 단추를 클릭하여 결산전표를 자동생성 시킨 후 [일반전표 입력]에서 12월 31일자로 결산자동 분개를 확인한다.

문제6 [이론문제 답안작성] 메뉴에 입력

[1] [매입매출장 → 조회기간 4월~6월 → 구분에서 2.매출 → 유형에서 12.영세로 조회] : 38,450,000원

[2] [재무상태표 메뉴에서 '투자자산'을 조회한다.] : 4,000,000원(당기 5월 31일의 금액 5,500,000원 − 전기 12월 31일의 금액 1,500,000원 = 4,000,000원)

[3] [총계정원장 조회(월별 탭, 조회기간 : 1월 ~ 6월)] : 2월

09 제79회 기출문제

이 론 시 험

⊙ 다음 문제를 보고 알맞은 것을 골라 이론문제 답안작성 메뉴화면에 입력하시오.
(※ 객관식 문항당 2점)

─── < 기 본 전 제 > ───
문제에서 한국채택국제회계기준을 적용하도록 하는 전제조건이 없는 경우, 일반기업회계기준을 적용한다.

01 다음 중 유형자산 취득 후 추가적인 지출이 발생할 경우 이를 비용화 할 수 있는 거래는?

① 상당한 원가절감　　　　　　　② 수선유지를 위한 지출
③ 생산능력의 증대　　　　　　　④ 내용연수의 연장

02 다음 중 영업주기와 관계없이 유동부채로 분류하여야 하는 계정과목이 아닌 것은?

① 퇴직급여충당부채　　　　　　　② 단기차입금
③ 유동성 장기차입금　　　　　　④ 당좌차월

03 다음 중 회계상 거래가 아닌 것은?

① 사용하던 기계장치를 거래처에 매각처분하였다.
② 사무실 임차계약을 체결하고 임차보증금을 지급하였다.
③ 거래처에서 외상매입금을 면제해 주었다.
④ 경영진이 미래에 특정 자산을 취득하겠다는 의사결정을 하였다.

04 당사의 결산 결과 아래의 내용을 확인하였다. 다음 항목들을 수정하면 당기순이익이 얼마나 변동하는가?

> • 손익계산서에 계상된 이자수익 중 28,000원은 차기의 수익이다.
> • 손익계산서에 계상된 임차료 중 500,000원은 차기의 비용이다.
> • 손익계산서에 계상된 보험료 중 100,000원은 차기의 비용이다.

① 572,000원 감소　　　　　　　② 428,000원 감소
③ 572,000원 증가　　　　　　　④ 428,000원 증가

05 다음 설명은 재고자산의 단가 결정방법 중 어느 것에 해당하는가?

> 이 방법은 실제물량흐름과 방향이 일치하고 기말재고액이 최근의 가격, 즉 시가인 현행원가를 나타내는 장점이 있는 반면, 현행수익과 과거원가가 대응되므로 수익비용 대응이 적절하게 이루어지지 않는 단점이 있다.

① 개별법　　　　② 이동평균법　　　　③ 선입선출법　　　　④ 후입선출법

06 다음 중에서 「현금 및 현금성자산」에 속하지 않는 것은?

① 현금 및 지폐　　　　　　　② 타인발행 당좌수표
③ 자기앞수표　　　　　　　　④ 취득 당시 5개월 후 만기 도래 기업어음(CP)

07 다음 중 손익계산서상 판매비와관리비에 해당되지 않는 항목은?

① 퇴직급여　　　　　　　　　② 감가상각비
③ 기타의 대손상각비　　　　　④ 경상개발비

08 다음은 당기 중에 거래된 (주)무릉(12월 결산법인임)의 단기매매증권 내역이다. 다음 자료에 따라 당기말 재무제표에 표시될 단기매매증권 및 영업외수익은 얼마인가?

> • 5월 23일 : (주)하이테크전자의 보통주 100주를 10,000,000원에 취득하다.
> • 7월 01일 : (주)하이테크전자로부터 중간배당금 50,000원을 수령하다.
> • 12월 31일 : (주)하이테크전자의 보통주 시가는 주당 110,000원으로 평가되다.

	단기매매증권	영업외수익		단기매매증권	영업외수익
①	11,000,000원,	1,050,000원	②	11,000,000원,	1,000,000원
③	10,000,000원,	1,050,000원	④	10,000,000원,	1,000,000원

09 다음 변동비와 고정비에 대한 설명 중 옳은 것은?

① 관련범위 내에서 조업도가 증가하더라도 단위당 변동비는 일정하다.
② 관련범위 내에서 조업도가 증가하더라도 단위당 고정비는 일정하다.
③ 관련범위 내에서 조업도가 증가함에 따라 총 변동비는 감소한다.
④ 관련범위 내에서 조업도가 증가함에 따라 총 고정비는 증가한다.

10 당사는 선입선출법으로 종합원가계산을 하고 있다. 다음 자료에 따라 계산하는 경우 기말재공품의 원가는 얼마인가?

> • 완성품환산량 단위당 재료비 : 350원
> • 완성품환산량 단위당 가공비 : 200원
> • 기말재공품 수량 : 300개(재료비는 공정초기에 모두 투입되고, 가공비는 80%를 투입)

① 132,000원   ② 153,000원
③ 144,000원   ④ 165,000원

11 다음 중 제조원가계산을 위한 재공품 계정에 표시될 수 없는 것은?

① 당기 총제조원가   ② 기말 제품
③ 당기 제품제조원가   ④ 기말 재공품

12 종합원가계산에 관한 다음 설명 중 가장 옳은 것은?

① 항공기 제조와 같은 주문제작 업종에 적합하다.
② 다품종 소량생산에 유용하다.
③ 제조공정별로 원가를 집계한다.
④ 작업원가표에 의해 원가를 집계한다.

13 다음 중 부가가치세법상 재화의 공급시기가 잘못 연결된 것은?

① 외국으로 직수출하는 경우 : 선적(기적)일
② 폐업시 잔존재화 : 폐업일
③ 장기할부판매 : 대가의 각 부분을 받기로 한 날
④ 무인판매기 : 동전 또는 지폐 투입일

14 다음 중 세금계산서에 대한 설명으로 가장 올바르지 않은 것은?

① 세관장은 수입자에게 세금계산서를 발급하여야 한다.
② 경우에 따라 매입자발행세금계산서 발급이 가능하다.
③ 세금계산서는 원칙적으로 재화 또는 용역의 공급시기에 발급하여야 한다.
④ 면세사업자도 재화를 공급하는 경우 세금계산서를 발급하여야 한다.

15 다음 자료를 이용하여 부가가치세의 과세표준을 계산하면 얼마인가?(단, 아래 금액에는 부가가치세가 포함되지 않았다)

> • 총매출액 : 1,000,000원
> • 매출할인 : 50,000원
> • 공급대가의 지급지연에 따른 연체이자 : 30,000원
> • 폐업 시 잔존재화의 장부가액 : 300,000원(시가 400,000원)

① 1,320,000원   ② 1,350,000원
③ 1,380,000원   ④ 1,450,000원

실 무 시 험

◯ (주)달래유통(회사코드 : 0793)은 전자제품을 제조하여 판매하는 중소기업이며, 당기(제7기) 회계기간은 2020. 1. 1. ~ 2020. 12. 31. 이다. 전산세무회계 수험용 프로그램을 이용하여 다음 물음에 답하시오.

─── < 기 본 전 제 > ───
문제에서 한국채택국제회계기준을 적용하도록 하는 전제조건이 없는 경우, 일반기업회계기준을 적용한다.

문제1 다음은 기초정보관리에 대한 자료이다. 각각의 요구사항에 대하여 답하시오.(10점)

[1] 다음 자료를 보고 거래처등록메뉴에서 등록하시오.(3점)

- 회사명 : 은천마루(거래처코드 : 01032)   • 대표자 : 김일권
- 유형 : 매입   • 사업자등록번호 : 609-85-18769
- 업태 : 도소매   • 종목 : 소형가전
- 사업장주소 : 서울특별시 서초구 명달로 105(서초3동)
  ※ 주소입력 시 우편번호 입력은 생략해도 무방함.

[2] 전기분 거래처원장에서 외상매출금 계정의 잔액을 검토한 결과 아래와 같은 오류를 발견하였다. 거래처별초기이월메뉴에서 적절하게 수정하시오.(3점)

(주)가나상사의 잔액이 −5,300,000원이 아니라 0(영)원으로 확인되었고, 이와 관련하여 (주)갑을상사의 잔액이 0(영)원이 아니라 5,300,000원으로 확인되었다.

[3] 경상연구개발비 1,000,000원을 개발비로 잘못 입력하여 전기분 재무상태표에 오류가 발견되었다. 재무제표의 흐름에 따라 관련되는 전기분 재무제표를 모두 수정하시오.(4점)

문제2 다음 거래 자료를 일반전표입력 메뉴에 추가 입력하시오.(일반전표입력의 모든 거래는 부가가치세를 고려하지 말 것)(18점)

[1] 7월 25일 원재료 보관창고의 화재와 도난에 대비하기 위하여 화재손해보험에 가입하고 1년분 보험료 600,000원을 보통예금계좌에서 이체하였다.(단, 보험료는 전액 비용 계정으로 회계처리한다) (3점)

[2] 7월 31일 매출처 (주)대현전자의 부도로 외상매출금 잔액 1,500,000원이 회수 불가능하여 대손처리하였다.(단, 대손처리하기 전 대손충당금잔액을 조회하여 회계처리 할 것) (3점)

[3] 8월 8일 영업부서 직원 이평세가 퇴직하여 퇴직금 14,500,000원에서 원천징수세액 1,350,000원을 차감한 후 보통예금계좌에서 이체하였다.(단, 퇴직연금에는 가입되어 있지 않으며, 퇴직급여충당부채 계정의 잔액을 조회한 후 입력한다) (3점)

[4] 8월 25일 당해 사업연도 법인세 중간예납세액 1,800,000원을 보통예금으로 이체납부하였다.(단, 법인세납부액은 자산 계정으로 처리할 것) (3점)

[5] 9월 26일 영업부서 직원 김민성에게 지급한 9월분 급여는 다음과 같다. 공제 후 차감지급액은 당사 보통예금 계좌에서 이체하였다. (3점)

2020년 9월 김민성 급여 내역

(단위 : 원)

이 름	김민성	지급일	9월 26일
기 본 급 여	2,000,000	소 득 세	200,000
직 책 수 당	300,000	지 방 소 득 세	20,000
상 여 금		국 민 연 금	80,000
특 별 수 당		건 강 보 험	80,000
차 량 유 지	100,000	고 용 보 험	5,000
교 육 지 원		기 타	15,000
급 여 계	2,400,000	공 제 합 계	400,000
노고에 감사드립니다.		지 급 총 액	2,000,000

[6] 12월 18일 회사가 보유중인 자기주식 모두를 15,000,000원에 처분하고 매각대
금은 보통예금으로 입금 되었다. 처분시점의 장부가액은 13,250,000
원, 자기주식처분손실 계정의 잔액은 1,500,000원이다.(3점)

문제3 다음 거래 자료를 매입매출전표입력 메뉴에 입력하시오.(18점)

─────────────── < 입력시 유의사항 > ───────────────

- 일반적인 적요의 입력은 생략하지만, 타계정 대체거래는 적요번호를 선택하여 입력한다.
- 별도의 요구가 없는 한 반드시 기 등록되어 있는 거래처코드를 선택하는 방법으로 거래처명을 입력한다.
- 제조경비는 500번대 계정코드를, 판매비와 관리비는 800번대 계정코드를 사용한다.
- 회계처리시 계정과목은 별도제시가 없는 한 등록되어 있는 계정과목 중 가장 적절한 과목으로 한다.
- 입력화면 하단의 분개까지 처리하고, 전자세금계산서는 전자입력으로 반영한다.

[1] 7월 17일 강남부동산으로부터 본사건물 신축용 토지를 120,000,000원에 매입하고
전자계산서를 발급받았다. 대금 중 12,000,000원은 당사 보통예금 계좌에
서 이체하여 지급하고, 나머지는 5개월 후에 지급하기로 하였다.(3점)

[2] 7월 25일 대한무역에 구매확인서에 의하여 제품 1,000개를 30,000,000원에 납
품하고, 영세율 전자세금계산서를 발행하였다. 대금 중 3,000,000원은
보통예금으로 계좌이체 받고, 나머지는 (주)명보가 발행한 약속어음을
배서 받았다.(3점)

[3] 8월 5일 금강상사에 제품을 판매하고 다음의 전자세금계산서를 발급하였다. 대
금은 7월 5일에 수령한 계약금을 제외하고 동사가 발행한 약속어음(만
기 : 2020. 12. 5)으로 받았다.(3점)

전자세금계산서(공급자 보관용)						승인번호	20200805-21058052-11726645		
공급자	사업자 등록번호	305-86-12346	종사업장 번호		공급받는자	사업자 등록번호	125-85-62258	종사업장 번호	
	상호 (법인명)	(주)달래유통	성 명 (대표자)	강인주		상호 (법인명)	금강상사	성 명 (대표자)	신일진
	사업장 주소	서울시 관악구 신림동 1길 14(신림동)				사업장 주소	서울시 마포구 상암동 261		
	업 태	제조, 도소매	종 목	전자제품		업 태	제조	종 목	스포츠용품
	이메일					이메일			
작성일자		공급가액		세액		수정사유			
2020. 08. 05		20,000,000		2,000,000					
비고									
월	일	품 목	규격	수량	단가	공급가액		세액	비고
8	5	생활가전		200	100,000	20,000,000		2,000,000	
합계금액		현금		수표		어음		외상미수금	이 금액을 영수 청구 함
22,000,000		2,000,000				20,000,000			

[4] 9월 30일 장훈빌딩으로부터 당월의 영업부 사무실 임차료에 대한 공급가액 5,000,000원(부가가치세 별도)의 전자세금계산서를 수취하고, 대금은 다음달에 지급하기로 하였다.(3점)

[5] 11월 28일 본사 영업직원이 업무에 사용할 개별소비세 과세대상 자동차(3,000CC)를 (주)현구자동차에서 30,000,000원(부가가치세 별도)에 구입하고, 전자세금계산서를 수취하였으며 대금 결제는 다음 달에 하기로 하였다.(3점)

[6] 12월 8일 일반과세자인 스타문구에서 영업부서에 사용할 문구류를 현금으로 구입하고, 다음의 현금영수증(지출증빙)을 수령하였다.(문구류는 사무용품비로 처리한다.)(3점)

스타문구		
208-81-56451		최미라
서울 송파구 문정동 99-2 TEL:3489-8076		
홈페이지 http://www.kacpta.or.kr		
현금(지출증빙)		
구매 2020/12/08/14:06 거래번호 : 0029-0177		
상품명	수량	금액
문구	10	22,000원
	과세물품가액	20,000원
	부 가 세	2,000원
합 계		22,000원
받은 금액		22,000원

문제4 일반전표입력 및 매입매출전표입력 메뉴에 입력된 내용 중 다음과 같은 오류가 발견되었다. 입력된 내용을 확인하여 정정하시오.(6점)

[1] 8월 20일 일반전표에 입력된 명선상사의 외상매출금 15,000,000원 중 10,000,000원은 동사발행 약속어음(만기 : 2020년 11월 20일)으로 받고, 잔액은 현금으로 회수된 것으로 회계처리가 되었으나, 이 어음의 발행인은 명선상사가 아니라 (주)동서유통인 것으로 밝혀졌다.(3점)

[2] 10월 10일 당사 생산부 직원의 결혼축하금 100,000원을 현금지급한 것으로 처리한 거래는 매출거래처 직원의 결혼축하금인 것으로 확인되었다.(3점)

문제5 결산정리사항은 다음과 같다. 해당메뉴에 입력하시오.(9점)

[1] 장기차입금 중에는 미국 BOA은행의 외화장기차입금 10,000,000원(미화 $10,000) 이 포함되어 있으며, 결산일 현재 적용환율은 1,100원/$ 이다.(3점)

[2] 영업권은 2019년 1월 1일 20,000,000원에 취득하여 사용해 왔다. 회사는 무형자산 의 내용연수를 5년으로 하고 있다.(3점)

[3] 결산일 현재 재고자산의 기말재고액은 다음과 같다.(3점)

• 상 품	500,000원	• 원 재 료	3,300,000원
• 재 공 품	2,800,000원	• 제 품	15,000,000원

문제6 다음 사항을 조회하여 답안을 $\boxed{\text{이론문제 답안작성}}$ 메뉴에 입력하시오.(9점)

[1] 6월 30일 현재 비유동자산과 비유동부채의 금액 차이는 얼마인가?(3점)

[2] 판매비와관리비의 5월 발생분과 6월 발생분의 차이금액은 얼마인가?(3점)

[3] 제1기 부가가치세 예정신고기간(1월~3월)의 세금계산서 수취분 중 고정자산의 매 입세액은 얼마인가?(3점)

이론과 실무문제의 답을 모두 입력한 후 「답안저장(USB로 저장)」을 클릭하여 저장하고, USB메모리를 제출하시기 바랍니다.

79회 전산회계 1급 A형 답안

이 론 시 험

1	②	2	①	3	④	4	③	5	③
6	④	7	③	8	①	9	①	10	②
11	②	12	③	13	④	14	④	15	②

01. 유형자산의 수선유지를 위한 지출은 발생한 기간의 비용으로 인식한다. 나머지 보기들은 지출이 발생한 기간의 자산으로 인식하는 자본적지출에 해당한다.

02. 퇴직급여충당부채는 영업주기와 관계없이 비유동부채로 분류하고, 당좌차월, 단기차입금 및 유동성장기차입금 등은 보고기간종료일로부터 1년 이내에 결제되어야 하므로 영업주기와 관계없이 유동부채로 분류한다.

03. 경영진이 미래에 특정 자산을 취득하겠다는 의사결정만으로는 자산·부채·자본 및 수익·비용의 변화가 없으므로 회계상의 거래가 아니다.

04. 이자수익 중 차기의 수익 28,000원은 선수수익으로 당기순이익의 감소이고, 임차료 중 차기의 비용 500,000원은 선급비용으로 당기순이익의 증가, 보험료 중 차기의 비용 100,000원도 선급비용으로 당기순이익의 증가이다. 따라서 500,000+100,000−28,000 = 572,000원의 증가이다.

05. 박스 안의 내용은 선입선출법에 대한 설명이다. 후입선출법은 매출원가가 최근의 가격인 현행원가를 나타내고 수익·비용의 대응이 적절하게 이루어지는 장점이 있다.

06. 보기4번은 단기금융상품으로 분류한다. 단, 취득 당시 3개월 내 만기가 도래하는 기업어음(CP)은 현금성자산으로 분류한다.

07. 기타의 대손상각비는 영업외비용에 속한다.

08. 단기매매증권은 결산 시 시가(공정가치)로 표시되므로 100주×110,000 = 11,000,000원이고, 영업외수익은 7/1 배당금수익 50,000원 + 결산 시 평가이익(11,000,000−10,000,000 = 1,000,000원) = 1,050,000원이다.

09. • 2번 : 관련 범위 내에서 조업도가 증가하더라도 단위당 고정비는 감소한다.
 • 3번 : 관련 범위 내에서 조업도가 증가함에 따라 총 변동비는 증가한다.
 • 4번 : 관련 범위 내에서 조업도가 증가함에 따라 총 고정비는 일정하다.

10. • 기말재공품 재료비 : 300개×350원 = 105,000원
 • 기말재공품 가공비 : (300개×0.8)×200원 = 48,000원
 • 기말재공품 원가 : 105,000원+48,000원 = 153,000원

11. 기말 제품은 제품 계정 대변에 표시된다.

12. 보기1, 2, 4번은 개별원가계산에 대한 설명이다.

13. 무인판매기를 이용하여 재화를 공급하는 경우 해당 사업자가 무인판매기에서 현금을 꺼내는 때를 재화의 공급시기로 본다.

14. 면세사업자는 재화를 공급하는 경우 계산서를 발급하여야 한다.

15. 총매출액 1,000,000 – 매출할인 50,000 + 폐업 시 잔존재화의 시가 400,000 = 1,350,000원 단, 공급대가의 지급지연에 따른 연체이자는 과세표준에 포함하지 않는다.

실 무 시 험

문제1

[1] [거래처등록]메뉴에서 제시된 신규거래처 "01032 은천마루"의 내역을 등록한다.

[2] 거래처별초기이월메뉴에서 다음과 같이 수정한다.
- 계정과목 : 외상매출금
- 거래처 (주)가나상사 : 잔액 –5,300,000원을 0원으로 수정 또는 삭제
- 거래처 (주)갑을상사 : 잔액 0원을 5,300,000원으로 수정

[3] • 전기분 재무상태표 : 개발비 1,000,000원 삭제 → 대차차액 1,000,000원 발생
- 전기분 손익계산서 : 경상연구개발비 1,000,000원 입력 → 당기순이익이 7,500,000 원으로 변동(감소)
- 전기분 잉여금처분계산서 : 당기순이익이 7,500,000원으로 변동되었는지 확인 → 미처분이익잉여금이 8,700,000원으로 변동(감소)
- 전기분 재무상태표 : 375.이월이익잉여금(9,700,000원)을 8,700,000원으로 수정 → 대차 차액이 없어짐

※ 경상연구개발비를 전기분원가명세서에 반영한 것도 정답으로 인정 됨

문제2 | 일반전표입력 메뉴에 추가 입력

[1] 7월 25일 일반전표입력

(차) 보 험 료(제)　　　600,000　　　(대) 보 통 예 금　　　600,000

※ '원재료 보관창고'라는 의미는 '원재료를 보관하고 있는 창고'라는 의미이다. 원재료를 보관하는데 소요되는 경비이므로 제조경비로 회계 처리한다. 또한 실무문제는 '전자제품을 제조하여 판매하는 중소기업'으로 경비는 제조경비(500번대)와 판매비와 관리비(800번대)로 구분한다.

[2] 7월 31일 일반전표입력

　　※ 7월 31일 합계잔액시산표 외상매출금의 대손충당금 잔액 확인(756,500원)

　　(차) 109 대손충당금(외상)　　756,500　　　　(대) 외상매출금[㈜대현전자]　　1,500,000
　　　　대손상각비(판)　　　　　743,500

[3] 8월 8일 일반전표입력

　　(차) 퇴직급여충당부채　　11,000,000　　　　(대) 보 통 예 금　　13,150,000
　　　　퇴 직 급 여(판)　　　3,500,000　　　　　예　수　금　　　1,350,000

　　※ 퇴직급여충당부채의 잔액을 확인하기 위해 관련메뉴인 합계잔액시산표, 총계정원장 등을 8월 8일자로 조회하면 금액이 11,000,000원임을 확인할 수 있다. 퇴직금과의 차액은 영업부서 직원의 퇴직이므로 판매비와 관리비인 퇴직급여로 회계 처리한다.

[4] 8월 25일 일반전표입력

　　(차) 선 납 세 금　　1,800,000　　　　(대) 보 통 예 금　　1,800,000

[5] 9월 26일 일반전표입력

　　(차) 급　　　　여(판)　　2,400,000　　　　(대) 보 통 예 금　　2,000,000
　　　　　　　　　　　　　　　　　　　　　　　　예　수　금　　　400,000

　　※ 급여에 포함되는 차량유지비 100,000원은 따로 차량유지비 계정을 만들지 않는다. 원천세 신고 시에만 차량에 대한 자가운전보조금을 비과세 급여로 반영되는 것이고 회계장부에는 모두 급여(판)로 처리한다.
　　※ 급여, 제수당 모두 회계장부에는 급여(판) 계정과목으로 표시한다.

[6] 12월 18일 일반전표입력

　　(차) 보 통 예 금　　15,000,000　　　　(대) 자 기 주 식　　13,250,000
　　　　　　　　　　　　　　　　　　　　　　　자기주식처분손실　　1,500,000
　　　　　　　　　　　　　　　　　　　　　　　자기주식처분이익　　　250,000

　　※ 자기주식을 처분하는 경우 처분금액이 장부금액보다 크다면 그 차액을 자기주식처분이익으로 하여 자본잉여금으로 회계처리한다. 처분 시 자기주식처분손실이 존재하면 자기주식처분이익과 우선적으로 상계한다.

문제3 매입매출전표입력 메뉴에 추가 입력

[1] 7월 17일

　　유형:53.면세, 공급가액:120,000,000원, 거래처:강남부동산, 전자:여, 분개:혼합

　　(차) 토　　　　　지　　120,000,000　　　　(대) 보 통 예 금　　12,000,000
　　　　　　　　　　　　　　　　　　　　　　　미 지 급 금　　108,000,000

[2] 7월 25일

　　유형:12.영세, 공급가액:30,000,000원, 부가세:0, 거래처:대한무역, 영세율구분:3, 전자:여, 분개:혼합

(차) 보 통 예 금   3,000,000   (대) 제 품 매 출 30,000,000
　　받을어음[(주)명보] 27,000,000

※ 영세율 구분은 '3. 내국신용장·구매확인서에 의해서 공급하는 재화'를 선택하여야 한다. 또한 부가세란은 빈란(공백)으로 처리된다.

[3] 8월 5일 7월 5일 일반전표입력에서 선수금 2,000,000원 확인.

유형:11.매출, 공급가액: 20,000,000원, 부가세 2,000,000원, 거래처:금강상사, 전자:여, 분개:혼합

(차) 받 을 어 음 20,000,000   (대) 제 품 매 출 20,000,000
　　선 　 수 　 금   2,000,000   부 가 세 예 수 금   2,000,000

[4] 9월 30일

유형:51.과세, 공급가액:5,000,000원, 부가세:500,000원, 거래처:장훈빌딩, 전자:여, 분개:혼합

(차) 임 　 차 　 료(판)   5,000,000   (대) 미 지 급 금 5,500,000
　　부 가 세 대 급 금   500,000   (또는 미지급비용)

[5] 11월 28일

유형:54.불공, 공급가액 30,000,000, 부가세 3,000,000, 거래처:(주)현구자동차, 전자:여, 분개:혼합, 불공제사유:3

(차) 차 량 운 반 구 33,000,000   (대) 미 지 급 금 33,000,000

※ 개별소비세가 부가되는 '1,000CC 이상 8인승 이하의 비영업용 소형승용자동차 구입' 관련 비용은 불공매입세액으로 54. 불공 처리한다. (문제에서 개별소비세 과세대상 자동차 (3,000CC)라고 언급하고 있다.)

※ 외상매입금은 기업의 일반적 상거래(주된 영업활동)에서 발생하는 채무, 미지급금은 기업의 일반적 상거래(주된 영업활동) 이외의 거래에서 발생한 채무라는 차이가 있으므로 미지급금으로 처리하여야 한다.

[6] 12월 8일

유형:61.현과, 공급가액: 20,000원, 부가세:2,000원, 거래처:스타문구, 분개: 현금 또는 혼합

(차) 사 무 용 품 비(판)   20,000   (대) 현 　 　 금   22,000
　　부 가 세 대 급 금   2,000

※ 지문에 문구류는 사무용품비로 처리한다고 되어 있으므로 사무용품비로 분개해야 정답으로 인정된다.

문제4 입력된 내용 중 오류 확인 정정

[1] 8월 20일 일반전표 입력 수정

수정 전 (차) 받을어음(명선상사) 10,000,000   (대) 외상매출금(명선상사) 15,000,000
　　　　　　　현 　 　 금 5,00,000

수정 후 (차) 받을어음[(주)동서유통] 10,000,000   (대) 외상매출금(명선상사) 15,000,000
　　　　　　　현 　 　 금 5,00,000

[2] **10월 10일** 일반전표입력 메뉴 수정

수정 전 (차) 복리후생비(제)　100,000　　　(대) 현　　　　금　100,000
수정 후 (차) 접　대　비(판)　100,000　　　(대) 현　　　　금　100,000

문제5 해당 메뉴에 입력

[1] **수동결산** : 12월 31일 일반전표입력

(차) 외 화 환 산 손 실　1,000,000　　　(대) 장기차입금(미국BOA은행)　1,000,000

※ 당초의 해당 차입금이 장기차입금(0293코드) 계정으로 집계되어 있다. 그렇다면 기말의 환율 변동에 따른 차입금의 변동금액도 동일한 장기차입금(0293코드) 계정에 반영하여야 할 사항이다. 문제에서도 '장기차입금 중에 외화장기차입금이 포함되어 있다.'는 표현을 하고 있으므로 '장기차입금'으로 처리해야 정답으로 인정된다.

[2] **자동결산, 수동결산 중 선택**

(방법1) **수동결산** : 12월 31일 일반전표 입력

(차) 무형자산상각비(판)　4,000,000　　　(대) 영　　업　　권　4,000,000

(방법2) **자동결산** : 결산자료입력란을 이용하여 자동결산을 할 경우 4,000,000원 입력 후 전표추가

[3] 결산자료입력 메뉴를 선택한 후 해당 란에 상품 500,000원, 원재료 3,300,000원, 재공품 2,800,000원, 제품 15,000,000원을 입력한 후 전표추가

〈자동결산〉 결산자료입력란을 이용하여 자동결산을 할 경우

1. 재고자산 : 원재료, 재공품, 제품　　2. 대손충당금 설정　　3. 감가상각비 계상
4. 퇴직급여충당부채 설정　　　　　　5. 무형자산의 상각
6. 법인세등 계상은 해당란에 계산된 금액을 입력을 한 후 반드시 결산자료입력 화면 상단의 ([F3] 전표추가) 단추를 클릭하여 결산전표를 자동생성 시킨 후 [일반전표 입력]에서 12월 31일자로 결산자동 분개를 확인한다.

문제6 [이론문제 답안작성] 메뉴에 입력

[1] [재무상태표 6월 조회, 비유동자산 162,378,000원 − 비유동부채 66,000,000원]
　　: 96,378,000원

[2] [월계표 조회 : 5월분(12,500,000원), 6월분(14,000,000원)]
　　: 1,500,000원 또는 −1,500,000원

[3] [부가가치세 신고서 1월~3월 매입세액−세금계산서수취분−고정자산매입−세액을 검색한다] : 7,000,000원

10 제78회 기출문제

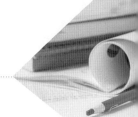

이 론 시 험

➡ 다음 문제를 보고 알맞은 것을 골라 이론문제 답안작성 메뉴화면에 입력하시오.
(※ 객관식 문항당 2점)

─── < 기 본 전 제 > ───
문제에서 한국채택국제회계기준을 적용하도록 하는 전제조건이 없는 경우, 일반기업회계기준을 적용한다.

01 다음 중 비유동부채에 포함되지 않는 것은?

① 장기차입금   ② 퇴직급여충당부채
③ 임차보증금   ④ 사채

02 다음 중 재무제표의 작성책임과 공정한 표시에 관한 내용으로 틀린 것은?

① 재무제표의 작성과 표시에 대한 책임은 담당자에게 있다.
② 재무제표는 경제적 사실과 거래의 실질을 반영하여 기업의 재무상태, 경영성과, 현금흐름 및 자본변동을 공정하게 표시하여야 한다.
③ 일반기업회계기준에 따라 적정하게 작성된 재무제표는 공정하게 표시된 재무제표로 본다.
④ 재무제표가 일반기업회계기준에 따라 작성된 경우에는 그러한 사실을 주석으로 기재하여야 한다.

03 다음 중 재고자산을 기말 장부금액에 포함할 것인지의 여부를 설명한 것으로 틀린 것은?

① 미착상품 : 선적지인도조건인 경우에는 상품이 선적된 시점에 소유권이 매입자에게 이전되기 때문에 미착상품은 매입자의 재고자산에 포함한다.
② 적송품 : 수탁자가 제3자에게 판매하기 전까지는 위탁자의 재고자산에 포함한다.
③ 반품률이 높은 재고자산 : 반품률을 합리적으로 추정할 수 없을 경우에는 구매자가 상품의 인수를 수락하거나 반품기간이 종료된 시점까지는 판매자의 재고자산에 포함한다.
④ 할부판매상품 : 대금이 모두 회수되지 않은 경우 상품의 판매시점에 판매자의 재고자산에 포함한다.

04 다음 중 재무상태표의 기타포괄손익누계액(자본계정)에 해당하는 항목은?

① 단기매매증권처분이익
② 매도가능증권평가이익
③ 단기매매증권평가이익
④ 매도가능증권처분이익

05 다음 중 회계정보가 갖춰야 할 가장 중요한 질적 특성 요소는?

① 비교가능성과 중립성
② 목적적합성과 신뢰성
③ 효율성과 다양성
④ 검증가능성과 정확성

06 다음 중 취득원가에 포함되지 않는 것은?

① 수입한 기계장치의 시운전비
② 단기투자목적의 주식매입수수료
③ 상품 구입 시 당사부담 운송보험료
④ 건물 구입 시 부동산 중개수수료

07 다음 중 무형자산의 회계처리에 대한 설명으로 틀린 것은?

① 무형자산을 최초로 인식할 때에는 공정가치로 측정한다.
② 다른 종류의 무형자산이나 다른 자산과의 교환으로 무형자산을 취득하는 경우에는 무형자산의 원가를 교환으로 제공한 자산의 공정가치로 측정한다.
③ 무형자산을 창출하기 위한 내부 프로젝트를 연구단계와 개발단계로 구분할 수 없는 경우에는 그 프로젝트에서 발생한 지출은 모두 연구단계에서 발생한 것으로 본다.
④ 무형자산의 잔존가치는 없는 것을 원칙으로 한다.

08 다음 중 기말 결산 시 계정별 원장의 잔액을 차기에 이월하는 방법을 통하여 장부를 마감하는 계정과목은?

① 광고선전비
② 접대비
③ 개발비
④ 기부금

09 다음의 자료에 의하여 당기총제조원가를 구하시오.

> • 기초원재료 : 40,000원 • 당기매입원재료 : 400,000원
> • 기말원재료 : 120,000원 • 직접노무비 : 3,000,000원
> • 제조간접비 : 직접노무비의 30%

① 4,020,000원 ② 4,220,000원
③ 4,300,000원 ④ 4,460,000원

10 개별원가계산에 대한 다음 설명 중 가장 적합하지 않은 것은?

① 주문식 맞춤 생산방식에 적합한 원가계산 방법이다.
② 제조간접원가의 작업별, 제품별 배부계산이 중요하다.
③ 공정별로 규격화된 제품의 원가계산에 적합한 방법이다.
④ 다품종 소량생산에 적합하며 주로 건설업, 조선업 등에서 사용된다.

11 원가에 대한 다음의 설명 중 틀린 것은?

① 직접재료비, 직접노무비는 모두 직접원가에 해당한다.
② 직접비와 간접비는 추적가능성에 따른 분류이다.
③ 제품생산량이 증가함에 따라 단위당 고정비는 감소한다.
④ 매몰원가는 이미 지출된 원가로 현재의 의사결정에 반드시 고려되어야 한다.

12 다음 원가계산자료 중 당기에 소요된 제조간접비 금액은 얼마인가?

> • 직접재료비 : 3,000,000원 • 직접노무비 : 2,000,000원
> • 기초재공품 : 2,000,000원 • 기말재공품 : 2,000,000원
> • 당기제품제조원가 : 10,000,000원

① 5,000,000원 ② 10,000,000원
③ 15,000,000원 ④ 20,000,000원

13 부가가치세법상 납세의무에 관한 설명으로 옳지 않은 것은?

① 영리목적의 유무에 불구하고 사업상 독립적으로 과세대상 재화를 공급하는 자는 납세의무가 있다.
② 과세의 대상이 되는 행위 또는 거래의 귀속이 명의일 뿐이고 사실상 귀속되는 자가 따로 있는 경우라 하더라도 명의자에 대하여 부가가치세법을 적용한다.
③ 영세율적용대상 거래만 있는 사업자도 부가가치세법상 신고의무가 있다.
④ 재화를 수입하는 자는 수입재화에 대한 부가가치세 납세의무가 있다.

14 다음 사료에 의하여 부가가치세법상 제조업을 영위하는 일반과세사업자가 납부해야 할 부가가치세액은?

> • 전자세금계산서 교부에 의한 제품매출액 : 48,400,000원(공급대가)
> • 지출증빙용 현금영수증에 의한 원재료 매입액 : 30,800,000원(부가세 별도)
> • 신용카드에 의한 업무용 승용차(1,200CC) 구입 : 13,000,000원(부가세 별도)

① 1,320,000원   ② 1,160,000원
③ 720,000원   ④ 20,000원

15 다음 중 부가가치세법상 면세대상 거래에 해당되지 않는 것은?

① 보험상품 판매   ② 마을버스 운행
③ 일반의약품 판매   ④ 인터넷신문 발행

실 무 시 험

○ (주)해준산업(회사코드 : 0783)은 스포츠용품을 제조하여 판매하는 중소기업이며, 당기(제11기) 회계기간은 2020. 1. 1. ~ 2020. 12. 31. 이다. 전산세무회계 수험용 프로그램을 이용하여 다음 물음에 답하시오.

─────< 기 본 전 제 >─────

문제에서 한국채택국제회계기준을 적용하도록 하는 전제조건이 없는 경우, 일반기업회계기준을 적용한다.

문제1 다음은 기초정보관리에 대한 자료이다. 각각의 요구사항에 대하여 답하시오.(10점)

[1] 다음의 사항을 거래처등록메뉴에 입력하시오.(3점)

- 코드번호 : 204
- 상호 : (주)양촌통상
- 대 표 자 : 김찬수
- 사업자등록번호 : 133-81-26371
- 거래유형 : 동시
- 업태 : 도매
- 종목 : 스포츠용품

[2] 당사는 에어컨을 구입하고 이를 유형자산으로 등록하고자 한다. 다음과 같이 계정 과목 및 적요등록을 하시오.(3점)

- 코드 : 217
- 계정과목 : 냉난방설비
- 성격 : 1.상각
- 현금적요 : 1. 냉난방설비 구입대금 현금지급

[3] 전기분 운반비(판) 계정과목의 계정별원장과 증명서류를 일자별로 검토한 결과 다음과 같은 입력오류가 발견되었다. 전기분손익계산서, 전기분잉여금처분계산 서, 전기분재무상태표 중 관련된 부분을 수정하시오.(4점)

계정과목	틀린 금액	올바른 금액	내 용
운반비(판)	3,200,000원	2,300,000원	입력 오류

문제2 다음 거래 자료를 일반전표입력 메뉴에 추가 입력하시오.(일반전표입력의 모든 거래 는 부가가치세를 고려하지 말 것)(18점)

< 입력시 유의사항 >

- 일반적인 적요의 입력은 생략하지만, 타계정 대체거래는 적요번호를 선택하여 입력한다.
- 채권·채무와 관련된 거래는 별도의 요구가 없는 한 반드시 기 등록되어 있는 거래처코드를 선택하는 방법으로 거래처명을 입력한다.
- 제조경비는 500번대 계정코드를, 판매비와 관리비는 800번대 계정코드를 사용한다.
- 회계처리시 계정과목은 별도제시가 없는 한 등록되어 있는 계정과목 중 가장 적절한 과목으로 한다.

---

[1] 8월 20일　제품 5개(단위당 원가 : 100,000원)를 사회복지재단에 무상으로 제공하였다. (3점)

[2] 9월 5일　(주)인성의 임대료를 받지 못해 미수금계정으로 처리한 금액 4,950,000원을 임대보증금과 상계처리하였다. (단, (주)인성의 임대보증금 계정 잔액은 20,000,000원이다) (3점)

[3] 9월 10일　당사의 최대주주인 김지운씨로부터 본사를 신축할 토지를 기증받았다. 토지에 대한 소유권 이전비용 2,000,000원은 자기앞수표로 지급하였다. 토지의 공정가치는 40,000,000원이다. (하나의 전표로 입력할 것) (3점)

[4] 9월 24일　(주)소망자동차에서 구입한 제품운반용 승합차의 할부 미지급금(할부에 따른 이자를 별도 지급하기로 계약함) 1회분 총액을 대출상환스케줄에 따라 당사 보통예금 계좌에서 이체하여 지급하다. (3점)

대출상환스케줄

회차	결제일	원금	이자	취급수수료	결제금액
1회	2020.09.24	1,500,000원	3,720원	−	1,503,750원
2회	2020.10.24	1,500,000원	3,500원	−	1,503,500원
⋮	⋮	⋮	⋮	⋮	⋮

[5] 9월 28일　주주총회에서 결의된 바에 따라 유상증자를 실시하여 신주 100,000주(액면가액 주당 5,000원)를 주당 5,500원에 발행하고, 증자와 관련하여 신문공고비용, 주권인쇄비용, 등기비용 등 수수료 15,000,000원을 제외한 나머지 증자대금이 보통예금계좌에 입금되다. (단, 주식할인발행차금계정의 잔액은 없다.) (3점)

[6] 12월 1일　전기에 대손이 확정되어 대손충당금과 상계처리 하였던 (주)대운전자의 외상매출금 중 일부인 1,000,000원을 현금으로 회수하였다. (3점)

문제3 다음 거래 자료를 매입매출전표입력 메뉴에 입력하시오.(18점)

───── < 입력시 유의사항 > ─────

- 일반적인 적요의 입력은 생략하지만, 타계정 대체거래는 적요번호를 선택하여 입력한다.
- 별도의 요구가 없는 한 반드시 기 등록되어 있는 거래처코드를 선택하는 방법으로 거래처명을 입력한다.
- 제조경비는 500번대 계정코드를, 판매비와 관리비는 800번대 계정코드를 사용한다.
- 회계처리시 계정과목은 별도제시가 없는 한 등록되어 있는 계정과목 중 가장 적절한 과목으로 한다.
- 입력화면 하단의 분개까지 처리하고, 전자세금계산서는 전자입력으로 반영한다.

[1] 7월 1일 구매확인서에 의해 수출용 제품에 대한 원재료(공급가액 30,000,000원)를 (주)동해로부터 매입하고 영세율전자세금계산서를 발급받았다. 매입대금 중 13,000,000원은 (주)운천으로부터 받아 보관 중인 약속어음을 배서양도하고, 나머지 금액은 6개월 만기의 당사 발행 약속어음으로 지급하였다.(3점)

[2] 8월 25일 필테크로부터 원재료를 2,000,000원(부가가치세 별도)에 현금으로 매입하고, 종이세금계산서를 수취하였다.(3점)

		세 금 계 산 서		책 번 호			권		호	
				일 련 번 호						

공급자	등록번호	111-11-11119		공급받는자	등록번호	305-81-65101	
	상호(법인명)	필테크	성명 최수영		상호(법인명)	(주)해준산업	성명 최수지
	사업장주소	대전광역시 중구 선화로 70번길			사업장주소	대전광역시 중구 선화로 81번길 85	
	업태	제조	종목 스포츠용품		업태	제조업	종목 스포츠용품

작성일자			공 급 가 액											세 액											수정사유
년	월	일	공란수	백	십	억	천	백	십	만	천	백	십	일	백	십	억	천	백	십	만	천	백	십	일
2020	08	25					2	0	0	0	0	0	0							2	0	0	0	0	0

비고

월	일	품 목	규격	수량	단가	공 급 가 액	세액	비고
8	25	원재료				2,000,000	200,000	

합계금액	현금	수표	어음	외상미수금	이 금액을 영수(청구) 함
2,000,000	2,000,000				

[3] 10월 12일 비사업자인 최하나에게 제품을 4,400,000원(부가가치세 포함)에 판매하였다. 대금은 현금으로 받고 현금영수증을 발행하였다.(3점)

[4] 10월 14일   영업부서의 매출거래처에 접대하기 위하여 (주)삼마트로부터 치약·
                샴푸세트를 530,000원(부가가치세 별도)에 구입하고 전자세금계산서
                를 수취하였다. 대금은 보통예금으로 지급하였다.(3점)

[5] 10월 28일   본사 영업부에서 비품인 업무용 노트북 5대를 (주)명선테크로부터
                5,500,000원(부가가치세 포함)에 구입하고 법인카드인 조은카드로
                결제하였다.(신용카드 매입세액 공제 요건을 모두 충족함)(3점)

[6] 12월 13일   미국회사인 리얼테크에게 $50,000의 제품을 직수출하기로 하고 선적
                하였다. 대금은 외상으로 하였다. 선적일 기준환율은 1$당 1,200원이
                다.(3점)

문제4 일반전표입력 및 매입매출전표입력 메뉴에 입력된 내용 중 다음과 같은 오류가 발견
●●●●● 되었다. 입력된 내용을 확인하여 정정하시오.(6점)

[1] 7월 11일   제조 공장건물 내 냉난방시설을 수리(수익적 지출)하고 대한설비에
                법인 현대카드로 결제하고 일반전표에 입력하였다. 이 거래는 매입세
                액 공제요건을 갖추었다.(3점)

[2] 8월 10일   세금과공과로 처리한 금액은 임직원들에게 7월 25일에 급여를 지급
                하면서 원천징수한 소득세를 납부한 것으로 확인되었다.(3점)

문제5 결산정리사항은 다음과 같다. 해당메뉴에 입력하시오.(9점)
●●●●●

[1] 외상매출금계정에는 거래처 Angel에 대한 외화금액 10,000,000원(미화 $10,000)
    이 계상되어 있다. (회계기간 종료일 현재 적용환율 : 미화 $1당 1,080원)(3점)

[2] 당사는 일반기업회계기준에 의하여 퇴직급여충당부채를 설정하고 있으며, 관련자료
    는 다음과 같다.(3점)

구분	기초금액	기중 감소(사용)금액	기말금액(퇴직금 추계액)
생산부	25,000,000원	5,000,000원	28,000,000원
영업부	14,000,000원	4,000,000원	17,000,000원

[3] 결산일 현재 당기의 감가상각비를 다음과 같이 계상하기로 하였다.(3점)

> • 영업부서 차량운반구 : 3,000,000원   • 제조부서 차량운반구 : 11,000,000원

문제6 다음 사항을 조회하여 답안을 │이론문제 답안작성│ 메뉴에 입력하시오.(9점)

[1] 6월 중 현금으로 지급한 판매비 및 관리비로 분류되는 여비교통비의 금액은 얼마인가?(3점)

[2] 2020년 6월 30일 현재 유동부채의 잔액은 얼마인가?(3점)

[3] 부가가치세 제1기 확정신고기간 중 공제받지 못할 매입세액은 얼마인가?(3점)

이론과 실무문제의 답을 모두 입력한 후 「답안저장(USB로 저장)」을 클릭하여 저장하고, USB메모리를 제출하시기 바랍니다.

78회 전산회계 1급 A형 답안

이론시험

1	③	2	①	3	④	4	②	5	②
6	②	7	①	8	③	9	②	10	③
11	④	12	①	13	②	14	①	15	③

01. 임차보증금은 기타비유동자산에 해당한다.

02. 주식회사 등의 외부감사에 관한 법률 (외부감사법) 제7조에서는 재무제표의 작성과 표시에 관한 책임은 대표이사와 회계담당 임원(회계담당 임원이 없는 경우에는 회계업무를 집행하는 직원)에게 있다고 규정하고 있다. 그러나 한국세무사회 시험은 일반기업회계기준을 적용하기 때문에 재무제표의 작성과 표시에 관한 책임은 경영진에게 있다(일반기업회계기준 문단 2.6)가 정답이다.

03. 할부판매상품은 재고자산을 고객에게 인도하고 대금의 회수는 미래에 분할하여 회수하기로 한 경우 대금이 모두 회수되지 않았다고 하더라도 상품의 판매시점에서 판매수익으로 인식하기 때문에 판매자의 재고자산에서 제외한다.

04. 단기매매증권처분이익, 단기매매증권평가이익, 매도가능증권처분이익은 손익계산서의 영업외수익 항목이다. 매도가능증권평가이익은 재무상태표의 기타포괄손익누계액(자본 계정) 항목이다.

05. 회계 정보가 갖추어야 할 가장 중요한 질적 특성은 목적적합성과 신뢰성이다.

06. 단기 투자목적의 주식매입수수료는 영업외비용 항목인 수수료비용 계정으로 처리한다. 단, 장기투자목적으로 보유하는 매도가능증권이나 만기보유증권의 매입수수료는 취득원가에 포함한다.

07. 무형자산을 최초로 인식할 때에는 원가로 측정한다.

08. 재무상태표 계정은 차기이월 방식을 통하여 장부마감을 하여야 하며, 손익계산서 계정은 집합손익 원장에 대체하는 방식으로 장부마감을 하여야 한다. 따라서 자산 계정인 개발비만 차기이월을 통하여 장부마감을 하여야 한다. 광고선전비, 접대비, 기부금은 모두 비용 계정이다.

09. • 재료비 : 40,000원+400,000원−120,000원 = 320,000원
　　• 당기총제조원가 : 320,000원+3,000,000원+(3,000,000원×30%) = 4,220,000원

10. 공정별로 규격화된 제품의 원가계산에는 종합원가계산제도가 적합한 방법이다.

11. 매몰원가는 과거의 의사결정의 결과로 이미 발생된 원가로, 현재의 의사결정에는 아무런 영향을 미치치 못하는 원가를 말한다.

12.

재　공　품			
기 초 재 공 품	2,000,000	당기제품제조원가	10,000,000
직 접 재 료 비	3,000,000	기 말 재 공 품	2,000,000
직 접 노 무 비	2,000,000		
제 조 간 접 비	(5,000,000)		
	12,000,000		12,000,000

13. 과세의 대상이 되는 행위 또는 거래의 귀속이 명의일 뿐이고 사실상 귀속되는 자가 따로 있는 경우에는 사실상 귀속되는 자에 대하여 부가가치세법을 적용한다.

14. 납부세액 = 매출세액 – 매입세액

매출세액(4,400,000원) = 48,400,000원 × 10/110

매입세액(3,080,000원) = 30,800,000원 × 0.1

납부세액(1,320,000원) = 4,400,000원 – 3,080,000원

신용카드에 의한 승용차(1,200CC) 구입 : 공제받지 못할 매입세액이다.

15. 일반의약품 판매는 부가가치세법상 과세거래에 해당된다.

실 무 시 험

문제1

[1] [거래처등록] 메뉴에 제시된 신규거래처 '204 (주)양촌통상'을 추가입력한다.

[2] 계정과목 및 적요등록에 제시된 자료를 입력한다.

[3] ① 전기분손익계산서 : 운반비 3,200,000원을 2,300,000원으로 수정 입력, 당기순이익 확인

② 전기분재무상태표 : 이월이익잉여금 135,100,000원을 136,000,000원으로 수정 입력

③ 전기분잉여금처분계산서 : 당기순이익 35,500,000원이 36,400,000원으로, 상단 F6[불러오기] 또는 직접 입력하여도 동일하게 채점된다.

문제2 일반전표입력 메뉴에 추가 입력

[1] 8월 20일 일반전표입력

(차) 기　　부　　금　　500,000　　(대) 제　　　　　품　　500,000
(적요 8. 타계정으로 대체액 손익계산서 반영분)

[2] 9월 5일 일반전표입력

(차) 임대보증금[(주)인성]　4,950,000　　(대) 미수금[(주)인성]　4,950,000

[3] 9월 10일 일반전표입력

(차) 토　　　　지　42,000,000　　　(대) 자산수증이익　40,000,000
　　　　　　　　　　　　　　　　　　　　　현　　　　금　2,000,000

[4] 9월 24일 일반전표입력

(차) 미지급금[(주)소망자동차]　1,500,000　　　(대) 보 통 예 금　1,503,750
　　　이 자 비 용　3,750

　※ 할부에 따른 이자를 별도로 지급한다는 표현이 있지만, 결제금액에 원금상환액과 이자금액이
　　포함되어 있음을 알 수 있다. '문제[4] 9월 24일'로 명시되어 있고, 1회차 결제일이 9.24로 나
　　와 있으며, 당일 결제금액도 1,503,750원으로 명시되어 있다.

[5] 9월 28일 일반전표입력

(차) 보 통 예 금　535,000,000　　　(대) 자　　본　　금　500,000,000
　　　　　　　　　　　　　　　　　　　　　주식발행초과금　35,000,000

　※ 주식발행 시 액면을 초과해서 발행한 경우 주식발행초과금(자본잉여금)에서 발행비용을 차감
　　하여 회계처리한다.

[6] 12월 1일 일반전표입력

(차) 현　　　　금　1,000,000　　　(대) 109 대손충당금(외상)　1,000,000

　※ 전기 대손처리한 외상매출금이 당기에 회수된 경우 대손충당금 계정과목으로 회계처리 한다.

문제3 **매입매출전표입력 메뉴에 추가 입력**

[1] 7월 1일
유형:52.영세, 공급가액 30,000,000원, 부가세:0원, 거래처:(주)동해, 전자:여, 분개:혼합

(차) 원　재　료　30,000,000　　　(대) 받을어음[(주)운천]　13,000,000
　　　　　　　　　　　　　　　　　　　　　지급어음[(주)동해]　17,000,000

[2] 8월 25일
유형:51.과세, 공급가액: 2,000,000원, 부가가치세: 200,000원, 거래처: 필테크, 전자: 부, 분개: 현금

(차) 원　재　료　2,000,000　　　(대) 현　　　　금　2,200,000
　　　부 가 세 대 급 금　200,000

[3] 10월 12일
유형:22.현과, 공급가액:4,000,000원, 부가세:400,000원, 거래처: 최하나, 전자: 부, 분개: 현금(혼합)

(차) 현　　　　금　4,400,000　　　(대) 제 품 매 출　4,000,000
　　　　　　　　　　　　　　　　　　　　　부 가 세 예 수 금　400,000

　※ 문제에서 '현금영수증'이라고 제시되어 있으므로 과세유형을 22.현과를 선택하여 입력한다.

[4] 10월 14일

유형: 54.불공 공급가액: 530,000원 부가세: 53,000원 거래처: (주)삼마트 전자: 여 분개: 혼합

불공제사유: 4.접대비 및 이와 유사한 비용 관련

(차) 접 대 비 (판)   583,000   (대) 보 통 예 금   583,000

※ 문제에서 접대 목적의 구입이라고 명시되어 있다. 불공제사유는 4번 '접대비 및 이와 유사한 비용 관련'이 되어야 정답으로 인정된다.

[5] 10월 28일

유형: 57.카과. 공급가액: 5,000,000원, 부가세: 500,000원, 거래처: (주)명선테크 분개: 혼합 또는 카드

(차) 비 품 (판)   5,000,000   (대) 미지급금(조은카드)   5,500,000

부 가 세 대 급 금   500,000

[6] 12월 13일

유형: 16.수출, 공급가액: 60,000,000원, 부가세: 0원, 거래처: 리얼테크, 영세율구분: 1.직접수출, 전자: 부, 분개: 혼합(외상)

(차) 외 상 매 출 금   60,000,000   (대) 제 품 매 출   60,000,000

※ 직수출은 영세율세금계산서 발행하는 유형과는 달리 '유형: 16.수출'로 입력하여야 한다.

문제4   입력된 내용 중 오류 확인 정정

[1] 7월 11일 일반전표 입력에서 삭제하고, 매입매출전표 입력에 추가 입력

수정 전 (차) 수 선 비 (판)   220,000   (대) 미지급금(현대카드)   220,000

수정 후 매입매출전표 유형: 57.카과, 공급가액: 200,000, 부가세: 20,000, 거래처: 대한설비, 신용카드사: 현대카드, 분개: 혼합(또는 카드)

(차) 수 선 비(제)   200,000   (대) 미지급금(현대카드)   220,000

부가세대급금   20,000   또는 미지급비용

[2] 8월 10일 일반전표입력 수정

수정 전 (차) 세금과공과(판)   536,000   (대) 현 금   536,000

수정 후 (차) 예 수 금   536,000   (대) 현 금   536,000

※ '7월 25일'에 급여 지급 시 원천징수하였다는 것은 '예수금' 계정 대변에 기록하였다는 것이다. 원천징수한 소득세를 납부하면 예수금 계정 차변에 기록한다.

문제5   해당 메뉴에 입력

[1] 수동결산 : 12월 31일 일반전표입력란에 직접 입력

(차) 외상매출금(Angel)   800,000   (대) 외 화 환 산 이 익   800,000

※ 결산 전 외상매출금계정의 잔액 10,000,000원을 $10,000로 나누면 그 당시의 환율은 1,000원/$임을 알 수 있다. 결산 시(회계기간 종료일 현재) 환율이 인상되었으므로 외상매출금 계정의 금액이 증가함을 알 수 있다. 이 금액을 외화환산이익으로 회계처리하는 것이다.

[2] 수동결산, 자동결산 중 선택

퇴직급여충당부채는 보고기간말 현재 전종업원이 일시에 퇴직할 경우 지급하여야 할 퇴직금에 상당하는 금액으로 한다.

(방법1) **수동결산** : 12월 31일 일반전표 입력

| (차) 퇴 직 급 여(제) | 8,000,000 | (대) 퇴직급여충당부채 | 15,000,000 |
| 퇴 직 급 여(판) | 7,000,000 | | |

(방법2) **자동결산** : 결산자료입력란을 이용하여 자동결산을 할 경우 아래 내용 입력 후 전표추가
- 퇴직급여(제) : 28,000,000원−(25,000,000원−5,000,000원) = 8,000,000원
- 퇴직급여(판) : 17,000,000원−(14,000,000원−4,000,000원) = 7,000,000원

[3] 결산일 현재 당기의 감가상각비를 다음과 같이 계상

(방법1) **수동결산** : 12월 31일 일반전표 입력

| (차) 감가상각비(제) | 3,000,000 | (대) 209 감가상각누계액(차량) | 3,000,000 |
| 감가상각비(판) | 11,000,000 | 209 감가상각누계액(차량) | 11,000,000 |

(방법2) **자동결산** : 결산자료입력란을 이용하여 자동결산을 할 경우 아래 내용 입력 후 전표추가
- 판관비−감가상각비−차량운반구 3,000,000원
- 제조경비−일반감가상각비−차량운반구 11,000,000원 입력한 후 전표추가

문제6 [이론문제 답안작성] 메뉴에 입력

[1] [일계표(월계표) − 여비교통비(판) 금액 조회] : 1,600,000원

[2] [합계잔액시산표 조회] : 299,109,290원

[3] [부가가치세신고서(또는 매입매출장) 조회] : 1,500,000원

11 제77회 기출문제

이 론 시 험

❏ 다음 문제를 보고 알맞은 것을 골라 [이론문제 답안작성] 메뉴화면에 입력하시오.
 (※ 객관식 문항당 2점)

─── < 기 본 전 제 > ───
문제에서 한국채택국제회계기준을 적용하도록 하는 전제조건이 없는 경우, 일반기업회계기준을 적용한다.

01 다음 중 발생주의에 따라 작성되지 않는 재무제표는?

① 재무상태표 ② 현금흐름표 ③ 자본변동표 ④ 손익계산서

02 1기 회계연도(1월 1일 ~ 12월 31일) 1월 1일에 내용연수 5년, 잔존가치 0(영)원인 기계를 8,500,000원에 매입하였으며, 설치장소를 준비하는데 500,000원을 지출하였다. 동 기계는 원가모형을 적용하고, 정률법으로 감가상각한다. 2기 회계연도에 계상될 감가상각비로 맞는 것은?(정률법 상각률 : 0.45)

① 3,825,000원 ② 2,103,750원 ③ 4,050,000원 ④ 2,227,500원

03 다음은 회계거래의 결합관계를 표시한 것이다. 옳지 않은 것은?

	거 래	거래의 결합관계
①	커피머신을 50,000원에 현금 구입하였다.	자산의 증가 - 자산의 감소
②	주식발행으로 1억 원을 현금 조달하였다.	자산의 증가 - 자본의 증가
③	공장청소비 10만 원을 현금 지급하였다.	비용의 발생 - 자산의 감소
④	상품을 20만 원에 현금으로 매출하였다.	자산의 증가 - 비용의 감소

04 (주)무릉은 공장신축을 위해 다음과 같이 토지를 구입하였다. 토지 계정에 기록되어야 할 취득원가는 얼마인가?

• 구입가액	50,000,000원	• 구입관련 법률자문비용	3,000,000원
• 토지 위 구건물 철거비용	1,500,000원	• 구건물 철거 후 잡수익	500,000원

① 50,000,000원 ② 54,000,000원 ③ 54,500,000원 ④ 55,000,000원

05 다음 중 결산 평가 시 시장가격을 이용하지 않는 것은?

① 단기매매증권　　　② 상품　　　　　③ 제품　　　　　④ 만기보유증권

06 다음 자료를 이용하여 법인세비용차감전순이익을 계산하면 얼마인가?

• 매출액	300,000,000원	• 매출원가	210,000,000원
• 접대비	25,000,000원	• 광고비	15,000,000원
• 기부금	10,000,000원	• 법인세비용	3,000,000원
• 지급수수료(매도가능증권 구입 시 지출) : 1,200,000원			
• 단기매매증권처분이익 : 2,430,000원			

① 38,230,000원　　② 41,230,000원　　③ 42,430,000원　　④ 43,630,000원

07 회계순환과정의 결산 절차에 대한 설명 중 잘못된 것은?

① 결산 절차를 통해 마감된 장부를 기초로 재무제표가 작성된다.
② 일반적으로 결산 절차는 예비 절차와 본 절차 및 결산보고서 작성 절차로 구분할 수 있다.
③ 수익·비용에 해당되는 계정의 기말 잔액은 다음 회계연도로 이월되지 않는다.
④ 자산·부채·자본에 해당되는 계정과목을 마감하기 위해서 임시적으로 집합손익 계정을 사용한다.

08 다음 중 일반 기업회계기준에서 자본조정으로 분류되는 계정과목은?

① 자기주식처분이익　　　　　　② 자기주식
③ 주식발행초과금　　　　　　　④ 감자차익

09 (주)한세는 제품 A의 공손품 10개를 보유하고 있다. 이 공손품의 생산에는 단위당 직접재료비 1,000원, 단위당 변동가공원가 1,200원, 단위당 고정원가 800원이 투입되었다. 정상적인 제품 A의 판매가격은 5,000원이다. 공손품을 외부에 단위당 3,500원에 판매한다면 단위당 운반비 300원이 발생한다고 한다. 다음 중 매몰원가가 아닌 것은?

① 단위당 직접재료비 1,000원　　　② 단위당 변동가공원가 1,200원
③ 단위당 고정원가 800원　　　　　④ 단위당 운반비 300원

10 재료비는 공정 초기에 모두 발생되고 가공비는 공정이 진행됨에 따라 균등하게 발생할 경우, 다음 자료에 의하여 재료비의 완성품 환산량을 구하면 얼마인가?

> (1) 기초 재공품 1,000개 (완성도 40%)
> (2) 기말 재공품 1,200개 (완성도 50%)
> (3) 당기 완성품 수량 3,000개
> (4) 회사는 평균법을 적용하여 기말 재공품을 평가한다.

① 3,000개   ② 3,200개
③ 4,000개   ④ 4,200개

11 다음 중 제조원가명세서에 포함되지 않는 것은?

① 직접재료비, 직접노무비, 제조간접비   ② 당기총제조원가
③ 제품매출원가   ④ 당기제품제조원가

12 다음 중 개별원가계산과 종합원가계산에 대한 설명으로 틀린 것은?

① 개별원가계산은 제품원가를 개별작업별로 구분하여 집계한 다음, 이를 그 작업의 생산량으로 나누어서 제품 단위당 원가를 계산한다.
② 종합원가계산은 원가계산이 간편하고 경제적이며, 개별원가계산에 비해 정확한 원가계산이 가능하다.
③ 종합원가계산의 핵심과제는 완성품환산량을 계산하는 것이다.
④ 개별원가계산은 다품종 소량주문생산하는 업종에 적합하다.

13 다음 중 부가가치세법상 세금계산서 발급의무가 면제되지 않는 것은?

① 미용, 욕탕업을 영위하는 자가 제공하는 용역
② 공급받는 자에게 신용카드매출전표 등을 발급한 경우 해당 재화 또는 용역
③ 부동산임대용역 중 간주임대료
④ 내국신용장·구매확인서에 의하여 공급하는 재화

14 다음 중 부가가치세법상 거래내역과 과세유형이 잘못 연결된 것은?

① 일반과세자가 제품을 납품하고 전자세금계산서를 발행하다. ⇒ 과세
② 부가가치세 과세사업에 사용하기 위해 프린터를 구입하고 전자세금계산서를 수취하다. ⇒ 매입세액공제
③ 영업부에서 사용하는 4인승 승용차(999cc) 수리비를 지급하고 전자세금계산서를 수취하다. ⇒ 매입세액불공제
④ 공장건물 신축용 토지를 구입하고 전자계산서를 발급받았다. ⇒ 면세

15 다음 중 부가가치세법상 일반과세사업자의 부가가치세 과세표준 금액은 얼마인가?(모든 금액은 부가가치세 제외 금액임)

> • 총매출액 : 120,000,000원(영세율 매출액 30,000,000원 포함)
> • 매출할인및에누리액 : 5,000,000원   • 매출환입액 : 7,000,000원
> • 대손금 : 3,000,000원   • 총매입액 : 48,000,000원

① 108,000,000원   ② 70,000,000원
③ 60,000,000원   ④ 57,000,000원

실무시험

➡ (주)세진전자(회사코드 : 0773)는 전자부품을 제조하여 판매하는 중소기업이며, 당기(제4기) 회계기간은 2020. 1. 1 ~ 2020. 12. 31 이다. 전산세무회계 수험용 프로그램을 이용하여 다음 물음에 답하시오.

─────────────< 기 본 전 제 >─────────────

문제에서 한국채택국제회계기준을 적용하도록 하는 전제조건이 없는 경우, 일반기업회계기준을 적용한다.

문제1 다음은 기초정보관리에 대한 자료이다. 각각의 요구사항에 대하여 답하시오.(10점)

[1] 거래처별 초기이월 채권과 채무잔액은 다음과 같다. 자료에 맞게 추가입력이나 정정 및 삭제하시오. (3점)

계정과목	거래처	금 액	비 고
외상매출금	일 야 상 점	27,500,000원	72,000,000원
	(주)한국상사	13,200,000원	
	기 린 상 사	31,300,000원	
미 지 급 금	코끼리상사	15,500,000원	22,000,000원
	행 복 상 사	6,500,000원	

[2] 다음의 무형자산 계정을 추가로 등록하시오.(3점)

• 코드 : 230	• 계정이름 : 임차권리금	• 성격 : 일반

[3] 전기분 손익계산서를 검토한 결과 다음과 같은 오류가 발견되었다. 전기분손익계산서, 전기분잉여금처분계산서, 전기분재무상태표 중 관련된 부분을 수정하시오.(4점)

계정과목	틀린 금액	올바른 금액	내 용
이자수익	5,000,000원	500,000원	입력 오류

문제2 다음 거래 자료를 일반전표입력 메뉴에 추가 입력하시오.(일반전표입력의 모든 거래는 부가가치세를 고려하지 말 것) (18점)

[1] 7월 5일 제품 포장용 기계(취득가액 30,000,000원, 감가상각누계액 27,000,000원)가 노후화 되어 폐기하면서, 처분관련 부대비용 250,000원은 현금으로 지급하였다.(당기의 감가상각비는 고려하지 말 것) (3점)

[2] 8월 11일 공장신축을 위해 지난 3년간 소요된 금액은 300,000,000원으로 모두 자산으로 처리(차입금의 이자비용 등도 자본화)해 왔으며, 금일 완공되었다.(3점)

[3] 8월 29일 학교법인 살림학원에 1,000,000원을 현금으로 기부하다.(3점)

[4] 9월 10일 나라은행으로부터 3년 후 상환조건으로 200,000,000원을 차입하고, 보통예금 계좌로 입금 받다.(3점)

[5] 11월 10일 지난 달 급여지급 시 원천징수했던 소득세 83,870원을 현금으로 납부하였다.(3점)

[6] 12월 10일 9월 4일에 열린 주주총회에서 결의했던 중간배당금 15,000,000원을 보통예금으로 지급하였다.(단, 원천징수는 없는 것으로 가정한다) (3점)

문제3 다음 거래 자료를 매입매출전표입력 메뉴에 입력하시오.(18점)

[1] 8월 20일 (주)도원테크로부터 원재료(@3,000원, 2,000개, 부가가치세 별도)를 구입하고 전자세금계산서를 발급받았다. 대금 중 3,400,000원은 약속어음을 발행(만기 : 2020. 12. 31.)했으며, 나머지는 자기앞수표로 지급하였다.(3점)

[2] 8월 22일 (주)하나전자에 제품을 판매하고 전자세금계산서를 발급하였다. 아래의 전자세금계산서를 보고 매입매출전표에 입력하시오.(3점)

전자세금계산서(공급자 보관용)						승인번호	20200822-15454645-58844486		
공급자	사업자 등록번호	214-81-29167	종사업장 번호		공급받는자	사업자 등록번호	137-81-30988	종사업장 번호	
	상호 (법인명)	(주)세진전자	성 명 (대표자)	김 사부		상호 (법인명)	(주)하나전자	성 명	문 민영
	사업장 주소	서울시 영등포구 국회대로 70길 18				사업장 주소	서울 영등포구 국회대로 50길 9		
	업 태	제조	종 목	전자부품		업 태	도소매	종 목	컴퓨터
	이메일					이메일			

작성일자	공급가액	세액	수정사유
2020. 8.22	8,000,000	800,000	
비고			

월	일	품 목	규격	수량	단가	공 급 가 액	세 액	비 고
8	22	전자부품		200	40,000	8,000,000	800,000	

합 계 금 액	현 금	수 표	어 음	외 상 미 수 금	이 금액을 영수/청구 함
8,800,000	3,300,000			5,500,000	

[3] 8월 23일 영업팀에서 해외 거래처에게 선물하기 위해 AI스피커 1대를 (주)K마트에서 1,300,000원(부가가치세 별도, 전자세금계산서 수취)에 구입하고 대금은 당좌수표를 발행하여 지급하였다.(3점)

[4] 9월 1일 미국 ABC Co.에 제품 100개(단가 $1,000)를 직접 수출하고 대금은 외상으로 하였다.(단, 선적일인 9월 1일의 적용환율은 1,000원/$ 이다)(3점)

[5] 9월 8일 원재료 매입처인 (주)필테크의 창립기념일을 맞아 꽃동산화원에서 화환(50,000원)을 구입하여 증정하고 대금은 비씨카드로 결제하였다.(3점)

신용카드매출전표		
CREDIT CARD SALES SLIP 인터뱅크(주)		전표번호(BILL NO)
카드발급처 CREDIT CARD CO	비씨카드	
일련번호 CARD NUMBER	ISP*****	
유효기간 EXPRY	**/5/9	판매일자 TRANSE. DATE 2020/09/08
일 반 PURCHASE		품명 / DESCRIPTION
할 부 INSTALL MENT	00개월	금 액 AMOUNT 50000
매 장 명 CORNER		세 금 TAXES
판 매 원 CASHIER		봉 사 료 S/C
대표자/MANAGER		합 계 50000
		TOTAL
가맹점명/MERCHANT NAME 꽃동산화원		승인번호/APPROVAL CODE 1112233
가맹점번호/MERCHANT NO		사업자등록번호/BUSINESS NO 111-11-11119
가맹점주소/ADDRESS 서울 광진구 구의동 123		

[6] 10월 17일   제조공장에서 사용하는 화물용차량인 포터를 (주)스피드자동차로부터 60,000,000원(부가가치세 별도)에 구입하고 전자세금계산서를 발급받았다. 대금 중 55,000,000원은 보통예금으로 지급하였고, 나머지는 이달 말에 지급하기로 하였다.(3점)

문제4 일반전표입력 및 매입매출전표입력 메뉴에 입력된 내용 중 다음과 같은 오류가 발견되었다. 입력된 내용을 확인하여 정정하시오.(6점)

[1] 7월 25일   회계처리한 세금과공과는 2020년 1기 확정신고기간에 대한 부가가치세를 보통예금에서 인터넷뱅킹을 통해 납부한 것이다.(회사는 6월 30일자로 부가가치세와 관련한 회계처리를 이미 하였다)(3점)

[2] 10월 12일   (주)쌍두컴퓨터에 컴퓨터 50대(판매단가 500,000원, 부가가치세별도)를 공급하고 상품매출로 회계처리 하였으나 확인한 결과 제품매출로 확인되었다.(3점)

문제5 결산정리사항은 다음과 같다. 해당메뉴에 입력하시오.(9점)

[1] 기말 시점 영업부에서 보관 중인 소모품은 430,000원이다. 기중에 소모품을 구입하면서 모두 비용으로 처리하였다.(3점)

[2] 기말 현재 실제 현금 보유액은 85,500원, 장부상 금액은 70,000원으로 가정한다. 기말 현재 차이금액의 원인을 알 수 없다.(3점)

[3] 결산일 현재 재고자산의 기말재고액은 다음과 같다.(3점)

• 원재료 : 2,300,000원	• 재공품 : 4,500,000원	• 제품 : 10,600,000원

문제6 다음 사항을 조회하여 답안을 | 이론문제 답안작성 | 메뉴에 입력하시오.(9점)

[1] 제1기 부가가치세 확정신고기간(4월~6월)의 과세표준 금액은 얼마인가?(3점)

[2] 3월 31일 현재 투자자산은 전기말 대비 얼마가 증가되었는가?(3점)

[3] 5월에 지출된 판매비및일반관리비 계정과목 중 가장 많이 지출한 계정과목명은?(3점)

이론과 실무문제의 답을 모두 입력한 후 「답안저장(USB로 저장)」을 클릭하여 저장하고, USB메모리를 제출하시기 바랍니다.

77회 전산회계 1급 A형 답안

이론시험

1	②	2	④	3	④	4	②	5	④
6	③	7	④	8	②	9	④	10	④
11	②	12	③	13	④	14	③	15	①

01. 재무제표는 발생주의에 따라 작성되어야 하는 것이 원칙이다. 단, 현금흐름표는 현금주의 회계에 따라 작성된다.

02. • 1기 (8,500,000원+500,000원)×0.45 = 4,050,000원
   • 2기 [(8,500,000원+500,000원)−4,050,000원]×0.45 = 2,227,500원

03. 보기4번 : (차) 자산의 증가(현금) (대) 수익의 발생(상품매출)

04. 구입가액(50,000,000원)+법률자문비용(3,000,000원)+철거비용(1,500,000원)−철거 후 잡수익(500,000원) = 취득원가(54,000,000원)

05. 만기보유증권은 상각후원가로 평가하여 재무상태표에 표시한다. 만기보유증권을 상각후원가로 측정할 때에는 장부금액과 만기 액면금액의 차이를 상환기간에 걸쳐 유효이자율법에 의하여 상각하여 취득원가와 이자수익에 가감한다.

06. 매출액−매출원가=90,000,000(매출총이익)−접대비−광고비=50,000,000(영업이익)+단기매매증권처분이익−기부금=42,430,000원(법인세비용차감전순이익)이다. 매도가능증권 구입 시 지출한 지급수수료는 비용으로 처리하지 않고 매도가능증권의 취득원가에 포함하므로 본 문제와 관련이 없다. 단, 단기매매증권 구입 시 지급수수료는 영업외비용으로 처리한다. 또한 법인세비용은 당기순이익 계산 시 차감한다.

07. 자산·부채·자본 계정은 차기이월을 하므로 이월시산표에 표시되고, 수익·비용 계정은 마감하기 위해서 임시적으로 집합손익 계정을 사용한다.

08. 자기주식은 자본조정으로 분류되며, 자기주식처분이익, 주식발행초과금, 감자차익은 자본잉여금으로 분류한다.

09. 보기 1번, 2번, 3번은 과거의 의사결정으로 이미 발생한 원가로서 의사결정에 영향을 미치지 않는 매몰원가이다.

10. 재료비 완성품 환산량 : 당기 완성품 수량 3,000개(100%) + 기말 재공품 수량 1,200개(100%) = 4,200개

11. 매출원가는 제품, 상품 등의 매출액에 대응되는 원가로서 판매된 제품이나 상품 등에 대한 제조원가 또는 매입원가이다. 매출원가의 산출과정은 손익계산서 본문에 표시하거나 주석으로 기재한다.

12. 종합원가계산은 물량 흐름의 계산 때문에 원가계산이 다소 복잡하고 개별원가계산이 종합원가계산보다 정확한 원가계산을 할 수 있다.

13. 내국신용장·구매확인서에 의하여 공급하는 재화는 국내사업자 간의 거래이므로 발급의무가 면제되지 않기 때문에 영세율세금계산서를 발급하여야 한다.

14. 승용차는 1000cc 초과분부터 매입세액불공제이다.

15. 매출할인및에누리액와 매출환입액은 과세표준의 차감항목이고, 대손금은 과세표준에서 공제하지 않는 금액이다. 과세표준 108,000,000원 = 120,000,000원 − 5,000,000원 − 7,000,000원

실 무 시 험

문제1

[1] ① 거래처별초기이월 메뉴 108.외상매출금의 (주)한국상사 잔액을 3,200,000원에서 13,200,000원으로 수정
② 253.미지급금 계정에 코끼리상사 15,500,000원을 추가 입력

[2] 계정과목 및 적요등록 : 제시된 각 항목내용 입력

[3] ① 전기분손익계산서 : 이자수익 5,000,000원을 500,000원으로 수정입력, 당기순이익 25,500,000원 확인
② 전기분잉여금처분계산서 : 당기순이익 30,000,000원이 25,500,000원으로 상단 F6(불러오기)하여 자동반영, 미처분이익잉여금 50,000,000원 확인
③ 전기분재무상태표 : 이월이익잉여금 54,500,000원을 50,000,000원으로 수정입력

문제2 일반전표입력 메뉴에 추가 입력

[1] 7월 5일 일반전표입력

| (차) 207 감가상각누계액(기계) | 27,000,000 | (대) 기 계 장 치 | 30,000,000 |
| 유형자산처분손실 | 3,250,000 | 현   금 | 250,000 |

※ 기계장치 취득 회계처리가 아닌 처분 회계처리 문제이며, 폐기라는 거래사실이 제시되어 있으므로 처분에 관련된 거래를 입력하여야 한다.

[2] 8월 11일 일반전표 입력

(차) 건　　　　　물　300,000,000　　　　(대) 건 설 중 인 자 산　300,000,000

[3] 8월 29일 일반전표 입력

(차) 기　　부　　금　1,000,000　　　　(대) 현　　　　　금　1,000,000
　　또는 (출금전표) 기부금

[4] 9월 10일 일반전표 입력

(차) 보　통　예　금　200,000,000　　　　(대) 장기차입금(나라은행)　200,000,000

[5] 11월 10일 일반전표 입력

(차) 예　　수　　금　83,870　　　　(대) 현　　　　　금　83,870

[6] 12월 10일 일반전표 입력

(차) 미 지 급 배 당 금　15,000,000　　　　(대) 보　통　예　금　15,000,000

※ 미지급배당금은 부채 성격의 계정이고, 중간배당금은 이익잉여금 성격의 계정으로 이 둘은 전혀 다른 계정이다. 배당 결의 시점에 부채인 미지급배당금을 대변에 계상하여야 한다. 그러므로 지급 시에는 차변에 미지급배당금이 올바른 회계처리이다.

문제3 매입매출전표입력 메뉴에 추가 입력

[1] 8월 20일

유형:51.과세, 공급가액 6,000,000원, 부가세 600,000원 거래처:(주)도원테크, 전자 :여, 분개 :혼합

(차) 원　　재　　료　6,000,000　　　　(대) 지급어음[(주)도원테크]　3,400,000
　　부 가 세 대 급 금　600,000　　　　　　현　　　　　금　3,200,000

[2] 8월 22일

유형: 11.과세, 공급가액 8,000,000원, 부가세 800,000원, 거래처:(주)하나전자, 전자:여, 분개:혼합

(차) 현　　　　　금　3,300,000　　　　(대) 제 품 매 출　8,000,000
　　외 상 매 출 금　5,500,000　　　　　　부 가 세 예 수 금　800,000

[3] 8월 23일

유형:54.불공(사유4번), 공급가액:1,300,000원, 부가세:130,000원, 거래처:(주)K마트, 전자:여, 분개:혼합

(차) 접 대 비 (판)　1,430,000　　　　(대) 당 좌 예 금　1,430,000
　　또는 해외접대비 (판)

[4] 9월 1일

　　유형: 16 수출(영세율구분1), 공급가액 100,000,000원, 부가세: 0원, 거래처: 미국ABC CO., 분개: 외상

　(차) 외 상 매 출 금　100,000,000　　　　　(대) 제 품 매 출 100,000,000

[5] 9월 8일

　　유형: 58 카면, 공급가액: 50,000원 거래처: 꽃동산화원, 분개: 혼합

　(차) 접 대 비(513)　　　　50,000　　　　　(대) 미지급금(비씨카드)　　　50,000
　　　　　　　　　　　　　　　　　　　　　　　　　　또는 미지급비용

[6] 10월 17일

　　유형:51.과세 공급가액:60,000,000원 부가세:6,000,000원 거래처:(주)스피드자동차 전자:여 분개: 혼합

　(차) 차 량 운 반 구　60,000,000　　　　　(대) 보 통 예 금　55,000,000
　　　부 가 세 대 급 금　6,000,000　　　　　　　미 지 급 금　11,000,000
　　　　　　　　　　　　　　　　　　　　　　　　　[(주)스피드자동차]

　※ 비영업용승용자동차의 구입에 관련된 매입세액 불공제 범위의 승용자동차는 개별소비세가 과세되는 승용자동차로서 1,000cc 이상 8인승 이하인 승용차 를 말한다. 화물용차량인 포터는 개별소비세가 과세되는 승용자동차가 아니므로, 불공제대상이 아니고 공제대상이다. 문제에서 화물용차량을 구입했다고 제시했으므로, 차량운반구로 회계처리해야 한다.

문제4　입력된 내용 중 오류 확인 정정

[1] 6월 30일 부가가치세에 대한 회계처리를 조회하여 미지급세금 9,724,000원을 확인한 뒤 일반전표입력 7월 25일에서 수정

　수정 전 (차) 세금과공과(판)　9,724,000　　　(대) 보 통 예 금　9,724,000
　수정 후 (차) 미 지 급 세 금　9,724,000　　　(대) 보 통 예 금　9,724,000

[2] 10월 12일 매입매출전표입력

　수정 전　유형:11.과세, 공급가액:25,000,000원, 부가세:2,500,000원, 거래처:(주)쌍두컴퓨터,
　　　　　전자:여, 분개:외상

　　　　　(차) 외 상 매 출 금　27,500,000　　　(대) 상 품 매 출　25,000,000
　　　　　　　　　　　　　　　　　　　　　　　　　부가세예수금　　2,500,000

　수정 후　유형:11.과세, 공급가액:25,000,000원, 부가세:2,500,000원, 거래처:(주)쌍두컴퓨터,
　　　　　전자:여, 분개:외상

　　　　　(차) 외 상 매 출 금　27,500,000　　　(대) 제 품 매 출　25,000,000
　　　　　　　　　　　　　　　　　　　　　　　　　부가세예수금　　2,500,000

　※ 이 문제는 계정과목을 수정하는 문제이다. 문제를 수정하기 위해 매입매출전표 입력메뉴에서 10월 12일자 거래를 확인하면 '전자' 란에 '여' 라고 입력되어 있는 것을 확인할 수 있다. 화면 하단에서 '상품매출'을 '제품매출' 로 수정하면 된다.

문제5 해당메뉴에 입력

　[1] **수동결산** : 12월 31일 일반전표입력

　　(차) 소　　모　　품　　430,000　　(대) 소 모 품 비(판)　　430,000

　　※ 소모품 구입 시 비용으로 처리하였으므로 미사용분을 자산으로 처리하여야 한다.

　[2] **수동결산** : 12월 31일 일반전표입력

　　(차) 현　　　　　금　　15,500　　(대) 잡　　이　　익　　15,500

　　※ 현금과부족 계정과목은 임시 계정으로 차액에 대하여 원인을 찾아 대체분개를 하여야 한다. 결산 시 차액의 원인을 알 수 없을 때 잡손실 또는 잡이익으로 처리한다. 본 문제는 결산문제로 결산 당일 현금 차액은 임시 계정인 현금과부족 계정을 설정하지 않고 잡손실 또는 잡이익 계정으로 처리하여야 한다.

　[3] **자동결산** : 결산자료입력 메뉴를 선택한 후 해당 칸에 원재료 : 2,300,000원, 재공품 : 4,500,000원, 제품 :10,600,000원을 입력 후 전표 추가

┌─────────── **<자동결산>** 결산자료입력란을 이용하여 자동결산을 할 경우 ───────────┐

1. 재고자산 : 원재료, 재공품, 제품　　2. 대손충당금 설정　　3. 감가상각비 계상
4. 퇴직급여충당부채 설정　　　　　　　5. 무형자산의 상각
6. 법인세등 계상은 해당란에 계산된 금액을 입력을 한 후 반드시 결산자료입력 화면 상단의 ([F3] 전표추가) 단추를 클릭하여 결산전표를 자동생성 시킨 후 [일반전표 입력]에서 12월 31일자로 결산자동 분개를 확인한다.

└──┘

문제6 [이론문제 답안작성] 메뉴에 입력

　[1] [부가가치세 신고서 4월~6월 조회] : 349,285,000원

　[2] [재무상태표 메뉴에서 투자자산을 조회한다.] : 9,300,000원(당기 3월 31일의 금액 100,500,000원 − 전기말 91,200,000원)

　[3] [월계표 조회] : 수수료비용

12 제76회 기출문제

이론시험

❷ 다음 문제를 보고 알맞은 것을 골라 이론문제 답안작성 메뉴화면에 입력하시오.
(※ 객관식 문항당 2점)

─────────< 기 본 전 제 >─────────
문제에서 한국채택국제회계기준을 적용하도록 하는 전제조건이 없는 경우, 일반기업회계기준을 적용한다.

01 다음 손익항목 중 영업이익을 산출하는데 반영되는 항목들의 합계액은?

| • 상품매출원가 10,000,000원 | • 기부금 400,000원 | • 복리후생비 300,000원 |
| • 매출채권처분손실 350,000원 | • 접대비 500,000원 | • 이자비용 150,000원 |

① 11,350,000원　　② 11,200,000원　　③ 10,800,000원　　④ 10,300,000원

02 다음 중 회계상의 거래가 아닌 것은?

① 자산매매 대금의 수령　　② 화재, 도난에 의한 자산 소멸
③ 기부금 현금 지급　　④ 직원 회식을 위한 식당 예약

03 다음은 (주)나라가 당기에 구입하여 보유하고 있는 단기매매증권이다. 기말 단기매매증권 평가 시 올바른 손익은 얼마인가?

종　류	액면가액	취득가액	공정가치
(주)금나와라뚝딱	50,000원	100,000원	80,000원
(주)은도깨비	30,000원	20,000원	35,000원

① 단기매매증권평가손익 없음
② 단기매매증권평가손실　5,000원
③ 단기매매증권평가이익　5,000원
④ 단기매매증권평가이익　35,000원

04 다음 (가), (나)의 거래를 분개할 때, 차변에 기입되는 계정과목으로 바르게 짝지은 것은?

> (가) 일반적 상거래 외 거래에서 외상으로 발생하는 채권에 대해서 (가) 계정을 사용한다.
>
> (나) 상품 등을 인수하기 전에 상품 등의 대금을 지급한 경우 (나) 계정으로 처리한다.

① (가) 외상매출금 (나) 선급금   ② (가) 미수금 (나) 선급금
③ (가) 외상매출금 (나) 선수금   ④ (가) 미수금 (나) 선수금

05 다음 중 자본잉여금으로 분류하는 항목을 모두 고른 것은?

> 가. 주식을 할증발행하는 경우에 발행금액이 액면금액을 초과하는 부분
> 나. 자기주식을 처분하는 경우 취득원가를 초과하여 처분할 때 발생하는 이익
> 다. 주식 발행금액이 액면금액에 미달하는 경우 그 미달하는 금액
> 라. 상법규정에 따라 적립된 법정적립금

① 가, 나   ② 가, 다
③ 다, 라   ④ 가, 나 ,다

06 다음 중 재무상태표의 설명으로 틀린 것은?

① 정보이용자들이 기업의 유동성, 재무적 탄력성, 수익성과 위험 등을 평가하는데 유용한 정보를 제공한다.
② 일정 기간 동안 기업의 경영성과에 대한 정보를 제공한다.
③ 자산·부채·자본으로 구성된다.
④ 자본은 자본금, 자본잉여금, 자본조정, 기타포괄손익누계액 및 이익잉여금(또는 결손금)으로 구분한다.

07 다음 중 현금 및 현금성자산이 아닌 것은?

① 우표   ② 타인발행당좌수표
③ 보통예금   ④ 통화대용증권

08 다음은 (주)마포의 제7기(1. 1 ~ 12. 31) 재고자산 관련 자료이다. 총평균법에 의한 기말재고자산 계산 시의 단가로 옳은 것은?

일 자	적 요	수 량	단 가
1월 1일	기초재고	10개	100원
1월 14일	매 입	30개	120원
9월 29일	매 출	20개	140원
10월 17일	매 입	10개	110원

① 125원　　　　② 120원　　　　③ 114원　　　　④ 110원

09 다음 자료에 의할 때 제조지시서#2의 직접재료비는 얼마인가?(단, 제조간접비는 직접재료비를 기준으로 배분한다)

분 류	제조지시서 #2	총 원 가
직접재료비	( )원	1,500,000원
직접노무비	1,500,000원	2,200,000원
제조간접비	1,000,000원	3,000,000원

① 500,000원　　② 1,000,000원　　③ 1,250,000원　　④ 1,500,000원

10 다음은 공손에 대한 설명이다. 틀린 것은?

① 정상 공손이란 효율적인 생산과정에서도 발생하는 공손을 말한다.
② 정상 및 비정상공손품의 원가는 발생기간의 손실로 영업외비용으로 처리한다.
③ 공손품은 정상품에 비하여 품질이나 규격이 미달되는 불합격품을 말한다.
④ 공손품은 원재료의 불량, 작업자의 부주의 등의 원인에 의해 발생한다.

11 다음은 원가에 대한 설명이다. 틀린 것은?

① 직접노무비와 제조간접비를 합하여 가공원가라 한다.
② 조업도와 관련성 여부에 따라 변동비와 고정비로 구분할 수 있다.
③ 의사결정과 관련성 여부에 따라 관련원가와 비관련원가로 구분할 수 있다.
④ 기회비용이란 특정 행위의 선택으로 인해 포기해야 하는 것들의 가치 평균액을 말한다.

12 (주)도봉회사는 종합원가계산에 의하여 제품을 생산한다. 재료는 공정의 초기단계에 투입되며, 가공원가는 전체 공정에 고르게 투입된다. 다음 자료에서 평균법에 의한 재료비와 가공비의 당기 완성품 환산량은 얼마인가?

> • 기초재공품 : 5,000개 (완성도 50%) • 당기착수량 : 35,000개
> • 당기완성품 : 30,000개 • 기말재공품의 완성도 40%

① 재료비 : 35,000개, 가공비 : 31,500개
② 재료비 : 40,000개, 가공비 : 34,000개
③ 재료비 : 40,000개, 가공비 : 40,000개
④ 재료비 : 35,000개, 가공비 : 34,000개

13 다음은 부가가치세법상 사업자와 관련된 내용이다. 틀린 것은?

① 개인사업자는 일반과세자 또는 간이과세자가 될 수 있다.
② 법인사업자는 간이과세자가 될 수 없다.
③ 면세사업자는 부가가치세법상 사업자가 아니다.
④ 간이과세자는 직전 연도의 공급가액의 합계액이 4천800만원 이하인 자를 말한다.

14 부가가치세법상 다음의 매입세액 중 매출세액에서 공제되는 매입세액은?

① 접대비 관련 매입세액
② 면세사업 관련 매입세액
③ 화물차 구입 관련 매입세액
④ 사업과 직접 관련 없는 지출에 대한 매입세액

15 다음 중 부가가치세법상 세금계산서의 필요적 기재사항이 아닌 것은?

① 공급하는 사업자의 등록번호와 성명 또는 명칭
② 공급받는 자의 등록번호
③ 공급받는 자의 상호 또는 성명
④ 작성 연월일

실 무 시 험

⬥ (주)예지전자(회사코드 : 0763)는 전자부품을 제조하여 판매하는 중소기업이며, 당기(제11기) 회계기간은 2020. 1. 1. ~ 2020. 12. 31. 이다. 전산세무회계 수험용 프로그램을 이용하여 다음 물음에 답하시오.

─────< 기 본 전 제 >─────

문제에서 한국채택국제회계기준을 적용하도록 하는 전제조건이 없는 경우, 일반기업회계기준을 적용한다.

문제1 다음은 기초정보관리에 대한 자료이다. 각각의 요구사항에 대하여 답하시오.(10점)

[1] 당사는 퇴직급여제도로 확정기여형(DC형) 퇴직연금에 가입하였다. 퇴직급여 (0806)계정 대체적요 2번에 "확정기여형 퇴직급여 납부"를 추가등록 하시오.(2점)

[2] 전기분 손익계산서를 검토한 결과 다음과 같은 오류 사항이 발견되었다. 전기분 손익계산서, 전기분이익잉여금처분계산서, 전기분재무상태표 중 관련된 부분을 수정하시오.(5점)

- '세금과공과' 금액이 7,300,000원인데 7,100,000원으로 잘못 입력된 것을 확인하였다.

[3] 신규로 통장을 개설하였다. 다음의 내용을 거래처등록메뉴에 입력하시오.(3점)

- 코드번호 : 98000   • 계좌번호 : 123-456-789   • 유형 : 보통예금
- 계좌개설은행/지점 : 한국은행/여의도점   • 계좌개설일 : 2020년 7월 1일

문제2 다음 거래 자료를 일반전표입력 메뉴에 추가 입력하시오.(일반전표입력의 모든 거래는 부가가치세를 고려하지 말 것)(18점)

─────< 입력시 유의사항 >─────

- 일반적인 적요의 입력은 생략하지만, 타계정 대체거래는 적요번호를 선택하여 입력한다.
- 채권·채무와 관련된 거래는 별도의 요구가 없는 한 반드시 기 등록되어 있는 거래처코드를 선택하는 방법으로 거래처명을 입력한다.
- 제조경비는 500번대 계정코드를, 판매비와 관리비는 800번대 계정코드를 사용한다.
- 회계처리시 계정과목은 별도제시가 없는 한 등록되어 있는 계정과목 중 가장 적절한 과목으로 한다.

[1] 7월 12일   (주)초인유통에 지급할 외상매입금 15,000,000원 중 12,000,000원은 3개월 만기 약속어음을 발행하여 지급하고 나머지는 면제받았다.(3점)

[2] 7월 15일   매출처 (주)이도상사의 외상매출금 1,000,000원이 당사의 당좌예금 계좌로 입금되었다.(3점)

[3] 7월 25일   제품매출처인 국제통신의 외상매출금 10,000,000원 중 570,000원은 제품불량으로 에누리하여 주고 나머지는 보통예금으로 송금받았다.(3점)

[4] 9월 10일   태성산업과 공장건물의 임대차계약을 체결하고 임차보증금 15,000,000원 중 3,000,000원은 보통예금으로 지급하고 나머지는 당좌수표를 발행하여 지급하였다.(3점)

[5] 9월 22일   이자수익 200,000원이 발생하여, 원천징수세액 30,800원을 차감한 나머지 금액이 보통예금계좌로 입금되었다.(단, 원천징수세액은 자산으로 처리할 것)(3점)

[6] 9월 30일   제품을 매출하고 (주)상조로부터 수취한 어음 3,000,000원이 부도처리 되었다는 것을 좋은은행으로부터 통보받았다. 당일자로 회계처리 하시오.(3점)

문제3 다음 거래 자료를 매입매출전표입력 메뉴에 입력하시오.(18점)

─────────── < 입력시 유의사항 > ───────────

• 일반적인 적요의 입력은 생략하지만, 타계정 대체거래는 적요번호를 선택하여 입력한다.
• 별도의 요구가 없는 한 반드시 기 등록되어 있는 거래처코드를 선택하는 방법으로 거래처명을 입력한다.
• 제조경비는 500번대 계정코드를, 판매비와 관리비는 800번대 계정코드를 사용한다.
• 회계처리시 계정과목은 별도제시가 없는 한 등록되어 있는 계정과목 중 가장 적절한 과목으로 한다.
• 입력화면 하단의 분개까지 처리하고, 전자세금계산서는 전자입력으로 반영한다.

[1] 8월 2일   (주)카페인나라에 제품을 판매하고 신용카드매출전표를 발행하였다.(3점)

카드종류		거래종류	결제방법
비씨카드		신용구매	일시불
회원번호(Card No)		취소 시 원거래 일자	
6250-0304-4156-5955			
유효기간		거래일시	품명
/		2020.8.2. 15:33	
전표제출		금 액	1,000,000
		부 가 세	100,000
전표매입사 비씨카드		봉 사 료	
		합 계	**1,100,000**
거래번호		승인번호/(Approval No.)	
		30017218	
가맹점	(주)예지전자		
대표자	박명수	TEL	02-3289-8085
가맹점번호	234567	사업자번호	130-81-10661
주소	서울 영등포구 영등포로 384		

서명(Signature)
카페인나라

[2] 8월 14일 (주)무역(해외수출대행업체임)에 구매확인서에 의하여 제품 1,400개 (개당 12,500원)를 17,500,000원에 납품하고, 영세율 전자세금계산 서를 발급하였다. 대금 중 2,000,000원은 동사 발행 당좌수표로 받고, 잔액은 1개월 후에 받기로 하였다.(3점)

[3] 8월 25일 당사의 영업부 과장인 김영철의 결혼식을 축하하기 위해 다음의 화환 을 구입하고 전자계산서를 발급받았다. 대금은 다음 달에 주기로 하였 다.(3점)

전자계산서(공급받는 자 보관용)

						승인번호	20200825-21058052-11726691

공급자	사업자 등록번호	116-90-52390	종사업장 번호		공급받는자	사업자 등록번호	130-81-10661	종사업장 번호	
	상호 (법인명)	탑플라워	성 명 (대표자)	김꽃님		상호 (법인명)	㈜예지전자	성 명 (대표자)	박명수
	사업장 주소	서울 서초구 강남대로 465				사업장 주소	서울 영등포구 영등포로 384		
	업 태	소매	종 목	꽃		업 태	제조	종 목	전자부품
	이메일					이메일			

작성일자	공급가액	수정사유
2020.8.25	77,000	
비고		

월	일	품 목	규 격	수 량	단 가	공 급 가 액	비 고
8	25	화환				77,000	

합 계 금 액	현 금	수 표	어 음	외상미수금	이 금액을 영수/청구 함
77,000				77,000	

[4] 9월 10일 미국의 거래처로부터 원재료를 수입하면서 평택세관으로부터 전자수
입세금계산서(공급가액 8,000,000원)를 발급받고 부가가치세
800,000원을 현금으로 납부하였다.(3점)

[5] 9월 13일 생산직 사원을 위한 교육을 (주)일학습컨설팅으로부터 제공받고, 전
자계산서 3,300,000원을 발급받았다. 대금은 전액 보통예금에서 이
체하였다.(3점)

[6] 9월 20일 영업부 업무용 승용차(개별소비세 과세대상)의 주유비 77,000원(공
급대가)을 송로주유소에서 현금으로 결제하고 전자세금계산서를 수
령하였다.(3점)

문제4 일반전표입력 및 매입매출전표입력 메뉴에 입력된 내용 중 다음과 같은 오류가 발견
되었다. 입력된 내용을 확인하여 정정하시오.(6점)

[1] 10월 27일 일반전표에 한국유통의 외상매출금 30,000,000원 전액이 보통예금
입금된 것으로 회계처리 하였으나, 10,000,000원만 보통예금으로 회
수되었고 나머지는 한국유통이 발행한 약속어음(만기 : 2020년 12월
31일)으로 받았음이 확인되었다.(3점)

[2] 11월 9일 공장기계 수선비로 3,000,000원(부가가치세 300,000원 별도)을 전
액 현금으로 지출하고 엘에스산전으로부터 수취한 전자세금계산서에
대하여 수익적지출로 전부 회계처리하였으나 이 중 2,000,000원은
자본적지출임이 확인되었다.(3점)

문제5 결산정리사항은 다음과 같다. 해당메뉴에 입력하시오.(9점)

[1] 기말 외상매입금 중에는 미국 로리알회사의 외화외상매입금 13,000,000원(미화
$10,000)이 포함되어 있다.(결산일 현재 적용환율 : 1,100원/$) (3점)

[2] 기말 현재 국민은행 차입금(3년 만기) 중 5,000,000원의 상환기간이 1년 이내로 도
래하였다.(단, 유동성대체를 위한 요건은 모두 충족되었다고 가정한다) (3점)

[3] 결산일 현재 재고자산의 기말재고액은 다음과 같다.(3점)

• 원재료 : 15,500,000원	• 재공품 : 1,200,000원	• 제품 : 76,500,000원

문제6 다음 사항을 조회하여 답안을 | 이론문제 답안작성 | 메뉴에 입력하시오.(9점)

[1] 6월 말 현재 외상매입금 잔액이 가장 큰 거래처명과 그 금액은 얼마인가?(3점)

[2] 2020년 제1기 예정신고기간(1 ~ 3월) 동안 (주)수영으로 발행한 매출세금계산서의 매수와 공급가액은 얼마인가?(3점)

[3] 1월부터 4월까지 판매비와관리비 현금지급액이 가장 큰 월과 금액은 얼마인가?(3점)

이론과 실무문제의 답을 모두 입력한 후 「답안저장(USB로 저장)」을 클릭하여 저장하고, USB메모리를 제출하시기 바랍니다.

76회 전산회계 1급 A형 답안

이론시험

1	③	2	④	3	②	4	②	5	①
6	②	7	①	8	③	9	①	10	②
11	④	12	②	13	④	14	③	15	③

01. • 매출액 – 상품매출원가 = 매출총이익 – 판매비와관리비 = 영업이익
- 상품매출원가 10,000,000원+복리후생비 300,000원+접대비 500,000원=10,800,000원
- 기부금, 이자비용, 매출채권처분손실은 영업외비용이다.

02. 직원 회식을 위한 식당 예약은 사회통념상 거래일 뿐 아직 대금 지출이 없어 화폐 금액으로 측정할 수 없으므로 회계상의 거래가 아니다.

03. • (주)금나와라뚝딱 : 당기 취득가액(100,000)–공정가액(80,000) = 평가손실 20,000원
- (주)은도깨비 : 당기 취득가액(20,000)–공정가액(35,000) = 평가이익 15,000원
- 20,000–15,000=5,000원(평가손실)

04. (가)는 상품 및 제품 외의 외상 거래의 채권은 미수금 계정을, 채무는 미지급금 계정을 사용한다. (나)는 계약금을 먼저 지급할 때는 선급금, 받을 때는 선수금 계정을 사용한다.

05. • 가. 주식발행초과금(자본잉여금) ﹒ 나. 자기주식처분이익(자본잉여금)
- 다. 주식할인발행차금(자본조정) ﹒ 라. 이익준비금(이익잉여금)

06. 보기2번은 재무상태표가 아닌 손익계산서에 대한 설명이다.

07. 우표는 통신비 또는 소모(품)비로 분류한다.

08. [(10개×100원)+(30개×120원)+(10개×110원)] ÷ (10개+30개+10개) = 114원

09. • 3,000,000원(총제조간접비) × (#2의 직접재료비 : X / 총재료비 1,500,000원)
= 1,000,000원
- 제조지시서 #2의 직접재료비 = 500,000원

10. 정상 공손품은 제조원가에 포함되고, 비정상공손품은 영업외비용으로 처리한다.

11. 기회비용이란 특정 행위의 선택으로 인해 포기해야 하는 것들 중 가장 가치가 큰 것을 말한다.

12. • 기초재공품수량+당기착수량–당기완성품 = 10,000개(기말재공품 수량)
- 재료비 : 30,000개+(10,000개×100%) = 40,000개
- 가공비 : 30,000개+(10,000개×40%) = 3,400개

13. 간이과세자는 직전 연도의 공급대가의 합계액이 4천 800만원에 미달하는 개인사업자를 말한다.

14. 화물차 구입 관련 매입세액은 공제되는 매입세액이다.

15. 필요적 기재사항은 ①, ②, ④와 공급가액과 부가가치세액이다.

실 무 시 험

문제1

[1] 계정과목 및 적요등록 메뉴의 퇴직급여 계정 대체적요 2번에 추가 등록한다.

[2] • 전기분손익계산서 : 금액 7,300,000원으로 수정 입력, 당기순이익 62,500,000원 확인
　　 • 전기분이익잉여금처분계산서 : 불러오기로 변경사항반영, 미처분이익잉여금 173,379,324원 확인
　　 • 전기분재무상태표 : 이월이익잉여금 173,379,324원으로 변경 입력

[3] [거래처등록] 메뉴의 '금융기관' 탭에 제시한 내용을 추가 입력한다.

　　 ※ 제시된 사항이 모두 정확하게 입력되어야 하며, 거래처명 등 문제에 언급하지 않은 내용은 점수에 영향을 주지 않는다.

문제2 일반전표입력 메뉴에 추가 입력

[1] 7월 12일

(차) 외상매입금[(주)초인유통]	15,000,000	(대) 지급어음[(주)초인유통]	12,000,000
		채 무 면 제 이 익	3,000,000

[2] 7월 15일

(차) 당 좌 예 금	1,000,000	(대) 외상매출금[(주)이도상사]	1,000,000

[3] 7월 25일

(차) 보 통 예 금	9,430,000	(대) 외상매출금(국제통신)	10,000,000
매출환입및에누리(제품)	570,000		

　　 ※ 제품 불량으로 인한 에누리는 '매출환입및에누리(제품)' 계정을 사용해야 한다.

[4] 9월 10일

(차) 임차보증금(태성산업)	15,000,000	(대) 보 통 예 금	3,000,000
		당 좌 예 금	12,000,000

※ 기업은 은행에 당좌를 개설하고 어음(지급어음)과 당좌수표를 발행할 수 있다. 당좌수표를 발행한 경우 당좌예금 계정으로 회계 처리한다. 하지만, 거래처로부터 당좌수표를 수취하였다면 타인발행수표로 현금 계정으로 회계 처리하여야 한다.

※ 임차보증금은 임차한 기업의 자산(기타비유동자산)으로 계약 종료시점에 돌려받을 수 있는 채권이기 때문에 거래처를 등록을 하여야 정답으로 인정한다.

[5] 9월 22일

(차) 보 통 예 금	169,200	(대) 이 자 수 익	200,000
선 납 세 금	30,800		

[6] 9월 30일

(차) 부도어음과수표[(주)상조]	3,000,000	(대) 받을어음[(주)상조]	3,000,000

문제3 ｜ 매입매출전표입력 메뉴에 추가 입력

[1] 8월 2일

유형:17.카과, 공급가액:1,000,000원, 부가세:100,000원, 거래처:(주)카페인나라, 분개:혼합 또는 카드

(차) 외상매출금(비씨카드)	1,100,000	(대) 제 품 매 출	1,000,000
또는 미수금		부 가 세 예 수 금	100,000

[2] 8월 14일

유형:12.영세(영세율구분:3), 공급가액:17,500,000원, 부가세:0, 거래처:(주)무역, 전자:여, 분개:혼합

(차) 현 금	2,000,000	(대) 제 품 매 출	17,500,000
외 상 매 출 금	15,500,000		

※ 주어진 문제는 영세율 전자세금계산서를 발행하면서 내국신용장과 구매확인서에 의하여 공급하는 재화에 대한 문제이다. 영세율 매출내용에 따라 제출해야 하는 영세율 첨부서류가 다르므로 영세율구분코드3으로 구분해야 한다.

[3] 8월 25일

유형:53.면세, 공급가액:77,000원 부가세:0, 거래처:탑플라워, 전자:여, 분개:혼합

(차) 복리후생비(판)	77,000	(대) 미지급금(탑플라워)	77,000

[4] 9월 10일

55.수입 공급가액 8,000,000원 부가가치세 800,000원 거래처:평택세관, 전자:여 분개:현금

(차) 부 가 세 대 급 금	800,000	(대) 현 금	800,000

[5] 9월 13일

유형:53.면세, 공급가액 3,300,000원, 거래처:(주)일학습컨설팅, 전자:여, 분개:혼합

(차) 교육훈련비(제)	3,300,000	(대) 보 통 예 금	3,300,000

[6] 9월 20일

유형:54.불공(사유:③), 공급가액:70,000원, 세액:7,000원, 거래처:송로주유소, 전자:여, 분개: 현금

(차) 차량유지비(판)	77,000	(대) 현 금	77,000

문제4 입력된 내용 중 오류 확인 정정

[1] 10월 27일   일반전표 입력수정

수정 전 (차) 보 통 예 금 30,000,000   (대) 외상매출금(한국유통) 30,000,000

수정 후 (차) 받을어음(한국유통) 20,000,000   (대) 외상매출금(한국유통) 30,000,000
보 통 예 금 10,000,000

[2] 11월 9일   매입매출전표 입력수정

수정 전 (차) 수 선 비(제)   3,000,000   (대) 현   금   3,300,000
부가세대급금   300,000

수정 후 (차) 기 계 장 치   2,000,000   (대) 현   금   3,300,000
수 선 비(제)   1,000,000
부가세대급금   300,000

문제5 해당메뉴에 입력

[1] **수동결산** : 12월 31일   일반전표입력

(차) 외상매입금(로리알)   2,000,000   (대) 외화환산이익   2,000,000

[2] **수동결산** : 12월 31일   일반전표입력

(차) 장기차입금(국민은행)   5,000,000   (대) 유동성장기부채(국민은행)   5,000,000

[3] **자동결산** : 결산자료입력 메뉴를 선택한 후 해당 칸에 원재료 15,500,000원, 재공품 1,200,000원, 제품 76,500,000원을 입력한 후 전표 추가

┌───┐
│ 〈자동결산〉 결산자료입력란을 이용하여 자동결산을 할 경우 │
├───┤
│ 1. 재고자산 : 원재료, 재공품, 제품   2. 대손충당금 설정   3. 감가상각비 계상 │
│ 4. 퇴직급여충당부채 설정   5. 무형자산의 상각 │
│ 6. 법인세등 계상은 해당란에 계산된 금액을 입력을 한 후 반드시 결산자료입력 화면 상단의 ([F3] │
│   전표추가) 단추를 클릭하여 결산전표를 자동생성 시킨 후 [일반전표 입력]에서 12월 31일자로 │
│   결산자동 분개를 확인한다. │
└───┘

문제6 [이론문제 답안작성] 메뉴에 입력

[1] [거래처원장에서 외상매입금 과목으로 조회] : 소나무유통, 105,000,000원

[2] [세금계산서합계표(1~3월, 매출) - 전체데이터] : 4매, 29,600,000원

[3] [일계표(월계표)의 월계표 1월부터 4월까지 각 월별 조회] : 4월, 17,116,600원

13 제75회 기출문제

이 론 시 험

➡ 다음 문제를 보고 알맞은 것을 골라 이론문제 답안작성 메뉴화면에 입력하시오.
(※ 객관식 문항당 2점)

─── < 기 본 전 제 > ───
문제에서 한국채택국제회계기준을 적용하도록 하는 전제조건이 없는 경우, 일반기업회계기준을 적용한다.

01 다음 중 회계의 순환과정으로 가장 올바른 것은?

① 거래식별→전기→분개→수정전합계잔액시산표 작성→집합손익계정의 마감→기
말 수정분개→자산부채자본계정의 마감→재무제표 작성
② 거래식별→분개→전기→수정전합계잔액시산표 작성→기말 수정분개→수정후합
계잔액시산표 작성→수익비용계정의 마감→집합손익계정의 마감→자산부채자
본계정의 마감→재무제표 작성
③ 수정후합계잔액시산표 작성→기말 수정분개→자산부채자본계정의 마감→집합
손익계정의 마감→수익비용계정의 마감→재무제표 작성
④ 수정전합계잔액시산표 작성→수익비용계정의 마감→수정후합계잔액시산표 작
성→기말 수정분개→집합손익계정의 마감→자산부채자본계정의 마감→재무제
표 작성

02 다음 중 손익계산서상 영업이익에 영향을 주는 거래는 어느 것인가?

① 매출한 상품의 일부가 환입되었다.
② 단기매매증권평가손실을 인식하였다.
③ 보험차익을 계상하였다.
④ 기부금을 지출하였다.

03 회계정보의 질적특성 중 하나인 신뢰성은 회계정보에 대한 오류나 편견 없이 객관
적이고 검증가능하며 나타내고자 하는 바를 충실하게 표현해야 하는 정보의 특성을
말한다. 다음 중 회계정보가 신뢰성을 갖기 위해서 필요한 요건이 아닌 것은?

① 표현의 충실성   ② 중립성
③ 적시성   ④ 검증가능성

04 당기에 취득한 유형 자산의 감가상각을 정률법이 아닌 정액법으로 회계 처리한 경우 당기 재무제표에 상대적으로 미치는 영향으로 올바른 것은?

① 자산의 과소계상   ② 당기순이익의 과대계상
③ 부채의 과소계상   ④ 비용의 과대계상

05 다음 중 재고자산으로 분류되는 경우는?

① 제조업을 운영하는 회사가 공장이전으로 보유 중인 토지
② 도매업을 운영하는 회사가 단기 시세차익을 목적으로 보유하는 유가증권
③ 서비스업을 운영하는 회사가 사용목적으로 구입한 컴퓨터
④ 부동산매매업을 운영하는 회사가 판매를 목적으로 보유하는 건물

06 다음 중 재무회계에 관한 설명으로 가장 적절하지 않는 것은?

① 재무제표에는 재무상태표, 손익계산서, 자본변동표, 현금흐름표 등이 있다.
② 일정기간 동안 기업의 경영성과에 대한 정보를 제공하는 보고서는 재무상태표이다.
③ 기업의 외부정보이용자에게 유용한 정보를 제공하는 것을 주된 목적으로 한다.
④ 회계연도는 1년을 초과할 수 없다.

07 다음 중 자본조정 항목이 아닌 것은?

① 자기주식   ② 자기주식처분손실
③ 자기주식처분이익   ④ 감자차손

08 다음 중 대손충당금 설정대상 계정과목에 해당되는 것은?

① 외상매출금   ② 지급어음
③ 미지급금   ④ 가수금

09 다음 중 원가개념의 설명으로 틀린 것은?

① 직접원가란 특정제품의 제조에만 소비되어 특정제품에 직접 추적하여 부과할 수 있는 원가이다.
② 관련원가란 의사결정에 영향을 미치는 원가로서 여러 대안 사이에 차이가 나는 과거의 원가이다.
③ 원가행태란 조업도수준이 변화함에 따라 총원가발생액이 일정한 형태로 변화할 때 그 변화하는 형태를 말한다.
④ 매몰원가는 과거의 의사결정의 결과로 이미 발생된 원가로서 현재의 의사결정에는 아무런 영향을 미치지 못하는 원가이다.

10 제품 생산 과정에서 정상적인 원인으로 원재료가 장부상 수량보다 실제 수량이 부족함이 발견되었다. 이 차액의 회계 처리방법은?

① 제품제조원가에 가산한다.　　　② 제품제조원가에서 차감한다.
③ 판매비와관리비로 계상한다.　　④ 영업외비용으로 계상한다.

11 (주)우진전자의 올해 기초 및 기말재고 자료이다. 매출원가를 구하면 얼마인가?

구 분	기초 재고	기말 재고
재 공 품	1,000,000원	300,000원
제 　 품	1,500,000원	500,000원
단, 당기총제조비용은 2,000,000원이다.		

① 2,700,000원　　　　　　　　② 3,500,000원
③ 3,700,000원　　　　　　　　④ 4,000,000원

12 다음 자료에 의하여 제조원가명세서상 당기총제조비용을 계산하면 얼마인가?

• 직접재료비	500,000원	• 간접재료비	300,000원
• 노무비	200,000원	• 기타제조경비	100,000원

① 1,100,000원　　　　　　　　② 1,000,000원
③ 　800,000원　　　　　　　　④ 　600,000원

13 다음 중 부가가치세 과세표준에 포함되는 것은?

① 공급에 대한 대가의 지급이 지체되었음을 이유로 받는 연체이자
② 환입된 재화의 가액
③ 공급대가를 약정기일 전에 받아 사업자가 당초의 공급가액에서 할인해 준 금액
④ 공급받는 자에게 도달한 후에 파손되거나 훼손되거나 멸실한 재화의 가액

14 다음 중 부가가치세법상 세금계산서에 대한 설명으로 틀린 것은?

① 사업자가 재화 또는 용역을 공급할 때 거래의 증명서류로서 발급한다.
② 법인사업자와 직전연도의 공급가액의 합계액이 3억 원 이상인 개인사업자는 세금계산서를 발급하려면 전자세금계산서로 발급하여야 한다.
③ 일반적으로 간이과세자와 면세사업자는 세금계산서를 발급할 수 없다.
④ 부동산임대용역 중 간주임대료는 세금계산서 발급대상이다.

15 다음 중 부가가치세의 특징에 해당하지 않는 것은?

① 소비형 부가가치세　　　　② 전단계세액공제법
③ 다단계거래세　　　　　　④ 직접세

실 무 시 험

● (주)승진상사(회사코드 : 0753)는 스포츠용품을 제조하여 판매하는 중소기업이며, 당기(제4기) 회계기간은 2020. 1. 1 ~ 2020. 12. 31 이다. 전산세무회계 수험용 프로그램을 이용하여 다음 물음에 답하시오.

── < 기 본 전 제 > ──

문제에서 한국채택국제회계기준을 적용하도록 하는 전제조건이 없는 경우, 일반기업회계기준을 적용한다.

문제1 다음은 기초정보관리에 대한 자료이다. 각각의 요구사항에 대하여 답하시오.(10점)

[1] 전기분원가명세서에 입력된 내용 중 복리후생비가 1,800,000원이 아니라 1,200,000원이고, 수선비는 700,000원이 아니라 1,300,000원이다. 전기분원가명세서를 수정하시오.(2점)

[2] 거래처별 초기이월 자료는 다음과 같다. 수정, 추가 입력하시오.(5점)

계정과목	거 래 처	금 액
외상매출금	(주)한성기업	85,000,000원
	(주)신라기업	20,200,000원
외상매입금	세진상사	23,000,000원
	(주)지율테크	40,500,000원
지 급 어 음	(주)광산상사	10,000,000원
	성한기업	4,000,000원

[3] 공장에서 폐기물 처리비를 지출하였다. 잡비 계정과목에 다음 내용의 적요를 각각 등록하시오.(3점)

• 현금 적요 6. 폐기물 처리비 지급	• 대체 적요 9. 폐기물 처리비 보통인출

문제2 다음 거래 자료를 일반전표입력 메뉴에 추가 입력하시오.(일반전표입력의 모든 거래는 부가가치세를 고려하지 말 것)(18점)

┌─────────────── < 입력시 유의사항 > ───────────────┐
- 일반적인 적요의 입력은 생략하지만, 타계정 대체거래는 적요번호를 선택하여 입력한다.
- 채권·채무와 관련된 거래는 별도의 요구가 없는 한 반드시 기 등록되어 있는 거래처코드를 선택하는 방법으로 거래처명을 입력한다.
- 제조경비는 500번대 계정코드를, 판매비와 관리비는 800번대 계정코드를 사용한다.
- 회계처리시 계정과목은 별도제시가 없는 한 등록되어 있는 계정과목 중 가장 적절한 과목으로 한다.
└──┘

[1] 7월 14일 아르헨티나 현지법인인 (주)해주산업에 직수출(선적일 : 7월 1일)하였던 제품에 대한 외상매출금($1,000)을 수령한 후 즉시 원화로 환전하여 보통예금에 입금하였다.(7월 1일 환율 : 1,100원/$, 7월 14일 환율 : 1,300원/$) (3점)

[2] 8월 16일 (주)한국서점에서 영업사원용 참고도서를 200,000원에 구입하고, 보통예금으로 지급하였다.(3점)

[3] 9월 28일 신제품을 개발하고 특허권을 취득하기 위한 수수료 500,000원을 현금으로 지급하였다.(무형자산으로 처리할 것) (3점)

[4] 10월 20일 다음과 같이 9월분 건강보험료를 보통예금으로 납부하였다.(3점)

┌──┐
- 회사부담분 : 300,000원(영업부직원), 500,000원(생산부 직원)
- 종업원부담분 : 800,000원(급여지급 시 이 금액을 차감하고 지급함)
- 회사부담분의 건강보험료는 복리후생비로 회계 처리한다.
└──┘

[5] 11월 27일 대주주로부터 토지(대주주의 토지 취득가액 : 48,000,000원, 토지의 증여일 현재 공정가치 : 50,000,000원)를 무상으로 증여받고, 소유권 이전비용으로 2,873,430원을 보통예금으로 지출하였다.(3점)

[6] 12월 21일 창고에서 화재가 발생하여 보관하고 있던 제품 24,550,000원(장부가액)이 소실되었다. 당사는 이와 관련한 보험에 가입되어 있지 않다.(3점)

문제3 다음 거래 자료를 매입매출전표입력 메뉴에 입력하시오.(18점)

─ < 입력시 유의사항 > ─

- 일반적인 적요의 입력은 생략하지만, 타계정 대체거래는 적요번호를 선택하여 입력한다.
- 별도의 요구가 없는 한 반드시 기 등록되어 있는 거래처코드를 선택하는 방법으로 거래처명을 입력한다.
- 제조경비는 500번대 계정코드를, 판매비와 관리비는 800번대 계정코드를 사용한다.
- 회계처리시 계정과목은 별도제시가 없는 한 등록되어 있는 계정과목 중 가장 적절한 과목으로 한다.
- 입력화면 하단의 분개까지 처리하고, 전자세금계산서는 전자입력으로 반영한다.

[1] 7월 16일 (주)동서유통으로부터 스포츠용품 제조에 필요한 원재료를 매입하고 다음과 같이 전자세금계산서를 수취하였다. 대금은 다음 달에 결제할 예정이다.(3점)

전자세금계산서(공급 받 는 자 보관용)					승인번호	20200716-41050052-51746692		
공급자	사업자등록번호	135-81-34111	종사업장번호		공급받는자	사업자등록번호	305-86-12346	종사업장번호	
	상호(법인명)	(주)동서유통	성 명(대표자)	이세로		상호(법인명)	(주)승진상사	성 명(대표자)	강인주
	사업장주소	서울 동작구 장승배기로 161				사업장주소	대전 중구 선화로 81번길 85		
	업 태	제조	종 목	스포츠용품		업 태	제조, 판매	종 목	스포츠용품
	이메일					이메일			

작성일자	공급가액	세액	수정사유
2020.07.16	20,000,000	2,000,000	
비고			

월	일	품 목	규 격	수 량	단 가	공 급 가 액	세 액	비 고
7	16	고무창				20,000,000	2,000,000	

합 계 금 액	현 금	수 표	어 음	외상미수금	이 금액을	영수 함
22,000,000				22,000,000		청구

[2] 7월 20일 (주)런닝맨유통에 내국신용장(Local L/C)에 의하여 제품 50,000,000원을 납품하고 영세율 전자세금계산서를 발급하였다. 대금은 내국신용장 개설 은행에 곧 청구할 예정이다.(3점)

[3] 7월 27일 회사 공장 건물을 신축하기 위하여 (주)본점으로부터 토지를 100,000,000원에 매입하고 전자계산서를 발급받았다. 대금 중 70,000,000원은 당좌수표를 발행하여 지급하고, 나머지는 약속어음(만기 3개월)을 발행하여 지급하였다.(3점)

[4] 9월 10일 비사업자인 김경진에게 다음과 같이 제품A를 판매하고 전자세금계산서를 발급하였다.(3점)

전자세금계산서(공급자 보관용)								승인번호	20200910-51050067-62367242		
공급자	사업자 등록번호	305-86-12346	종사업장 번호			공급받는자	사업자 등록번호			종사업장 번호	
	상호 (법인명)	(주)승진상사	성 명 (대표자)	강인주			상호 (법인명)			성 명	김경진
	사업장 주소	대전 중구 선화로 81번길 85					비고		791225-2236512		
	업 태	제조, 판매	종 목	스포츠용품			업 태			종 목	
	이메일						이메일				

작성일자	공급가액	세액	수정사유
2020. 9. 10.	500,000	50,000	
비고			

월	일	품 목	규 격	수 량	단 가	공 급 가 액	세 액	비 고
9	10	제품A				500,000	50,000	

합 계 금 액	현 금	수 표	어 음	외 상 미 수 금	이 금액을 영수 함 청구
550,000	550,000				

[5] 9월 14일 (주)삼성상사로부터 원재료를 전액 보통예금으로 매입하고, 다음의 지출증빙용 현금영수증을 수령하였다.(3점)

현금영수증

가맹점명
　　(주)삼성상사 114-81-81238　　　신동기
　서울 송파구 동남로 123　TEL : 02-500-5566
　　홈페이지 http://www.ssamssung.co.kr

현금(지출증빙용)

구매 2020/9/14/15:20　거래번호 : 4512-1020
　　상품명　　　　　　수량　　　　　금액
　　원재료　　　　　　10　　　　24,200,000
　123-ADC-456

　　　　　　과세공급가액　　　22,000,000
　　　　　　부가가치세　　　　2,200,000
　　　　　　합계　　　　　　24,200,000

[5] 11월 25일 (주)베타전자로부터 영업부서에서 사용할 컴퓨터를 구입하고 대금 1,650,000원(부가가치세 포함)을 하나카드로 결제하였다.(단, 컴퓨터는 유형자산 계정으로 처리할 것)(3점)

문제4 일반전표입력 및 매입매출전표입력 메뉴에 입력된 내용 중 다음과 같은 오류가 발견되었다. 입력된 내용을 확인하여 정정하시오.(6점)

[1] 10월 15일 비품을 (주)흥국재생에 5,500,000원(부가가치세 포함)에 현금처분하고 전자세금계산서를 발급하였으나, 회계처리 시 감가상각누계액을 고려하지 않았다.(처분일 현재 비품 취득가액은 8,000,000원이고 감가상각누계액은 3,500,000원이다)(3점)

[2] **12월 5일** 영업부가 둘리유통에서 소모품 33,000원(부가가치세 포함)을 현금으로 구매한 것을 일반전표에 입력하였으나, 적격증빙으로 전자세금계산서를 발급받은 것이 확인되었다. 소모품비 계정으로 처리할 것.(3점)

문제5 **결산정리사항은 다음과 같다. 해당 메뉴에 입력하시오.(9점)**

[1] 2020년 7월 1일 (주)삼성산유통에 20,000,000원을 대여하고 연 10%의 이자를 상환일인 2021년 6월 30일에 수취하기로 약정하였다. 기간경과분에 대한 이자(월할계산 할 것)를 반영하시오.(3점)

[2] 단기차입금 중에는 Silicon Valley에 대한 외화차입금 100,000,000원(미화 $100,000)이 계상되어 있다. 보고기간 종료일 현재 적용환율은 미화 1$당 1,200원이다.(3점)

[3] 당기 법인세비용은 10,500,000원이다. 선납세금을 반영하여 추가로 납부하게 될 금액을 미지급세금으로 대체하시오.(단, 선납세금은 조회하여 사용할 것)(3점)

문제6 **다음 사항을 조회하여 답안을** `이론문제 답안작성` **메뉴에 입력하시오.(9점)**

[1] 6월 말 현재 외상매출금 잔액이 가장 큰 거래처명과 그 금액은 얼마인가?(3점)

[2] 상반기(1월 ~ 6월) 중 원재료 매입액이 가장 많은 월의 금액은 얼마인가?(3점)

[3] 5월 20일 현재 현금 잔액은 얼마인가?(3점)

이론과 실무문제의 답을 모두 입력한 후 「답안저장(USB로 저장)」을 클릭하여 저장하고, USB메모리를 제출하시기 바랍니다.

75회 전산회계 1급 A형 답안

이론시험

1	②	2	①	3	③	4	②	5	④
6	②	7	③	8	①	9	②	10	①
11	③	12	①	13	④	14	④	15	④

01. 회계의 순환과정은 거래의 식별에서 분개 ~ 재무제표의 작성까지 일련의 과정이다.

02. 손익계산서에서 영업이익이 산출되는 과정 중에 발생되는 거래로 매출환입에 해당한다.

03. 신뢰성을 위한 질적특성에는 표현의 충실성, 중립성, 검증가능성이 있다. 적시성은 목적적합성을 위한 질적특성이다.

04. 정액법이 정률법보다 초기 감가상각비 금액이 작으므로 비용이 과소계상되고, 자산이 과대계상되므로 당기순이익이 과대계상된다.

05. 부동산매매업 운영 회사가 판매를 목적으로 보유한 건물, 토지 등은 재고자산에 해당된다.
보기1번 : 유형자산, 보기2번 : 당좌자산, 보기3번 : 유형자산

06. 보기2번은 손익계산서에 대한 설명이다.

07. 자기주식처분이익은 자본잉여금이다.

08. 지급어음, 미지급금, 가수금 계정은 부채 계정과목이므로 대손충당금 설정 대상이 아니다.

09. 관련원가란 의사결정에 영향을 미치는 원가로서 여러 대안 사이에 차이가 나는 <u>미래원가</u>이다.

10. 정상적인 재고감모손실은 발생제조경비로서 제품제조원가에 가산한다.

11. • 당기제품제조원가 : 1,000,000+2,000,000−300,000 = 2,700,000원
• 매출원가 : 1,500,000+2,700,000−500,000 = 3,700,000원

12. 당기총제조비용 = 재료비+노무비+경비=(500,000+300,000)+200,000+100,000 = 1,100,000원

13. 공급받는 자에게 도달하기 전에 파손되거나 훼손되거나 멸실한 재화의 가액은 과세표준(공급가액)에 포함되지 않는다.

14. 부동산임대용역 중 간주임대료는 세금계산서 발급 제외 대상이다.

15. 부가가치세는 간접세이다.

실 무 시 험

문제1

[1] 전기분원가명세서에서 복리후생비를 1,200,000원, 수선비를 1,300,000원으로 수정 입력

[2] 거래처별 초기이월에 수정
- 외상매출금 : (주)한성기업 8,500,000원을 85,000,000원으로 수정
  (주)신라기업 30,200,000원을 20,200,000원으로 수정
- 외상매입금 : 세진상사 21,000,000원을 23,000,000원으로 수정
  (주)미래상사 500,000원 삭제
- 지급어음 : 성한기업 14,000,000원을 4,000,000원으로 수정
※ (주)미래상사를 삭제하지 않고 잔액을 0원으로 입력하여도 무방하다.
※ 거래처별 초기이월 문제는 해당거래처와 금액 입력 시 "차액"이 발생하면 안 되며, 반드시 재무상태표의 금액과 거래처 합계액이 일치해야 한다.

[3] 계정과목 및 적요등록에서 536. 잡비 현금적요, 대체적요 입력

문제2 일반전표입력 메뉴에 추가 입력

[1] 7월 14일

(차) 보 통 예 금	1,300,000	(대) 외상매출금[(주)해주산업]	1,100,000
		외 환 차 익	200,000

[2] 8월 16일

(차) 도서인쇄배(판)	200,000	(대) 보 통 예 금	200,000

※ 종업원과 관련된 모든 비용을 복리후생비로 처리하는 것이 아니며, 도서인쇄비는 도서구입과 인쇄, 제본 등에 관련된 비용 지출시 사용되는 비용으로 도서인쇄비 계정으로 회계 처리한다.

[3] 9월 28일

(차) 특 허 권	500,000	(대) 현 금	500,000

※ 특허권 : 특허취득을 위하여 직접 사용된 금액(출원비용)을 취득원가로 계상한 금액

※ 개발비 : 개발단계는 연구단계보다 훨씬 더 진전되어 있는 상태로서 미래 경제적 효익이 기업에 유입될 가능성이 높은 지출이거나 취득원가를 신뢰성있게 측정할 수 있으면, '개발비' 라는 과목으로 무형자산으로 인식하고, 그 외의 경우에는 '경상개발비' 과목으로 발생한 기간의 비용으로 인식한다.

※ 개발단계에 속하는 활동은 다음과 같다.
① 생산이나 사용전의 시제품과 모형을 설계, 제작 및 시험을 하는 활동.
② 새로운 기술과 관련된 공구, 금형, 주형 등을 설계하는 활동.
③ 상업적 생산목적이 아닌 소규모의 시험공장을 설계, 건설 및 가동하는 활동

[4] 10월 20일

(차) 복 리 후 생 비 (판)	300,000	(대) 보 통 예 금	1,600,000
복 리 후 생 비 (제)	500,000		
예 　 수 　 금	800,000		

[5] 11월 27일

| (차) 토 　　　　 지 | 52,873,430 | (대) 자 산 수 증 이 익 | 50,000,000 |
| | | 보 통 예 금 | 2,873,430 |

　※ 소유권 이전비용은 취득원가에 가산한다.

　※ 무상증여 받은 자산의 공정가치에 해당하는 금액을 자산수증이익 계정으로 계상하고, 그리고 소유권 이전비용은 토지의 취득원가에 가산하여 회계처리 한다.

[6] 12월 21일

| (차) 재 해 손 실 | 24,550,000 | (대) 제 　　　　 품 | 24,550,000 |

　　　　　　　　　　　　　　　　　　　　(적요 8.타계정으로 대체액 손익계산서 반영분)

　※ 소실이란 불에 타서 사라진다는 의미로 재해손실 계정으로 회계처리한다. 또한 . '계정과목및적요등록' 메뉴에서 영업외비용인 재해손실 계정의 대체적요에 화재손실과 재해손실이 등록되어 있다.[(종전)기업회계기준 제51조]

문제3 | 매입매출전표입력 메뉴에 추가 입력

[1] 7월 16일

유형:51.과세, 공급가액:20,000,000원, 부가세:2,000,000원, 거래처:(주)동서유통, 전자:여, 분개:외상 또는 혼합

| (차) 원 　 재 　 료 | 20,000,000 | (대) 외 상 매 출 금 | 22,000,000 |
| 부 가 세 대 급 금 | 2,000,000 | [(주)동서유통)] | |

　※ 상품, 원재료 등 재고자산 이외의 자산을 구입하고 대금을 미지급한 경우에는 미지급금으로 처리한다.

[2] 7월 20일

유형:12영세(구분:3), 거래처:(주)런닝맨유통, 공급가액:50,000,000원, 부가세:0원, 전자:여, 분개:외상

| (차) 외 상 매 출 금 | 50,000,000 | (대) 제 품 매 출 | 50,000,000 |

[3] 7월 27일

유형:53.면세 공급가액:100,000,000원, 부가세:0 거래처:(주)본점, 전자:여, 분개:혼합

| (차) 토 　　　　 지 | 100,000,000 | (대) 당 좌 예 금 | 70,000,000 |
| | | 미지급금[(주)본점] | 30,000,000 |

　※ 상품, 원재료 등 재고자산 이외의 자산을 구입하고 어음을 발행한 경우에는 미지급금으로 처리한다.

　※ 문제 상 '전자계산서'를 발급받았다고 되어 있으며, 또한 부가가치세법상 토지의 공급은 면세 대상으로 '53.면세'로 처리한다. 〈참고 : 토지의 대여는 과세〉

[4] 9월 10일

11.과세 공급가액 500,000 부가가치세 50,000 거래처:김경진(05000) 전자:여 분개:현금

(차) 현　　　　　금　　550,000　　　　(대) 제 품 매 출　　　500,000
　　　　　　　　　　　　　　　　　　　　　부 가 세 예 수 금　　　50,000

※ 비사업자에게 제품(상품)을 판매 하였어도 세금계산서 발급분이므로 11.과세로 처리하며, 14. 건별로 처리하면 안 된다.

[5] 9월 14일

유형:61.현과, 공급가액:22,000,000원, 부가세:2,200,000원, 거래처:㈜삼성상사, 분개: 혼합

(차) 원　　재　　료　　22,000,000　　　(대) 보 통 예 금　　24,200,000
　　　부 가 세 대 급 금　　2,200,000

※ 기업의 대금결제는 외상이나 어음거래가 아닌 이상 예금이체가 일반적인 형태로서 문제에서 주어진 대로 보통예금 계정으로 회계처리 하여야한다. 현금영수증을 수령하였다고 현금으로 처리하면 안 된다.

[6] 11월 25일

유형:57카과, 공급가액:1,500,000원, 세액:150,000원, 거래처:(주)베타전자, 거래처:하나카드, 분개:카드 또는 혼합

(차) 비　　　　　품　　1,500,000　　　(대) 미지급금(하나카드)　　1,650,000
　　　부 가 세 대 급 금　　150,000

※ 미지급비용은 '기업회계상으로 발생한 "비용" 중 지급이 아직 이루어지지 않은 부채에 해당한다' 라고 되어 있다. 이 문제의 경우 컴퓨터를 유형자산 계정으로 처리할 것이라고 제시 되어 있기 때문에 자산의 취득에 대한 카드결제액은 미지급금으로 하는 것이 맞다.(일반기업회계기준 22장 실무지침22조 3항 3호)

문제4 입력된 내용 중 오류 확인 정정

[1] 10월 15일　매입매출전표 수정

유형:11.과세, 공급가액:5,000,000원, 부가세:500,000원, 거래처:(주)흥국재생, 전자:여, 분개:혼합

수정 전 : (차) 현　　　　　금　5,500,000　　(대) 비　　　　　품　8,000,000
　　　　　　　　유형자산처분손실　3,000,000　　　　부 가 세 예 수 금　　500,000

수정 후 : (차) 현　　　　　금　5,500,000　　(대) 비　　　　　품　8,000,000
　　　　　　　213 감가상각누계액　3,500,000　　　　부 가 세 예 수 금　　500,000
　　　　　　　　　　　　　　　　　　　　　　유형자산처분이익　　500,000

[2] 12월 5일　일반전표

수정 전 : (차) 소모품비(판)　33,000　　　(대) 현　　　　　금　　33,000

수정 후 : 일반전표 삭제 후 12월 5일 매입매출전표 입력

　　　　　　유형:51.과세, 공급가액:30,000원, 부가세:3,000원, 거래처:(주)둘리유통, 전자:여, 분개:현금 또는 혼합

　　　　(차) 소모품비 (판)　　　30,000　　　　(대) 현　　　　　　금　　　33,000
　　　　　　부가세대급금　　　　3,000

문제5 해당메뉴에 입력

[1] 12월 31일　일반전표 입력

　　　(차) 미　수　수　익　1,000,000(또는 999,999)　　　(대) 이　자　수　익　1,000,000(또는 999,999)

　　　　※ 20,000,000×10%×6/12 = 1,000,000

[2] 12월 31일　일반전표 입력

　　　(차) 외 화 환 산 손 실　　20,000,000　　　　　　(대) 단기차입금(Silicon Valley)　20,000,000

　　※ 단기차입금이란 계정과목을 제시하였으므로 회계처리 시 단기차입금 계정을 사용하여야 한다.

　　※ 결제시점이라면 '외환차손익' 계정을 사용하지만, 결산 시점에 환산하는 것이므로 '외화환산
　　　손익'으로 처리하여야 한다.

　　※ 거래처는 채권/채무와 관련된 계정과목에는 필수적으로 입력해야 잔액을 관리할 수 있는 것이
　　　기 때문에 반드시 등록하여야 한다.(일반기업회계기준 23.10)

[3] 12월 31일　일반전표입력, 선납세금 잔액 5,000,000원을 확인

　　　(차) 법 인 세 비 용　　10,500,000　　　　(대) 선　납　세　금　　5,000,000
　　　　　　　　　　　　　　　　　　　　　　　　　　　　　미　지　급　세　금　　5,500,000

　　※ 또는 결산자료입력에서 결산반영금액에 선납세금 5,000,000원, 미지급세금 5,500,000원 입력
　　　후 전표추가

문제6 [이론문제 답안작성] 메뉴에 입력

　　[1] [거래처원장에서 6월 30일 외상매출금 과목으로 조회] : 조아상사, 30,000,000원

　　[2] [총계정원장 1월~6월 조회, 3월] : 81,520,000원

　　[3] [현금출납장 5월 20일 조회] : 6,200,000원

14 제74회 기출문제

이 론 시 험

❑ 다음 문제를 보고 알맞은 것을 골라 이론문제 답안작성 메뉴화면에 입력하시오.
(※ 객관식 문항당 2점)

─────── < 기 본 전 제 > ───────
문제에서 한국채택국제회계기준을 적용하도록 하는 전제조건이 없는 경우, 일반기업회계기준을 적용한다.

01 다음 중 현금 및 현금성자산 금액을 모두 합하면 얼마인가?

> • 취득 당시 만기가 2개월인 채권 : 500,000원   • 타인발행 당좌수표 : 200,000원
> • 당좌개설보증금 : 100,000원   • 당좌차월 : 500,000원   • 보통예금 : 300,000원

① 1,000,000원   ② 1,100,000원   ③ 500,000원   ④ 900,000원

02 다음 중 무형자산에 해당하는 것의 개수는?

> • 특허권   • 내부적으로 창출된 영업권   • 컴퓨터소프트웨어
> • 상표권   • 임차권리금   • 경상개발비

① 3개   ② 4개   ③ 5개   ④ 6개

03 다음 중 일정시점의 기업의 자산·부채 및 자본 내역을 알 수 있는 보고서는?

① 현금흐름표   ② 손익계산서   ③ 재무상태표   ④ 자본변동표

04 결산 마감 시 당기분 감가상각누계액으로 1,000,000원을 계상하였다. 재무제표에 미치는 영향을 바르게 설명한 것은?

① 자본이 1,000,000원 증가한다.   ② 부채가 1,000,000원 증가한다.
③ 당기순이익이 1,000,000원 감소한다.   ④ 자산이 1,000,000원 증가한다.

05 다음 중 유형자산의 취득원가에 해당하지 않는 것은?

① 유형자산의 매입 또는 건설과 직접적으로 관련되어 발생한 종업원 급여
② 유형자산의 취득과 직접 관련된 제세공과금
③ 유형자산의 설치장소 준비를 위한 지출
④ 유형자산 취득 후 발생한 이자비용

06 다음 자료를 이용하여 상품의 기말재고액을 계산하면 얼마인가?

• 매출액　2,000,000원	• 매출에누리 300,000원	• 매출할인　200,000원
• 매입액　1,500,000원	• 매입할인　50,000원	• 매입환출　100,000원
• 타계정으로 대체 200,000원	• 기초재고액 30,000원	• 매출총이익 370,000원

① 50,000원 　　　　　　　　② 100,000원
③ 200,000원 　　　　　　　　④ 30,000원

07 다음 매출채권에 대한 설명 중 잘못된 것은?

① 회수가 불확실한 매출채권에 대하여 합리적이고 객관적인 기준에 따라 산출한 대손추산액을 대손충당금으로 설정한다.
② 매출채권 등의 이전거래가 차입거래에 해당하면 처분손익을 인식하여야 한다.
③ 대손추산액에서 대손충당금잔액을 차감한 금액을 대손상각비로 계상한다.
④ 회수가 불가능한 채권은 대손충당금과 상계하고 대손충당금이 부족한 경우에는 그 부족액을 대손상각비로 처리한다.

08 도매업을 영위하는 (주)전자의 비용관련 자료이다. 다음 중 영업외비용 합계액은 얼마인가?

• 광고선전비 : 1,000,000원	• 감가상각비 : 1,000,000원
• 재고자산감모손실(비정상적 발생) : 1,000,000원	• 기부금 : 1,000,000원

① 1,000,000원 　　　　　　　② 2,000,000원
③ 3,000,000원 　　　　　　　④ 4,000,000원

09 다음 자료를 이용하여 선입선출법과 평균법에 의한 재료비의 완성품환산량 차이는 얼마인가?

> • 기초재공품 : 200개(완성도 50%)
> • 완성품수량 : 2,600개
> • 기말재공품 : 500개(완성도 40%)
> • 원재료는 공정초에 전량 투입되고, 가공비는 공정전반에 걸쳐 균등하게 발생된다.

① 100개   ② 200개
③ 300개   ④ 400개

10 다음 중 제조원가명세서에 포함되지 않는 항목은 무엇인가?

① 당기총제조원가   ② 당기제조경비
③ 당기제품제조원가   ④ 매출원가

11 다음은 보조부문비의 배부기준이다. 가장 적절하지 않은 배부기준은?

① 구매부문 : 주문횟수, 주문비용
② 동력부문 : 사용전력량, 전기용량
③ 노무관리부문 : 수선횟수, 수선유지기간
④ 검사부문 : 검사수량, 검사시간

12 다음은 제조기업의 원가계산과 관련된 산식이다. 틀린 것은?

① 당기총제조원가 = 직접재료비(+)직접노무비(−)제조간접비
② 직접재료비 = 기초원재료재고액(+)당기원재료매입액(−)기말원재료재고액
③ 당기제품제조원가 = 기초재공품재고액(+)당기총제조원가(−)기말재공품재고액
④ 매출원가 = 기초제품재고액(+)당기제품제조원가(−)기말제품재고액

13 다음 중 부가가치세에 대한 설명으로 틀린 것은?

① 부가가치세는 전단계세액공제법을 채택하고 있다.
② 부가가치세는 0% 또는 10%의 세율을 적용한다.
③ 면세사업과 관련한 매입세액은 부가가치세 매입세액공제가 불가능하다.
④ 접대비 및 이와 유사한 지출도 사업과 관련이 있는 지출이므로 부가가치세 매입세액공제가 가능하다.

14 다음 중 부가가치세법상 재화의 공급으로 보지 않는 거래는?

① 사업용 자산으로 국세를 물납하는 것
② 현물출자를 위해 재화를 인도하는 것
③ 장기할부판매로 재화를 공급하는 것
④ 매매계약에 따라 재화를 공급하는 것

15 다음 중 부가가치세 면세대상이 아닌 것은?

① 약사법에 따른 약사가 제공하는 의약품의 조제용역
② 수돗물
③ 연탄과 무연탄
④ 항공법에 따른 항공기에 의한 여객운송 용역

실 무 시 험

● (주)화랑전자(회사코드 : 0743)는 전자부품을 제조하여 판매하는 중소기업이며, 당기(제11기) 회계기간은 2020. 1. 1 ~ 2020. 12. 31 이다. 전산세무회계 수험용 프로그램을 이용하여 다음 물음에 답하시오.

─< 기 본 전 제 >─

문제에서 한국채택국제회계기준을 적용하도록 하는 전제조건이 없는 경우, 일반기업회계기준을 적용한다.

문제1 다음은 기초정보관리에 대한 자료이다. 각각의 요구사항에 대하여 답하시오.(10점)

[1] 전기분손익계산서를 검토한 결과 다음과 같은 오류가 발견되었다. 전기분손익계산서, 전기분잉여금처분계산서, 전기분재무상태표, 전기분원가명세서 중 관련된 부분을 수정하시오.(4점)

계정과목 및 금액	틀린 내용	올바른 내용
복리후생비	판매비와관리비로 1,500,000원을 과다입력함	제조원가로 1,500,000원을 추가반영할 것

[2] 다음 거래처를 추가등록하시오.(주소 입력 시 우편번호 입력은 생략함) (3점)

- 거래처코드 : 02001   • 거래처명 : 대차공업   • 유형 : 매출
- 사업자등록번호 : 112-03-84565
- 주소 : 경기도 안산시 단원구 광덕대로 141
- 대표자명 : 김대차   • 업태 : 제조   • 종목 : 기계

[3] 업무용 승용차를 리스하여 사용하고자 한다. 이와 관련하여 다음 자료를 계정과목 및 적요등록에 반영하시오.(3점)

- 코드 : 816   • 계정과목 : 차량리스료
- 성격 : 3. 경비   • 현금적요 2번 : 업무용승용차 리스료

문제2 다음 거래 자료를 일반전표입력 메뉴에 추가 입력하시오.(일반전표입력의 모든 거래는 부가가치세를 고려하지 말 것)(18점)

[1] 7월 25일   단기 시세차익을 목적으로 당해연도에 취득하였던 (주)올빅뱅의 주식 1,000주(1주당 액면가 5,000원, 1주당 구입가 10,000원)를 12,000,000원에 처분하고 보통예금에 입금하였다.(3점)

[2] 7월 28일   우리은행의 이자수익 중 원천징수세액 46,200원을 제외한 나머지 금액인 253,800원이 보통예금으로 입금되었음을 확인하였다.(단, 원천징수세액은 자산으로 처리할 것)(3점)

[3] 8월 12일   영업부 행정업무 지원을 위한 일용직근로자 2명을 채용하고 당일 일당인 200,000원(1인당 일당 100,000원)을 보통예금에서 지급하였다.(3점)

[4] 8월 15일   매출거래처인 마음전자의 외상매출금 1,000,000원에 대하여 다음의 약속어음을 배서양도 받고, 나머지 금액은 보통예금으로 받았다.(3점)

약 속 어 음

마음전자 귀하

금 ₩ 600,000

위의 금액을 귀하 또는 귀하의 지시인에게 이 약속어음과 상환하여 지급하겠습니다.

지급기일 2020.9.30.	발행일 2020.04.30.
지 급 지 *****************	발행지 *******************
지급장소 ***************	주 소 ***********************
	발행인 (주)기준공업

---

[5] 8월 20일   회사는 전 임직원의 퇴직금에 대해 확정급여형(DB형) 퇴직연금에 가입하고 있으며, 8월분 퇴직연금 13,520,000원을 당사 보통예금에서 이체하여 납부하였다.(3점)

[6] 8월 25일 이안산업에서 매입한 원재료 일부에서 불량품이 발견되어 외상대
금잔액 5,000,000원 중 1,200,000원을 감액받고 나머지는 보통
예금으로 결제하였다.(3점)

문제3 다음 거래 자료를 매입매출전표입력 메뉴에 입력하시오.(18점)

───── < 입력시 유의사항 > ─────

- 일반적인 적요의 입력은 생략하지만, 타계정 대체거래는 적요번호를 선택하여 입력한다.
- 별도의 요구가 없는 한 반드시 기 등록되어 있는 거래처코드를 선택하는 방법으로 거래처명을 입력한다.
- 제조경비는 500번대 계정코드를, 판매비와 관리비는 800번대 계정코드를 사용한다.
- 회계처리시 계정과목은 별도제시가 없는 한 등록되어 있는 계정과목 중 가장 적절한 과목으로 한다.
- 입력화면 하단의 분개까지 처리하고, 전자세금계산서는 전자입력으로 반영한다.

[1] 8월 1일 본사 영업부에서 야유회 때 직원들 식사로 제공할 생고기를 직접 구매
하고 전자계산서를 수취하였다.(3점)

전자계산서(공급받는자 보관용)						승인번호	20200801-21058052-11726691		
공급자	사업자등록번호	106-90-52391	종사업장번호		공급받는자	사업자등록번호	229-81-28156	종사업장번호	
	상호(법인명)	알뜰정육점	성명(대표자)	채사장		상호(법인명)	(주)화랑전자	성명(대표자)	박형식
	사업장주소	서울 서초구 강남대로 465				사업장주소	서울 서초구 방배로 142, 동주빌딩 3층		
	업태	도소매	종목	정육		업태	제조	종목	전자부품
	이메일					이메일			
작성일자	2020.08.01		공급가액	1,800,000		수정사유			
비고									

월	일	품 목	규 격	수 량	단 가	공 급 가 액	비 고
8	1	생 고 기				1,800,000	

합 계 금 액	현 금	수 표	어 음	외상미수금	이 금액을	영수 함
1,800,000	1,800,000					청구

[2] 9월 3일 공장에서 사용하는 화물용 차량인 포터의 접촉 사고로 (주)싸다정비
소에서 수리하고, 2,200,000원(부가가치세 포함)을 법인카드(삼성카
드)로 결제하였다. 지출비용은 차량유지비 계정을 사용한다.(3점)

[3] 9월 15일 태국 소재의 회사인 무에타이(Muaythai.com)에게 20,000,000원의
제품을 직수출하고 대금 중 10,000,000원은 당일에 보통예금으로 받
고 나머지는 다음 달에 받기로 하였다.(3점)

[4] 10월 2일 당사는 제품을 제조하기 위해 (주)반도정밀에서 기계장치를 100,000,000원(부가가치세 별도)에 10개월 할부로 구매하고 전자세금계산서를 발급받았다. 할부대금은 다음달부터 지급한다. (3점)

[5] 10월 25일 우리상사에 제품을 판매하고 다음과 같이 전자세금계산서를 발급하였다. (단, 어음의 만기일은 3개월이다) (3점)

전자세금계산서(공급자 보관용)					승인번호	2020102 5-21058052-11726645			
공급자	사업자 등록번호	229-81-28156	종사업장 번호		공급받는자	사업자 등록번호	130-33-68798	종사업장 번호	
	상호 (법인명)	(주)화랑전자	성 명 (대표자)	박형식		상호 (법인명)	우리상사	성 명	이하나
	사업장 주소	서울 서초구 방배로 142, 동주빌딩 3층				사업장 주소	서울시 마포구 상암동 261		
	업 태	제조	종 목	전자부품		업 태	도매업	종 목	컴퓨터
	이메일					이메일			

작성일자	공급가액	세액	수정사유		
2020. 10. 25	2,000,000	200,000			
비고					

월	일	품 목	규 격	수 량	단 가	공 급 가 액	세 액	비 고
10	25	전자부품		200개	10,000	2,000,000	200,000	

합 계 금 액	현 금	수 표	어 음	외 상 미 수 금	이 금액을 영수 함 청구
2,200,000	1,100,000		1,100,000		

[6] 10월 29일 공장에서 사용하는 기계장치의 원상회복을 위한 수선을 하고 수선비 110,000원을 전액 하나카드로 결제하고 다음의 매출전표를 수취하였다. (3점)

```
                    매 출 전 표
  단말기번호    11213692          전표번호      234568
  카드종류                  거래종류    결재방법
  하나카드                   신용구매     일시불
  회원번호(Card No)          취소시 원거래일자
  4140-0202-3245-9958
  유효기간            거래일시          품명
                    2020.10.29       기계수선
  전표제출            금    액/AMOUNT   100,000
                    부 가 세/VAT        10,000
  전표매입사          봉 사 료/TIPS
                    합    계/TOTAL     110,000
  거래번호            승인번호/(Approval No.)
                    98421147
  가맹점       (주)민상사
  대표자       김주민        TEL
  가맹점번호                사업자번호    204-19-76690
  주소         경기 성남시 수정구 고등동 525-5

                              서명(Signature)
```

문제4 일반전표입력 및 매입매출전표입력 메뉴에 입력된 내용 중 다음과 같은 오류가 발견되었다. 입력된 내용을 확인하여 정정하시오.(6점)

[1] 12월 24일 영업부서에서 사용할 키보드 등을 신도컴퓨터에서 현금 132,000원(부가가치세 포함)에 구입하고 일반전표에 입력하였으나, 거래증빙으로 종이세금계산서를 발급받았음이 확인되었다.(계정과목은 소모품으로 할 것) (3점)

[2] 10월 10일 보통예금계좌로 입금된 5,000,000원을 매출거래처 (주)대흥의 외상매출금 회수로 회계처리하였으나, (주)대흥에 사무실을 임대하고 받은 임대보증금이 입금된 것으로 확인되었다.(3점)

문제5 결산정리사항은 다음과 같다. 해당 메뉴에 입력하시오.(9점)

[1] 기말현재 합계잔액시산표상의 현금과부족 잔액 100,800원에 대하여 원인을 파악할 수 없다.(3점)

[2] 우리은행의 정기예금에 대한 기간 경과분 이자를 인식하다.(3점)

• 예금금액 : 100,000,000원	• 예금기간 : 2020. 4. 1 ~ 2022. 3. 31
• 연이자율 : 2%, 월할로 계산할 것	• 이자지급일 : 연 1회(매년 3월 31일)

[3] 결산일 현재 다음과 같이 제조원가에 반영할 감가상각비를 계상하고자 한다.(3점)

• 차량운반구 : 6,500,000원	• 비품 : 7,200,000원	• 기계장치 : 5,000,000원

문제6 다음 사항을 조회하여 답안을 │이론문제 답안작성│ 메뉴에 입력하시오.(9점)

[1] 4월 중 (주)미래유통의 외상매출금을 회수한 금액은 얼마인가?(3점)

[2] 1월 말 현재 유동자산과 유동부채 간의 차액은 얼마인가?(단, 양수로 입력할 것) (3점)

[3] 2월 중 현금으로 지급한 판매비 및 관리비로 분류되는 복리후생비의 금액은 얼마인가?(3점)

74회 전산회계 1급 A형 답안

이론시험

1	①	2	②	3	③	4	③	5	④
6	①	7	②	8	②	9	②	10	④
11	③	12	①	13	④	14	①	15	④

01. • 500,000원+200,000원+300,000원 = 1,000,000원
- 취득 당시 만기가 2개월 채권, 타인발행 당좌수표, 보통예금은 현금및현금성자산이다.
- 당좌개설 보증금은 장기금융상품, 당좌차월은 단기차입금으로 분류한다.

02. • 산업재산권(특허권, 실용신안권, 의장권, 상표권, 상호권 및 상품명 포함), 컴퓨터소프트웨어, 임차권리금이 무형자산에 해당된다.
- 내부적으로 창출된 영업권은 미래 경제적 효익을 창출하기 위하여 발생한 지출이라도 인식기준을 충족하지 못하면 무형자산으로 인식할 수 없다.
- 경상개발비는 당기 비용으로 처리한다.

03. 재무상태표는 기업의 재무상태를 나타내는 보고서로 현재 기업이 보유하고 있는 자산·부채 및 자본을 보여주는 정태적 보고서를 말함.

04. 비용 계상 → 이익 감소, 자본 감소, 자산 감소

05. 자산을 취득 완료한 후 발생한 이자비용은 기간비용으로 처리한다.

06. • 순매출액 = 매출액−매출할인−매출에누리 = 2,000,000원−200,000원−300,000원 = 1,500,000원
- 매출총이익 = 순매출액−매출원가 = 1,500,000원−1,130,000원 = 370,000원
- 매출원가 = 기초재고액+매입액−매입환출−매입할인−타계정으로 대체−기말재고액
  = 30,000원+1,500,000원−100,000원−50,000원−200,000원−(기말재고액 50,000원) = 1,130,000원

07. 보기2번 : 매각거래에 해당하면 처분손익을 인식하여야 한다.

08. 광고선전비와 감가상각비는 판매비와관리비에 해당하고, 재고자산감모손실(비정상적 발생)과 기부금은 영업외비용이다.

09. • 선입선출법에 의한 재료비 완성품환산량 : 2,600개 − 200개 + 500개 = 2,900개
- 평균법에 의한 재료비 완성품환산량 : 2,600개 + 500개 = 3,100개
- 선입선출법과 평균법에 의한 재료비의 완성품환산량 차이 : 3,100개 − 2,900개 = 200개

10. 매출원가는 손익계산서 항목이다.

11. 노무관리부문은 종업원수로 배부하는 것이 합리적이다.

12. 당기총제조원가 = 직접재료비+직접노무비+제조간접비

13. 접대비 및 이와 유사한 지출은 부가세 매입세액공제가 불가능하다. 부가가치세는 영세율 (0%) 또는 10%의 세율을 적용한다.

14. 물납은 재화의 공급으로 보지 않는다.

15. 항공법에 따른 항공기에 의한 여객운송 용역은 과세대상이다.

실 무 시 험

문제1

[1] • 전기분원가명세서 : 복리후생비 7,000,000원을 8,500,000원으로 수정입력, 당 기제품제조원가248,470,000원을 249,970,000원으로 변경 확인

• 전기분손익계산서 : 복리후생비 11,500,000원을 10,000,000원으로 수정 입력, 당기제품제조원가 248,470,000원을 249,970,000원으로 수정 입력 후, 당기순 이익(25,371,900원) 확인

• 전기분잉여금처분계산서와 전기분재무상태표 : 당기순이익과 이월이익잉여금의 금액은 변동이 없으므로 수정 불필요

[2] 기초정보등록의 거래처등록 메뉴에 등록

[3] 계정과목및적요등록 메뉴에서, 816번의 오른쪽 상단 계정코드(명)에 '차량리스 료'를 입력하고, 성격은 3.경비를 선택한다. 현금적요 2.란에 '업무용승용차 리스 료'를 입력한다.

문제2 일반전표입력 메뉴에 추가 입력

[1] 7월 25일

(차) 보 통 예 금 12,000,000   (대) 단 기 매 매 증 권 10,000,000
                                    단기매매증권처분이익   2,000,000

※ 단기시세차익을 목적으로 취득한 주식이나 채권은 단기매매증권 계정으로 처리한다.

[2] 7월 28일

(차) 보 통 예 금   253,800   (대) 이 자 수 익   300,000
    선 납 세 금   46,200

※ 원천징수납세의무자인 회사의 이자수익을 묻는 문제로서, 원천징수 당한 세액은 자산 계정인 선납세금 계정으로 처리하였다가, 개인사업자는 다음 연도 5월 1일 ~ 5월 31까지 납부할 종합소득세납부시 소득세등 계정에서, 법인사업자는 법인세 납부 시 법인세등 계정에서 뺀 금액을 납부하는 것이다. ① 원천징수 하는 자 : 예수금, ② 원천징수 당한 자 : 선납세금

[3] 8월 12일

(차) 잡   급 (판)   200,000   (대) 보 통 예 금   200,000

※ 기업실무에서 연말정산 대상에 해당하는 근로자에게 지급하는 급여는 급여나 임금으로 회계처리하고, 일용직 근로자에게 지급하는 급여는 잡급 계정을 사용한다.

[4] 8월 15일

(차) 받을어음[(주)기준공업]   600,000   (대) 외상매출금(마음전자)   1,000,000
　　보 통 예 금   400,000

[5] 8월 20일

(차) 퇴직연금운용자산   13,520,000   (대) 보 통 예 금   13,520,000

※ '퇴직연금' 계정이란 계정과목은 등록되어 있지 않으며, 확정급여형(DB형)인 경우 '퇴직연금운용자산' 계정을 확정기여형(DC형)일 경우는 '퇴직급여' 계정을 사용한다.

[6] 8월 25일

(차) 외상매입금(이안산업)   5,000,000   (대) 매입환출및에누리(원재료)   1,200,000
　　　　　　　　　　　　　　　　　　　　　　　　보 통 예 금   3,800,000

※ 이안산업에 감액받은 사유는 원재료 일부에서 불량품이 발견되어 감액받은 것이기 때문에 '무상'으로 면제해 줘서 발생하는 채무면제이익과는 다르다. 따라서 매입 환출 및 에누리 계정으로 사용하는 것이 타당하다.

※ 매입할인은 외상대금을 조기에 지급하여 약정에 의해 할인 받는 것을 말한다. 불량으로 인한 감액은 해당하지 않는다.

문제3 | 매입매출전표입력 메뉴에 추가 입력

[1] 8월 1일

유형 : 53.면세, 공급가액 : 1,800,000, 거래처 : 알뜰정육점, 전자 : 여, 분개 : 혼합 또는 현금

(차) 복리후생비 (판)   1,800,000   (대) 현   금   1,800,000

※ 계산서를 발급 받았으므로 유형을 53. 면세 계정을 적용하여야하며, 가공되지 않은 생고기는 부가가치세법상 면세에 해당한다.

[2] 9월 3일

유형 : 57.카과, 공급가액 : 2,000,000, 부가세 : 200,000, 거래처 : (주)싸다정비소, 분개 : 혼합 또는 카드

(차) 차량유지비 (제)   2,000,000   (대) 미 지 급 금   2,200,000
　　부 가 세 대 급 금   200000   또는 미지급비용 (삼성카드)

※ 법인카드로 결제했으므로 유형 51.과세(세금계산서 발급분)은 정답처리 되지 않는다.

※ 업무무관 구매일 경우 불공으로 처리하며, 이 경우도 세금계산서가 발급되어야 불공으로 처리한다. 업무무관이라도 세금계산서가 발급되지 않으면, 일반전표에 입력하여야 하는 것이다.

[3] 9월 15일

유형 : 16.수출, 공급가액 : 20,000,000원, 부가세 : 0, 거래처 : 무에타이, 영세율구분 : 1. 분개 : 혼합

(차) 보 통 예 금   10,000,000   (대) 제 품 매 출 20,000,000
　　 외상매출금(무에타이)   10,000,000

※ 기업의 주된 사업에서 재화나 용역을 외상으로 판매 한 경우에는 외상매출금을 기업의 주된 사업 이외의 거래에서 외상으로 판매한 경우에는 미수금을 사용한다. 제품 및 상품의 판매는 회사의 주된 영업활동에 해당한 함으로 외상매출금으로 회계처리 한다.

[4] 10월 2일

유형 : 51과세, 공급가액 : 100,000,000, 부가세 : 10,000,000, 거래처 : (주)반도정밀, 전자 : 여 분개 : 혼합

(차) 기 계 장 치 100,000,000   (대) 미지급금[(주)반도정밀]   110,000,000
　　 부 가 세 대 급 금   10,000,000

※ '분개유형'을 사용하는 이유는 전표입력을 원활하게 하기 위함이다. 유형을 '외상' 으로 선택한 후 '외상매입금' 을 '미지급금' 으로 바꾸는 것은 일반적이지 않으며, 유형 '혼합'을 사용하는 것이 맞다.

[5] 10월 25일

유형 : 11과세, 공급가액 : 2,000,000원, 부가세 : 200,000원, 거래처 : 우리상사, 전자 : 여, 분개 : 혼합

(차) 현　　　　금   1,100,000   (대) 제 품 매 출   2,000,000
　　 받을어음(우리상사)   1,100,000   부 가 세 예 수 금   200,000

[6] 10월 29일

유형 : 57카과, 공급가액 : 100,000원, 세액 : 10,000원, 거래처 : (주)민상사, 신용카드사 : 하나카드, 분개 : 혼합 또는 카드

(차) 수 선 비(제)   100,000   (대) 미 지 급 금   110,000
　　 부 가 세 대 급 금   10,000   또는 미지급비용(하나카드)

※ 문제의 "원상회복을 위한 수선비"는 수익적 지출로 수선비(비용 계정)로 처리하는 게 타당하나, 자본적 지출로 보는 수선비는 내용연수를 연장시키거나 가치를 현실적으로 증가시키는 수선비가 여기에 해당된다. 따라서 원상회복이나 능률유지를 위한 수선비는 성능수준을 향상시켜 주기보다는 유지시켜 주기 위한 지출이므로 비용으로 인식하는게 타당하다.

문제4 입력된 내용 중 오류 확인 정정

[1] 수정전 : 12월 24일 일반전표 삭제하고, 수정후 : 12월 24일 매입매출전표 입력
　　 유형 : 51 과세, 공급가액 : 120,000, 세액 : 12,000 거래처 : 신도컴퓨터, 전자 : 부, 분개 : 현금

(차) 소 모 품	120,000		(대) 현	금	132,000
부가세대급금	12,000				

※ 종이세금계산서를 발급 받았으므로 51 과세가 타당하고, 현금영수증 수취에 의한 과세 매입거래가 61 현과이므로 현과는 해당되지 않는다.

※ 현금으로 거래 했으므로 분개도 현금으로 해야 한다.

※ 주어진 문제에 계정과목은 소모품으로 할 것이라고 명시했기 때문에 비품 계정과목은 틀린다.

[2] 10월 10일

수정전 (차) 보 통 예 금	5,000,000	(대) 외상매출금[(주)대흥]	5,000,000
수정후 (차) 보 통 예 금	5,000,000	(대) 임대보증금[(주)대흥]	5,000,000

문제5 해당메뉴에 입력

[1] 12월 31일 일반전표 입력(현금과부족의 차변잔액 100,800원을 조회 확인)

(차) 잡 손 실 100,800 (대) 현 금 과 부 족 100,800

[2] 12월 31일 일반전표 입력

(차) 미 수 수 익 1,500,000 (대) 이 자 수 익 1,500,000

– 1,500,000원 = 100,000,000원 × 2% × 9/12

※ 이자금액이 1,500,000원 또는 1,499,999원인 경우 둘 다 정답으로 인정된다.

[3] 결산자료입력 메뉴를 선택한 후 제품매출원가란의 해당 칸에
 – 차량운반구 : 6,500,000원, 비품 : 7,200,000원, 기계장치 : 5,000,000원을 입력한 후 전표 추가

문제6 [이론문제 답안작성] 메뉴에 입력

[1] [거래처원장에서 4월 중 외상매출금 과목으로 조회] : 7,000,000원

[2] [재무상태표 1월 조회] : 758,581,992원
 1,027,627,443원(유동자산) – 269,045,451원(유동부채) = 758,581,992

[3] [일계표(월계표) 2월 조회] : 970,000원

15 제73회 기출문제

이 론 시 험

⭕ 다음 문제를 보고 알맞은 것을 골라 │이론문제 답안작성│ 메뉴화면에 입력하시오.
(※ 객관식 문항당 2점)

─────────< 기 본 전 제 >─────────
문제에서 한국채택국제회계기준을 적용하도록 하는 전제조건이 없는 경우, 일반기업회계기준을 적용한다.

01 다음 자료는 기말자산과 기말부채의 일부분이다. 기말재무상태표에 표시될 항목과 금액이 올바른 것은?

• 받을어음 100,000원	• 미지급금 120,000원	• 외상매출금 130,000원
• 지급어음 150,000원	• 미 수 금 160,000원	• 외상매입금 180,000원
• 보통예금 170,000원	• 정기예금 190,000원	• 자기앞수표 110,000원

① 현금및현금성자산 470,000원　　　② 매출채권 330,000원
③ 매입채무 230,000원　　　　　　　④ 유동부채 450,000원

02 다음 중 재무상태표 및 손익계산서에 대해 잘못 설명한 것은?

① 자산은 유동자산과 비유동자산으로 구분되고, 비유동자산은 투자자산, 유형자산, 무형자산 및 기타비유동자산으로 구분된다.
② 부채는 유동부채와 비유동부채로 구분되며, 사채 · 장기차입금 · 퇴직급여충당부채계정은 비유동부채에 속한다.
③ 손익계산서는 매출총손익 · 영업손익 · 경상손익 · 법인세비용차감전순손익 및 당기순손익으로 구분 표시하여야 한다.
④ 재무상태표는 유동성배열법에 따라 유동성이 큰 항목부터 먼저 나열한다.

03 자본의 분류에 대한 다음 설명 중 잘못된 것은?

① 자본금은 법정자본금으로 한다.
② 주식발행초과금, 자기주식처분이익, 주식할인발행차금은 모두 자본잉여금에 해당한다.

③ 자본조정은 당해 항목의 성격으로 보아 자본거래에 해당하나 최종 납입된 자본으로 볼 수 없거나 자본의 가감 성격으로 자본금이나 자본잉여금으로 분류할 수 없는 항목이다.

④ 자본잉여금은 증자나 감자 등 주주와의 거래에서 발생하여 자본을 증가시키는 잉여금이다.

04 다음 유가증권 거래로 인하여 2020년 당기손익에 미치는 영향을 바르게 설명한 것은?

- 2020년 4월 1일 단기시세차익을 얻을 목적으로 (주)한양의 주식 1,000주를 주당 6,000원(액면가액 5,000원)에 현금 취득하였다.
- 2020년 6월 30일 (주)한양의 주식 500주를 주당 7,000원에 처분하였다.

① 당기순이익 500,000원 증가 ② 당기순이익 1,000,000원 증가
③ 당기순이익 500,000원 감소 ④ 당기순이익 1,000,000원 감소

05 다음 회계처리로 인하여 재무제표에 미치는 영향을 바르게 설명한 것은?

업무용 차량을 취득하기로 하고 지급한 금액 선급금 2,000,000원을 차량유지비로 회계처리 하였다.

① 수익이 2,000,000원 과대계상된다. ② 비용이 2,000,000원 과대계상된다.
③ 자본이 2,000,000원 과대계상된다. ④ 자산이 2,000,000원 과대계상된다.

06 손익계산서에 대한 설명 중 잘못된 것은?

① 제품, 상품 등의 매출액에 대응되는 원가로서 판매된 제품이나 상품 등에 대한 제조원가 또는 매입원가를 매출원가라 한다.

② 판매비와관리비는 제품, 상품, 용역 등의 판매활동과 기업의 관리활동에서 발생하는 비용으로서 매출원가에 속하지 아니하는 모든 영업비용을 포함한다.

③ 판매비와관리비는 당해 비용을 표시하는 적절한 항목으로 구분하여 표시하여야 하며 일괄표시할 수 없다.

④ 기업의 주된 영업활동이 아닌 활동으로부터 발생하는 수익과 차익은 영업외수익에 해당된다.

07 다음 중 합계잔액시산표에서 발견할 수 있는 오류는?

① 동일한 금액을 차변과 대변에 반대로 전기한 경우
② 차변과 대변의 전기를 동시에 누락한 경우
③ 차변과 대변에 틀린 금액을 똑같이 전기한 경우
④ 차변만 이중으로 전기한 경우

08 다음 중 유동자산에 해당하지 않는 것은?

① 보고기간 종료일로부터 2년 이내에 현금화 될 것으로 예상되는 자산
② 사용의 제한이 없는 현금및현금성자산
③ 기업의 정상적인 영업주기 내에 실현될 것으로 예상되거나 판매목적 또는 소비목적으로 보유하고 있는 자산
④ 단기매매목적으로 보유하고 있는 자산

09 다음 자료를 보고 선입선출법에 의한 직접재료비 및 가공비 각각 완성품환산량을 계산하면 얼마인가?

> • 기초재공품 : 10,000단위(완성도 : 60%) • 기말재공품 : 20,000단위(완성도 : 40%)
> • 당기착수량 : 40,000단위 • 완성품수량 : 30,000단위
> • 직접재료비는 공정 50% 시점에서 전량 투입되고, 가공비는 공정전반에 걸쳐 균등하게 발생한다.

	직접재료비	가 공 비		직접재료비	가 공 비
①	40,000 단위	32,000 단위	②	32,000 단위	40,000 단위
③	20,000 단위	32,000 단위	④	38,000 단위	50,000 단위

10 다음은 재고자산가액 계산 방법이다. 성격이 다른 하나는?

① 이동평균법 ② 실지재고조사법
③ 계속기록법 ④ 혼합법

11 원재료의 사용액을 과소하게 계상한 경우 제조원가와 재무제표에 미치는 영향으로 틀린 것은?(단, 기말재공품과 기말제품은 존재하지 않는다고 가정한다)

① 당기총제조원가 과소계상
② 당기제품제조원가 과소계상
③ 제품매출원가 과소계상
④ 당기순이익 과소계상

12 다음 중 공장건물의 재산세를 각 제품제조원가에 배부하는 가장 적합한 배부기준은 무엇인가?

① 각 제품생산라인의 연면적비율
② 공장에서 발생하는 직접원가비율
③ 기계장치의 수선비용
④ 생산직 근로자의 임금비율

13 다음 중 부가가치세에 대한 설명으로 틀린 것은?

① 부가가치세의 납세의무자는 영리사업자에 한정한다.
② 부가가치세는 원칙적으로 사업장마다 신고 및 납부하여야 한다.
③ 상품의 단순한 보관·관리만을 위한 장소로 설치신고를 한 장소나 하치장은 사업장이 아니다.
④ 주사업장 총괄납부제도는 사업장별과세원칙의 예외에 해당된다.

14 다음은 부가가치세법상 공급시기에 대한 설명이다. 잘못된 것은?

① 재화의 이동이 필요한 경우 : 재화가 인도되는 때
② 재화의 공급으로 보는 가공의 경우 : 가공된 재화를 인도하는 때
③ 반환조건부 판매, 동의조건부 판매 : 그 조건이 성취되어 판매가 확정되는 때
④ 상품권 등을 현금 또는 외상으로 판매하고 그 상품권 등이 현물과 교환되는 경우 : 상품권 등을 현금 또는 외상으로 판매한 때

15 다음 중 부가가치세 과세표준(공급가액)에 포함하는 항목인 것은?

① 매출할인, 매출에누리 및 매출환입액
② 할부판매, 장기할부판매의 경우 이자상당액
③ 재화·용역의 공급과 직접 관련이 없는 국고보조금과 공공보조금
④ 공급대가의 지급지연으로 인하여 받은 연체이자

실 무 시 험

◆ (주)단원(회사코드 : 0733)은 전자제품을 생산·판매하는 중소기업이며, 당기(제5기) 회계기간은 2020. 1. 1. ~ 2020. 12. 31. 이다. 전산세무회계 수험용 프로그램을 이용하여 물음에 답하시오.

─< 기 본 전 제 >─

문제에서 한국채택국제회계기준을 적용하도록 하는 전제조건이 없는 경우, 일반기업회계기준을 적용한다.

문제1 다음은 기초정보관리에 대한 자료이다. 각각의 요구사항에 대하여 답하시오.(10점)

[1] 다음 자료를 보고 거래처등록 메뉴에서 등록하시오.(3점)

- 회사명 : 코넬(거래처코드 : 01260)
- 사업장주소 : 경기도 안산시 단원구 산성로 167(원시동)
- 사업자등록번호 : 129-51-40362   • 업태 : 도소매
- 대표자 : 송미영   • 종목 : 화장품
- 유형은 동시로 하고, 주소입력 시 우편번호 입력은 생략해도 무방함

[2] 다음 자료를 거래처별초기이월 메뉴에 추가 입력하시오.(3점)

계정과목	거 래 처	금 액
외상매출금	(주)다원상사	30,000,000원
지 급 어 음	(주)글로벌	10,000,000원
선 수 금	(주)에필로그	5,000,000원

[3] 전기분손익계산서를 검토한 결과 다음과 같은 오류가 발견되었다. 전기분손익계산서, 전기분잉여금처분계산서, 전기분재무상태표 중 관련된 부분을 수정하시오.(4점)

계정과목	틀린 금액	올바른 금액	내 용
상여금(0803)	4,300,000원	3,400,000원	입력 오류

문제2 다음 거래 자료를 일반전표입력 메뉴에 추가 입력하시오.(일반전표입력의 모든 거래는 부가가치세를 고려하지 말 것)(18점)

┌─────────────── < 입력시 유의사항 > ───────────────┐

• 일반적인 적요의 입력은 생략하지만, 타계정 대체거래는 적요번호를 선택하여 입력한다.
• 채권·채무와 관련된 거래는 별도의 요구가 없는 한 반드시 기 등록되어 있는 거래처코드를 선
  택하는 방법으로 거래처명을 입력한다.
• 제조경비는 500번대 계정코드를, 판매비와 관리비는 800번대 계정코드를 사용한다.
• 회계처리시 계정과목은 별도제시가 없는 한 등록되어 있는 계정과목 중 가장 적절한 과목으로
  한다.

└──┘

[1] 7월 13일   (주)대한모터스의 주식 100주(액면가 @5,000원)를 4,200,000원
에 취득하고 보통예금에서 이체하였다.(시장성이 있고 단기시세차익
목적임)(3점)

[2] 7월 18일   다음은 영업부에서 거래처 직원과의 식사비용을 법인카드(수원카드)
로 결제하고 수취한 신용카드매출전표이다. 일반전표에 입력하시
오.(3점)

┌───────────────────────────────────────┐
│   **신용카드 매출전표**   │
│   │
│ 가맹점명   제주똥돼지   031-405-6418 │
│ 사업자번호 130-42-35528   │
│ 대표자명   한라산   │
│ 주   소   경기 안산 고잔 815   │
│   │
│   신용승인   │
│ 거래일시   2020.07.18. 20:25:15 │
│ 유효기간   **/**   │
│ 가맹점번호   12345678   │
│   수원카드(전자서명전표)   │
│   │
│ 과세금액   오겹살 외   50,000원   │
│ 부가세액   5,000원   │
│ 합 계   55,000원   │
│   │
└───────────────────────────────────────┘

[3] 7월 21일   제조부에서 근무하는 일용직 종업원 우상일씨에 대한 급여를 현금으
로 지급하고 급여지급 영수증을 발행하였다. 적절한 회계처리를 하
시오.(단, 세금 및 사회보험료는 고려하지 않음)(3점)

일용직 급여지급 영수증

■ **이 름** : 우상일
■ **주민등록번호** : 781010-1018234
■ **주 소** : 서울 중구 명동2가 31

- 근 무 내 역 -

■ **입 사 일** : 2020.7.15
■ **근무기간** : 2020.7.15.~2020.7.21
■ **수령금액** : 일금 오십칠만 원정 (₩ 570,000)

2020년 7 월 21일

본인은 상기 금액을 수령했음을 확인합니다.

수령자 : 우상일 (인)

주식회사 단 원   직인

[4] 8월 30일   (주)민국의 외상매입금 4,000,000원 중 1,000,000원은 보통예금에
서 지급하였고 잔액은 3개월 만기 전자어음을 발행하여 지급하였
다.(단, 하나의 전표로 입력할 것) (3점)

[5] 9월 30일   연구동 신축을 위해 미래은행에서 빌린 대출금에 대한 9월분 이자비용
1,350,000원을 당사 보통예금에서 이체하였다. 공사기간은 2020. 07.
01.부터 2년간이며, 이자비용은 자본화하기로 한다.(3점)

[6] 10월 25일   보유 중인 자기주식 1,000주(액면가 주당 @1,000원, 장부가 주당
@1,240원) 전량을 1,200,000원에 처분하고 처분대금 전액이 당일
에 보통예금으로 입금되었다.(단, 자기주식처분이익 및 자기주식처
분손실계정의 잔액은 없음) (3점)

문제3 다음 거래 자료를 매입매출전표입력 메뉴에 입력하시오.(18점)

─────────── < 입력시 유의사항 > ───────────

• 일반적인 적요의 입력은 생략하지만, 타계정 대체거래는 적요번호를 선택하여 입력한다.
• 별도의 요구가 없는 한 반드시 기 등록되어 있는 거래처코드를 선택하는 방법으로 거래처명을 입력
한다.
• 제조경비는 500번대 계정코드를, 판매비와 관리비는 800번대 계정코드를 사용한다.
• 회계처리시 계정과목은 별도제시가 없는 한 등록되어 있는 계정과목 중 가장 적절한 과목으로 한다.
• 입력화면 하단의 분개까지 처리하고, 전자세금계산서는 전자입력으로 반영한다.

[1] 7월 26일 다음은 판매한 제품이 불량으로 반품되어 발급한 수정전자세금계산서이다. 수정전자세금계산서 발급과 동시에 현금으로 지급하였다.(3점)

수정전자세금계산서(공급자 보관용)					승인번호			
공급자 사업자등록번호 110-81-02129 / 종사업장번호		상호(법인명) (주)단원 / 성명(대표자) 김홍도		사업장주소 경기도 안산시 단원구 광덕서로 100		업태 제조 / 종목 전자제품 / 이메일		

공급자					공급받는자			
사업자등록번호	110-81-02129	종사업장번호		사업자등록번호	105-86-40937	종사업장번호		
상호(법인명)	(주)단원	성명(대표자)	김홍도	상호(법인명)	(주)세미	성명	한세미	
사업장주소	경기도 안산시 단원구 광덕서로 100			사업장주소	경기도 안산시 단원구 와동 129 501호			
업태	제조	종목	전자제품	업태	도소매	종목	전자제품	
이메일				이메일				

작성일자	공급가액	세액	수정사유
2020.7.26.	-90,000	-9,000	일부 불량

비고		

월	일	품목	규격	수량	단가	공급가액	세액	비고
7	26	주변기기		-3	30,000	-90,000	-9,000	

합계금액	현금	수표	어음	외상미수금	이 금액을 영수 함 청구
-99,000	-99,000				

[2] 8월 10일 다음은 업무용 승용자동차(배기량 2,000cc)를 매입하고 발급받은 전자세금계산서이다. 차량대금 결제는 다음달 말일에 하기로 하였다.(3점)

전자세금계산서(공급받는자 보관용)					승인번호			

공급자					공급받는자			
사업자등록번호	105-87-51159	종사업장번호		사업자등록번호	110-81-02129	종사업장번호		
상호(법인명)	미래자동차	성명(대표자)	전기세	상호(법인명)	㈜단원	성명	김홍도	
사업장주소	경기도 시흥시 항송로 29번길 14			사업장주소	경기도 안산시 단원구 광덕서로 100			
업태	도소매	종목	중고자동차	업태	제조	종목	전제품	
이메일				이메일				

작성일자	공급가액	세액	수정사유
2020.8.10.	15,000,000	1,500,000	

비고		

월	일	품목	규격	수량	단가	공급가액	세액	비고
8	10	승용차				15,000,000	1,500,000	

합계금액	현금	수표	어음	외상미수금	이 금액을 영수 함 청구
16,500,000				16,500,000	

[3] 9월 2일 (주)이에스텍으로부터 공장의 시설보호 목적으로 CCTV를 설치완료하고 전자세금계산서를 발급받았다. 대금총액은 3,300,000원(부가가치세 포함)이며 당일에 현금으로 300,000원을 지급하였고 나머지는 10회에 걸쳐 매달 균등지급하기로 하였다.(계정과목은 설비장치 과목을 사용하고 고정자산등록은 생략할 것).(3점)

[4] 10월 20일　(주)무릉하이테크로부터 원재료(@4,000원, 10,000개, 부가가치세 별도)를 구입하고 전자세금계산서를 발급받았다. 대금 중 34,000,000원은 약속어음을 발행(만기 : 2020.12.31.)했으며 나머지는 당좌수표를 발행하여 지급하였다.(3점)

[5] 12월 5일　(주)행복컨설팅으로부터 생산직 직원들의 교육훈련 특강을 실시하고, 특강료 3,300,000원(부가가치세 포함)에 대한 전자세금계산서를 발급받았다. 특강료는 12월 1일에 지급한 계약금 1,000,000원을 제외한 나머지 금액 2,300,000원을 현금으로 지급하였다.(단, 계약금은 선급금계정으로 처리하였음) (3점)

[6] 12월 17일　(주)동서물산에 제품 23,000,000원(부가가치세 별도)을 공급하고 전자세금계산서를 발급하였다. 지난 12월 6일에 받은 계약금 3,000,000원을 제외한 나머지 금액은 전액 (주)대진이 발행한 당좌수표로 받았다.(3점)

문제4　일반전표입력 및 매입매출전표입력 메뉴에 입력된 내용 중 다음과 같은 오류가 발견되었다. 입력된 내용을 확인하여 정정하시오.(6점)

[1] 9월 20일　대구전자(일반과세자)로부터 부품을 매입하고 82,500원(부가가치세 포함)을 현금으로 지급하고 현금영수증(사업자지출증빙용)을 수취하였으나 이를 분실하여 지출결의서로 일반전표에 회계처리하였다. 회사는 추후에 국세청 홈택스를 통하여 현금영수증 발급분임을 확인하였다. 이를 수정하시오.(3점)

[2] 10월 9일　국민건강보험공단에 영업 부서 사원에 대한 건강보험료 560,000원을 현금으로 납부하고 회사부담분과 종업원부담분(급여 지급 시 원천징수함) 전액을 복리후생비로 회계처리하였다. 회사부담분과 종업원부담분의 비율은 50:50이다.(3점)

문제5　결산정리사항은 다음과 같다. 해당 메뉴에 입력하시오.(9점)

[1] 기말재고조사 결과 제품재고 1,200,000원이 부족하여 확인한 결과 영업부의 가을 체육대회에서 경품으로 제공된 것이 발견되었다.(적요 중 타계정으로 대체액을 사용할 것) (3점)

[2] 현금과부족으로 인식된 200,000원은 매출 거래처 직원의 결혼식 청첩장을 첨부하여 지출한 축의금 200,000원이 회계처리되지 않은 것으로 확인되었다.(관련 회계처리 날짜는 결산일로 하며 기중에 인식된 현금과부족은 적절히 회계처리 하였다고 가정한다) (3점)

[3] 결산일 현재 무형자산인 영업권(취득가액 : ? , 내용연수 : 5년, 상각방법 : 정액법)의 전기 말(2019년 12월 31일) 상각 후 미상각잔액은 15,000,000원이다. 영업권은 2018년 1월 1일에 취득하였으며 매년 법정 상각 범위액을 전부 무형자산상각비로 인식하였다. 당해 연도 영업권의 무형자산상각비를 인식하시오.(단, 무형자산은 직접 상각하고, 판매비와관리비로 처리함) (3점)

문제6 다음 사항을 조회하여 답안을 [이론문제 답안작성] 메뉴에 입력하시오.(9점)

[1] 현금및현금성자산의 3월 말 현재 금액은 얼마인가?(3점)

[2] 2020년 부가가치세 1기 확정신고(4월 1일 ~ 6월 30일)에 대한 과세표준은 얼마인가?(3점)

[3] 2020년 1월부터 3월까지 매출세금계산서 매수가 가장 많은 거래처명을 입력하시오.(3점)

이론과 실무문제의 답을 모두 입력한 후 「답안저장(USB로 저장)」을 클릭하여 저장하고, USB메모리를 제출하시기 바랍니다.

73회 전산회계 1급 A형 답안

이론시험

1	④	2	③	3	②	4	①	5	②
6	③	7	④	8	①	9	③	10	①
11	④	12	①	13	①	14	④	15	②

01. • 현금및현금성자산(280,000원) = 보통예금(170,000원) +자기앞수표(110,000원)
- 매출채권(230,000원) = 외상매출금(130,000원) +받을어음(100,000원)
- 매입채무(330,000원) = 외상매입금(180,000원) +지급어음(150,000원)
- 유동부채(450,000원) = 외상매입금(180,000원) +지급어음(150,000원) +미지급금 (120,000원)

02. 손익계산서는 매출총손익·영업손익·법인세비용차감전순손익 및 당기순손익으로 구분 표시된다.

03. 주식할인발행차금은 자본조정에 속한다.

04. 2019. 04. 01.   (차) 단기매매증권 6,000,000원   (대) 현금   6,000,000원
2019. 06. 30.   (차) 현금   3,500,000원   (대) 단기매매증권 3,000,000원
                                              단기매매증권처분이익   500,000원

05. 차변의 계정과목을 선급금(자산)이 아닌 차량유지비(비용)로 회계처리하여, 비용이 2,000,000원 과대계상된다.

06. 보기3번 : 일괄표시할 수 있다. 일괄표시하는 경우에는 적절한 항목으로 구분하여 주석으로 기재한다.

07. 차변만 이중으로 전기한 경우는 시산표의 대·차 합계액이 틀리게 되므로 오류를 발견할 수 있다.

08. 보고기간 종료일로부터 1년 이내, 현금화 또는 실현될 것으로 예상되는 자산이 유동자산 이다.

09. • 직접재료비가 공정의 50% 시점에서 전량 투입되므로 기초재공품(완성도 : 60%)의 완 성품환산량은 10,000단위이고, 기말재공품의 완성도:40%를 지난 후 투입되어 영향이 없으므로 완성품환산량은 0단위이다.
- 직접재료비 완성품환산량 20,000 단위 = 30,000(완성품) +0(기말) −10,000(기초)
- 가공비 완성품환산량 32,000 단위 = 30,000(완성품) +20,000×0.4(기말) −10,000 ×0.6(기초)

10. 재고자산 가액은 수량×단가이다. 이 중 실지재고조사법, 계속기록법, 혼합법은 수량 계산과 관련된 방법이고, 이동평균법은 단가 계산과 관련된 방법이다.

11. 원재료의 사용액을 과소하게 계상하여 장부상 재고로 남겨놓았기 때문에 자산이 과대계상되었고, 판매분에 대한 제품매출원가가 과소계상되었으므로 당기순이익이 과대계상되었다.

12. 각 제품 생산라인이 차지하는 연면적 비율로 배부하는 것이 가장 합리적인 방법이다.

13. 부가가치세의 납세의무자는 영리 사업자여부를 불문한다.

14. 보기4번 : 재화가 실제로 인도되는 때

15. 할부판매, 장기할부판매의 경우 이자상당액은 과세표준에 포함된 항목이다.

실 무 시 험

문제1

[1] 기초정보등록의 거래처등록 메뉴에 1260 '코넬' 등록

[2] 거래처별 초기이월에 해당 계정과목을 등록하고 거래처별 금액을 입력한다.

[3] • 전기분손익계산서 : 상여금 4,300,000원을 3,400,000원으로 수정입력, 당기순이익 10,600,000원 확인
   • 전기분잉여금처분계산서 : 당기순이익 9,700,000원이 10,600,000원으로 상단 F6(불러오기)하여 반영, 미처분이익잉여금 25,600,000원 확인
   • 전기분재무상태표 : 이월이익잉여금 24,700,000원을 25,600,000원으로 수정 입력

문제2 일반전표입력 메뉴에 추가 입력

[1] 7월 13일

(차) 단 기 매 매 증 권	4,200,000	(대) 보 통 예 금	4,200,000

[2] 7월 18일

(차) 접 대 비 (판)	55,000	(대) 미지급금 (수원카드)	55,000
		또는 미지급비용 (수원카드)	

[3] 7월 21일

(차) 잡 급 (제)	570,000	(대) 현 금	570,000

※ 급여 계정과 잡급 계정을 구분하는 이유는 연말정산 대상이 되는 근로자의 급여와 분리과세로 납세의무가 종결되는 일용근로자의 급여를 구분하기 위하여 계정을 구분하여 사용하는 것이다. 잡급의 계정과목과 급여의 계정과목을 혼동해서 사용하는 경우, 향후 일반근로자의 퇴직급여추계액 계산, 지급명세서의 제출 등의 과정에서, 계정과목의 회계정보가 필요한 시기에 급여 계정과목과 잡급의 계정과목의 숫자를 모두 다시 계산하여야 하고, 계정과목을 분류하는 의미가 없게 되므로 급여와 잡급은 구분하여 표시되어야 한다.

[4] 8월 30일

(차) 외상매입금[(주)민국]	4,000,000	(대) 보 통 예 금	1,000,000
		지급어음[(주)민국]	3,000,000

[5] 9월 30일

(차) 건 설 중 인 자 산	1,350,000	(대) 보 통 예 금	1,350,000

※ 연구동 신축을 위해 빌린 대출금이었고, 해당 이자비용에 대하여 자본화하라고 나와 있었으므로 건설중인자산으로 회계처리 하는 것이다.

[6] 10월 25일

(차) 보 통 예 금	1,200,000	(대) 자 기 주 식	1,240,000
자기주식처분손실	40,000		

※ 자기주식을 처분하는 경우 처분금액이 장부금액보다 작다면 그 차액을 자기주식처분이익의 범위내에서 상계처리 하고 미상계된 잔액이 있는 경우에는 자본조정의 자기주식처분손실로 회계처리한다.(일반기업회계기준 15.9)

문제3 │ 매입매출전표입력 메뉴에 추가 입력

[1] 7월 26일

유형 : 11.과세, 공급가액 : -90,000원, 부가가치세 : -9,000원, 거래처 : (주)세미, 전자 : 여, 분개 : 현금(혼합)

(차) 현 금	-99,000	(대) 제 품 매 출	-90,000
		부 가 세 예 수 금	-9,000
또한		(대) 제 품 매 출	-90,000
		부 가 세 예 수 금	-9,000
		현 금	99,000

으로 분개한 것도 정답으로 인정하였지만, 하지 않도록 한다.

[2] 8월 10일

유형 : 54.불공(불공제사유:3), 공급가액 : 15,000,000, 부가세 : 1,500,000, 거래처 : 미래자동차, 전자 : 여, 분개 : 혼합

(차) 차 량 운 반 구	16,500,000	(대) 미지급금(미래자동차)	16,500,000

※ 업무용과 영업용은 다르다. 업무용 승용자동차는 매입세액불공제 대상이다.
※ 8인승 이하, 1,000cc 이상인 승용자동차는 매입세액불공제 대상이다.

[3] 9월 2일

유형 : 51.과세, 공급가액 : 3,000,000, 부가세 : 300,000, 거래처 : (주)이에스텍, 전자 : 여 분개 : 혼합

(차) 설 비 장 치	3,000,000	(대) 미지급금[(주)이에스텍]	3,000,000
부 가 세 대 급 금	300,000	현 금	300,000

[4] 10월 20일

유형 : 51.과세, 공급가액 : 40,000,000원, 부가세 : 4,000,000원, 거래처 : (주)무릉하이테크, 전자 : 여, 분개 : 혼합

(차) 원 재 료	40,000,000	(대) 지급어음[(주)무릉하이테크]	34,000,000
부 가 세 대 급 금	4,000,000	당 좌 예 금	10,000,000

[5] 12월 5일

유형 : 51.과세, 공급가액 : 3,000,000, 부가세 : 300,000 , 거래처 : (주)행복컨설팅, 전자 : 여, 분개 : 혼합

(차) 교 육 훈 련 비 (제)	3,000,000	(대) 선급금[(주)행복컨설팅]	1,000,000
부 가 세 대 급 금	300,000	현 금	2,300,000

※ (주)행복컨설팅이 면세사업자로 전자계산서를 발행하였다면 매입유형에 '53.면세'로 하지만, 이 문제에서는 과세사업자로 전자세금계산서를 발행하였으므로 매입유형에 '51.과세'로 처리 하여야 한다.

※ 교육훈련비는 매입세액 불공제사유에 해당되지 않으므로 '54.불공'으로 처리할 수 없다.

※ 생산직 직원의 교육훈련에 대한 특강을 실시하였으므로 '복리후생비' 계정과목이 아니라 '교 육훈련비(제)'으로 처리해야 한다.

[6] 12월 17일

유형 : 11.과세, 공급가액 : 23,000,000, 부가세 : 2,300,000, 거래처 : (주)동서물산, 전자 : 여, 분개 : 혼합

(차) 현 금	22,300,000	(대) 제 품 매 출	23,000,000
선수금[(주)동서물산]	3,000,000	부 가 세 예 수 금	2,300,000

문제4 입력된 내용 중 오류 확인 정정

[1] 1. 일반전표 9월 20일 (차) 원재료 82,500원 (대) 현금 82,500원 삭제 후

2. 매입매출전표 9월 20일

유형 : 61.현과, 공급가액 : 75,000원, 부가세 : 7,500원, 거래처 : 대구전자, 전자 : 부, 분개 : 현금

(차) 원 재 료	75,000	(대) 현 금	82,500
부가세대급금	7,500		

[2] 10월 9일   일반전표 수정

수정 전 (차) 복리후생비(판)   560,000   (대) 현   금   560,000
수정 후 (차) 복리후생비(판)   280,000   (대) 현   금   560,000
            예   수   금   280,000

---

[1] 12월 31일   일반전표입력

(차) 복리후생비(판)   1,200,000   (대) 제   품   1,200,000
(적요 8. 타계정으로 대체액 손익계산서 반영분)

[2] 12월 31일   일반전표입력

(차) 접 대 비(판)   200,000   (대) 현 금 과 부 족   200,000

[3] 12월 31일   일반전표입력

(차) 무형자산상각비(판)   5,000,000   (대) 영   업   권   5,000,000

※ 15,000,000 × 1/3 = 5,000,000
※ '결산자료입력' 메뉴에서 영업권의 무형자산감가상각비 5,000,000원을 입력하고, 전표추가한 것도 정답으로 인정한다.

---

[1] [재무상태표 또는 합계잔액시산표의 제출용 탭을 조회하여 현금, 당좌예금, 보통예금을 합산한다.] : 57,400,000원

[2] [부가가치세신고서 4월부터 6월까지 조회] : 354,786,000원

[3] [세금계산서합계표 조회, 조회기간 : 1월~3월, 구분:매출] : (주)유빈전자

Memo

Chapter **08**

실전대비 모의고사

제1회 실전모의고사

※모의고사 기초데이터는 제7장 기출문제 교육용으로 실행하기(p.156~159)를 참고한다.

이 론 시 험

➡ 다음 문제를 보고 알맞은 것을 골라 이론문제 답안작성 메뉴화면에 입력하시오.
(※ 객관식 문항당 2점)

─── < 기 본 전 제 > ───
문제에서 한국채택국제회계기준을 적용하도록 하는 전제조건이 없는 경우, 일반기업회계기준을 적용한다.

01 영업용 건물을 증축하고 대금 500,000원을 수표발행하여 지급하고 아래와 같이 틀리게
처리한 경우 나타나는 현상으로 옳은 것은?

• (옳은 분개) : (차) 건　물 500,000　(대) 당좌예금 500,000
• (틀린 분개) : (차) 수선비 500,000　(대) 당좌예금 500,000

① 비용의 과소계상　　　　　　　② 자산의 과대계상
③ 자본의 과대계상　　　　　　　④ 순이익의 과소계상

02 주당 액면금액 10,000원인 보통주 1,000주를 발행하고 현금 15,000,000원을 받았다
면 다음 중 올바른 설명은?

① 법정자본금이 15,000,000원이 증가한다.
② 자본잉여금이 15,000,000원이 증가한다.
③ 이익잉여금이 15,000,000원이 증가한다.
④ 주주지분이 15,000,000원이 증가한다.

03 다음에서 화재로 인한 손상차손과 보험금수익은 각각 얼마인가?

　　화재로 인하여 취득원가 20,000,000원(감가상각누계액 10,000,000원)인 건물
이 전소하였다. 본 건물에 대하여 화재보험회사로부터 7,000,000원의 보험금을
받아 당좌예입하였다.

	손상차손	보험금수익		손상차손	보험금수익
①	3,000,000원	7,000,000원	②	7,000,000원	7,000,000원
③	10,000,000원	7,000,000원	④	20,000,000원	10,000,000원

04 다음 중 지출된 기간의 당기비용으로 처리되어야 할 항목은?

① 영업용 건물에 대한 취득세
② 영업용 건물에 대한 화재보험료
③ 영업용 건물에 취득에 대한 중개수수료
④ 영업용 건물의 소유권 이전 등록세

05 다음 중 거래를 기록하더라도 자산·부채·자본의 총액에는 변동이 없는 것은?

① 건물을 원가로 매각 　　　　　　② 기업주에 의한 자본금의 납입
③ 현금 이외의 자산으로 부채를 상환 　④ 약속어음 발행에 의한 건물 구입

06 다음 중 유동부채에 해당하는 금액을 모두 합하면 얼마인가?

> • 외상매입금 : 　200,000원
> • 장기차입금 : 2,000,000원 (유동성장기부채 300,000원 포함)
> • 단기차입금 : 　300,000원　　• 미 지 급 비 용 : 100,000원
> • 선 　수 　금 : 　280,000원　　• 퇴직급여충당부채 : 260,000원

① 820,000원　　　　② 1,040,000원　　　③ 1,060,000원　　　④ 1,180,000원

07 다음 자료에 의하여 매출총이익과 당기순이익을 계산하면 얼마인가?

> • 매　　출　　액　750,000원　　• 매 　출 　원 　가　480,000원
> • 급　　　　　여　 70,000원　　• 이 　자 　수 　익　 25,000원
> • 광 고 선 전 비　 30,000원　　• 통 　신 　비　 15,000원

	매출총이익	당기순이익
①	200,000원	130,000원
②	200,000원	180,000원
③	270,000원	130,000원
④	270,000원	180,000원

08 다음은 재무상태표의 기본구조에 대한 설명이다. 틀린 것은?

① 유동자산은 당좌자산과 재고자산으로 구분한다.
② 비유동자산은 투자자산, 유형자산, 무형자산, 기타비유동자산으로 구분한다.
③ 중요하지 않은 항목이나 통합할 적절한 항목이 없는 경우에는 주석으로만 표시한다.
④ 자본은 자본금, 자본잉여금, 자본조정, 기타포괄손익누계액 및 이익잉여금으로 구분한다.

09 케이렙공업(주)의 기말재공품계정은 기초재공품에 비하여 300,000원 증가하였다. 또한, 재공품 공정에 투입한 직접재료비와 직접노무비, 제조간접비의 비율이 1:2:3 이었다. 케이렙공업(주)의 당기제품제조원가가 900,000원이라면, 재공품에 투입한 제조간접비는 얼마인가?

① 100,000원 　　　② 200,000원 　　　③ 400,000원 　　　④ 600,000원

10 다음 중 개별원가계산의 특징이 아닌 것은?

① 직접비와 간접비로 분리하여 간접비를 제품별로 배부한다.
② 원가의 계산은 제조지시서가 중심이 되어 제조지시서별로 원가계산표를 작성한다.
③ 기말재공품의 평가는 평균법과 선입선출법으로 한다.
④ 주문생산형태이므로 재고누적에 대한 영향이 거의 없다

11 당기의 기초와 기말재공품원가는 동일하다. 당기에 판매가능한 제품의 원가는 105,000원이고, 기말제품원가는 기초제품원가보다 5,000원이 더 많다. 기초제품원가가 20,000원이라면, 매출원가는 얼마이겠는가?

① 105,000원 　　　② 95,000원 　　　③ 185,000원 　　　④ 80,000원

12 일반적으로 조업도가 증가할수록 발생원가 총액이 증가하고, 조업도가 감소할수록 발생원가 총액이 감소하는 원가형태에 해당되는 것은?

① 공장 기계장치에 대한 감가상각비　　　② 공장 건물에 대한 재산세
③ 완성품 운반용 트럭에 대한 보험료　　　④ 개별 제품에 대한 직접재료비

13 (주)한국은 평균법에 의하여 종합원가계산을 수행하고 있고, 물량흐름은 아래와 같다. 재료비는 공정 초기에 전량 투입되고, 가공비는 공정전반에 걸쳐 균등하게 투입된다. 재료비 및 가공비의 완성품환산량을 계산하면 얼마인가?

> • 기초재공품 수량 : 0개   • 당기완성품 수량 : 25,000개
> • 당기 착수 수량 : 30,000개   • 기말재공품 수량 : 5,000개 (당기 완성도 50%)

① 재료비 : 30,000개, 가공비 : 27,500개
② 재료비 : 30,000개, 가공비 : 30,000개
③ 재료비 : 27,500개, 가공비 : 30,000개
④ 재료비 : 27,500개, 가공비 : 27,500개

14 다음은 매입세액의 공제를 받을 수 없는 경우들이다. 해당되지 않는 것은?

① 사업자등록을 하기 1개월 전의 매입세액
② 비영업용 소형승용차의 구입과 유지에 관한 매입세액
③ 매입처별 세금계산서합계표를 수정신고서와 함께 제출한 경우
④ 접대비 및 이와 유사한 비용과 관련된 매입세액

15 금전 이외의 대가를 받는 경우에 부가가치세의 과세표준은?

① 자기가 공급한 재화의 원가
② 금전이외로 받은 물품의 시가
③ 자기가 공급한 재화의 시가
④ 금전이외로 받은 물품의 원가

◯ (주)광명조명(회사코드 4037)은 조명기구를 제조·판매하는 중소기업(법인)이며, (제6기) 회계기간은 2020. 1. 1 ~ 2020. 12. 31 이다. 전산세무회계 수험용 프로그램을 이용하여 다음 물음에 답하시오.

―< 기 본 전 제 >―
문제에서 한국채택국제회계기준을 적용하도록 하는 전제조건이 없는 경우, 일반기업회계기준을 적용한다.

문제1 (주)광명조명의 전기분 이익잉여금처분계산서이다. 이를 재무상태표, 손익계산서, 원가명세서를 조회하여 오류를 수정 또는 입력하시오. (7점)

이 익 잉 여 금 처 분 계 산 서

(주)광명조명   제5기 2019년 1월 1일부터 2019년 12월 31일까지   단위 : 원

계 정 과 목	금	액
미 처 분 이 익 잉 여 금		163,324,048
전기이월미처분이익잉여금	111,869,048	
당 기 순 이 익	51,455,000	
임 의 적 립 금 이 입 액		
배 당 평 균 적 립 금		
별 도 적 립 금		
합 계		163,324,048
이 익 잉 여 금 처 분 액		
이 익 준 비 금		
재 무 구 조 개 선 적 립 금		
배 당 금		
현 금 배 당		
주 식 배 당		
차기이월미처분이익잉여금		163,324,048

문제2 다음 거래자료를 일반전표 입력메뉴에 추가 입력하시오. (일반전표입력의 모든 거래는 부가가치세를 고려하지 말 것)(21점)

─── < 입력시 유의사항 > ───

• 일반적인 적요의 입력은 생략하지만, 타계정 대체거래는 적요번호를 선택하여 입력한다.
• 채권·채무와 관련된 거래는 별도의 요구가 없는 한 반드시 기 등록되어 있는 거래처코드를 선택하는 방법으로 거래처명을 입력한다.
• 제조경비는 500번대 계정코드를, 판매비와 관리비는 800번대 계정코드를 사용한다.
• 회계처리시 계정과목은 별도제시가 없는 한 등록되어 있는 계정과목 중 가장 적절한 과목으로 한다.

[1] 8월 1일 영업부 차량에 대한 종합보험 보험료를 소유하고 있던 국민은행권 자기앞수표로 지급하였다.(3점) (비용으로 처리할 것)

자기앞수표

서울 01
01234

지급지 : 서울
주식회사 국민은행 여의도영업부

가/00001001

KB ✻ ₩750,000(금 칠십오만원정)

이 수표 금액을 소지인에게 지급하여 주십시오.
거절증서 작성을 면제함.

2020년 08월 01일

발 행 지 : 서울특별시
주 식 회 사 : 국민은행

여의도영
업부부장 현정인(인)

아래의 별빛 템은 전산처리 부분이오니 글씨를 쓰거나 더럽히지 마시오.

0000000000m× 06×× 4004 00 0002m× ×3 10000/00000/

[2] 8월 5일 (주)동작문구점에서 공장 소모자재 250,000원을 구입하고, 대금은 거래처 태양상사에서 받아 소지하고 있던 당좌수표로 지급하다. <비용으로 처리할 것>(3점)

[3] 8월 15일 이정식당에서 생산부직원의 단합을 위하여 회식을 하고, 대금 330,000원을 당좌수표를 발행하여 지급하다.(3점)

[4] 8월 17일 매출처 동북상사의 외상대금 중 3,500,000원을 대전상사 발행 당좌수표로 받고, 동상사 직원에게 식사 접대를 하고, 식대 50,000원을 현금으로 지급하였다.

[5] 8월 20일 단기적 자금운용을 위해 (주)한국투자에서 (주)국일상사 발행사채 액면 2,000,000원(액면단가 100원)을 1주당 85원에 매입하고, 대금은 당좌수표를 발행하여 지급하다.(3점)

[6] 9월 10일　소유하고 있던 (주)국일상사 발행사채 액면 1,000,000원(액면단가 100 원)을 1주당 90원에 처분하고, 대금은 수표로 받아 즉시 당좌예금하 다.(3점)

[7] 9월 16일　(주)천일상사의 외상매입금 26,000,000원 중 5,000,000원을 약속어음 을 발행하여 지급하다.(3점)

문제3 매입 매출전표 입력 사항 (15점)

─────── < 입력시 유의사항 > ───────

• 일반적인 적요의 입력은 생략하지만, 타계정 대체거래는 적요번호를 선택하여 입력한다.
• 별도의 요구가 없는 한 반드시 기 등록되어 있는 거래처코드를 선택하는 방법으로 거래처명 을 입력한다.
• 제조경비는 500번대 계정코드를, 판매비와 관리비는 800번대 계정코드를 사용한다.
• 회계처리시 계정과목은 별도제시가 없는 한 등록되어 있는 계정과목 중 가장 적절한 과목으 로 한다.
• 입력화면 하단의 분개까지 처리하고, 전자세금계산서는 전자입력으로 반영한다.

[1] 10월 2일　(주)천일상사에서 제품 제조용 원자재 1,500개(@5,000원)를 매입 하고, 전자세금계산서를 교부받았다. 대금 7,500,000원(부가가치세 별도)을 현금으로 지급하다.(3점)

[2] 10월 3일　은정아트방에서 관리부에서 사용할 사무용품을 매입하고, 전자세금계 산서를 교부받고, 대금은 수표를 발행하여 지급하다. 비용으로 처리할 것.(3점)

전자세금계산서			(공급받는자보관용)		승인번호		xxxxxxxx	
공급자	사업자등록번호	104-36-12302	종사업장 번호		공급받는자	사업자등록번호	119-81-29163	종사업장 번호	
	상호(법인명)	은정아트방	성명	이후성		상호(법인명)	(주)광명조명	성명	박성수
	사업장주소	서울특별시 중구 남대문로 114-1				사업장주소	서울특별시 영등포구 국회대로53길 24		
	업태	제조, 도·소매	종목	가구		업태	제조, 도소매	종목	가구
	이메일	lobve@naver.com				이메일	vudckd@hanmail.net		

작성일자	공급가액	세액	수정사유
2020. 10. 3.	6,000,000	600,000	

월	일	품 목	규 격	수 량	단 가	공 급 가 액	세액	비 고
10	3	사무용품		1,000	6,000	6,000,000	600,000	

합계금액	현 금	수 표	어 음	외 상 미 수 금	이 금액을 (영수) 함 청구
6,600,000		6,600,000			

[3] 10월 6일　상일가구점에서 영업용 응접세트를 300,000원(부가가치세 별도)에 구입하고, 전자세금계산서를 교부받았다. 대금 중 반액은 현금으로 잔액은 외상으로 하다.(3점)

[4] 11월 7일　남도상사에 갑제품 1,400개(@2,000원)를 2,800,000(부가가치세 별도)원에 매출하고, 전자세금계산서를 발행하여 주다. 대금은 현금으로 받다.(3점)

[5] 11월 9일　동북상사에 을제품 1,000개(@5,000원)를 5,000,000원(부가가치세 별도)에 매출하고, 전자세금계산서를 발행하여 주다. 대금은 수표로 받아 즉시 당좌예입하다.

문제4　일반전표입력 및 매입매출전표입력 메뉴에 입력된 내용 중 다음과 같은 오류가 발견되었다. 입력된 내용을 확인하여 정정하시오.(4점)

[1] 9월　8일　한국통신에 현금으로 납부한 전화요금 210,000원 중에는 공장사용분 57,000원이 포함되어 있다.(2점)

[2] 9월 25일　비품 200,000원(부가가치세 별도)은 (주)오덕에서 구입한 것이 아니라 상일가구점에서 구입한 것으로 확인되었다.(2점)

문제5　결산정리사항은 다음과 같다. 해당메뉴에 입력하여 결산을 완료하시오.(12점)

[1] 매출채권(외상매출금과 받을어음)의 기말잔액에 대하여 1%의 대손충당금을 보충법으로 설정한다.(3점)

[2] 당기의 감가상각비는 다음과 같이 계상하기로 하였다.(3점)

계정과목	구 분	금 액
건　　물	본사사무실	2,000,000원
	공　　장	3,000,000원
비　　품	본사사무실	300,000원
	공 장 용	200,000원

[3] 기말 현재 영업부서에서 구입하여 비용(소모품비)처리한 소모품 중 미사용액은 500,000원이다.(3점)

[4] 기말재고자산은 다음과 같다.(3점)

재고자산	금 액
원 재 료	20,000,000원
재 공 품	10,200,000원
제 품	60,000,000원

문제6 다음 사항을 조회하여 답안을 이론문제 답안작성 메뉴에 입력하시오.(9점)

[1] 제1기 부가가치세 확정 신고기간 동안의 매출세액은 얼마인가?(3점)

[2] 6월 말 현재 지급어음 잔액이 가장 많은 거래처와 금액은 얼마인가?(3점)

[3] 상반기 영세율전자세금계산서에 의한 공급가액은 얼마인가?(3점)

02 제2회 실전모의고사

이론시험

○ 다음 문제를 보고 알맞은 것을 골라 이론문제 답안작성 메뉴화면에 입력하시오.
 (※ 객관식 문항당 2점)

─────< 기 본 전 제 >─────

문제에서 한국채택국제회계기준을 적용하도록 하는 전제조건이 없는 경우, 일반기업회계기준을 적용한다.

01 외상매출금과 외상매입금, 당좌예금과 당좌차월은 서로 반대되는 성격을 가지고 있다. 그러나 이들 금액을 서로 상계하지 않고 그대로 표시하도록 하는 재무상태표 작성 기준은?

① 중요성 　　　　　　　　　② 총액표시의 원칙
③ 보수주의 원칙 　　　　　　④ 1년기준

02 회계기간 말 재고자산금액을 실제보다 낮게 계상한 경우 재무제표에 미치는 영향으로 잘못된 것은?

① 매출원가가 실제보다 증가한다. 　② 매출총이익이 실제보다 감소한다.
③ 당기순이익이 실제보다 감소한다. 　④ 자본총계가 실제보다 증가한다.

03 다음 중 일반기업회계기준에 의할 경우 수익의 인식시점으로 옳지 않은 것은?

① 위탁판매는 수탁자가 위탁품을 판매한 날
② 단기할부판매는 상품 등을 인도한 날
③ 시용판매는 상품 등을 인도한 날
④ 용역매출은 진행기준(비상장 중소기업의 단기용역은 완성 기준)

04 다음 중 무형자산에 속하지 않는 것은?

① 산업재산권 　　　　　　　② 창업비
③ 광업권 　　　　　　　　　④ 개발비

05 재무상태표상 자산, 부채 계정에 대한 분류가 잘못 연결된 것은?

① 선급비용 : 당좌자산　　　　　　② 유동성장기부채 : 비유동부채
③ 임차보증금 : 기타비유동자산　　④ 퇴직급여충당부채 : 비유동부채

06 다음은 자본조정과 기타포괄손익누계액의 항목들이다. 이 중 당기 또는 차기에 결과적으로 당기순손익 계산에 영향을 미칠 수 있는 항목은 어느 것인가?

① 주식할인발행차금　　　　　② 자기주식처분손실
③ 매도가능증권평가손실　　　④ 감자차손

07 다음 자료를 연수합계법으로 감가상각할 경우 2차 회계연도에 계상될 감가상각비는?

• 취득원가 4,900,000원　　• 잔존가치 400,000원
• 내용연수 5년

① 1,500,000원　　② 900,000원　　③ 600,000원　　④ 1,200,000원

08 종업원급여는 퇴직급여 외의 종업원급여와 퇴직급여로 구분한다. 다음 중 퇴직급여에 해당하지 않는 것은?

① 퇴직일시금　　② 퇴직연금　　③ 퇴직후 의료급여　　④ 명예퇴직금

09 다음 자료에 의하여 가공비 금액은 얼마인가?

• 직 접 재 료 비　300,000원	• 직 접 노 무 비　200,000원
• 변동제조간접비　400,000원	• 고정제조간접비　100,000원

① 600,000원　　② 700,000원　　③ 800,000원　　④ 1,000,000원

10 (주)세무는 기계장치 1대를 매월 300,000원에 임차하여 사용하고 있으며, 기계장치의 월 최대 생산량은 2,000단위이다. 당월 수주물량이 3,500단위여서 추가로 1대의 기계장치를 임차하기로 하였다. 이 기계장치에 대한 임차료의 원가행태는 무엇인가?

① 고정원가　　② 준고정원가　　③ 변동원가　　④ 준변동원가

11 다음 자료에 의하여 당기제품제조원가를 계산하면 얼마인가?

• 당기총제조비용	400,000원	• 기초재공품재고액	75,000원
• 기말재공품재고액	100,000원	• 기초제품재고액	150,000원
• 기말제품재고액	200,000원		

① 350,000원   ② 400,000원   ③ 275,000원   ④ 375,000원

12 다음 중 제조원가명세서를 작성하기 위하여 필요하지 않은 자료는?

① 당기직접재료비 사용액   ② 당기직접재료비 구입액
③ 당기직접노무비 소비액   ④ 당기기말제품 재고액

13 다음은 원가의 특성에 대한 설명이다. 잘못된 것은?

① 원가는 그 발생한 기간에 비용화한다.
② 원가는 급부창출 과정에서 발생하는 경제적 가치의 소비액이다.
③ 원가는 정상적인 경영활동을 전제로 한다.
④ 원가는 과거뿐만 아니라 미래를 대상으로 계산할 수 있다.

14 다음 중 부가가치세의 과세표준에 포함되는 것은?

① 할부판매의 이자상당액
② 에누리액
③ 계약 등에 의하여 확정된 대가의 지급지연으로 인하여 지급 받는 연체이자
④ 공급받는 자에게 도달하기 전에 파손된 재화의 가액

15 다음의 거래에 대하여는 부가가치세를 면제한다 틀린 것은?

① 의료보건용역   ② 허가받은 학교에서의 교육용역
③ 연탄, 무연탄, 갈탄의 공급   ④ 도서관에의 입장

실무시험

❍ (주)영진컴퓨터상사(회사코드 : 4038)는 컴퓨터를 제조, 판매하는 중소기업(법인)이며, (제3기) 회계기간은 2020. 1. 1 ~ 2020. 12. 31 이다. 전산세무회계 수험용 프로그램을 이용하여 다음 물음에 답하시오.

―――――――< 기 본 전 제 >―――――――

문제에서 한국채택국제회계기준을 적용하도록 하는 전제조건이 없는 경우, 일반기업회계기준을 적용한다.

문제1 (주)영진컴퓨터상사의 전기분이익잉여금처분계산서는 아래와 같다. 전기분재무상태표와 전기분손익계산서를 조회하여 입력이 누락되었거나 오류부분을 찾아 수정입력하시오. 단, 전기분원가명세서는 오류가 없음(10점)

이 익 잉 여 금 처 분 계 산 서

(주)영진컴퓨터상사   제2기 2019년 1월 1일부터 2019년 12월 31일까지   단위 : 원

계 정 과 목	금	액
미 처 분 이 익 잉 여 금		55,000,000
전기이월미처분이익잉여금	26,057,406	
당 기 순 이 익	28,942,594	
임 의 적 립 금 이 입 액		
배 당 평 균 적 립 금		
별 도 적 립 금		
합 계		55,000,000
이 익 잉 여 금 처 분 액		35,000,000
이 익 준 비 금	3,000,000	
감 채 적 립 금	2,000,000	
배 당 금	30,000,000	
현 금 배 당	30,000,000	
주 식 배 당		
차기이월미처분이익잉여금		20,000,000

문제2 다음 거래 자료를 일반전표 입력메뉴에 추가 입력하시오. (일반전표입력의 모든 거래는 부가가치세를 고려하지 말 것) (21점)

< 입력시 유의사항 >

- 일반적인 적요의 입력은 생략하지만, 타계정 대체거래는 적요번호를 선택하여 입력한다.
- 채권·채무와 관련된 거래는 별도의 요구가 없는 한 반드시 기 등록되어 있는 거래처코드를 선택하는 방법으로 거래처명을 입력한다.
- 제조경비는 500번대 계정코드를, 판매비와 관리비는 800번대 계정코드를 사용한다.
- 회계처리시 계정과목은 별도제시가 없는 한 등록되어 있는 계정과목 중 가장 적절한 과목으로 한다.

---

[1] 5월 3일 동인건설과 기숙사 신축계약을 체결하고, 도급대금 100,000,000원 중 3,000,000원을 약속어음을 발행하여 지급하다. (3점)

[2] 5월 5일 본사 사옥을 대폭 수선하고, 수선비 2,000,000원을 수표를 발행하여 지급하다. 이 중 30%는 자본적지출로, 70%는 수익적 지출이다. (3점)

[3] 5월 10일 4월분 급여 지급 시 원천징수 하여 둔 근로소득세 및 지방소득세 42,810원을 관할세무서에 현금으로 납부하다. (3점)

[4] 5월 20일 영업부 직원 4월분 건강보험료 90,000원과 고용보험료 30,000원을 현금으로 납부하였다. (납부액 중 회사부담 분은 50%이다.) (3점)

[5] 5월 25일 소유하고 있던 甲법인 주식회사의 주식 15,000,000원에 대한 배당금 영수증 1,500,000원과 소유 회사채에 대한 만기된 이자표 액면 1,000,000원을 받다. 적절한 회계처리를 하시오. (3점)

[6] 5월 28일 거래처 (주)조광상사로부터 사업자금을 현금으로 차입하고 약속어음 (만기 2021년 1월 10일)을 발행하여 교부하였다. (3점)

약 속 어 음

(주)조광상사 귀하　　　　　　　　　　　아자13001512

금 삼백만원정　　　　　　　　　　　　3,000,000원

위의 금액을 귀하 또는 귀하의 지시인에게 이 약속어음과 상환하여 지급하겠습니다.

지급기일 : 2021년 1월 10일　　발 행 일 : 2020년 5월 28일
지 급 지 : 신한은행　　　　　　발 행 지
지급장소 : 동작지점　　　　　　주　　소 : 서울특별시 동작구 노들로2길 9
　　　　　　　　　　　　　　　발 행 인 : (주)영진컴퓨터상사

[7] 5월 31일　다음과 같은 조건의 사채를 발행하고 수취한 금액은 당좌예금에 입금하였다.(3점)

> • 액면가액 : 50,000,000원　　　• 만기 : 5년
> • 약정이자율 : 액면가액의 10%　• 발행가액 : 48,500,000원
> • 이자지급 기준일 : 12월 31일

문제3 매입 매출전표 입력 사항 (15점)

─── < 입력시 유의사항 > ───

• 일반적인 적요의 입력은 생략하지만, 타계정 대체거래는 적요번호를 선택하여 입력한다.
• 별도의 요구가 없는 한 반드시 기 등록되어 있는 거래처코드를 선택하는 방법으로 거래처명을 입력한다.
• 제조경비는 500번대 계정코드를, 판매비와 관리비는 800번대 계정코드를 사용한다.
• 회계처리시 계정과목은 별도제시가 없는 한 등록되어 있는 계정과목 중 가장 적절한 과목으로 한다.
• 입력화면 하단의 분개까지 처리하고, 전자세금계산서는 전자입력으로 반영한다.

[1] 7월 2일　(주)조광상사에 A재료 800개(@10,000원)를 8,000,000원(부가가치세 별도)을 대진화물을 통하여 인수하고, 전자세금계산서를 교부받았다. 대금은 즉시 당점 보통예금에서 계좌이체하여 지급하였다. 그리고 대진화물(주)에 운임 50,000원(부가가치세 별도)을 별도로 현금으로 지급하고, 전자세금계산서를 교부받았다.(3점)

[2] 7월 12일　(주)종로상사에 컴퓨터 500대를(부가가치세 별도) 매출하고, 전자세금계산서를 발행하여 주다. 대금은 외상으로 하다. (3점)

전자세금계산서 (공급자보관용)				승인번호		xxxxxxxxx	

공급자	사업자등록번호	108-81-79533	종사업장 번호		공급받는자	사업자등록번호	129-81-25636	종사업장 번호	
	상호(법인명)	㈜영진컴퓨터상사	성명	윤광현		상호(법인명)	(주)종로상사	성 명	장재일
	사업장주소	서울특별시 동작구 노들로2길 9-1				사업장 주소	서울특별시 강동구 상일로 134		
	업 태	제조	종목	전자제품		업 태	도, 소매	종 목	전자제품
	이메일	ehdwkrrn@hanmail.net				이메일	rkdehdrn@naver.com		

작성일자	공급가액	세 액	수정사유
2020. 7. 12.	10,000,000	1,000,000	
비고			

월	일	품 목	규 격	수 량	단 가	공 급 가 액	세액	비 고
7	12	컴퓨터		500	20,000	10,000,000	1,000,000	

합계금액	현 금	수 표	어 음	외상미수금	이 금액을 영수 함 (청구)
11,000,000				11,000,000	

[3] 7월 15일 본사는 강남상사에 컴퓨터 500대(@20,000원)를 10,000,000(부가가치세 별도)원에 매출하고, 전자세금계산서를 발행하여주다. 대금은 현금으로 받다.(3점)

[4] 7월 20일 공장 전력비 700,000원(부가가치세 별도)을 보통예금계좌에서 자동 이체되어 한국 전력공사에 납부하고, 전자세금계산서를 교부받았다.(3점)

[5] 7월 28일 7월 12일 (주)종로상사에 납품한 컴퓨터 중 1,500,000(부가가치세 별도)원이 반품되어 수정전자세금계산서를 발행하였으며, 대금은 외상매출금과 상계처리하기로 하였다.(3점)

문제4 다음의 결산정리사항에 의하여 결산을 완료하시오.(12점)
•••••

[1] 기말재고액은 다음과 같다.(3점)
• 원재료 : 15,000,000원   • 재공품 : 10,000,000원
• 제 품 : 50,000,000원

[2] 감가상각액은 다음과 같이 계상한다.(3점)

구 분	금 액	비 고
기 계 장 치	3,250,000원	전액 공장분
건 물	880,000원	공장분 40%
		사무실분 60%
차 량 운 반 구	1,230,000원	영업부 사용 차량

[3] 기말 현재 공장소모품 미사용액은 500,000원이다.(3점)

[4] 대손충당금은 기말 매출채권 잔액(외상매출금, 받을어음)의 1%를 보충법으로 설정한다.(3점)

문제5 다음 사항을 조회하여 답안을 [이론문제 답안작성] 메뉴에 입력하시오.(12점)

[1] 당기 제품 매출원가는 얼마인가?(3점)

[2] 당기 말 현재 거래처 조은상사의 외상매입금 잔액과 받을어음 잔액은 각각 얼마인가?(3점)

[3] 제1기(1/1~6/30) 매출처별 전자세금계산서 합계표상의 총 매수와 총 공급가액은 각각 얼마인가?(3점)

[4] 당기 말 결산정리 후 당좌자산의 합계액은 얼마인가?(3점)

03 제3회 실전모의고사

이 론 시 험

➡ 다음 문제를 보고 알맞은 것을 골라 ｜이론문제 답안작성｜ 메뉴화면에 입력하시오.
(※ 객관식 문항당 2점)

―――――――――< 기 본 전 제 >――――――――
문제에서 한국채택국제회계기준을 적용하도록 하는 전제조건이 없는 경우, 일반기업회계기준을 적용한다.

01 다음 자료를 기초로 당기 외상매입금 상환액을 계산하시오. 단, 상품 매입은 현금 매입과 외상 매입 이외에는 없다.

기초상품재고액	4,000원	외상매입금기초잔액	`5,000원
당기현금매입액	9,000원	외상매입금기말잔액	2,000원
기말상품재고액	6,000원	당 기 매 출 원 가	28,000원

① 33,000원 ② 18,000원
③ 24,000원 ④ 22,000원

02 다음은 (주)두손개발이 단기시세차익을 목적으로 매매한 (주)현대건설 주식의 거래내역이다. 회계기간 말에 (주)현대건설의 공정가치가 주당 40,000원인 경우 손익계산서 상의 단기매매증권평가손익과 단기매매증권처분손익은 각각 얼마인가? 단, 취득원가의 산정은 이동평균법을 사용한다.

거래일자	매입수량	매도(판매)수량	단위당 매입금액	단위당 매도금액
5월 1일	200주		40,000원	
6월 5일	200주		36,000원	
7월 10일		150주		44,000원
8월 20일	100주		38,000원	

① 단기매매증권평가손실 700,000원 단기매매증권처분이익 900,000원
② 단기매매증권평가이익 700,000원 단기매매증권처분이익 900,000원
③ 단기매매증권평가이익 900,000원 단기매매증권처분손실 900,000원
④ 단기매매증권평가이익 900,000원 단기매매증권처분이익 700,000원

03 다음 거래 중 매입채무계정으로 계상할 수 있는 항목은?

① 가구판매나 수리활동이 주된 영업목적인 삼익가구가 운송용 트럭을 구입하고 대금을 지급하지 못한 경우
② 자동차에 부과되던 특별소비세 인하 혜택을 받을 수 있도록 정해진 기간 내에 자동차를 출고해 주기로 약속하고 출고하기 전에 차값을 전부 받은 경우
③ 중고차 매매상이 운송용 트럭을 고객으로부터 인수하였으나 그 대가를 지급하지 못한 경우
④ 삼익가구가 구입한 중고 운송용 트럭에 대한 수선유지비를 지급하지 못한 경우

04 다음 자료를 이용하여 영업이익을 계산하면 얼마인가?

• 매출액	50,000,000원	• 보험료	3,000,000원
• 매출원가	30,000,000원	• 기부금	500,000원
• 본사 경리부 직원 인건비	2,000,000원	• 이자비용	1,000,000원

① 20,000,000원　　② 15,000,000원　　③ 14,500,000원　　④ 13,000,000원

05 수익적지출을 자본적지출로 처리했을 때 나타나는 결과는?

① 부채가 과대평가된다.　　　　② 가공의 자산이 계산된다.
③ 비밀적립금이 생긴다.　　　　④ 감가상각비가 과소계상된다.

06 다음 중 일반기업회계기준에서 손익계산서와의 관련사항이 아닌 것은?

① 발생주의　　　　　　　　　② 수익 · 비용 대응의 원칙
③ 유동성배열법　　　　　　　④ 총액주의

07 다음 중 재무상태표가 제공할 수 있는 정보로서 가장 적합하지 않은 것은?

① 경제적 자원에 관한 정보　　② 재무성과에 관한 정보
③ 유동성에 관한 정보　　　　④ 지급능력에 관한 정보

08 다음 중 손익계산서상 구분표시가 다른 것은?

① 기부금
② 투자자산처분손실
③ 손상차손
④ 복리후생비

09 원가계산 방법에 대한 다음 설명 중 틀린 것은?

① 실제원가계산은 직접재료비, 직접노무비, 제조간접비를 실제원가로 측정하는 방법이다.
② 정상원가계산은 직접재료비는 실제원가로 측정하고, 직접노무비와 제조간접비를 합한 가공원가는 예정배부율에 의해 결정된 금액으로 측정하는 방법이다.
③ 표준원가계산은 직접재료비, 직접노무비, 제조간접비를 표준원가로 측정하는 방법이다.
④ 원가의 집계방식에 따라 제품원가를 개별 작업별로 구분하여 집계하는 개별원가계산과 제조공정별로 집계하는 종합원가계산으로 구분할 수 있다.

10 서울공업(주)의 기말재공품 계정은 기초재공품에 비하여 200,000원 증가하였다. 또한, 재공품 공정에 투입한 직접재료비와 직접노무비, 제조간접비의 비율이 1:2:3 이었다. 서울공업(주)의 당기제품제조원가가 400,000원이라면, 재공품에 투입한 직접노무비는 얼마인가?

① 50,000원
② 100,000원
③ 200,000원
④ 300,000원

11 개별원가계산 시 재공품 계정에서 제품 계정으로 대체되는 금액은 무엇을 나타내는 것인가?

① 당기에 시작된 모든 작업의 원가
② 당기에 처리된 모든 작업의 원가
③ 당기에 완성되어 판매된 모든 작업의 원가
④ 당기에 완성된 모든 작업의 원가

12 경기상사는 직접노무비를 기준으로 제조간접비를 배부하고 있다. 추정제조간접비총액은 255,000원이고 추정직접노무시간은 100,000시간이다. 제조간접비 실제발생액은 260,000원이고 실제직접노무시간은 105,000시간이다. 이 기간동안 제조간접비 과소(대) 배부는?

① 2,250원 과대배부   ② 2,250원 과소배부
③ 7,750원 과대배부   ④ 7,750원 과소배부

13 (주)파스칼의 생산공정의 자료는 다음과 같다. 직접재료비 단위당 원가계산에 사용될 완성품 환산수량은 얼마인가? 단, 직접재료는 제조착수 시 소비되며, 평균법에 의한다.

> • 기초 재공품 6,000개 (완성도 60%)
> • 당기 완성량 20,000개
> • 기말 재공품 4,000개 (완성도 50%)

① 24,000개   ② 18,400개
③ 20,400개   ④ 22,000개

14 다음 중 부가가치세법상 간이과세자가 될 수 있는 사업자는?

① 의류를 제조하는 개인사업자
② 기계공구를 소매하는 법인사업자
③ 직전 1역년의 공급대가의 합계액이 5,000만원인 음식점을 영위하는 개인사업자
④ 양장점업을 신규로 개시하는 개인사업자로서 간이과세적용신고를 한 자

15 부가가치세법상 과세되는 재화의 공급에 해당되는 것은?

① 담보제공
② 불량품의 교환을 위해 재화를 자기의 다른 사업장으로 반출하는 것
③ 공매 또는 경매를 통하여 재화를 인도하는 것
④ 사업의 포괄적 양도

실무시험

➲ (주)유나산업(회사코드 : 4039)는 컴퓨터를 제조, 판매하는 중소기업(법인)이며, (제5기) 회계기간은 2020. 1. 1 ~ 2020. 12. 31 이다. 전산세무회계 수험용 프로그램을 이용하여 다음 물음에 답하시오.

─< 기 본 전 제 >─

문제에서 한국채택국제회계기준을 적용하도록 하는 전제조건이 없는 경우, 일반기업회계기준을 적용한다.

문제1 (주)유나산업의 전기분 원가명세서이다. 이를 참고 자료로 하여 관련 결산제표를 조회하여 입력이 누락되었거나 오류 부분을 찾아 수정 입력하시오. (7점)

제 조 원 가 명 세 서

2019년 1월 1일 ~ 2019년 12월 31일

(주)유나산업   단위 : 원

계 정 과 목	제 4 기 (전) 기	
		금 액
원 재 료 비		87,150,000
기 초 원 재 료 재 고 액	2,000,000	
당 기 원 재 료 매 입 액	87,150,000	
기 말 원 재 료 재 고 액	2,000,000	
노 무 비		10,000,000
임 금	10,000,000	
경 비		11,854,000
소 모 품 비	3,500,000	
전 력 비	2,402,000	
임 차 료	2,730,000	
가 스 수 도 료	3,222,000	
당 기 총 제 조 비 용		109,004,000
기 초 재 공 품 재 고 액		2,898,000
합 계		111,902,000
기 말 재 공 품 재 고 액		12,000,000
타 계 정 으 로 대 체 액		1,000,000
당 기 제 품 제 조 원 가		98,902,000

문제2 다음 거래 자료를 일반전표 입력메뉴에 추가 입력하시오. (일반전표입력의 모든 거래
●●●●● 는 부가가치세를 고려하지 말 것) (21점)

< 입력시 유의사항 >

- 일반적인 적요의 입력은 생략하지만, 타계정 대체거래는 적요번호를 선택하여 입력한다.
- 채권·채무와 관련된 거래는 별도의 요구가 없는 한 반드시 기 등록되어 있는 거래처코드를 선택하는 방법으로 거래처명을 입력한다.
- 제조경비는 500번대 계정코드를, 판매비와 관리비는 800번대 계정코드를 사용한다.
- 회계처리시 계정과목은 별도제시가 없는 한 등록되어 있는 계정과목 중 가장 적절한 과목으로 한다.
---

[1] 7월 7일 거래처인 동신상사로부터 받은 어음 중 10,000,000원을 거래은행인 한빛은행에서 할인하고 할인료 250,000원을 차감한 잔액은 당사의 보통예금계좌에 입금하였다. <매각거래로 인식한다.> (3점)

[2] 7월 15일 소유하고 있던 거래처 세진상사 발행 약속어음 10,000,000원을 한국은행에 할인 신청한 결과 할인료 23,000원과 추심료 2,000원을 차감한 잔액은 금일 당점 당좌예금계좌에 입금 되었다는 통지를 받다. (매각거래로 인식한다) (3점)

[3] 7월 20일 거래처 (주)거봉상사의 원재료에 대한 외상매입금 8,000,000원을 지급함에 있어 3%할인을 받고 잔액은 수표를 발행하여 지급하다. (3점)

[4] 7월 24일 매출처 대림상사의 제품매출에 대한 외상매출금 15,000,000원이 약정기일보다 빠르게 회수되어 2%의 할인을 해 주고 잔액은 현금으로 받았다. (3점)

[5] 7월 28일 매입처 (주)대일상사의 외상매입금 중 5,000,000원에 대하여 소지하고 있던 동신상사발행 약속어음을 배서양도하여 주다. (3점)

[6] 7월 29일 매출처 한국상사의 외상대금 3,000,000원에 대하여 (주)전라상사 발행 약속어음으로 배서양수 받다. (3점)

[7] 7월 31일 건물 대장을 발부받고, 수입인지 대금 1,500원을 현금으로 지급하다. (3점)

문제3 매입 매출전표 입력 사항 (15점)

< 입력시 유의사항 >

- 일반적인 적요의 입력은 생략하지만, 타계정 대체거래는 적요번호를 선택하여 입력한다.
- 별도의 요구가 없는 한 반드시 기 등록되어 있는 거래처코드를 선택하는 방법으로 거래처명을 입력한다.
- 제조경비는 500번대 계정코드를, 판매비와 관리비는 800번대 계정코드를 사용한다.
- 회계처리시 계정과목은 별도제시가 없는 한 등록되어 있는 계정과목 중 가장 적절한 과목으로 한다.
- 입력화면 하단의 분개까지 처리하고, 전자세금계산서는 전자입력으로 반영한다.
---

[1] 8월 8일 화물자동차 1대를 금일 현대자동차(주)로부터 구입하고, 전자세금계산서를 교부받았으며 대금(공급가액 15,000,000원, 부가가치세 별도)은 수표를 발행하여 지급하다.(3점)

[2] 8월 10일 (주)한국상사에 컴퓨터(공급가액 70,000,000원, 부가가치세 7,000,000원)를 판매하고 전자세금계산서를 교부하였다. 대금 중 20,000,000원은 현금으로 받고 나머지 금액은 월말에 받기로 하였다.(3점)

[3] 8월 15일 (주)두정상사에서 원재료를 매입하고 다음과 같이 전자세금계산서를 교부받았다. 적절한 회계처리를 하시오.(3점)

전자세금계산서					승인번호		xxxxxxxx	
공급자	사업자등록번호	312-81-45646	종사업장 번호		**공급받는자**	사업자등록번호	108-81-59726	종사업장 번호	
	상호(법인명)	(주)두정상사	성명	박현수		상호(법인명)	(주)유나산업	성 명	이광수
	사업장주소	충청남도 천안시 서북구 공단1길(두정동)				사업장 주소	서울특별시 동작구 노들로2길 9-1(노량진동)		
	업 태	제조	종목	컴퓨터주변기기		업 태	제조, 도매	종 목	컴퓨터
	이메일					이메일			

작성일자	공급가액	세액	수정사유			
2020. 08. 15.	18,000,000	1,800,000				
비고						

월	일	품 목	규 격	수 량	단 가	공 급 가 액	세 액	비 고
08	15	컴퓨터 부품		10	1,800,000	18,000,000	1,800,000	

합계금액	현 금	수 표	어 음	외 상 미 수 금	이 금액을 영수 청구 함
19,800,000			10,000,000	9,800,000	

[4] 9월 21일 사무실 임차료와 관리비를 다음과 같이 전자세금계산서를 교부받고,
현금으로 지급하였다.(3점)

품목	공급가액	부가가치세	거래처	결제방법
임 차 료	2,000,000원	200,000원	영풍빌딩	현 금
건물관리비	500,000원	50,000원	영풍빌딩	현 금

[5] 9월 24일 본사건물 중 일부가 파손되어 수리를 하고 수리비용은 약속어음(만기
: 2020년 11월 10일)을 발행하여 지급하고 전자세금계산서를 교부
받았다.(3점)

품목	공급가액	부가가치세	거래처	결제방법
수 리 비	2,000,000원	200,000원	당산건설(주)	어 음

문제4 다음의 결산정리사항에 의하여 결산을 완료하시오.(15점)

[1] 기말재고액은 다음과 같다.(3점)
- 원재료 : 20,000,000원
- 재공품 : 11,000,000원
- 제 품 : 66,000,000원

[2] 대손충당금은 기말 매출채권(외상매출금과 받을어음) 잔액의 1%를 설정한다.(보
충법으로 처리할 것)(3점)

[3] (주)원주상사의 외상매입금 2,200,000원의(부가세 포함) 현금지급분이 기장누락
되었음을 확인하다.(3점)

[4] 제2기 부가가치세 확정신고를 하기 위한 정리분개를 하시오. 단, 부가세예수금
42,757,508원, 부가세대급금 19,510,335원이다.(3점)

[5] 감가상각액은 다음과 같이 계상한다.(3점)

구 분	금 액
기 계 장 치(제조)	2,050,000원
승 용 차(본사)	830,000원
제품수송용화물차(제조)	1,000,000원

문제5 다음 사항을 조회하여 답안을 │이론문제 답안작성│ 메뉴에 입력하시오.(12점)

[1] 제1기 부가가치세 확정신고기간(4. 1 ~ 6. 30) 동안 전자세금계산서합계표상 매출세액이 가장 많은 거래처의 공급가액과 부가가치세는 얼마인가?(3점)

[2] 제2기(10. 1 ~ 12. 31) 확정 부가가치세 과세표준은 얼마인가?(3점)

[3] 1월 ~ 6월(상반기) 동안 발생된 판매비와관리비 중에서 발생금액이 가장 큰 계정과목과 금액은 얼마인가?(3점)

[4] 10월 10일의 현금출납장을 조회하여 현금지출액과 금일 현금잔액(시재금액)을 각각 기재하시오.(3점)

Memo

Chapter **09**

해답편

- 정답 및 해설

(주)평창상사 / 일반전표입력 분개문제 답안

No.	차변과목	금액	대변과목	금액
01	보통예금 미지급비용(대성빌딩)	194,000,000 6,000,000	임대보증금	200,000,000
02	보통예금	3,200,000	단기매매증권 단기매매증권처분이익	2,800,000 400,000
03	선급금	1,000,000	현금	1,000,000
04	기계장치	30,000,000	선급금[(주)광속테크] 보통예금 미지급금[(주)광속테크]	5,000,000 22,000,000 3,000,000
05	보통예금	7,000,000	보험수익	7,000,000
06	선납세금	24,000,000	현금	24,000,000
07	여비교통비(제) 접대비	136,000 30,000	가지급금(이익동) 현금	150,000 16,000
08	보통예금 매출할인(제) (제품매출액에차감)	7,469,000 231,000	외상매출금(길음상사)	7,700,000
09	토지	300,000,000	자산수증이익	300,000,000
10	선납세금 보통예금	42,000 258,000	이자수익	300,000
11	현금	45,000,000	자본금 주식발행초과금	25,000,000 20,000,000
12	개발비	2,000,000	보통예금	2,000,000
13	예수금 세금과공과(제)	382,000 162,000	현금	544,000
14	세금과공과(제)	2,500,000	현금	2,500,000
15	수선비(판)	1,500,000	당좌예금	1,500,000
16	미지급비용(도시가스공사)	54,000	보통예금	54,000
17	기계장치	6,000,000	현금	6,000,000
18	토지 건물	206,000,000 26,000,000	보통예금 현금	220,000,000 12,000,000
19	단기대여금[(주)인성상사]	100,000,000	보통예금 외상매출금[(주)인성상사]	80,000,000 20,000,000
20	대손충당금(109) 대손상각비(판)	280,000 720,000	외상매출금(길음상사)	1,000,000
21	보통예금 매출할인(제)	10,780,000 200,000	외상매출금[(주)무상랜드]	10,980,000
22	단기매매증권 수수료비용(영)	6,000,000 8,000	보통예금	6,008,000
23	건설중인자산	1,000,000	보통예금	1,000,000
24	차량운반구 만기보유증권(투자자산)	19,000,000 500,000	현금	19,500,000
25	세금과공과(판)	500,000	보통예금	500,000
26	미지급금[(주)청계전자]	35,000,000	보통예금 채무면제이익	32,000,000 3,000,000
27	이자비용	1,500,000	예수금 현금	412,500 1,087,500
28	부도어음과수표[(주)암석]	5,000,000	받을어음[(주)암석]	5,000,000
29	원재료(제) 수수료비용(판)	1,200,000 2,000	보통예금	1,202,000
30	선급금(상화빌딩)	2,000,000	현금	2,000,000
31	예수금 복리후생비(제) 복리후생비(판)	280,000 180,000 100,000	현금	560,000
32	보통예금 수수료비용(판)	69,900,000 100,000	받을어음[(주)송도전자]	70,000,000
33	퇴직급여(판) 수수료비용(판)	9,500,000 500,000	보통예금	10,000,000
34	보통예금 외환차손	26,000,000 4,000,000	외상매출금(팬카인터내셔날)	30,000,000

No.	차변과목	금액	대변과목	금액
35	감가상각누계액(건물) 유형자산처분손실	40,000,000 12,000,000	건물 보통예금	50,000,000 2,000,000
36	세금과공과(제) 세금과공과(판)	1,250,000 2,100,000	현금	3,350,000
37	미교부주식배당금	20,000,000	자본금	20,000,000
38	지급어음[(주)희망]	18,700,000	당좌예금	18,700,000
39	광고선전비(판)	100,000	미지급금(BC카드) 또는 미지급비용	100,000
40	현금 미수금[(주)덕산]	5,000,000 10,000,000	임대보증금[(주)덕산]	15,000,000
41	외상매입금[(주)두리산업]	20,000,000	받을어음[(주)대진상사]	20,000,000
42	대손충당금(외상) 대손상각비(판)	5,000,000 1,900,000	외상매출금(평화상사)	6,900,000
43	기계장치(기계) 감가상각누계액(기계)	15,000,000 15,000,000	기계장치	30,000,000
44	미지급배당금	20,000,000	현금	20,000,000
45	여비교통비(판)	3,000,000	미지급금(하나카드) 또는 미지급비용	3,000,000
46	기부금	300,000	제품(제)	300,000
	(적요8:타계정으로 대체액 손익계산서반영분)			
47	투자부동산[(주)부동산개발]	310,000,000	현금 미지급금[(주)부동산개발]	110,000,000 200,000,000
48	외상매입금[(주)독도]	10,000,000	받을어음[(주)세마] 당좌예금	8,000,000 2,000,000
49	차량운반구	600,000	현금	600,000
50	여비교통비(제)	560,000	전도금 보통예금	500,000 60,000
51	퇴직급여충당부채	30,000,000	예수금 보통예금	1,000,000 29,000,000
52	수수료비용(제)	1,000,000	현금 예수금	967,000 33,000
53	소모품	200,000	원재료	200,000
	(적요8:타계정으로대체액 손익계산서반영분)			
54	당좌예금 매출채권처분손실	8,250,000 750,000	받을어음[(주)신정정밀]	9,000,000
55	원재료(제)	160,000	현금	160,000
56	당좌예금	600,000	대손충당금(외상)	600,000
57	교육훈련비(제)	3,000,000	예수금 보통예금	99,000 2,901,000
58	미지급금[(주)저스트윈]	70,000,000	당좌예금 채무면제이익	50,000,000 20,000,000
59	보통예금 선납세금	86,000 14,000	이자수익	100,000
60	부가세예수금	31,000,000	부가세대급금 미지급세금	19,600,000 11,400,000

【해설】

10. 법인세를 미리 부담한 원천징수법인세와 중간예납법인세는 선납세금으로 자산 처리했다가 결산 시 법인세등(또는 법인세비용)으로 처리한다.

11. ① 보통주자본금 = 1주당 액면금액×발행주식수
5,000원×5,000= 25,000,000원
② 주식발행비는 주식발행초과금에서 차감한다.
③ 주식발행초과금(주식발행비를차감 한 후) 25,000,000−5,000,000
= 20,000,000

13. 국민연금 회사부담분은 실무적으로 세금과공과로 처리한다. 또한, 문제에서 세금과공과로 처리하라고 되어 있으므로, 복리후생비로 처리하면 안된다.

15. 유형 자산의 취득 또는 완성 후 지출에 대하여 생산능력 증대, 내용연수 연장, 상당한 원가절감 도는 품질향상을 가져오는 경우 등에 해당하면 자본적지출로 처리하고, 단순히 수선유지를 위한 지출은 수익적지출로서 발생한 기간의 비용으로 인식하도록 규정하고 있으므로 수선비로 처리 하여야 한다.

18. ① 토지의 취득원가 : 200,000,000원+1,000,000원+2,000,000원+3,000,000원 = 206,000,000
건물의 취득원가: 20,000,000원+6,000,000원 = 26,000,000원
② 토지의 취득 후 진입로, 배수 및 하수공사, 조경공사 등 영구적인 지출은 토지의 취득원가에 포함하고, 주차장 및 교량 등의 내용연수가 반영구적인 지출은 구축물계정으로 처리한다.
③ 해당 배수로 및 하수처리장의 경우, 설치 후 지방자치단체에서 유지보수 책임을 부담하므로, 감가상각대상자산이 아닌 토지로 회계처리 한다.
④ 창고건물의 리모델링을 위한 지출은 건물의 취득원가에 포함한다.

22. 단기매매증권은 공정가치의 변동을 당기손익으로 인식하는 금융자산에 해당하므로 최초 인식 시 공정 가치로 측정한다. 수수료비용을 단기매매증권에 가산하면, 최초 인식 시 공정가치가 아닌 가치로 측정하게 되므로 영업외비용으로 회계처리 하여야 한다.

23. 자본화한다는 의미는 당기비용처리하지 않고 해당자산의 취득원가로 처리한다는 의미이다. 공장신축에 소요되는 비용이고, 해당 공장은 현재 건설중이므로 건설중인자산으로 회계처리 되고 있으므로 이에 소요되는 비용은 걸선자금에 대한 이자이므로 역시 건설중인자산으로 회계처리 되어야 할 것이다.

24. 만기가 확정된 채무증권으로서 상환금액이 확정되었거나 확정이 가능한 채무증권을 만기까지 보유할 적극적인 의도와 능력이 있는 경우에는 만기보 유증권으로 분류한다.

25. 일반적으로 간주임대료에 대한 부가가치세를 임차인이 부담하는 경우 임차인은 (차)"세금과공과"로 임대인이 부담하는 경우는 (차) 세금과공과(대) 부세예수금으로 회계처리 한다.

27. 원천징수 의무자 : 예수금으로, 원천징수 당한 자는 선납세금으로 처리한다.(비영업대금의 이자소득세율은 25%이다.)

29. 대금지급을 위해 지급되는 이체수수료는 원칙상"수수료비용(판)"으로 처리한다. 그러나 원재료 취득과정에서 발행한 지출로 보아 원재료 원가로 회계 처리한 경우도 정답으로 인정하였다.

34. 외화자산의 회수 또는 회회부채의 상환 시 발행하는 외화관련 손익은 이미 실현된 손익으로 외환차익 또는 외환차손으로 인식한다.

35. 건물을 신축하기 위하여 사용 중인 기존 건물을 철거하는 경우 그 건물의 장부금액은 제 거하여 처분손실로 반영하고, 철거비용은 당기비용으로 처리한다.

38. 거래처원장 조회 후 회계처리 한다

42. 대손충당금은 해당 채권 바로 다음 코드번호를 사용하고 대손충당금은 합계잔 액시산표의 외상매출금에 대한 대손충당금을 조회하여 계산한다.

43. 동일한 업종 내에서 유사한 용도로 사용되고 공정가액이 비슷한 동종자산과의 교환으로 유형자산을 취득하거나, 동종자산에 대한 지분과의 교환으로 유형자산을 매각하는 경우에는 제공된 자산으로부터의 수익창출과정이 아직 완료되지 않았기 때문에 교환에 따른 거래손익을 인식하지 않아야 하며, 교환으로 받은 자산의 취득원가는 교환으로 제공한 자산의 장부가액으로 한다. 그러나 취득한 자산의 공정가액에 비추어 볼 때 제공한 자산에 감액손실이 발생하였음을 알 수 있는 경우에는 감액손실을 먼저 인식하고 감액손실 차감 후의 장부가액을 수취한 자산의 취득원가로 한다. 교환되는 동종자산의 공정가액이 유사하지 않은 경우에는 거래조건의 일부로 현금과 같이 다른 종류의 자산이 포함될 수 있다. 이 경우 교환에 포함된 현금 등의 금액이 중요하다면 동종자산의 교환으로 보지 않는다.

49. 차량운반구의 취득과 관련된 등록세와 취득세는 취득원가에 가산한다.

60. ① 실무상 부가가치세에 대한 미지급세금을 미지급금으로 사용하는 경우가 많기 때문에 이를 방지하기 위하여 문제상 '미지급세금'으로 하라는 조건을 제시하였기 때문에 '미지급금'으로 처리하면 정답으로 인정하지 않는다.
② 부가가치세 정리가 끝나면 각 과세기간 종료인 현재 합계잔액시산표 조회시 부세예수금과 부가세대급금의 잔액은 "0"으로 표시되며, 부가세예수금과 매출액과의 상관관계를 확인하기 위해 회계처리 한다.

(주)평창상사 / 매입매출전표입력 분개문제 답안

[01] 유형: 11.과세매출 거래처:(주)일진상사 전자:여 분개:외상

| (차) 외상매출금 | 12,540,000 | (대) 제품 매출 | 11,400,000 |
| | | 부가세예수금 | 1,140,000 |

[02] 유형: 54.불공제 거래처:(주)오산 전자:여. 불공제사유:(4) 접대비 및 이와 유사한 비용 관련. 분개:혼합

| (차) 접 대 비(판) | 2,200,000 | (대) 미 지 급 금 | 2,200,000 |

[03] 유형: 54.불공제 거래처:제2컨설팅 전자:여. 불공제사유 (6)토지의 자본적 지출 관련. 분개:현금

| (차) 토 지 | 2,200,000 | (대) 현 금 | 2,200,000 |

[04] 유형: 51.과세매입 거래처:(주)해피카센타 전자:여 분개:현금

| (차) 차량유지비(판) | 200,000 | (대) 현 금 | 220,000 |
| 부가세대급금 | 20,000 | | |

[5] 유형: 11.과세매출 거래처:(주)동우전자 전자:여 분개:혼합

| (차) 받 을 어 음 | 20,000,000 | (대) 제품 매출 | 20,000,000 |
| 현 금 | 2,000,000 | 부가세예수금 | 2,000,000 |

[06] 유형: 11.과세매출 거래처:(주)미연상사 전자:여 분개:혼합

| (차) 받 을 어 음 | 30,250,000 | (대) 제품 매출 | 27,500,000 |
| | | 부가세예수금 | 2,750,000 |

[07] 유형: 61.현금과세 거래처:한마음문구 전자: 0 분개:현금

| (차) 사무용품비(판) | 90,000 | (대) 현 금 | 99,000 |
| 부가세대급금 | 9,000 | | |

[08] 유형:16 수출. 거래처:봉쥬르 전자:0. 영세율구분(1) 직접 수출(대행수출 포함) 분개:외상

| (차) 외상매출금 | 20,000,000 | (대) 제품 매출 | 20,000,000 |

[09] 유형: 51.과세매입 거래처:(주)까마귀 전자: 0 분개:외상

| (차) 원 재 료 | 2,000,000 | (대) 지 급 어 음 | 2,200,000 |
| 부가세대급금 | 200,000 | | |

[10] 유형: 53.면세매입 거래처:(주)꽃나라 전자:여 분개:혼합

| (차) 복리후생비(제) | 100,000 | (대) 보통 예금 | 100,000 |

[11] 유형: 11.과세매출 거래처:강변패션(주) 전자:여 분개:혼합

| (차) 받을어음[(주)샛별의류] | 10,000,000 | (대) 제품 매출 | 15,000,000 |
| 외 상 매 출 금 | 6,500,000 | 부가세예수금 | 1,500,000 |

[12] 유형: 51.과세매입 거래처:(주)까치 전자:여 분개:혼합

(차) 부 재 료	5,000,000	(대) 현 금	550,000
부가세대급금	500,000	외상매입금	4,950,000

※ 회계처리 시 계정과목은 별도 제시가 없는 한 등록 되어있는 계정과목 중 가장 적절한 계정과목이다. '원재료'와 '부재료'는 서로 다른 계정과목으로, 부재료로 하여야 정답으로 인정된다.

[13] 유형: 53.면세매입 거래처:(주)생산성 전자:여 분개:혼합

(차) 교육훈련비(판)	3,000,000	(대) 선 급 금	1,000,000
		현 금	2,000,000

[14] 유형: 11.과세매출 거래처:(주)대성상사 전자:여 분개:혼합

(차) 미 수 금	22,000,000	(대) 차량운반구	35,000,000
감가상각누계액(209)	16,500,000	부가세예수금	2,000,000
		유형자산처분이익	1,500,000

[15] 유형: 57.카드과세 거래처:(주)삼부프라자 전자:0 분개:혼합

(차) 비 품	5,000,000	(대) 미지급금(비씨카드)	5,500,000
부가세대급금	500,000		

[16] 유형: 12.영세율. 거래처:(주)상기물산. 전자:여. 영세율구분 (3) 내국신용장 구매확인서에 의하여 공급하는 제화. 분개:혼합

(차) 받 을 어 음	4,000,000	(대) 제 품 매 출	8,000,000
외상매출금	4,000,000		

[17] 유형: 52.영세율. 거래처:(주)신성정밀 전자:여 분개:혼합

(차) 원 재 료(제)	35,800,000	(대) 받을어음[(주)영진전자]	15,000,000
		지급어음[(주)신성정밀]	20,800,000

[18] 유형: 11.과세매출. 거래처:(주)용문. 전자:여. 분개:혼합

(차) 외상매출금	20,000,000	(대) 제 품 매 출	20,000,000
현 금	2,000,000	부가세예수금	2,000,000

[19] 유형: 14.건별(무증빙). 거래처:최준열. 전자:0. 분개:현금

(차) 현 금	462,000	(대) 제 품 매 출	420,000
		부가세예수금	42,000

[20] 유형: 51.과세매입. 거래처:하나마트. 전자:여. 분개:현금

(차) 소모품비(판)	40,000	(대) 현 금	44,000
부가세대급금	4,000		

※ 복리후생비(판)도 정답으로 인정한다.

[21] 유형: 54.불공 거래처:(주)호이마트 전자:여. 불공제사유(2) 사업과 직접 관련 없는 지출 분개:현금

(차) 가 지 급 금	5,500,000	(대) 현 금	5,500,000

[22] 유형: 51.과세매입. 거래처:(주)일신산업 전자:여. 분개: 현금

(차) 외주가공비(제)	10,000,000	(대) 당 좌 예 금	5,500,000
부가세대급금	1,000,000	미지급금(신한카드)	5,500,000

[23] 유형: 11.과세매출 거래처:(주)척척상사 전자:여 분개:외상

(차) 외상매출금	33,000,000	(대) 제 품 매 출	30,000,000
		부가세예수금	3,000,000

[24] 유형: 62.현금면세 거래처:유일정미소. 전자:0. 분개:현금

(차) 복리후생비(제)	1,200,000	(대) 현 금	1,200,000

[25] 유형: 12.영세율 거래처:(주)조조물산 전자:여 영세율구분 (3) 내국신용장 구매확인서에 의하여 공급하는 제화 분개:혼합

(차) 현 금	2,000,000	(대) 제 품 매 출	20,000,000
외상매출금	18,000,000		

[26] 유형: 54.불공 거래처:(주)깔끔도시락 전자:여 불공제사유 (4) 접대비 및 이와 유사한 비용 관련 분개:현금

(차) 접 대 비(판)	5,500,000	(대) 현 금	5,500,000

[27] 유형: 51.과세매입 거래처:독도소프트(주) 전자:여. 분개:혼합

(차) 소프트웨어(240)	20,000,000	(대) 미 지 급 금	22,000,000
부가세대급금	2,000,000		

[28] 유형: 55.수입분. 거래처:인천세관. 전자:여. 분개:현금

(차) 부가세대급금	1,000,000	(대) 현 금	1,000,000

[29] 유형: 52.영세율. 거래처:(주)대풍 전자:여 분개:혼합

(차) 원 재 료(제)	50,000,000	(대) 지 급 어 음	50,000,000

[30] 유형: 61.현금과세 거래처:김철수 전자:0 분개:현금

(차) 현 금	3,300,000	(대) 제 품 매 출	3,000,000
		부가세예수금	300,000

[31] 유형: 11.매출과세 거래처:(주)씨엘 전자:여 분개:혼합

(차) 선 수 금	2,000,000	(대) 제 품 매 출	10,000,000
받 을 어 음	5,000,000	부가세예수금	1,000,000
현 금	4,000,000		

[32] 유형: 53.면세(계산서) 거래처:양재화원 전자:여 분개:혼합

(차) 접 대 비(제)	100,000	(대) 미 지 급 금	100,000

[33] 유형: 11.매출과세. 거래처:(주)대성 전자:여 분개:혼합

(차) 현 금	1,000,000	(대) 제 품 매 출	10,000,000
받 을 어 음	10,000,000	부가세예수금	1,000,000

[34] 유형: 12.영세율 거래처:(주)세모. 전자:여. 영세율구분 (3)내국 신용장 구매확인서에 의하여 공급하는 제화 분개:외상

(차) 외상매출금	20,000,000	(대) 제 품 매 출	20,000,000

[35] 유형: 51.과세매입 거래처:(주)성심 전자:여 분개:혼합

(차) 비 품	6,000,000	(대) 받을어음[(주)진흥]	3,300,000
부가세대급금	600,000	미 지 급 금	3,300,000

[36] 유형: 61.현금과세 거래처:클린세상 전자:0 분개:혼합

(차) 수수료비용(제)	3,000,000	(대) 당 좌 예 금	3,300,000
부가세대급금	300,000		

[37] 유형: 11.매출과세. 거래처:(주)크로바 전자:여 분개:혼합

(차) 받 을 어 음	1,100,000	(대) 제 품 매 출	2,000,000
외상매출금	1,100,000	부가세예수금	200,000

[38] 유형: 16 수출. 거래처:맨유상사 전자:0. 영세율구분(1) 직접 수출(대행수출 포함) 분개:혼합

(차) 선 수 금	8,000,000	(대) 제 품 매 출	40,000,000
외상매출금	32,000,000		

[39] 유형: 51.과세매입 거래처:상록빌딩 전자:여. 분개:혼합

(차) 임 차 료(판)	500,000	(대) 보 통 예 금	550,000
부가세대급금	50,000		

[40] 유형: 11.매출과세 거래처:최명수(신규2000번, 1.주민등록 기재분 전자:여. 분개:현금

(차) 현 금	1,650,000	(대) 제 품 매 출	1,500,000
		부가세예수금	150,000

[41] 유형: 54.불공 거래처:서울카센터 전자:여 불공제사유 (3)비영업용 소형승용자동 구입, 유지 및 임차 분개:현금

(차) 차량유지비(판)	220,000	(대) 현 금	220,000

[42] 유형: 11.매출과세 거래처:(주)북부 전자:여 분개:외상

(차) 외상매출금	1,100,000	(대) 제 품 매 출	1,000,000
		부가세예수금	100,000

[43] 유형: 51.과세매입 거래처:(주)서울신문 전자:여 분개:현금

(차) 광고선전비(판)	500,000	(대) 현 금	550,000
부가세대급금	50,000		

[44] 유형: 54.불공 거래처:삼성전자 전자:여 불공제사유 (4)접대비 및 이와 유사한 비용 관련 분개:혼합

(차) 접 대 비(제)	1,100,000	(대) 보 통 예 금	1,100,000

[45] 유형: 51.과세매입 거래처:명성공업사 전자:여 분개:혼합

(차) 차량운반구	5,000,000	(대) 당 좌 예 금	5,500,000
부가세대급금	500,000		

[46] 유형: 53.면세(계산서) 거래처:(주)아산 전자:여 분개:혼합

(차) 토 지	15,000,000	(대) 보 통 예 금	10,000,000
		미 지 급 금	5,000,000

[47] 유형: 51.과세매입 거래처: 하나안전사 전자:여 분개:혼합
　　　　　　　　　　　　　　　　　　　　　　　　　<복수거래>

(차) 복리후생비(제)	500,000	(대) 미 지 급 금	550,000
부가세대급금	50,000		

※ 소모품비(제)도 정답으로 인정한다.

[48] 유형: 11.매출과세 거래처:(주)조이넛 전자:여 분개:혼합

(차) 외상매입금	3,350,000	(대) 제 품 매 출	5,000,000
현 금	2,150,000	부가세예수금	500,000

[49] 유형: 54.불공 거래처:다팔아쇼핑 전자:여 불공제사유 (4)접대비 및 이와 유사한 비용 관련 분개:현금

(차) 접 대 비(제)	220,000	(대) 현 금	220,000

[50] 유형: 14.건별(무증빙) 거래처:한동엽 전자:0 분개:현금

(차) 현 금	330,000	(대) 제 품 매 출	300,000
		부가세예수금	30,000

실전모의고사문제 답안

❖ 제1회 모의고사 이론 답안

1	④	2	④	3	③	4	②	5	①
6	④	7	④	8	③	9	④	10	③
11	④	12	④	13	①	14	③	15	③

【해설】

01 영업용 건물의 증축은 자본적지출로서 자산의 증가로 처리해야 할 것을 수선비계정인 비용으로 처리했으므로 자산이 과소계상 되고 비용이 과대계상되어 순이익이 과소계상된다.

02 분개를 하면 (차) 현금 15,000,000 (대) 보통주자본금 10,000,000원 주식발행초과금 5,000,000원으로 법정자본금이 10,000,000원 증가하고, 자본잉여금이 5,000,000원 증가하고 이익잉여금은 영향이 없고 주주지분(자본)이 15,000,000원 증가한다.

03 일반기업회계기준에서는 화재로 인한 손상차손과 보험금수익은 별개의 사건으로 보아 총액으로 처리한다. 따라서 손상차손은 20,000,000-10,000,000=10,000,000원이고, 보험금수익은 보상액으로 받은 7,000,000원이다.

04 건물 취득에 따른 취득세, 중개수수료, 등록세, 등기비 등은 취득 원가에 포함해야하고 보험료, 재산세 등은 비용으로 처리한다.

05 건물을 원가로 매각하면 자산총액에 변동이 없다.

06 외상매입금 200,000원+유동성장기부채 300,000원+단기차 입금 300,000원+미지급비용 100,000원+선수금 280,000원 = 1,180,000원

07 매출총이익 : 매출액－매출원가 = 270,000원
당기순이익 : 매출총이익+이자수익－급여－광고선전비－통신 비 = 180,000원

08 중요하지 않은 항목은 성격 또는 기능이 유사한 항목에 통합하 여 표시할 수 있으며, 통합할 적절한 항목이 없는 경우에는 기 타항목으로 통합할 수 있다. 이 경우 세부내용은 주석으로 기재 한다.

09 재공품계정을 이용하여 기초재공품에 임의의 금액 100,000원 을 대입하면 기말재공품은 300,000원 증가했으므로 400,000 원이 된다.

재 공 품			
기초재공품원가	100,000	당기제품제조원가	900,000
당기총제조원가	(1,200,000)	기말재공품원가	400,000

당기총제조원가는 직접재료비와 직접노무비, 제조간접비의 합 계이다. 따라서, 제조간접비는 1,200,000×3/6 = 600,000원 이다.

10 보기3번은 종합원가계산의 설명이다.

11 기초제품이 20,000원이면 기말제품은 25,000원이다. 따라서 판매가능제품=기초제품+당기제품제조원가=기말제품+매출 원가이므로, 105,000－25,000=80,000원이 매출원가이다.

12 문제의 지문은 고정비에 대한 제시문이다. 따라서 직접재료비 나 직접노무비는 변동비에 속한다.

13 재료비는 공정초기에 전량 투입되므로 25,000개+(5,000개× 100%)=30,000개
가공비는 25,000개+(5,000개× 50%)= 27,500개

14 보기3번은 매입세액을 공제 받을 수 있다.

15 금전이외의 대가를 받는 경우에는 자기가 공급한 재화 또는 용 역의 시가를 과세표준으로 한다.

❖ 4037 (주)광명조명 실무 답안

【문제1】 전기분이익잉여금처분계산서 수정 입력

※ 전기분 이익잉여금처분계산서상 당기순이익은 전기분손익계산 서의 당기순이익이 자동으로 반영 되기 때문에 전기분손익계산서 의 당기순이익을 수정하여야 한다.

① 전기분원가명세서를 조회하여 당기제품제조원가 192,035,000 원을 전기분손익계산서 제품매출원가 보조박스 당기제품제조 원 가로 추가 입력하고 반드시 Enter로 빠져 나오면 당기순이익 51,455,000원이 된다.

② 전기분잉여금처분계산서 : 상단툴바의 [불러오기(F6)]를 클릭 하면 당기순이익 51,455,000원이 자동 반영 되면서 미처분이 익잉여금 합계는 163,324,048원이 된다 .

③ 전기분재무상태표 : 이월이익잉여금 163,324,048원 으로 수정 입력한다.

④ 전기분재무상태표 : 일치금액 787,952,000원이 된다.

【문제2】 일반전표입력메뉴에 추가 입력

No.	차 변 과 목	금 액	대 변 과 목	금 액
(1)	보 험 료 (판)	750,000	현　　　금	750,000
(2)	소모품비 (제)	250,000	현　　　금	250,000
(3)	복리후생비 (제)	330,000	당 좌 예 금	330,000
(4)	현　　　금	3,500,000	외상매출금(동북상사)	3,500,000
	접 대 비 (판)	50,000	현　　　금	50,000
(5)	단기매매증권	1,700,000	현　　　금	1,700,000
(6)	당 좌 예 금	900,000	단기매매증권	850,000
			단기매매증권처분이익	50,000
(7)	외상매입금((주)천일상사)	5,000,000	지급어음 ((주)천일상사)	5,000,000

※ (3) 입력 날짜 순서대로 입력하지 않아도 된다. 항상 날짜 순서대로 자동 배열이 되며 오른쪽 마우스를 이용 [데이타정렬방 식] [입력 순]을 선택하면 최근 입력한 자료를 바로 확인 할 수가 있다.
(5) 유가증권 매입시 매입한 금액으로 계산한다. 2,000,000×85/100 = 1,700,000
(6) － 처분가격 : 10,000주 X @₩90/100 = 900,000원
－ 상무가격 : 1,700,000 x 1/2 = 850,000원
또는 (2,000,000－1,000,000) x @₩85/100 =850,000원
－ 처분이익 : 900,000 － 850,000 =50,000원

【문제3】 매입매출전표메뉴에 추가 입력

[1] 유형 : 51 거래처 : (주)천일상사 전자 : 여 분개 : 현금

(차) 원 재 료	7,500,000	(대) 현　　　금	8,250,000
부가세대급금	750,000		

[2] 유형 : 51 거래처 : 은정아트방 전자 : 여 분개 : 혼합

(차) 소모품비 (판)	6,000,000	(대) 당 좌 예 금	6,600,000
부가세대급금	600,000		

[3] 유형 : 51 거래처 : 상일가구 전자 : 여 분개 : 혼합

(차) 비 　　 품	300,000	(대) 현　　　금	165,000
부가세대급금	30,000	미 지 급 금	165,000

[4] 유형 : 11 거래처 : 남도상사 전자 : 여 분개 : 현금

(차) 현　　　금	3,080,000	(대) 제 품 매 출	2,800,000
		부가세예수금	280,000

[5] 유형 : 11 거래처 : 동북상사 전자 : 여 분개 : 혼합

(차) 당 좌 예 금	5,500,000	(대) 제 품 매 출	5,000,000
		부가세예수금	500,000

【문제4】 일반전표 및 매입매출전표 입력 오류 수정

※ 부가가치세와 관련 있는 문제는 매입매출전표입력에서 없는 것은 일반전표입력 내용을 정정

[1] 9월 8일 :

(차) 통 신 비 (제)	57,000	(대) 현　　　금	210,000
통 신 비 (판)	153,000		

[2] 9월 25일 :

[F2]－'(주)오덕'을 '상일가구점' 으로 거래처만 수정한다.

【문제5】 결산정리의 회계처리 수동결산 및 자동결산

– 외상매출금 : 511,840,000×1%−540,000 = 4,578,400
– 받을어음 : 93,270,000×1%−890,000 = 42,700

(1) 대손충당금 입력 (자동) : 외상매출금란 : 4,578,400원 / 받을어음란 : 42,700원 직접 입력하거나 다음과 같은 순서로 입력

> ① 결산자료입력란 상단 툴바의 [대손상각]을 클릭
> ② 나타나는 [대손상각]화면에서 [대손율(1%)]를 확인한다.
> ③ 단기대여금 350,000원을 삭제한다.
> ④ 하단 오른쪽 결산반영을 클릭한다.
> ⑤ 외상매출금란 (4,578,400원), 받을어음란 (42,700원) 자동 반영된다.

(2) 당기의 감가상각비 입력 (자동) : 해당란에 직접 입력

> 건물(판) 2,000,000 건물(제) 3,000,000 입력
> 비품(판) 300,000 비품(제) 200,000 입력

(3) 12월 31일 일반전표입력 (수동)

> (차) 소 모 품 500,000 (대) 소모품비(판) 500,000

(4) 기말재고액 입력 (자동)

> 원재료 : 20,000,000, 재공품 : 10,200,000, 제품 : 60,000,000
> ※ 결산자료입력 후 [추가]키를 클릭하여 결산대체 분개를 일반 전표에 생성시킨다.

【문제6】 장부조회 답안수록 메뉴에 입력

[1] [부가가치세] − [부가가치세신고서] : 매출세액 21,841,600원

[2] [전표입력/장부] − [거래처원장 잔액] − [지급어음] : 상일가구점 37,380,000원

[3] [전표입력/장부] − [매입매출장] 또는 [세금계산서 합계표] :
  – 기간 : 2020. 01. 01 ~ 2020. 06. 30
  – 구분 : 2.매출
  – 유형선택 : 12.영세의 전자를 선택 → 43,450,000원

❖ 제2회 모의고사 이론 답안

1	②	2	④	3	③	4	②	5	②
6	③	7	④	8	④	9	②	10	②
11	④	12	④	13	①	14	①	15	③

【해설】

01 자산과 부채는 서로 상계하지 않고 총액에 의하여 표시해야 한다.

02 기말재고자산을 실제보다 낮게 계상한 경우에는 매출원가는 실제보다 증가하고, 그 결과 매출총이익과 당기순이익이 감소한다. 당기순이익이 감소하면, 자본총계는 실제보다 감소한다.

03 시용판매는 매입의사 표시를 받은 날에 수익으로 인식한다.

04 창업비는 판매비와 관리비에 속한다.

05 유동성장기부채는 유동부채에 속한다.

06 매도가능증권평가손실은 기타포괄손익누계액으로 차기에 매도가능증권을 처분시 처분손익에 반영된다.

07 (4,900,000−400,000)×4/5+4+3+2+1 = 1,200,000원

08 퇴직급여 외의 종업원급여는 임금, 사회보장분담금(예 국민연금), 이익분배금, 상여금, 현직 종업원을 위한 비화폐성급여(예 의료, 주택, 자동차, 무상 또는 일부 보조로 제공되는 재화나 용역), 명예퇴직금(조기퇴직의 대가로 지급하는 인센티브 등을 포함) 등을 말한다. 퇴직급여는 종업원이 퇴직한 이후 지급해야 하는 종업원급여로 퇴직일시금, 퇴직연금, 퇴직 후 급여, 퇴직 후 생명보험, 퇴직 후 의료급여 등을 망라한다.

09 직접노무비+변동제조간접비+고정제조간접비 = 700,000원

10 준고정원가란 특정범위의 조업도구간(관련범위)에서는 원가발생이 변동없이 일정한 금액으로 고정되어 있으나, 조업도 수준이 그 관련범위를 벗어나면 일정액만큼 증가 또는 감소하는 원가로서 투입요소의 불가분성 때문에 계단형의 원가행태를 지니므로 계단원가라고도 한다. 생산량에 따른 설비자산의 구입가격 또는 임차료, 생산감독자의 급여 등이 이에 해당한다.

11 기초재공품재고액 + 당기총제조비용 − 기말재공품재고액 = 375,000원

12 보기4번은 손익계산서 표시항목이다.

13 원가는 그 발생한 기간에 제품제조원가가 된다. 수익을 얻기 위해 소비된 경제적가치를 비용이라 하고 그 발생한 기간에 비용화 한다.

14 보기2, 3, 4번은 과세표준에 포함되지 않는 것이다.

15 연탄과 무연탄은 면세대상이지만 유연탄, 갈탄, 착화탄(연탄용 불쏘시개), 숯, 톱밥은 면세하지 아니한다.

❖ 4038 (주)영진컴퓨터상사 실무 답안

【문제1】

※ 전기분 이익잉여금처분계산서상 당기순이익은 전기분손익계산서의 당기순이익이 자동으로 반영 되기 때문에 전기분손익계산서의 당기순이익을 수정하여야 한다.

> ① 전기분원가명세서조회 당기제품제조원가 214,547,406원을 손익계산서 "제품매출원가 보조상자"란 당기제품제조원가에 입력을 하고, [Enter]를 쳐서 빠져나오면, 손익계산서의 당기순이익이 28,942,594원이 된다.
> ② 전기분이익잉여금처분계산서 상단툴바의 [불러오기]를 클릭 당기순이익 자동 반영된다.
> – 전기분이익잉여금처분계산서 전기이월미처분이익잉여금 26,057,406을 입력하면, 미처분이익잉여금은 55,000,000원이 된다.
> ③ 전기분재무상태표에 전기분이익잉여금처분계산서의 미처분이익잉여금 55,000,000원을 375 이월이익잉여금으로 입력한다.
> ④ 전기분재무상태표 일치 금액은 623,602,005원이 된다.

【문제2】 일반전표입력메뉴에 추가 입력

No.	차 변 과 목	금 액	대 변 과 목	금 액
(1)	건설중인자산	3,000,000	미지급금(동인건설)	3,000,000
(2)	건 물	600,000	당 좌 예 금	2,000,000
	수 선 비(판)	1,400,000		
(3)	예 수 금	42,810	현 금	42,810
(4)	예 수 금	60,000	현 금	120,000
	복리후생비(판)	60,000		
(5)	현 금	2,500,000	배 당 금 수 익	1,500,000
			이 자 수 익	1,000,000

No.	차 변 과 목	금 액	대 변 과 목	금 액
(6)	현　　　금	3,000,000	단기차입금[㈜조광상사]	3,000,000
(7)	당 좌 예 금 사채할인발행차금	48,500,000 1,500,000	사　　　채 (거래처등록 생략)	50,000,000

※ (1) 신축건물이 완공하여 영업에 사용하기 전까지 든 모든 신축 제비
　　용은 자본적지출로서 건설중인자산으로 처리한다.
　　(6) 1년기준은 재무상태표 작성일로부터 1년 기준이므로 단기차입금
　　　 으로 처리하고, 약속어음(차용증서)에 의한 금전대차는 단기대여
　　　 금/ 단기차입금으로 처리한다.
　　(7) 주식회사가 사업자금을 조달하기 위하여 상법규정에 의해서 사
　　　 채를 발행할 경우 비유동 부채인 "사채계정"(액면금액)으로 처리
　　　 하며, 할인발행 시 액면금액과 처분금액의 차이는 사채계정에 대
　　　 한 차감적평가계정인 (292)사채할인발행차금계정으로 회계 처
　　　 리한다.

【문제3】 매입매출전표메뉴에 추가 입력

[1] 유형:51.과세 거래처:㈜조광상사　선자 : 여　분개:혼합

(차) 원 재 료	8,000,000	(대) 보통예금	8,800,000
부가세대급금	800,000		

유형:51.과세 거래처:대진화물㈜ 전자 : 여　분개:현금

(차) 원 재 료	50,000	(대) 현　금	55,000
부가세대급금	5,000		

[2] 유형:11.과세 거래처:㈜종로상사　전자 : 여　분개:외상

(차) 외상매출금	11,000,000	(대) 제 품 매 출	10,000,000
		부가세예수금	1,000,000

[3] 유형:11.과세 거래처:강남상사　전자 : 여　분개:현금

(차) 현　금	11,000,000	(대) 제 품 매 출	10,000,000
		부가세예수금	1,000,000

[4] 유형:51.과세 거래처:한국전력공사　전자 : 여　분개:혼합

(차) 전력비(제)	700,000	(대) 보통예금	770,000
부가세대급금	70,000		

[5] 유형:11.과세 거래처:㈜종로상사　전자 : 여　분개:외상

(차) 외상매출금	−1,650,000	(대) 제 품 매 출	−1,500,000
		부가세예수금	−150,000

※ 공급가액에 −1,500,000을 입력한다.

【문제4】 결산정리의 회계처리 수동결산 및 자동결산

(1) 일반전표 입력 (수동) : 12월 31일

(차) 소 모 품	500,000	(대) 소모품비(제)	500,000

(2) 재고자산 입력 당기감가상각비 입력 (자동)

원재료 : 15,000,000	재공품 : 10,000,000	제품 : 50,000,000

(3) 감가상각비 입력 (자동)
　－ 제조경비 : 기계장치 3,250,000, 건물 352,000
　－ 판매비와일반관리비 : 건물 528,000, 차량운반구 1,230,000

(4) 대손상각비 입력 (자동) : 원미만 반올림
　－ 외상매출금 : 509,815,896×1%−540,000 = 4,558,159
　－ 받을어음 : 104,410,000×1%−890,000 = 154,100
　－ 외상매출금 4,558,159 받을어음대손 : 154,100 각각 입력

　또는 다음과 같은 순서로 입력

> ① 결산자료입력란 상단 툴바의 [대손상각]을 클릭
> ② 나타나는 [대손상각]화면에서 [대손율(1%)]를 확인한다.
> ③ 미수금 10,000원을 삭제한다.
> ④ 하단 오른쪽 결산반영을 클릭한다.
> ⑤ 외상매출금란(4,558,159원), 받을어음란(154,100원) 자
> 　동 반영된다.

※ 결산자료입력 후 [전표추가]키를 클릭하여 결산대체 분개를
　일반전표에 생성시킨다.

【문제5】 장부조회 답안수록 메뉴에 입력

[1] [결산및재무제표]－[손익계산서] : 666,531,710원
[2] [장부관리]－[거래처원장 잔액란] :
　－ 외상매입금 : 114 조은상사 38,098,500원
　－ 받을어음 : 114 조은상사 20,000,000원
[3] [부가가치세]－[세금계산서 합계표] 매출
　: 29매 332,290,000원
[4] [결산및재무제표]－[재무상태표] : 1,102,231,172원
　※ 합계잔액시산표를 조회하면 안된다.

❖ 제3회 모의고사 이론 답안

1	③	2	②	3	③	4	②	5	②
6	③	7	③	8	④	9	②	10	③
11	④	12		13	④	14	④	15	③

【해설】

01 당기 매입액 : 6,000+28,000−4,000 = 30,000원
　당기 외상매입액 : 30,000−9,000 = 21,000원
　당기 외상매입금 상환액 : 5,000+21,000−2,000 = 24,000원

02 ・7월 10일 처분이익 = (150주×44,000원)−(150주×38,000
　원) = 900,000원
　・6월 5일 매입시 평균단가 = (200주×40,000원+200주×
　36,000원) ÷ 400주 = 38,000원
　・ 단기매매증권의 평가이익 = 평가금액 − 장부금액
　　= 350주×40,000 − 350주×38,000 = 700,000원

03 보기1번과 4번은 미지급금으로 처리하고, 보기2번은 선수금으
　로 처리한다.

04 매출액 50,000,000−매출원가 30,000,000−인건비 3,000,000
　−보험료 3,000,000 = 15,000,000원

05 비용처리할 것을 자산처리하면 자산이 과대계상된다. 즉 가공
　의 자산이 계상된다. 자산이 과대하므로 감가상각비도 과대계
　상된다.

06 보기3번은 재무상태표 작성기준이다.

07 보기3번은 손익계산서에 대한 정보이다.

08 복리후생비는 판매비와관리비에 속한다.

09 정상원가계산의 경우 직접재료비와 직접노무비를 실제원가로 측정하고 제조간접비는 예정배부액으로 산정하는 원가계산방법이다.

10 재공품계정을 이용하여 기초재공품에 임의의 금액 100,000원을 대입하면 기말재공품은 300,000원이 된다.

재 공 품

기초재공품원가	100,000	당기제품제조원가	400,000
당기총제조원가	(600,000)	기말재공품원가	300,000

당기총제조원가는 직접재료비와 직접노무비, 제조간접비의 합계이다. 따라서, 직접노무비는 600,000×2/6 = 200,000원이다.

11 당기제품 완성품제조원가를 의미한다.

12 예정 배부율 : 255,000원÷100,000시간 = 2.55
예정 배부액 : 2.55×105,000시간
=267,750원 – 실제발생액 260,000원 = 7,750원(과대)

13 20,000개+(4,000개×50%) = 22,000개

14 간이과세자는 직전 1억년의 재화와 용역의 공급에 대한 대가가 4,800만원에 미달하는 개인사업자를 말하며, 제조업, 도매업, 변호사, 회계사, 세무사 등은 간이과세자 배제업종이다. 양장점은 최종 소비자와의 주 거래를 하기 때문에 간이과세적용신고를 한 자는 간이과세자가 될 수가 있다.

15 보기3번은 재화의 실질적인 공급에 해당하므로 과세되고, 나머지는 과세 대상이 아니다.

❖ 4039 (주)유나산업 실무 답안

【문제1】 [기초정보관리] 메뉴에서 다음과 같은 순서로 입력한다.

① 기말원재료재고액은 전기분재무상태표 원재료 2,000,000원 입력하면 자동 반영된다.

② 519.임차료 2,730,000원을 입력하고, 마우스를 이용하여 기초재공품 2,898,000원과 10번 타계정으로 대체액 1,000,000원을 직접 입력한다.

③ 전기분원가명세서의 당기제품제조원가 98,902,000원을 전기분손익계산서 제품매출원가 박스 당기제품제조원가란에 입력을 한 후 [Enter]로 빠져 나오면 손익계산서 당기순이익은 53,078,000원이 된다.

④ 전기분이익잉여금처분계산서 상단툴바의 불러오기를 클릭하면 당기순이익은 53,078,000원이 자동으로 반영되며, 미처분이익잉여금이 90,078,000원이 된다.

⑤ 전기분재무상태표에 375 이월이익잉여금 90,078,000원을 입력하면, 전기분재무상태표상 대차 일치금액이 427,400,000원이 된다.

【문제2】 일반전표입력메뉴에 추가 입력

No.	차 변 과 목	금 액	대 변 과 목	금 액
(1)	보 통 예 금 매출채권처분손실	9,750,000 250,000	받을어음[(주)동신상사]	10,000,000
(2)	당 좌 예 금 수수료비용(판) 매출채권처분손실	9,975,000 2,000 23,000	받을어음[(주)세진상사]	10,000,000
(3)	외상매입금[(주)가봉상사]	8,000,000	당 좌 예 금 매입할인(155)	7,760,000 240,000

No.	차 변 과 목	금 액	대 변 과 목	금 액
(4)	현 금 매출할인(406)	14,700,000 300,000	외상매출금(대림상사)	15,000,000
(5)	외상매입금[(주)대일상사]	5,000,000	받을어음(동신상사)	5,000,000
(6)	받을어음[(주)전라상사]	3,000,000	외상매출금(한국상사)	3,000,000
(7)	세금과공과(판)	1,500	현 금	1,500

※ (3) 원재료에 대한 외상매입금 이므로 (155)매입할인을 선택한다.
　(4) 제품매출에 대한 외상매출금 이므로 (406)매출할인을 선택한다.
　(7) 수입인지대금 : 세금과공과계정, 수입증지대금 : 수수료비용으로 처리한다.

【문제3】 매입매출전표메뉴에 추가 입력

[1] 유형 : 51.과세 거래처 : 현대자동차(주) 전자 : 여　분개 : 혼합

(차) 차량운반구	15,000,000	(대) 당 좌 예 금	16,500,000
부가세대급금	1,500,000		

[2] 유형 : 11.과세 거래처 : (주)한국상사 전자 : 여　분개 : 혼합

(차) 외상매출금	57,000,000	(대) 제 품 매 출	70,000,000
현 금	20,000,000	부가세예수금	7,000,000

[3] 유형 : 51.과세 거래처 : (주)두정상사 전자 : 여　분개 : 혼합

(차) 원 재 료	18,000,000	(대) 지 급 어 음	10,000,000
부가세대급금	1,800,000	외상매입금	9,800,000

[4] 유형 : 51.과세 복수거래 거래처 : 영풍빌딩 전자 : 여　분개 : 현금

(차) 임 차 료 (판)	2,000,000	(대) 현 금	2,750,000
건물관리비(판)	500,000		
부가세대급금	250,000		

□→			복 수 거 래 내 용 (F7)				(입력가능갯수 : 100개)	
	품목	규격	수량	단가	공급가액	부가세	합계	비고
1	사무실 임차료				2,000,000	200,000	2,200,000	
2	건물관리비				500,000	50,000	550,000	
3								
	합 계				2,500,000	250,000	2,750,000	

[5] 유형 : 51.과세 거래처 : 당산건설(주) 전자 : 여　분개 : 혼합

(차) 수 선 비 (판)	2,000,000	(대) 미 지 급 금	2,200,000
부가세대급금	200,000		

【문제4】 결산정리의 회계처리 수동결산 및 자동결산

[1] 기말재고액 입력 (자동)

원재료 : 20,000,000원,	재공품 : 11,000,000원
제품 : 66,000,000원	

[2] 대손상각비 입력 (자동)
　－ 외상매출금 : 2,017,500 (221,750,000×1%–200,000)
　－ 받을어음 : 2,297,500 (264,750,000×1%–350,000)
　＊ 외상매출금란 : 2,017,500원, 받을어음란 : 2,297,500원 직접 입력하거나 다음과 같은 순서로 입력

> ① 결산자료입력란 상단 툴바의 [대손상각]을 클릭
> ② 나타나는 [대손상각]화면에서 [대손율(1%)]를 확인한다.
> ③ 미수금 10,000원을 삭제한다.
> ④ 하단 오른쪽 결산반영을 클릭한다.
> ⑤ 외상매출금란(2,017,500원), 받을어음란(2,297,500원) 자동 반영된다.

[3] 일반전표 입력(수동)

> (차) 외상매입금[㈜원주상사] 2,200,000　(대) 현　　　금　　2,200,000

[4] (수동)

> (차) 부가세예수금　42,757,508　(대) 부가세대급금　19,510,335
> 　　　　　　　　　　　　　　　미지급세금　23,247,173

[5] 감가상각비 입력 (자동)
- 제조경비 : 기계장치 2,050,000원, 차량운반구(제품수송용 화물차) 1,000,000원
- 판매비와일반관리비 : 승용차 830,000원
- ※ 결산자료입력 후 [전표추가]키를 클릭하여 결산대체 분개를 일반전표에 생성시킨다.

【문제5】 장부조회 답안수록 메뉴에 입력

[1] [부가가치세] - [세금계산서 합계표] - [조회기간 4월~6월 구분(매출)] : 153. 서울상사, 공급가액 51,000,000원, 부가가치세 5,100,000원

[2] 부가가치세 신고서[기간 10/1 ~12/31]
　: 과세표준 133,744,546원

[3] [월계표] - [급여] : 37,900,000원

[4] [전표입력/장부] - [현금출납장] : 현금 지출액 1,000,000원
　10월 10일 현재 현금 잔액 182,992,562원

Memo

Memo